Fragmentos Póstumos
1885–1887

Volume VI

O GEN | Grupo Editorial Nacional reúne as editoras Guanabara Koogan, Santos, Roca, AC Farmacêutica, Forense, Método, LTC, E.P.U. e Forense Universitária, que publicam nas áreas científica, técnica e profissional.

Essas empresas, respeitadas no mercado editorial, construíram catálogos inigualáveis, com obras que têm sido decisivas na formação acadêmica e no aperfeiçoamento de várias gerações de profissionais e de estudantes de Administração, Direito, Enfermagem, Engenharia, Fisioterapia, Medicina, Odontologia, Educação Física e muitas outras ciências, tendo se tornado sinônimo de seriedade e respeito.

Nossa missão é prover o melhor conteúdo científico e distribuí-lo de maneira flexível e conveniente, a preços justos, gerando benefícios e servindo a autores, docentes, livreiros, funcionários, colaboradores e acionistas.

Nosso comportamento ético incondicional e nossa responsabilidade social e ambiental são reforçados pela natureza educacional de nossa atividade, sem comprometer o crescimento contínuo e a rentabilidade do grupo.

Friedrich Nietzsche
Fragmentos Póstumos
1885–1887

Volume VI

Tradução
Marco Antônio Casanova

Rio de Janeiro

■ A EDITORA FORENSE se responsabiliza pelos vícios do produto no que concerne à sua edição, aí compreendidas a impressão e a apresentação, a fim de possibilitar ao consumidor bem manuseá-lo e lê-lo. Os vícios relacionados à atualização da obra, aos conceitos doutrinários, às concepções ideológicas e referências indevidas são de responsabilidade do autor e/ou atualizador.
As reclamações devem ser feitas até noventa dias a partir da compra e venda com nota fiscal (interpretação do art. 26 da Lei n. 8.078, de 11.09.1990).

■ Traduzido de:
Nachgelassene Fragmente 1885-1887
All rights reserved.

■ Fragmentos Póstumos 1885-1887 (Volume VI)
ISBN 978-85-309-4406-3
Direitos exclusivos para o Brasil na língua portuguesa
Copyright © 2013 by
FORENSE UNIVERSITÁRIA um selo da EDITORA FORENSE LTDA.
Uma editora integrante do GEN | Grupo Editorial Nacional
Travessa do Ouvidor, 11 – 6º andar – 20040-040 – Rio de Janeiro – RJ
Tels.: (0XX21) 3543-0770 – Fax: (0XX21) 3543-0896
bilacpinto@grupogen.com.br | www.grupogen.com.br

■ O titular cuja obra seja fraudulentamente reproduzida, divulgada ou de qualquer forma utilizada poderá requerer a apreensão dos exemplares reproduzidos ou a suspensão da divulgação, sem prejuízo da indenização cabível (art. 102 da Lei n. 9.610, de 19.02.1998).
Quem vender, expuser à venda, ocultar, adquirir, distribuir, tiver em depósito ou utilizar obra ou fonograma reproduzidos com fraude, com a finalidade de vender, obter ganho, vantagem, proveito, lucro direto ou indireto, para si ou para outrem, será solidariamente responsável com o contrafator, nos termos dos artigos precedentes, respondendo como contrafatores o importador e o distribuidor em caso de reprodução no exterior (art. 104 da Lei n. 9.610/98).

1ª edição brasileira – 2013
Tradução: Marco Antônio Casanova

■ CIP – Brasil. Catalogação-na-fonte.
Sindicato Nacional dos Editores de Livros, RJ.

N581f

Nietzsche, Friedrich Wilhelm, 1844-1900
Fragmentos póstumos: 1887-1889: volume VI / Friedrich Nietzsche; [tradução Marco Antônio Casanova]. – Rio de Janeiro: Forense Universitária, 2013.

Tradução de: Nachgelassene Fragmente 1885-1887
ISBN 978-85-309-4406-3

1. Filosofia alemã. I. Título.

12-5822.
CDD: 193
CDU: 1(43)

Índice Sistemático

Edição crítica de estudos organizada por Giorgio Colli e Mazzino Montinari VII

[1 = N VII 2b. Outono de 1885 – Início do ano 1886] 1

[2 = W I 8. Outono de 1885 – Outono de 1886] 52

[3 = WI 7b. WI 3b. Mp XVI 2b. Mp. XVI 1b. Início de 1886 – Primavera de 1886] 143

[4 = D 18. Mp XV 2c. Mp XVII 3a. Mp XVI 1b. Início do ano 1886 – Primavera de 1886] 148

[5 = N VII 3. Verão de 1886 – Outono de 1887] 155

[6 = Mp XIV 1, p. 416-420. Mp XVII 3a. Mp XV 2d. P II 12b, p. 37. Verão de 1886 – Primavera de 1887] 195

[7 = Mp XVII 3b. Final de 1886 – Primavera de 1887] 209

[8 = Mp XVII 3c. Verão de 1887] 269

[9 = W II 1. Outono de 1887] 280

[10 = W II 2. Outono de 1887] 374

**Edição crítica de estudos organizada por
Giorgio Colli e Mazzino Montinari**

Observação prévia

Os volumes 6 e 7 da edição crítica de estudos contêm juntos os fragmentos póstumos de Nietzsche do outono de 1885 até o início de janeiro de 1889, ou seja, as oito seções da edição crítica conjunta. Os fragmentos conservaram-se em 22 cadernos manuscritos, e, em verdade, em 15 cadernos maiores, três cadernos de anotações e quatro blocos.

Os princípios segundo os quais acontece a publicação dos fragmentos póstumos de Nietzsche podem ser lidos na observação prévia escrita para o volume 1.

Em relação aos volumes 6 e 7 da edição crítica de estudos, é preciso observar, ainda, o seguinte: esses volumes possuem um significado particular, porque eles – por meio da reprodução completa e fiel dos manuscritos de todos os fragmentos, esboços, planos e títulos desde o outono de 1885 até o fim do período criativo de Nietzsche no início de 1889 – constituem a base para uma solução definitiva do problema tão discutido da suposta obra magna filosófica de Nietzsche que portaria o título *A vontade de poder*. Os fragmentos, lidos em sua sequência cronológica, trazem consigo uma exposição exata, quase sem lacunas, de sua criação e de suas intenções literárias do outono de 1885 até o início de janeiro de 1889. Eles deixam que se torne claro o fato de e a razão pela qual a compilação *A vontade de poder* contida nas edições de Nietzsche até aqui existentes, uma compilação composta por Peter Gast e Elisabeth Förster-Nietzsche, ser insustentável em termos editoriais e, em termos objetivos, profundamente questionável. O comentário (edição crítica de estudos, v. 8) apresentará e demonstrará em particular o fato de que e o modo como Nietzsche alterou seus planos literários no curso dos anos, até que, por fim, no final de agosto de 1888, ele abdicou completamente da publicação de uma obra

VIII FRIEDRICH NIETZSCHE

sob o título *A vontade de poder. Tentativa de uma transvaloração de todos os valores*.

Foi um mérito de Karl Schlechta ter levantado a exigência editorial de, por princípio, publicar a obra póstuma em uma sequência cronológica.[1] Todavia, precisamente no que diz respeito à edição da obra póstuma de Nietzsche do assim chamado "período da transvaloração", ele não cumpriu sua exigência, uma vez que publicou exatamente o mesmo material de *A vontade de poder* legada meramente em uma sequência (aparentemente) cronológica. Em outras palavras: Schlechta legitimou sem querer *em termos de conteúdo* a *seleção* feita por Peter Gast e Elisabeth Förster-Nietzsche a partir da massa dos fragmentos póstumos dos anos 1880.

O volume 6 da edição crítica de estudos corresponde aos seguintes volumes e páginas da seção 8 na edição crítica conjunta: VII/I, p. 3-348 (Berlim/ Nova Iorque, 1974) e VIII/2, p. 1-248 (Berlim, 1970). Ele contém, com isso, os fragmentos do outono de 1885 até o outono de 1887.

Mazzino Montinari

---

1 Cf. Nietzsche, Friedrich. *Obra em três volumes*. Munique/Darmstadt, 1954-1956. v. III, p. 1.393 e segs.

[1 = N VII 2b. Outono de 1885 – Início do ano 1886]

1 (1)

Deveria ter propriamente um círculo de homens profundos e sutis à minha volta, que me protegessem um pouco de mim mesmo e que também soubessem me divertir; pois, para alguém que pensa tais coisas, tal como eu as preciso pensar, o perigo de que ele mesmo se destrua sempre está à espreita.

1 (2)

É possível que ninguém acredite no fato de se vir a saltar um dia inopinadamente e com os dois pés em tal estado resoluto da alma, cuja testemunha ou alegoria pode ser justamente o tão decantado canto de dança. Antes de se aprender a dançar em tal medida, é preciso que se tenha aprendido de maneira sólida a andar e a correr, e já conseguir se colocar sobre as próprias pernas é algo, para o que, ao que me parece, sempre só poucos estão predeterminados. No tempo em que se ousa pela primeira vez confiar nos próprios membros e sem andadeiras e corrimões, nos tempos da primeira força juvenil e de todos os estímulos de uma primavera própria, se está maximamente em perigo e se anda com frequência de maneira tímida, desanimada, como alguém que se perdeu do caminho, com uma consciência trêmula e com uma desconfiança espantada ante seu caminho: – quando a jovem liberdade do espírito é como um vinho.

1 (3)

O espelho.

Falta de um modo de pensar dominante.

O ator.

Gleba.

A nova sem-vergonhice (a sem-vergonhice dos medíocres, por exemplo, dos ingleses, mesmo das mulheres escritoras).

A vontade de preconceito (nações, partidos etc.

O budismo latente.

A falta de solidão (e, consequentemente, de *boa* sociedade). Álcool, livro e música e outros estimulantes.

Os filósofos do futuro.

A casta dominante e o anarquismo.

As curiosas dificuldades do inabitual, que é perturbado por sua modéstia plebeia.

Falta de uma educação de caráter. Falta dos monastérios mais elevados.

Restrição paulatina dos direitos do povo.

1 (4)

– *A doutrina das oposições* (bom, mau etc.) tem valor como regra de medida para a *educação*, porque ela faz com que se tome partido.

– as mais poderosas e mais perigosas paixões do homem, junto às quais ele mais facilmente perece, foram tão consistentemente proscritas que, com isso, mesmo os homens mais poderosos se viram impossibilitados ou precisaram se sentir como *maus*, como "nocivos e não permitidos". Essa perda é grande, mas foi até aqui necessária: agora, quando uma gama de forças contrárias foram cultivadas, por meio da repressão temporária daquelas paixões (desde o despotismo, o prazer com a transformação e a ilusão), seu desencadeamento se tornou uma vez mais possível: elas não terão mais a antiga selvageria. Nós nos permitimos a barbárie domesticada: observem os nossos artistas e políticos

– A síntese das oposições e impulsos contrários é um sinal da força conjunta de um homem: *o quanto* ele consegue *domar*?

– um novo conceito de sacralidade: a ingenuidade de Platão – não ter mais no primeiro plano a oposição entre os impulsos difamados

– é preciso demonstrar em que medida a religião grega foi *mais elevada* do que a religião judaico-cristã. A última venceu, porque a própria religião grega se degenerou (*retrocedeu*).

Meta: a sacralização das forças mais poderosas, mais terríveis e mais bem-afamadas, dito com a imagem antiga: a divinização do diabo

1 (5)

– Meço a partir daí até que ponto um homem e um povo podem desencadear em si os impulsos mais terríveis e voltarem-se para a sua salvação, sem perecerem junto a eles: ao contrário, encaminhando-se para a sua fecundidade em ato e obra.

– a seleção de todos os casos infelizes como os efeitos de espíritos irreconciliados foi aquilo que impeliu até hoje as grandes massas para os cultos religiosos. Mesmo a vida moral mais elevada, a vida do santo, foi inventada apenas como *um* dos meios para satisfazer espíritos irreconciliados.

– a seleção de nossas *vivências* como aceno providencial de uma divindade benévola, educadora, também de nossos casos de infelicidade: – o desenvolvimento do conceito *paternal* de Deus, a partir da família patriarcal.

– a degradação absoluta do homem, a falta de liberdade para o bem e, consequentemente, a interpretação de todas as nossas ações com a interpretação da má consciência: finalmente, a graça. Ato miraculoso. Inversão repentina. Paulo, Agostinho, Lutero.

– a barbarização do cristianismo por meio dos germanos: os seres intermediários entre os seres divinos e a multiplicidade dos cultos de expiação, em suma, o ponto de vista pré-cristão retorna. Do mesmo modo, o sistema de composição.

– Lutero oferece uma vez mais a lógica fundamental do cristianismo, a *impossibilidade da moral* e, consequentemente, a autossatisfação, a necessidade da graça e, consequentemente, do milagre e mesmo da predestinação. No fundo, uma confissão quanto ao ter sido superado e uma irrupção do desprezo de si.

– "é impossível pagar suas *dívidas*", irrupções dos desejos da graça e dos cultos e mistérios. "É impossível se livrar de seus pecados". Irrupção do cristianismo de Paulo, de Agostinho e de Lutero. Outrora, a infelicidade exterior era o impulso para se tornar religioso: mais tarde, o sentimento interior de infelicidade, a ausência de redenção, angústia, insegurança. O que parece distinguir o Cristo e Buda: parece ser a felicidade interior, que os torna religiosos.

FRIEDRICH NIETZSCHE

1 (6)

– o sentimento da ordem hierárquica superior deve pertencer de maneira dominante ao sentimento ético: trata-se do autotestemunho das castas mais elevadas, cujas ações e estados são considerados mais tarde uma vez mais como sinal de uma postura, com a qual se *pertence* e se *deveria* pertencer àquela casta –

1 (7)

– de início, o sentimento ético é desenvolvido em relação ao homem (classes avançar!), só mais tarde ele é transposto para as ações e os traços de caráter. O *páthos da distância* está no fundamento mais íntimo daquele sentimento.

1 (8)

– a ignorância do homem e a ausência de reflexão fazem com que o cálculo final individual só seja estabelecido mais tarde. As pessoas sentem-se desprovidas demais de liberdade, nada espirituais, arrebatadas pelos impulsos repentinos, para que se pudesse pensar sobre si mesmo de modo diverso do que em relação com a natureza: *demônios* também exercem em nós um efeito.

1 (9)

–Algo humano, demasiadamente humano. Não se pode refletir sobre a moral sem atuar de maneira não involuntária em termos morais e sem se dar a conhecer. Assim, trabalhei outrora naquele refinamento da moral, que já experimenta o "prêmio" e o "castigo" como "imorais" e que não sabe mais conceber o conceito de "justiça" como um "*conceber afetuoso*", no fundo como "aprovação". Talvez haja fraqueza aí, talvez digressão, talvez mesmo – – –

1 (10)

– a "punição" desenvolve-se no espaço mais restrito possível, como reação do poderoso, do senhor da casa, como expressão de sua fúria contra o desrespeito às suas ordens e proibições. – *Diante* da eticidade dos costumes (seu cânone quer que "tudo o que é tradicional deva ser honrado") encontra-se a eticidade da

FRAGMENTOS PÓSTUMOS, 1885–1887 (Vol. VI)   5

pessoa dominante (cujo cânone quer que "só aquele que comanda seja honrado"). O *páthos* da distância, o sentimento da diversidade de posição hierárquica reside no fundo último de toda moral.

1 (11)
— "Alma" por fim como "conceito de sujeito".

1 (12)
— Se as coisas são desconhecidas, *então o homem também o é*. O que significa aí elogiar e repreender!

1 (13)
— não consigo compreender como é que se pode ser teólogo. Não gostaria de fazer pouco desse tipo de gente, que não é de qualquer modo só uma máquina de conhecimento.

1 (14)
— toda ação de que um homem não é capaz é mal compreendida por ele. É distintivo ser sempre mal compreendido com suas ações. Também é necessário, então, e não há qualquer motivo para exasperação.

1 (15)
— Não é *sem pensar na utilidade própria* que prefiro refletir sobre a causalidade a sobre o processo com meu editor; minha utilidade e meu gozo se encontram do lado dos conhecimentos; foi precisamente aí que minha tensão, inquietude, paixão se mostraram como mais duradouramente ativas.

1 (16)
Pensamentos são ações

1 (17)
— Como é que *reaprendemos tudo* em 50 anos! Todo o romantismo com a sua crença no "povo" foi refutada! Nenhuma poesia homérica como poesia popular! Nenhuma divinização dos grandes

6 FRIEDRICH NIETZSCHE

poderes naturais! Nenhuma conclusão a partir de um parentesco linguístico de parentescos raciais! Nenhuma "intuição intelectual" do suprassensível! Nenhuma verdade velada na religião!

1 (18)

O problema da veracidade é totalmente novo. Fico espantado: consideramos tais naturezas, como Bismarck, culpadas disso por desleixo, tais como Richard Wagner por falta de modéstia; nós condenaríamos Platão com sua *pia fraus*, Kant por causa da dedução de seu imperativo categórico, enquanto a crença não chegou certamente para ele por essa via.

1 (19)

– Por fim, a dúvida também se volta contra si mesma: dúvida em relação à dúvida. E a *questão* acerca da *legitimidade* da veracidade e acerca de sua abrangência *se faz presente* –

1 (20)

– Todas as nossas motivações conscientes são fenômenos de superfície: por detrás delas se encontra a luta de nossos impulsos e estados, a luta pela violência.

1 (21)

– O fato de essa melodia soar bem *não* é ensinado às crianças por meio de autoridade ou de aulas: assim como o bem-estar ao ver um homem honrado. *As avaliações são inatas*, apesar de Locke!, herdadas; naturalmente, elas se desenvolvem mais intensa e belamente quando os homens, que nos protegem e amam, ao mesmo tempo avaliam como nós. Que martírios em nome de uma criança, sempre em oposição à sua mãe estabelecer seu bem e seu mal e lá, onde ela venera, ser ridicularizado e desprezado!

1 (22)

– O quão múltiplo é aquilo que experimentamos como "*sentimento moral*": há aí veneração, medo, a comoção como que

FRAGMENTOS PÓSTUMOS, 1885-1887 (Vol. VI) 7

por algo sagrado e secreto, fala aí algo que comanda, algo que se considera mais importante do que nós; algo que eleva, inflama ou torna quieto e profundo. Nosso sentimento moral é uma síntese, um ressoar ao mesmo tempo de todos os sentimentos dominantes e serviçais, que vigoraram na história de nossos ancestrais.

1 (23)
— *Em favor do presente*. A saúde é fomentada, modos de pensamento ascéticos e negadores do mundo (com a sua vontade de doença) são pouquíssimo concebidos. Tudo o que é possível vale e valerá como sereno e reconhecido, ar úmido e suave, no qual todo tipo de planta cresce. É o paraíso para toda *pequena* vegetação frondosa.

1 (24)
— Alma, respiração e *existência* (esse) são equiparadas. O *vivente* é o ser: para além dele, não há nenhum ser.

1 (25)
— "As pessoas boas são todas fracas: elas são boas, porque não são fortes o suficiente para serem *más*", disse Comorro, o chefe de Latuca, a Baker

1 (26)
gin é árabe e se chama *spiritus* (= *g'inn*)

1 (27)
"Para corações fracos, não há nenhuma infelicidade", diz-se em russo.

1 (28)
— Todos *os movimentos precisam ser concebidos como gestos*, como uma espécie de linguagem, por meio da qual as forças se compreendem. No mundo inorgânico, falta a incompreensão, a comunicação parece perfeita. No mundo orgânico começa o *erro*. "Coisas", "substâncias", propriedades, ativi-"dades"

8 FRIEDRICH NIETZSCHE

– não devemos transportar nada disso para o interior do mundo inorgânico! Esses são os erros específicos, em virtude dos quais os organismos vivem. Problema da possibilidade do "erro"? A oposição não se dá entre "falso" e "verdadeiro", mas são os "*encurtamentos dos sinais*" que se encontram em oposição aos próprios sinais. O essencial é: a formação de formas, que *representam* muitos movimentos, a invenção de sinais para tipos de sinais como um todo.

– todos os movimentos são *sinais* de um acontecimento interior; e todo acontecimento interior expressa-se em tais transformações das formas. O pensamento ainda não é o próprio acontecimento interno, mas também se mostra do mesmo modo apenas como uma linguagem de sinais para o equilíbrio de poder entre os afetos.

1 (29)
– a antropomorfização da natureza – a interpretação de acordo conosco.

1 (30)
A. *Ponto de partida* psicológico:
– nosso pensamento e nossos juízos de valor são apenas uma expressão para anseios que vigem aí por detrás.
– os anseios se especializam cada vez mais: sua unidade é *a vontade de poder* (para tomar a expressão dos mais fortes de todos os impulsos, que dirigiu até agora todo desenvolvimento orgânico)
– redução de todas as funções orgânicas fundamentais à vontade de poder
– questão de saber se ela não é o motor também no mundo inorgânico? Pois na interpretação mecânica do mundo sempre se carece de um motor.
– "lei da natureza": como fórmula para a produção incondicionada das relações e graus de poder
– o *movimento* mecânico é apenas um meio de expressão de um acontecimento interior.
– "causa e efeito"

FRAGMENTOS PÓSTUMOS, 1885–1887 (Vol. VI)

1 (31)
— a luta como o meio do equilíbrio

1 (32)
— a hipótese dos átomos é *apenas* uma consequência do conceito de sujeito e de substância: em algum lugar precisa haver "uma coisa" a partir da qual provém a atividade. O átomo é o último derivado do conceito de alma.

1 (33)
— a exigência mais terrível e mais fundamental do homem, seu impulso para o poder — denomina-se esse impulso "liberdade" —, é aquela que precisa ser mantida por mais tempo restrita. Por isso, a ética até aqui, com seus instintos inconscientes de educação e cultivo, esteve voltada para manter cerceado o desejo por poder: ela difama o indivíduo tirânico e acentua, com sua glorificação da previdência comunitária e do amor à pátria, o instinto de poder dos rebanhos.

1 (34)
— Por natureza, as forças da humanidade precisam se desenvolver em sequência, de tal modo que as *desprovidas de periculosidade* são desenvolvidas (elogiadas, aprovadas) antes e que as mais fortes, inversamente, permanecem pelo maior tempo possível anatemizadas e amaldiçoadas.

1 (35)

A vontade de poder
Tentativa de uma nova interpretação de todo
Acontecimento.
Por
Friedrich Nietzsche

1 (36)
o mundo do pensamento é apenas um segundo grau do mundo fenomênico —

10 FRIEDRICH NIETZSCHE

1 (37)

– os movimentos não são *"provocados"* por uma *"causa"*: aqui teríamos uma vez mais o antigo conceito de alma! – eles são a própria vontade, mas não completa e totalmente!

1 (38)

N.B. A crença na causalidade remonta à crença no fato de que eu sou aquele que produz um efeito, à cisão da "alma" em relação à sua *atividade*. Portanto, uma antiquíssima superstição!

1 (39)

Reconduzir um efeito a uma causa significa: reconduzir a um *sujeito*. Todas as transformações são consideradas como produzidas por sujeitos.

1 (40)

– o estágio *atual* da moralidade exige:
a) nenhuma punição!
Nenhuma retribuição!
b) nenhum prêmio –
c) nenhum servilismo
d) nenhuma *pia fraus*![2]

1 (41)

– Nós não suportamos mais a visão, *consequentemente* suprimimos os escravos

1 (42)

Trata-se de uma expressão dileta dos indolentes e dos sem consciência – *tout comprendre c'est tout pardonner*:[3] também se trata de uma estupidez. Ó, caso se quisesse esperar sempre pelo *"comprendre"*: parece-me que só se chegaria muito raramente ao perdão! E, por fim, por que se deveria precisamente perdoar,

---

2 **N.T.:** Do latim: "uma mentira contada com boas intenções".
3 **N.T.:** Em francês no original: "entender tudo é perdoar tudo".

FRAGMENTOS PÓSTUMOS, 1885–1887 (Vol. VI)   11

se não se tivesse compreendido? Supondo que eu compreenda completamente por que é que essa sentença é para mim um mau conselho, será que eu não teria o direito de *riscá-la*? – Há casos nos quais riscamos um homem *porque* o compreendemos.

1 (43)
   – o conceito de "transformação" já pressupõe o sujeito, *a alma como substância*

1 (44)
   – o choque, que se experimenta junto à doutrina "da ausência de liberdade da vontade", é o seguinte: parece que ela estaria afirmando que "tu fazes o que tu fazes não voluntariamente, mas involuntariamente, isto é, obrigado". Pois bem, todos sabem como alguém fica quando faz algo involuntariamente. Portanto, o que parece estar sendo ensinado com essa doutrina é: tudo o que tu fazes, tu o fazes involuntariamente, ou seja, *de má vontade*, "contra a tua vontade" – e isso é algo que não se admite, porque também se fazem muitas coisas *com prazer*, mesmo justamente muitas coisas "morais". Compreende-se, portanto, a "vontade não livre" como "obrigada por uma vontade *alheia*": como se a afirmação fosse: "tudo o que tu fazes, tu o fazes obrigado por uma vontade alheia". A obediência em relação à própria vontade não é denominada coerção: pois há prazer aí. *O fato de tu comandares a ti mesmo*, isso significa "liberdade da vontade".

1 (45)
Sapientia victrix.[4]
Prelúdio para uma filosofia do futuro

1 (46)
   As religiões vivem a maior parte do tempo sem se confundir com a moral: livres da moral. Ponderemos o que propriamente

---

4   **N.T.:** Em latim no original: "sabedoria vitoriosa".

toda religião quer – ainda se pode apreender isso hoje diretamente com as mãos: por meio das religiões, não se quer apenas uma redenção da *indigência*, mas, sobretudo, uma redenção do *medo diante da indigência*. Toda indigência é considerada como consequência da vigência má, hostil de espíritos: toda indigência, que se abate sobre alguém, não é, em verdade, "merecida", mas desperta a ideia, *por meio da qual* um espírito pode ser atiçado contra nós; o homem treme diante de um monstro rastejante desconhecido, mas gostaria de dispô-lo amigavelmente. Nisso, ele coloca à prova seu comportamento: e se há em geral meios de dispor amistosamente em relação a si determinados espíritos que ele conhece, então ele se pergunta *se* efetivamente chegou a fazer tudo o que teria podido fazer quanto a isso. Como é que um cortesão coloca à prova seu comportamento em relação ao príncipe ao perceber nele um estado de humor pouco benévolo? – Ele busca uma falta etc. "Pecado" é originariamente aquilo por meio do que um espírito qualquer poderia se encontrar muito ofendido, uma falta qualquer, um – – –: aqui se tem algo a ser uma vez mais *reparado*. – Somente na medida em que um espírito, uma divindade expõe também expressamente certos mandamentos morais como meios de agradá-*los* e de servi-*los*, imiscui-se no "pecado" ao mesmo tempo a valoração moral: ou, ao contrário: somente então uma infração contra um mandamento moral pode ser experimentada como "pecado", como algo que separa de Deus, que o ofende e que tem mesmo como consequência de sua parte perigo e indigência.

1 (47)

Astúcia, cautela e precaução (em contraste com a indolência e com a vida no instante) – acredita-se agora que se estaria quase *rebaixando* uma ação ao se denominarem esses temas. Mas o quanto não custou cultivar essas propriedades até a maturidade! A *astúcia* como *virtude* – ainda é grega!

Do mesmo modo, então, a sobriedade e a "temperança" em oposição ao agir por impulsos violentos, à "ingenuidade" do agir.

FRAGMENTOS PÓSTUMOS, 1885–1887 (Vol. VI)

1 (48)

A entrega absoluta (na religião) como reflexo da entrega escrava ou feminina (– o eterno feminino é o sentido escravo idealizado)

1 (49)

Medir o valor moral da ação segundo a intenção: pressupõe que a intenção efetivamente seja a causa da ação – o que significa, porém, considerar a intenção como um conhecimento perfeito, como uma "coisa em si". Por fim, contudo, ela é apenas a consciência da interpretação de um estado (de desprazer, desejo etc.)

1 (50)

– com a linguagem, tais estados e desejos devem ser designados: ou seja, conceitos são sinais para o re-conhecimento. A intenção da lógica não reside aí; o pensamento lógico é uma dissolução. Mas toda coisa que "concebemos", todo estado é uma síntese, que não se "concebe", mas que com certeza se pode designar: e isso também apenas na medida em que se reconhece certa semelhança com o que esteve presente. "Não científica" é de fato toda ação espiritual interior, sim, *todo* pensamento.

1 (51)

Pensadores de uma origem modesta ou vil concebem o despotismo de maneira falsa, assim como o fazem já com o impulso para a distinção: eles colocam os dois sob a égide da vaidade, como se o que estivesse em questão fosse estar aí e ser apreciado, temido ou venerado na *opinião* de outros homens.

1 (52)

Medido segundo um critério científico, o valor de cada juízo de valor moral é muito parco de homem para homem: há um tatear e um apalpar e muito desvario e incerteza em *cada* palavra.

1 (53)

Estas são tarefas distintas:

1) apreender e constatar o tipo atualmente (e em um âmbito cultural limitado) dominante da avaliação moral do homem e das ações

2) todo código moral de um tempo é um *sintoma*, por exemplo, como meio da autoadmiração, insatisfação ou tartufaria: portanto, ele se acha ainda fora da constatação do *caráter* atual *da moral*; em segundo lugar, fornecer *a interpretação e a exegese desse caráter*. Pois em si ela é multissignificativa

3) explicar o surgimento desse modo de julgamento precisamente agora dominante

4) fazer ou responder à crítica a ele: o quão forte ele é? Sobre o que ele atua? O que *será* da humanidade (ou da Europa) sob seu poder? Que forças ele exige, que forças ele reprime? Ele torna mais saudável, mais doente, mais corajoso, mais fino, mais carente de arte etc.?

Aqui já está pressuposto que não há nenhuma moral eterna: isso deve ser considerado como demonstrado. Assim como não há um tipo eterno de juízos sobre alimentação. Mas a crítica, a questão é nova: "bom" é efetivamente "bom"? E que utilidade tem, talvez, aquilo que agora é preterido e vilipendiado? As distâncias temporais são consideradas.

1 (54)

O caráter da vontade de poder incondicionada está presente em todo o reino da vida. Se tivermos um direito de negar a consciência, então dificilmente teremos o direito de negar os afetos impulsionadores, por exemplo, em uma floresta virgem.

(consciência contém sempre uma dupla projeção – não há nada imediato.)

1 (55)

Questão fundamental: o quão profundamente se estende o ético? Ele pertence apenas ao que é aprendido? Ele é um modo de expressão?

FRAGMENTOS PÓSTUMOS, 1885–1887 (Vol. VI) 15

Todos os homens mais profundos são unânimes – vem à nossa consciência Lutero, Agostinho e Paulo – quanto ao fato de que nossa moralidade e seus resultados não equivalem à nossa *vontade consciente* – em suma, quanto ao fato de que a explicação a partir de intenções ligadas a fins *não é suficiente*.

1 (56)

Permanecer objetivo, duro, firme, rígido na imposição de um pensamento – é isso que os artistas conseguem levar a termo da melhor forma possível; se alguém, porém, tem a necessidade de homens para isso (tal como professores, políticos etc.), a tranquilidade, a frieza e a dureza rapidamente se esvaem. Pode-se pressentir em naturezas como Cesar e Napoleão algo de um trabalho "desinteressado" em seu mármore, por mais que se possam sacrificar homens aí. É nesta via que se acha o futuro dos homens mais elevados: portar a maior responsabilidade e *não quebrar*. – Até aqui foram quase sempre necessárias ilusões de inspiração, para não perder mesmo a *crença em seu direito* e em sua *mão*.

1 (57)

Transformações da vontade de poder, suas reconfigurações, suas especializações – apresentar paralelamente ao desenvolvimento morfológico!

1 (58)

A partir de cada um de nossos impulsos fundamentais há uma avaliação perspectivística diversa de todo acontecimento e de toda vivência. No que concerne a cada um dos outros impulsos, cada um desses impulsos sente-se inibido, ou fomentado, embevecido, cada um tem sua própria lei de desenvolvimento (seu para cima e para baixo, seu ritmo etc.) – e esse se acha morrendo, quando aquele outro ascende.

O homem como uma pluralidade de "vontades de poder": *cada uma com uma pluralidade de meios de expressão e formas.* As únicas *supostas* "paixões" (por exemplo, o homem é terrível) não passam de *unidades fictícias*, na medida em aquilo que ganha a consciência a partir dos diversos impulsos fundamentais como *homogêneo* é poética e sinteticamente composto em uma "essência" ou "faculdade", em uma paixão. Do mesmo modo, portanto, que a "alma" ela mesma é uma *expressão* para todos os fenômenos da consciência: expressão, porém, que nós *interpretamos como causa de todos esses fenômenos* (a "autoconsciência" é fictícia!).

1 (59)

Tudo o que é material é uma espécie de sintoma do movimento para um acontecimento desconhecido: tudo o que ganha a consciência e é sentido é, por sua vez, sintoma de – – – desconhecidos. O mundo, que se nos dá a entender a partir desses dois lados, ainda poderia ter muitos outros sintomas. Não há nenhuma relação necessária entre espírito e matéria, como se eles esgotassem e fossem os únicos a representar de algum modo as formas de apresentação.

Movimentos são sintomas, pensamentos são, do mesmo modo, sintomas: os desejos nos são comprováveis por detrás dos dois, e o desejo fundamental é a vontade de poder. – "Espírito em si" não é nada, assim como "movimento em si" não é nada.

1 (60)

É quase ridículo que nossos filósofos exijam que a filosofia comece necessariamente com uma crítica da faculdade do conhecimento: não é muito improvável que o órgão do conhecimento possa "criticar" a si mesmo, uma vez que as pessoas passaram a desconfiar dos resultados até aqui do conhecimento? *A redução* da filosofia à "vontade de uma teoria do conhecimento" é ridícula. Como se fosse possível alcançar *segurança* assim! –

1 (61)

Tudo o que ganha a consciência é o último elo de uma cadeia, uma conclusão. É apenas aparente o fato de que um pensamento seria imediatamente causa de outro pensamento. O acontecimento propriamente articulado transcorre abaixo de

FRAGMENTOS PÓSTUMOS, 1885–1887 (Vol. VI) 17

nossa consciência: as séries que vêm à tona e a sucessão de sentimentos, pensamentos etc. são sintomas do acontecimento propriamente dito! – Sob cada pensamento se esconde um afeto. *Cada pensamento*, cada sentimento, cada vontade *não nasceu* de um impulso determinado, mas é um *estado conjunto*, toda uma superfície de toda a consciência, e resulta da constatação de poder instantânea *de todos* os nossos impulsos constituintes – portanto, do impulso justamente dominante, assim como dos impulsos que lhe obedecem ou que resistem a ele. O próximo pensamento é um sinal do modo como toda a situação de poder entrementes se deslocou.

1 (62)
   "Vontade" – uma falsa coisificação.

1 (63)
   – Como é que Goethe vai se excluir mais tarde! O quão inseguro, o quão flutuante! E seu *"Fausto"* – que problema casual e temporal, e pouco necessário e duradouro! Uma degradação do cognoscente, um doente, nada além disso! De maneira alguma a tragédia do próprio cognoscente! Nem mesmo a do "espírito livre".

1 (64)
  Amor humano.
    Justiça.
  Crueldade.
  Recompensa e punição.   Tudo já teve seus prós e
  Autossuficiência.   contras
  Racionalidade
    Ordem hierárquica.
  Escravidão (entrega)
  Todo elogio e toda repreensão são perspectivísticos a partir de uma vontade de poder.
  "ideias inatas"
  a alma, a coisa – falso. Do mesmo modo "o espírito".

18 FRIEDRICH NIETZSCHE

1 (65)
Capítulo sobre a *interpretação*
a *coisificação*
o *revivenciar* dos ideais que pereceram
(por exemplo, o sentido de escravo em Agostinho)

1 (66)
O *amor aos homens do cristão*, um amor que não faz nenhuma diferença, só é possível em meio à intuição constante de Deus; em relação a Ele, a ordem hierárquica entre homem e homem diminui ao ponto de desaparecer, e *o* próprio homem em geral se torna tão insignificante que as relações de grandeza não despertam mais nenhum interesse: assim como a partir de uma montanha alta grande e pequeno se parecem com formigas e se mostram *semelhantes*. – Não se deve desconsiderar esse *menosprezo* do homem em geral, que reside no sentimento cristão do amor aos homens: "tu és meu irmão, já sei como tu te sentes, sem levar em consideração quem tu possas ser – a saber, ruim!" etc. De fato, tal cristão é uma espécie extremamente impertinente e imodesta.

Ao contrário: se deixamos Deus de fora, então nos falta um tipo de um ser que é mais elevado do que o homem: e o olhar se torna *apurado* para as diferenças *desse* "ser supremo".

1 (67)
– Sou desconfiado em relação aos contemplativos, aos que repousam em si mesmos, aos felizes entre os filósofos: – falta-lhes a força configuradora e a fineza da probidade, que admite a falha como força

1 (68)
A transformação do moralmente abjeto em moralmente venerado – e vice-versa.

1 (69)
– uns buscam no interior uma obrigação incondicionada e a imaginam sob certas circunstâncias, os outros querem demonstrá-la e ao mesmo tempo cultivá-la com isso –

FRAGMENTOS PÓSTUMOS, 1885–1887 (Vol. VI)   19

1 (70)

   – O quão imodestamente o homem não se apresenta com suas religiões, mesmo quando ele se revolve diante de seu Deus, como o santo Agostinho! Que impertinência! Esse princípio de nossos pais ou de nossos avós no pano de fundo!

1 (71)

   – A moral foi considerada entre os mortais até aqui como aquilo que há de mais sério: essa se tornou a boa causa dos moralistas. Entre os deuses – e talvez mesmo algum dia também entre os homens –, essa causa está à espera de um riso nada discreto: a longo prazo, não há como portar sem ser punido a dignidade de um professor de escola. "Instruir" os homens, "aprimorar" os homens – a presunção de tal pretensão

1 (72)

   O fato de o gato homem sempre recair em suas quatro patas, gostaria de dizer em sua única pata "eu", é apenas um sintoma de sua "unidade" *fisiológica*, ou mais corretamente de sua "unificação" fisiológica: nenhuma razão para acreditar em uma "unidade anímica".

1 (73)

   Moral é uma parte da doutrina dos afetos: até que ponto os afetos alcançam no coração da existência?

1 (74)

   Se houvesse efetivamente um "em si", o que seria, então, o "em si" de um *pensamento*?

1 (75)

   Os pensamentos são *signos* de um jogo e de uma luta dos afetos: eles se encontram sempre reunidos com suas raízes veladas.

1 (76)

   Quem mede o valor de uma ação segundo a intenção, a partir da qual ela aconteceu, tem em vista aí *a intenção consciente*:

20 FRIEDRICH NIETZSCHE

mas há em toda ação muitas intenções inconscientes; e aquilo que entra em cena no primeiro plano como "vontade" e "finalidade" é *multiplamente* interpretável e em si apenas um sintoma. "Uma intenção expressa, exprimível" é uma explicitação, uma interpretação, que pode ser *falsa*; além disso, uma simplificação e uma falsificação arbitrárias etc.

1 (77)

O cálculo com vistas ao prazer como uma consequência possível de uma ação, e o prazer ligado com uma atividade mesma, como desencadeamento de uma força concentrada e acumulada: o quanto de esforço já não foi despendido para manter afastados esses dois prazeres! Faz-nos rir! Assim como a comodidade da vida – e a *bem-aventurança* é confundida como embriaguez moral e autoveneração.

1 (78)

Com o conhecimento dos homens, a moral também se refinou

a) ao invés do pecado como delito perante Deus
"a injustiça em relação a mim mesmo"
b) ao invés do pedido e da exigência de um auxílio maravilhoso –
c) ao invés da interpretação da vivência como recompensa e punição –
d) ao invés da hostilidade contra todo tipo de necessidade, inquietação e contenda –
e) ao invés do amor aos homens impertinentemente igualador –

1 (79)

A maior sinceridade e convicção do valor da própria *obra* não produz nada: assim como a subestimação duvidosa não consegue tocar o valor da obra. *É assim que as coisas se encontram em relação a todas as ações*: por mais moral que eu possa me mostrar para mim mesmo com uma intenção, em si não há

FRAGMENTOS PÓSTUMOS, 1885–1887 (Vol. VI)

<nada> decidido sobre o valor da intenção e ainda menos sobre o valor da ação. *Toda a proveniência de uma* ação precisaria ser conhecida, e não apenas pedacinhos, que caem da ação e ganham a consciência (a assim chamada intenção). Com isso, porém, se estaria exigindo justamente um conhecimento absoluto –

1 (80)

> *Em que medida é possível uma superação do homem moral:*
> Nós não medimos mais o valor de uma ação segundo suas consequências
> Nós também não o medimos mais segundo sua intenção

1 (81)

Assim como nós não oramos mais e não levantamos mais as mãos para os céus, tampouco teremos necessidade um dia da *difamação e da calúnia* para tratarmos certos impulsos em nós como *inimigos*; e, do mesmo modo, nosso poder, que nos impõe que destruamos homens e instituições, pode fazer isso um dia, sem que nós mesmos venhamos a recair quanto a isso em afetos da indignação e do nojo: aniquilar com um olhar divino e imperturbado! A aniquilação dos homens *que se sentem bem*, avante, *experimentum crucis.*

1 (82)

Para além do bem e do mal
Tentativa
de uma superação da moral

Por
Friedrich Nietzsche

1 (83)

A *interpretação* religiosa é superada.

A moral pertence à doutrina dos afetos (só um meio de sua domesticação, enquanto outros afetos devem ser cultivados para que cresçam

1 (84)

A superação da moral

Até aqui, o homem se manteve miseravelmente, na medida em que tratou de maneira pérfida e caluniosa os impulsos que lhe eram mais perigosos, ao mesmo tempo em que bajulou de maneira servil os impulsos que o conservavam. Conquista de novos poderes e países

a) a vontade de não verdade
b) a vontade de crueldade
c) a vontade de volúpia
d) a vontade de poder

1 (85)

Intelecto e sentido precisam ser erigidos *de maneira superficial* em relação à *compreensão do mundo exterior* e à participação nele.

Vacuidade completa da lógica –

1 (86)

Divisão do trabalho, memória, exercício, hábito, instinto, herança, capacidade, força – todas essas são palavras, com as quais nós não explicamos nada, mas com certeza designamos e indicamos.

1 (87)

O "eu" (que *não* equivale à administração una de nosso ser!) é apenas uma síntese conceitual – portanto, não há absolutamente nenhuma ação por "egoísmo".

1 (88)

– o fato de algum *cálculo de prazer* consciente ou inconsciente, que se tenha em consequência de uma ação (seja no fazer, seja depois), ser efetivamente *causa* do fazer é uma hipótese!!!

1 (89)

Nós pertencemos ao caráter do mundo, quanto a isso não há qualquer dúvida! Não temos nenhum acesso ao mundo senão por

FRAGMENTOS PÓSTUMOS, 1885–1887 (Vol. VI) 23

meio de nós: tudo o que há de elevado e baixo em nós precisa ser compreendido como pertencendo necessariamente à sua essência!

1 (90)
N.B. Nós queremos admitir nossas inclinações e aversões e tomar cuidado para não maquiá-las com os vidros de cores da moral. Tão certamente quanto não interpretaremos mais nossa necessidade como nossa "luta com Deus e com diabo"! Sejamos naturalistas e admitamos um bom direito mesmo para aquilo que precisamos combater, em nós ou fora de nós!

1 (91)
Por meio da divisão do trabalho, os sentidos de pensamento e juízo foram quase dissolvidos: enquanto antes isso residia neles, sem separação. Ainda mais cedo, os desejos e os sentidos com certeza foram *um e o mesmo*.

1 (92)
Toda luta – todo acontecimento é uma luta – *precisa de* duração. O que denominamos "causa" e "efeito" deixa a luta de fora e não corresponde, por conseguinte, ao acontecimento. É consequente negar o tempo em causa e efeito.

1 (93)
Livremo-nos, porém, da superstição que até grassou completamente entre os filósofos.

1 (94)

O novo Esclarecimento
Prelúdio de uma filosofia do futuro.
Por
Friedrich Nietzsche

1 (95)
Espíritos livres e outros filósofos.
Para além do bem e do mal.

24 FRIEDRICH NIETZSCHE

1 (96)

Moral de moralistas

1 (97)

Sobre a confusão entre causa e sintoma

Prazer e desprazer são os sintomas mais antigos de todos *os juízos de valor*: *não*, porém, causas dos juízos de valor! Portanto: prazer e desprazer pertencem tanto quanto os juízos éticos e estéticos sob *uma categoria*.

1 (98)

As palavras permanecem: os homens acreditam, também os conceitos que são designados com elas!

1 (99)

Faltam-nos muitos conceitos para expressar relações: o quão rapidamente nos damos por satisfeitos com "senhor e escravo", "pai e filho" etc.

1 (100)

Incompreensão fundamental: o homem interpreta a partir de si todos os outros; daí, uma incompreensão de muitas virtudes e afetos, que são próprios a um tipo mais elevado. Mesmo o mesmo homem compreende-se de maneira falsa quando ele olha de volta em um instante mais baixo para os seus tempos de festas elevadas. "Autorrebaixamento", "modéstia"

1 (101)

Ah, vós conheceis a ternura muda com a qual o homem mau e terrível se entrega àquele instante, no qual ele por uma vez – ou ainda – foi "diferente"! Ninguém vê a virtude tão sedutora, tão mulher e criança.

1 (102)

Na mais pura fonte, uma gota de sujeira é suficiente –

FRAGMENTOS PÓSTUMOS, 1885–1887 (Vol. VI)   25

1 (103)
A mão, que queria se estender para uma oração, a boca já pronta para o suspiro – aqui o espírito livre tem sua superação, mas também seu estancamento. Um dia o dique será tomado pelas águas selvagens –

1 (104)
Muitos homens refinados querem *quietude*, paz ante os seus *afetos* – eles aspiram à *objetividade*, neutralidade, eles estão satisfeitos em restarem como *espectadores* – como espectadores críticos com uma superioridade curiosa e intencional.

Outros procuram quietude para *fora*, a ausência de periculosidade da vida – eles não gostariam de ser invejados ou atacados – e preferem conceder a "cada um o seu direito" – denominam isso "*justiça*" e amor aos homens etc. Para o capítulo: "As virtudes como disfarce".

1 (105)
A perda em toda especialização: a natureza sintética é a *mais elevada*. Pois bem, toda vida orgânica já é uma especialização; o *mundo inorgânico* que se encontra aí por detrás é a *maior síntese de forças* e, por isso, o mais elevado e o mais venerável. – O erro, a restrição perspectivista falta aí.

1 (106)
Artistas: entusiasmados, sensíveis, criançolas, ora ultradesconfiados, ora ultraconfiantes

1 (107)
– Tu és alguém que é fiel ao seu princípio *como pensador*, não como um rábula, mas como um soldado em relação aos seus comandos? Não há apenas infidelidade em relação a pessoas.

1 (108)
– Compaixão em relação a alguém que tem bastante felicidade e coragem para também poder ficar à parte e *olhar* à parte, exatamente como um Deus epicurista.

1 (109)

O espelho.
Filosofia do saber proibido.
Por
Friedrich Nietzsche

1 (110)

Deus foi refutado; o diabo, não. Para olhos clarividentes e desconfiados, que sabem olhar de maneira profunda o suficiente nos panos de fundo, o espetáculo do acontecimento não é nenhum certificado nem de veracidade nem de preocupação patriarcal ou de racionalidade superior; nem algo distinto nem algo puro e franco.

1 (111)

A falta de naturalidade nórdica: tudo coberto com uma névoa de prata; é preciso chegar artificialmente ao bem-estar, a arte é lá uma espécie de desvio em relação a si mesmo. Ah, essa alegria esmaecida, essa luz de outubro com todas as suas alegrias! *A artificialidade nórdica*

1 (112)

O tentador.
Por
Friedrich Nietzsche

1 (113)

Caráter inofensivo de nossos filósofos críticos, que não notam o fato de que o ceticismo – – –: eles acham que, caso se colocasse à prova primeiro o instrumento antes de aplicá-lo, a saber, caso se colocasse à prova a faculdade do conhecimento – – –: isso é ainda pior do que querer colocar à prova um palito de fósforo antes de usá-lo. É o palito de fósforo que quer colocar a si mesmo à prova, para saber se ele queimará ou não

1 (114)

A necessidade incondicionada de todo acontecimento não contém nada de uma obrigação: essa obrigação se encontra no

FRAGMENTOS PÓSTUMOS, 1885–1887 (Vol. VI)   27

alto junto ao conhecimento, que percebeu e sentiu as coisas assim. De sua crença não se obtêm nenhum perdão e nenhuma desculpa – risco uma sentença, que para mim é falha, logo que percebo a necessidade, em virtude da qual ela é falha para mim, pois o barulho de uma carroça me perturba – assim, riscamos ações, em certas circunstâncias mesmo homens, porque eles são impertinentes. "Conceber tudo" – significaria suspender todas as relações perspectivísticas, significaria não conceber nada, desconhecer a essência daquele que conhece.

1 (115)
    O caráter interpretativo de todo acontecimento.
    Não há nenhum acontecimento em si. O que acontece é um grupo de fenômenos *interpretados* e sintetizados a partir de um ser interpretativo.

1 (116)
    O *medo* foi ulteriormente formado e transformado em *sentimento de honra*, a *inveja*, em *equidade* ("a cada um o que é seu" e até mesmo "direitos iguais"), a impertinência dos solitários e daqueles que estão colocados em risco em fidelidade – – –

1 (117)
    a lentidão do espírito, que se fixa para onde quer que ele se mova, o caráter confortável que não se dispõe a reaprender, a submissão benevolente a um poder e a uma alegria ao servir, a cisma quente e úmida com vistas a ideias, desejos – tudo alemão – origem da *fidelidade* e da *credulidade*.

1 (118)
    A divisão do protoplasma em dois entra em cena quando o poder não é mais suficiente para dominar a própria posse apropriada: procriação é consequência de uma impotência.
    Onde os homens, por fome, buscam as mulheres e imergem nelas, a procriação é a consequência de uma fome.

28 FRIEDRICH NIETZSCHE

1 (119)

O *transcurso completamente igual, mas a interpretação mais elevada do transcurso!!!* A unificação mecanicista da força, mas a elevação do sentimento de poder! "A segunda vez" – mas não há nenhuma "segunda vez".

A absoluta *inefetividade* do sentimento interior de poder como causalidade – – –

1 (120)

O mesmo texto permite inúmeras interpretações: não há nenhuma interpretação "correta".

1 (121)

Gai saber.
Prelúdio de uma filosofia do futuro
1) *Espíritos livres e outros filósofos.*
2) *Interpretação do mundo, não explicação do mundo.*
3) *Para além de bem e mal.*
4) *O espelho.* Uma oportunidade para a autoinvestigação dos europeus.
5) *Os filósofos do futuro.*

1 (122)

Superação dos afetos? – Não, caso ela deva significar enfraquecimento e aniquilação dos afetos. *Mas contratar os seus serviços*: ao que pode pertencer tiranizá-los por muito tempo (não primeiramente como singular, mas como comunidade, raça etc.). Finalmente, dá-se para eles uma vez mais uma liberdade confiante: eles nos amam como bons servos e seguem naturalmente para onde aponta o que há de melhor para nós.

1 (123)

Felicidade e autossatisfação do Lázaro ou "bem-aventurança" junto às "belas almas" ou um amor tuberculoso junto a petistas morávios não demonstram nada em termos da *ordem hierárquica* dos homens. Seria preciso, como grande educador, levar por meio do chicote uma raça de tais "homens venturosos" para o interior da infelicidade: o perigo do apequenamento está imediatamente presente: *contra* a felicidade espinozista ou epicurista e contra toda aquietação em estados contemplativos. Mas, se a virtude está no meio em relação a tal felicidade, ora, então *também é preciso se assenhorear da virtude.*

1 (124)
Como surgem a esfera perspectivística e o erro? Na medida em que, graças a um ser orgânico, não um ser, *mas a própria luta procura se manter, crescer e se tornar consciente.*

Aquilo que denominamos "consciência" e "espírito" é apenas um meio e um instrumento graças <aos quais> não um sujeito, mas *uma luta quer se conservar.*

O homem é a testemunha de que forças descomunais podem ser colocadas em movimento, por meio de um pequeno ser dotado de um conteúdo múltiplo (ou por meio de uma luta perenizante concentrada em muitos seres)
Seres, que brincam com astros

1 (125)
– Transformar a crença em que as coisas são "de tal e tal modo" na vontade de que "*elas devem se tornar de tal e tal modo*".

1 (126)
– *Os caminhos para o sagrado.* Conclusão de "A vontade de poder".

1 (127)
– É preciso que haja homens que santificam todas as funções, não apenas comer e bem: e não apenas em memória delas, ou na unificação com elas, *mas, ao contrário*, esse mundo precisa ser *sempre de novo e de maneira nova* transfigurado.

1 (128)
– o essencial do ser orgânico é uma *nova interpretação do acontecimento*, a pluralidade interna perspectivística que é ela mesma um acontecimento.

30 FRIEDRICH NIETZSCHE

1 (129)
– Os santos como os *homens mais fortes* (por meio de au-tossuperação e liberdade, fidelidade etc.

1 (130)
– *negar* o mérito, mas fazer aquilo que se acha acima de todo elogio, sim, de toda compreensão

1 (131)
A vontade de poder

1 (132)
– um grande homem, que sente um direito de sacrificar homens como um general de campo sacrifica homens; não a serviço de uma "ideia", mas porque quer comandar.

1 (133)
– é sempre necessária uma menor força física: com inteligência, deixam-se máquinas trabalhando, o homem se torna *mais poderoso e mais espiritual*.

1 (134)
– por que é necessário hoje falar temporariamente de maneira tosca e agir de maneira tosca. Algo fino e silenciado não é mais compreendido, nem mesmo por aqueles que são aparentados conosco. Aquilo sobre o que não se *fala alto não se faz presente*: dor, privação, tarefa, o longo compromisso e a grande superação – ninguém vê ou fareja algo disso. A serenidade é considerada como um sinal da falta de profundidade: o fato de ela poder ser a bem-aventurança depois de uma tensão rigorosa demais, quem o sabe? – Lida-se com atores e se infligem muitas coerções, a fim de também aí poder honrar. Ou com um sensualista fleumático, que tem espírito suficiente para — –

1 (135)
– coloquei na conta dos alemães o filistianismo e a confortabilidade: mas esse *deixar-se-levar* é europeu e "característico do tempo atual", não apenas na moral e na arte.

FRAGMENTOS PÓSTUMOS, 1885–1887 (Vol. VI)

1 (136)

– não se permitir que se faça da curiosidade e do afã da pesquisa uma virtude, uma "vontade de verdade". Os eruditos de Port Royal sabiam e consideraram as coisas mais rigorosamente. Mas nós todos deixamos nossas inclinações cresceram como ervas daninhas e gostaríamos em seguida que elas tivessem o belo nome das virtudes. *A virtude, porém, está entre os produtos das épocas mais fortes e mais cruéis*: ela é um privilégio de aristocratas.

1 (137)

Eu me espanto com as coisas mais reconhecidas da moral – e outros filósofos, como Schopenhauer, só pararam diante dos "milagres" na moral.

1 (138)

Dissensão e diálogo

1 (139)

Os artistas começam a apreciar e a superestimar suas obras quando param de ter veneração por si mesmos. Sua louca exigência por fama encobre com frequência um triste segredo.

A obra não pertence à sua regra, elas a experimentam como sua exceção. –

Talvez eles queiram também que suas obras falem a seu favor, talvez que outros os iludam sobre si mesmos. Por fim: talvez eles queiram barulho *em* si para não "escutarem" mais a si mesmos.

1 (140)

"Deus queria o meu melhor ao me destinar o sofrimento."

– Está em *tuas* mãos interpretar essa sentença em função do que há de melhor para ti: ela não significava *mais* do que isso nem mesmo junto aos homens religiosos.

1 (141)

Para além de sim e não
Questões e pontos de interrogação
para questionáveis.

1 (142)

Nós sabemos melhor do que confessamos que Wagner é pobre, que ele raramente tem uma ideia, que ele mesmo é quem mais se assusta, se encanta e se choca com sua aparência; e que, durante um tempo longo demais, não se cansa de acariciar e limpar a poeira desses milagres de pensamentos. Ele é grato demais e não conhece a afabilidade dos ricos, nem muito menos seu nojo terno, o cansaço daqueles que não fazem nada senão presentear – como Mozart, como Rossini: só as fontes mais abundantes saltam e pulam.

1 (143)

"Nós, lagartixas da felicidade"
Pensamentos de um homem grato.[5]

1 (144)

A última virtude.
Uma moral para moralistas

1 (145)

– esta última virtude, *nossa* virtude significa: probidade. Em todas as outras partes, somos apenas as heranças e talvez os dissipadores de virtudes, que não foram reunidas e acumuladas por nós

1 (146)

Um moralista: por tal termo compreendo nossa questão e objeção: já houve efetivamente um tal verdadeiro e correto m<oralista>? – Talvez não, talvez sim; em todo caso, a partir de agora só pode haver tais m<oralistas>.

1 (147)

Fujamos, meus amigos, daquilo que é entediante, do céu encoberto, do andar dos gansos, da mulher honrada, das solteiro-

---

5 **N.T.**: Nietzsche joga na passagem acima com a proximidade dos verbos *denken* (pensar) e *danken* (agradecer) em alemão, proximidade essa que fica ainda maior no substantivo *Gedanke* (pensamento), formado a partir do particípio de *denken*. Em verdade, pensar é, aqui, um modo de agradecer.

FRAGMENTOS PÓSTUMOS, 1885–1887 (Vol. VI)   33

nas que escrevem e "editam" livros – a vida não é curta demais
para se entediar?

1 (148)
"O mundo como vontade e representação" – retraduzido
no elemento estreito e pessoal, no elemento schopenhaueriano:
"o mundo como impulso sexual e contemplatividade".

1 (149)
O império alemão está longe de mim, e não há nenhuma
razão para eu me mostrar como amigo ou inimigo em relação a
uma coisa que se encontra tão distante.

1 (150)
Fomos até aqui tão corteses com as mulheres. Ai de nós,
está chegando o tempo em que, para ter relações com uma mulher, será preciso antes de tudo bater em sua boca.

1 (151)
Os caminhos para o sagrado.
O que são espíritos fortes?
Da moral do animal de rebanho

1 (152)
Novos perigos
e novas seguranças
Um livro para espíritos fortes.

1 (153)
N.B. Contra arianos e semitas.
Onde raças são misturadas, a fonte da grande cultura.

1 (154)
O que é distinto?
Pensamentos
sobre ordem hierárquica.

1 (155)

O que é que estamos esperando? Não estamos esperando por um grande barulho de arautos e trombetas? Que felicidade reside em altos tons! Há um silêncio que asfixia: já escutamos por tempo demais.

1 (156)

Quem tem os maiores presentes a entregar busca aqueles que sabem recebê-los – ele talvez busque em vão? Ele joga finalmente fora seu presente? Algo desse gênero é constitutivo da história secreta e do desespero das almas mais ricas: trata-se, talvez, do que há de mais incompreensível e melancólico de todos os infortúnios sobre a Terra.

1 (157)

O fato de o juízo moral, na medida em que ele se apresenta em conceitos, se mostrar como estreito, grosseiro, mesquinho, quase ridículo, medido a partir da liberdade do mesmo juízo, na medida em que este se apresenta em ações, na escolha, na recusa, no estremecimento, no amar, hesitar, duvidar, em todo contato entre os homens.

1 (158)

Como é que hoje a brava mediocridade na Alemanha se sente bem com a música de seu Brahms, ou seja, aparentada com ela –: tal como os cabeças-ocas finos e inseguros do espírito parisiense andam hoje à espreita de seu Renan com uma adulação voluptuosa.

1 (159)

O valor dos *monarcas* subindo!

1 (160)

O quão traiçoeiros são todos os partidos! – eles trazem à luz algo de seus líderes que eles talvez consigam com grande arte não mostrar que sabem.

FRAGMENTOS PÓSTUMOS, 1885–1887 (Vol. VI)

1 (161)

Cada um tem, talvez, o seu critério de medida para aquilo que é considerado por ele como "superficial": pois, muito bem, eu tenho o meu – um critério tosco, simplório, para o meu uso caseiro, tal como ele cabe em minhas mãos – que outros tenham um direito a instrumentos mais delicados, com traços mais finos!

Quem sente o sofrimento como um argumento contra a vida é considerado, por mim, como supérfluo, portanto, nossos pessimistas; do mesmo modo, quem vê no bem-estar uma meta.

1 (162)

A alma orgiástica. –

Eu o vi: ao menos seus olhos – eles são ora profundos e silenciosos, ora olhos de mel verdes e lascivos
seu riso alciônico,
o céu olhava sangrento e terrível
A alma orgiástica da mulher
eu o vi, seu riso alciônico, seus olhos de mel, ora profundos
e encobertos, ora verdes e lascivos, uma superfície tremulante,
lasciva, sonolenta, trêmula, hesitante,
jorra a alma em seus olhos

1 (163)

1) César entre piratas
2) Na ponte
3) O casamento – e repentinamente, enquanto o céu desce
escuro
4) Ariadne.

1 (164)

Esta música – claramente dionisíaca?
a dança?
a serenidade? o tentador?
a torrente religiosa?
sob o travesseiro de Platão Ar<istófanes>?

1 (165)

Nossos menestréis e h<omens> do enterro desleal – eles são os parentes mais próximos das bruxas, eles possuem os picos de suas montanhas Block.

1 (166)

a natureza mística, manchada e espumando através dos vícios

1 (167)

a fonte boa e pura que, com uma gota de imundície que tenha caído nela, nunca mais fica pronta até que ela finalmente se torne amarela e venenosa por inteiro: – os anjos estragados

1 (168)

"Nós, imoralistas"

1 (169)

"Que tu sejas saudado, caso tu saibas o que tu fazes; mas, caso tu não saibas, então tu estás sob a lei e sob a maldição da lei"
Jesus de Nazaré

1 (170)

Laboriosidade como indício de uma *espécie vulgar* de homem (que, como se entende por si mesmo, ainda se mostra, por isso, como uma espécie estimável e imprescindível – observação para jumentos) gostaria de – – – em nossa era

1 (171)

em relação a Rabelais e àquela força exuberante dos sentidos, cujo traço característico é – – –

1 (172)

Rafael sem mãos
os mosteiros e os eremitérios da cultura
Esta música não é sincera
"Tão pouco Estado quanto possível" – os poderes antinacionais

FRAGMENTOS PÓSTUMOS, 1885–1887 (Vol. VI)

Alguém que, como Schopenhauer, já considera a "objetividade", a "contemplatividade", como o estado supremo – este não sabe suficientemente das coisas
    a felicidade de achar um egoísmo ingênuo irreflexivo
    a tartufaria dos alemães! representar a mulher velha como escoadouro de seu sentimento do dever – escutei isso com meus próprios ouvidos
        Gritos e escrivinhações das meninas feias – a influência decrescente da mulher.
    a nova Melosina
    a maior quantidade possível de aparatos militares, os reis alvejados – a privação do acampamento, sem portas e janelas com o revólver carregado
        "a causa de toda ação é um ato de consciência", um *saber*! Consequentemente, as ações ruins são apenas erros etc.
    A célebre expressão "perdoai-vos", a generalização "*tout comprendre*" – palavras superficiais
        "o grande ambíguo e tentador"

1 (173)
    um mar frio e reluctante, no qual não ondula nenhum encanto

1 (174)
    ainda não tive uma hora entre meus iguais, em todo fazer e em todo negócio o verme secreto "tu tens algo diverso a fazer" martirizado por crianças, gansos e anões, pesadelos
    – há apenas aqueles em torno dele, junto aos quais ele não pode nem se desforrar nem oferecer instrução – – –

1 (175)
    consciência mimada

1 (176)
    a pequena sala de lamentações

1 (177)
    De um grande homem.

Os que vêm depois dizem dele: "desde então ele subiu cada vez mais alto". – Mas eles não compreendem nada do martírio da ascensão: um grande homem é impelido, oprimido, empurrado, torturado para se dirigir à *sua altura*.

1 (178)
Este é o problema da raça, tal como eu o compreendo: pois no que concerne ao falatório chulo sobre arianos – – –

1 (179)
O jesuitismo da mediocridade, que procura quebrar e enfraquecer o homem extraordinário e tenso como um arco perigoso para ele, com compaixão e um auxílio confortável, assim como com envenenamentos de sua solidão necessária e com o enodoamento secreto de sua crença –: que tem seu triunfo no momento em que pode dizer: "*este* se tornou finalmente um dos nossos", esse jesuitismo ávido por dominação, que se mostra como a força impulsionadora no conjunto do movimento democrático, está por toda parte bastante afastado da política e das questões da alimentação – – –

1 (180)
Mozart, a flor do barroco alemão

1 (181)
Inspiração. –

1 (182)
É difícil ser compreendido. Já pela boa vontade em relação à própria *fineza* da interpretação deve-se ser grato de coração: em dias bons, não se exige mais de maneira alguma uma interpretação. Deve-se conceder aos amigos um campo de jogo rico para a má compreensão. Parece-me melhor ser mal compreendido do que ser incompreendido: há algo de ofensivo em ser compreendido. Ser compreendido? Vós sabeis muito bem o que isso significa? *Comprendre c'est égaler.*[6]

---

6 **N.T.:** Em francês no original: "compreender é igualar".

FRAGMENTOS PÓSTUMOS, 1885–1887 (Vol. VI)   39

1 (183)
Ah, isto é o mar: e aqui este pássaro deve construir seu ninho?
Naqueles dias em que o mar fica calmo e – – –

1 (184)
Da *avidez do espírito*: lá onde, como na avareza, o meio é fim. A insaciedade
Ama-se *hoje* tudo o que há de fatalisticamente descomunal: assim também o espírito.

1 (185)
O cultivo do espírito.
Pensamentos
sobre a consciência intelectual
A cobiça e a insaciabilidade do espírito: – o descomunal, fatalístico, noturno e divergente, sem piedade, predatório e insidioso aí.

1 (186)
O erudito.
O que é a verdade.
Da ausência de cultivo do espírito.
O demagógico em nossas artes.
Moral dos senhores e moral dos escravos.
Moral e fisiologia.
Castidade.
Para a história do espírito livre.
Nós, imoralistas.
A alma nobre.
A máscara.

1 (187)
1) O que é verdade?
2) Sobre a história natural do erudito.
3) A máscara.
4) Da alma nobre.

FRIEDRICH NIETZSCHE

5) Nós, imoralistas
6) Moral de rebanho.
7) Da demagogia das artes.
8) Castidade.
9) Os bons europeus.
10) Os filósofos do futuro. Céticos. Espíritos livres. Espíritos fortes. Tentadores. Dioniso.

1 (188)

Primeira parte principal:
nossa coragem
Segunda parte principal:
nossa compaixão
Terceira parte principal:
nossa intelecção
Quarta parte principal
nossa solidão.

1 (189)
1) *Moral e conhecimento.*
2) *Moral e religião.*
3) *Moral e arte.*
4) *"Nós, europeus".*
5) *O que é nobre?*
Inspiração

1 (190)

Entre aqueles que se libertaram da religião, encontro homens de muitos tipos e níveis hierárquicos. Temos aí os incontinentes, que se deixaram convencer por seus sentidos (porque seus sentidos não suportavam mais a coerção e a censura do ideal religioso) – e que costumam se servir da razão e do gosto como seus advogados, como se eles não soubessem mais suportar o irracional na religião, aquilo que na religião ofende o gosto: – desse tipo de homem são próprios o ódio antirreligioso, a maldade e o riso sardônico, assim como, porém, em instantes bem escondidos – uma vergonha cheia de nostalgia, uma submissão interior às avaliações do ideal negado. Alienados da Igreja por meio da sensibilidade, eles veneram, ao retornarem uma vez mais a ela, o ideal da dessensualização como *o* "ideal" religioso "em si": – uma fonte de muitos erros pesados.

Temos aí os homens mais espirituais, mais pobres em termos de sentimentos, mais secos, mais conscienciosos também, que são fundamentalmente incapazes de acreditar em um ideal e que ainda sabem encontrar no fino dizer não e na dissolução crítica sua maior força e dignidade: eles são descolados, porque não há nada neles o que pudesse vinculá-los firmemente; eles descolam, porque – – –

Fases –

Perda, deserto, inclusive um sentimento da infidelidade, da ingratidão, do descolamento, tudo com uma predominância de uma certeza amarga irrevogável

o sentimento da tolerância cheio de veneração e de uma bela seriedade (com grande doçura em relação aos *h<omines>* *religiosi*)

o sentimento da benevolente serenidade superior em relação a todas as religiões, misturado com um leve menosprezo pela impureza da consciência intelectual, que continua permitindo a muitos serem religiosos, ou com um espanto pouquíssimo dissimulado ante o fato de que é possível "acreditar"

1 (191)

N.B. Por fim, o *todo* de uma cidade grega tinha efetivamente mais *valor* do que um singular! Ele só não se conservou! – assim, o corpo também tem certamente mais valor do que qualquer um dos órgãos. Aprender a obedecer, mil vezes no corpo, realizar o máximo!

1 (192)

ginasta habilidoso puramente lavado e asseadamente vestido com uma fechadura diante da boca solta, educando-se para aprender a se silenciar, mesmo para realizar alguns autocontroles

FRIEDRICH NIETZSCHE

in Venere (e não, como tão frequentemente, prostituído e estropiado desde garoto): que nós possamos vê-los em breve "europeizados" com vistas a esse aspecto

1 (193)
Amo a animação magnífica de um jovem predador, que brinca graciosamente e, à medida que brinca, dilacera

1 (194)
O pessimismo moderno é uma expressão da inutilidade do mundo *moderno* – não do mundo e da existência.

1 (195)
Parece-me cada vez mais que não somos suficientemente rasos e benevolentes para podermos ajudar as pessoas a entoarem positivamente a balela nacionalista dos *junkers* da região de Märkisch e para concordarmos com eles em sua palavra de ordem cheirando a ódio: "Alemanha, Alemanha acima de tudo".

1 (196)
– é preciso já descer até o último Wagner e suas folhas de Bayreuth para encontrar um pântano semelhante de arrogância, obscuridade e germanice, como os *Discursos à nação alemã*.[7]

1 (197)
Os antigos românticos tombam e se encontram um dia, não se sabe como, estendidos diante da cruz: isso também aconteceu com Richard Wagner. Observar concomitantemente a degradação de tal homem está entre as coisas mais dolorosas que vivenciei: – o fato de *não* se ter sentido isso dolorosamente na Alemanha foi um forte impulso para mim, um impulso para que desconfiasse ainda mais daquele espírito que impera agora na A<lemanha>.

---

7 **N.T.:** Nietzsche tem em vista aqui as 14 conferências dadas por J. G. Fichte na Academia de Berlim em 1807-1808 e que estão reunidas como *Discursos à nação alemã*.

FRAGMENTOS PÓSTUMOS, 1885–1887 (Vol. VI)   43

1 (198)
Buatschleli batscheli
bim bim bim
Buatscheli batscheli
bim!

1 (199)
Tomar e estrangular, asfixiar, sufocar com seu abraço a felicidade: – a melancolia de tais vivências – senão ela fugiria e escapuliria?

1 (200)
O quanto alguém suporta da verdade?
O quanto alguém assume sobre si para se responsabilizar?
O quanto alguém assume sobre si para cuidar e proteger?
A simplicidade – e o que trai o gosto colorido dos artistas?

1 (201)

Moral da classe média

1 (202)
Há algo no fundo incorrigível: um granito de *fatum*, de uma decisão previamente determinada na medida e na relação conosco, e, do mesmo modo, um direito a determinados problemas, um carimbo marcado a ferro desses problemas sobre nossos nomes. A tentativa de se ajustar, a tortura do isolamento, a exigência por uma comunidade: isso pode se manifestar em um pensador de tal modo que ele subtraia em seu caso particular precisamente o elemento mais pessoal e valioso e, por meio da generalização, também o *vulgarize*. Desse modo, é possível que toda a filosofia expressa de um homem notável não seja propriamente a sua filosofia, mas, precisamente, a filosofia de seu entorno, do qual ele se *desvia* como homem, paratipicamente. Em que medida a modéstia, a falta de um "eu sou" corajoso, é fatídica em um pensador? "O tipo é mais interessante do que caso particular e do que o caso

excepcional": nessa medida, a cientificidade do gosto pode levar alguém a não ter por si a participação e a cautela necessárias. E, finalmente: estilo, literatura, o dado e caso das palavras – o que falsifica e estraga tudo isso no que há de mais pessoal! Desconfiança no escrever, tirania da vaidade do escrever *bem*: que, em todo caso, é uma vestimenta social e que também nos esconde. O gosto hostil ao original! Uma velha história. Estilo que comunica: e estilo que é apenas sinal, "*in memoriam*". O estilo morto é uma mascarada; em outros o estilo vivo. A despersonalização.

1 (203)
    Contra um inimigo, não há nenhum antídoto melhor do que um segundo inimigo: pois um inimigo – – –

1 (204)
    Coisas demais sobre mim. Desde quando? Quase desde pequeno. Minha filologia era apenas uma escapada tomada com avidez: não posso me iludir quanto a isso, os diários de Leipzig falavam de maneira clara demais. – E não companheiros! – Frívolo na confiança? Mas um ermitão já sempre acumulou reservas demais, naturalmente também de desconfiança.

1 (205)
    A mais profunda incompreensão da religião, "homens maus não têm nenhuma religião".

1 (206)
    Música *russa*: como é que acontece de – – –

1 (207)
    A extrema pureza da atmosfera na qual eu o coloquei e que me permite – – – coisas

1 (208)
    tornei-me incapaz de resistir à dor fís<ica>: e, quando agora surgem dias com os antigos ataques, então a dor se trans-

FRAGMENTOS PÓSTUMOS, 1885–1887 (Vol. VI)   45

forma em uma tortura psíquica, com a qual não posso comparar nada

1 (209)
Entregam-se à sua obra também a elevação e a bondade de sua natureza: depois aridez ou lama. –

1 (210)
Como a boa consciência e o bem-estar isolam dos problemas profundos!

1 (211)
Para além de bem e mal: algo desse gênero dá trabalho. Eu traduzo como que *em* uma língua estrangeira, não estou sempre certo de ter encontrado o sentido. Tudo algo tosco demais para me agradar.

1 (212)
Em tapetes púrpuras, marrons, amarelos, verdes

1 (213)
Nós, que acordamos cedo, que nós – – –

1 (214)
Oposição, há verdades dignas de vomitar, matéria *peccans*, da qual nós gostaríamos simplesmente de nos livrar: nós nos livramos delas na medida em que as comunicamos

1 (215)
Olhar para a indigência das massas com uma melancolia irônica: elas querem algo que *nós* podemos – ah!

1 (216)
Nós nunca profanamos o nome sagrado do amor.

1 (217)
forças adormecidas

46 FRIEDRICH NIETZSCHE

1 (218)

proscrito em sua objetividade, em seu fanatismo sereno pela totalidade, ele é falso e querido em seus afetos, artificial e refinado na apreensão do particular, mesmo nos sentidos

1 (219)

N.B. Como no decréscimo da força vital se *decai* até o contemplativo e até a objetividade: um poeta pode senti-lo (Sainte-Beuve).

1 (220)

O gozo descomunal do homem e da sociedade na época de Luís XIV fez com que o homem se entediasse e se sentisse enfadado. O que havia de mais constrangedor era a erma natureza, as altas montanhas. *Os preciosos* querem trazer para o interior do amor o espírito, ao menos o *esprit*. Sintoma de um gozo descomunal junto ao *espírito* (ao espírito claro, distintivo, como no tempo das guerras de Troia).

As formas mais artificiais (Ronsard, mesmo os escandinavos) fazem a maior alegria em naturezas muito suaves e vigorosas: trata-se de sua autossuperação. Mesmo a moral mais artificial.

Nossos homens querem ser duros, fatalistas, destruidores das ilusões – desejos de homens fracos e ternos, que se deleitam com o amorfo, bárbaro, destruidor de formas (por exemplo, a melodia "infinita" – refinamento dos músicos alemães). O pessimismo e a brutalidade como estimulantes de nossos preciosos.

1 (221)

Catilina – um romântico ao lado de César, *modo celer modo lentus ingressus*[8]

1 (222)

A liberdade da consciência só é útil e possível no grande despotismo – um sintoma da *atomização*

---

8 **N.T.:** Em latim no original: "o modo é acelerado, e a entrada é lenta".

FRAGMENTOS PÓSTUMOS, 1885–1887 (Vol. VI)

1 (223)

N.B. A última virtude

Nós somos os dissipadores das virtudes, que nossos ancestrais reuniram, e, graças a eles, com vistas ao seu longo rigor e economia, pode ser que ainda possamos nos <arrogar> por um longo espaço de tempo como os herdeiros ricos e petulantes

1 (224)

sombrio ou relaxado, um espírito que se vinga, em tudo o que inventa, daquilo que ele fez (ou do fato de *não* ter feito algo) – que não compreende a felicidade sem crueldade

1 (225)

Aqui, onde a península corre para o mar

1 (226)

Quem não tem nenhum prazer em ver patetas dançando não deve ler livros alemães. Acabo de ver um pateta alemão dançando: Eugen Dühring, de acordo com o lema anarquista *"ni dieu ni maître"*.[9]

1 (227)

No caso da *maioria dos homens*, sua inteligência continua sendo ainda hoje o que há de mais autêntico que eles têm: e só aqueles homens raros, que sabem, que sentem, como foi que eles cresceram à meia-luz de uma cultura em processo de envelhecimento – – –

1 (228)

Não compreendo o que os leigos veem em R<ichard> <Wagner>: talvez ele estimule os seus sentimentos românticos e todo o arrepio e comichão do infinito e da mística romântica – nós, músicos, ficamos encantados e seduzidos

---

9 **N.T.:** Em francês no original: "nem Deus nem mestre".

1 (229)

Discurso alciônico. César entre piratas.
A hora onde o sol está descendo –
Amor os homens pelo amor de Deus –
Para aqueles que riem um sorriso dourado.
Grato pelo ter sido mal compreendido –
Na prisão de ouro.
Nós, lagartixas da felicidade –
Entre crianças e anões.
Na ponte.
No velho forte.
O banho.
O maior dos eventos –
Sempre fantasiado
Otium
Pobreza, doença – e o homem nobre
O olhar lento
"Seus iguais" – contra a confiabilidade
Poder silenciar
Dificilmente reconciliado, dificilmente amargo
Cuidar de tudo o que é formal.
Mulheres. – Dança, tolice, pequenos castelos de joias
O tentador
Do sangue.
A máscara.

1 (230)

Canções alciônicas

1 (231)

Ariadne

1 (232)

O problema da ordem hierárquica
Pensamentos provisórios e travessões
Por
Friedrich Nietzsche

FRAGMENTOS PÓSTUMOS, 1885–1887 (Vol. VI) 49

1 (233)

N.B. O dano torna *inteligente*, diz a plebe. – Até onde ele torna inteligente, ele também torna ruim. Mas o quão frequentemente o dano não torna burro!

1 (234)

Em que medida um artesanato deforma corpórea e espiritualmente: assim como a cientificidade em si, assim como a aquisição de dinheiro, assim como toda arte: – o *especialista* é necessário, mas pertence à *classe dos instrumentos*.

1 (235)

É interessante ver alguma vez sem antolhos e sem limites: quase todos os homens superiores (como artistas) recaem em alguma subjugação, seja ao cristianismo, seja ao nacionalismo.

1 (236)

Se esta não é nenhuma era da decadência e da força vital decrescente com muita melancolia, então é ao menos uma era do ensaio irrefletido e arbitrário: – e é provável que, por sua profusão de experimentos *falhos*, surja uma impressão conjunta como que de decadência: e talvez a coisa mesma, *a* decadência.

1 (237)

O problema da ordem hierárquica.
O problema do cultivo e da criação.
    O cultivo da vontade.
    O cultivo da obediência.
N.B.   O cultivo do comando.
    A fineza da diferenciação.
    A formação que exclui a especialidade

1 (238)

A profunda necessidade da tarefa, que vige sobre todos os destinos possíveis de cada homem, no qual uma tarefa se torna, vive e "ganha o mundo" – no meio da vida compreendo que tipo de preparações tinham sido necessárias para o *problema da ordem hierárquica*, a fim de que eu pudesse finalmente ascender até mim mesmo: – como é que precisei experimentar os mais múltiplos estados de felicidade e de indigência de m<inha> alma, não perdendo nada, saboreando tudo e provando fundamentalmente tudo, purificando e filtrando tudo do contingente.

1 (239)
Toda moral, que de algum modo imperou, sempre foi o cultivo e a criação de um tipo determinado de homem, sob o pressuposto de que o que estava em questão era principalmente, sim, exclusivamente, esse tipo: em suma, sempre sob o pressuposto de que se poderia alterar ("melhorar") muitas coisas no homem com *intenção* e coerção: – ela sempre considera a assimilação aos tipos normativos como "aprimoramento" (ela não tem nenhum outro conceito de "aprimoramento" –)

1 (240)
Sobre a ingenuidade. A reflexão pode ser ainda um sinal de i<ngenuidade>.
"Egoísmo ingênuo".

1 (241)
o bem do "próximo" é em si mais almejável 1) quando o bem é almejável, 2) quando está decidido que tipo de bem, uma vez que há bens que se contradizem e se obstruem como metas, 3) quando já se encontra fixado e claro no valor da pessoa que "o próximo" tem um valor mais elevado do que eu. – Os sentimentos agradáveis, entusiasmados da entrega etc. precisam ser impiedosamente criticados; em si, em virtude da gota de agrado e de entusiasmo que há neles, eles não contêm ainda nenhum argumento *a seu favor*, mas apenas uma *sedução* para tanto.

1 (242)
Conhecimento dos homens: tudo depende daquilo que alguém já toma, já sente como "vivência"; a maioria precisa de um

FRAGMENTOS PÓSTUMOS, 1885–1887 (Vol. VI)   51

pesado detalhamento do acontecimento e cem vezes de repetições, e alguns precisam de cacetadas, para chegar aí por trás a uma vivência e se tornarem atentos

1 (243)
A barbarização do cristianismo por meio dos alemães

1 (244)
Ciência como meio para a educação. Em si impelida um barbarismo a mais, um artesanato barbarizante

1 (245)
Iti vuttakam
(Assim falou (o santo)

1 (246)
não enganar
nenhum acordo
desprezar tais *obscuridades*, como Bismarck e W<agner>.

1 (247)
Como os homens adoeceram de Deus e se alienaram do homem.

[2 = W I 8. Outono de 1885 – Outono de 1886]

2 (1)

Há uma negligência distinta e perigosa, que permite alcançar uma conclusão e uma intelecção mais profundas: a negligência das almas ricas demais, que nunca se *empenharam* por amigos, mas que só conhecem a hospitalidade, que só exercitam e sabem exercitar a hospitalidade – coração e casa abertos para qualquer um que queira entrar, quer se trate de mendigos, de aleijados ou de reis. Esta é a autêntica afabilidade: quem a tem, tem centenas de "amigos", mas provavelmente nenhum amigo.

2 (2)

Esse espírito maravilhoso, contente agora consigo mesmo e bem protegido e recolhido contra ataques: – vós o deixais irado por causa de seu castelo e de seus segredos e, contudo, olhais curiosos através das grades de ouro com as quais ele cercou o seu reino? – curiosos e seduzidos: pois um aroma desconhecido e indistinto sopra sobre vós um ar malévolo e conta algo sobre jardins e bem-aventuranças reservadas.

2 (3)

Estamos no meio do perigoso carnaval do desvario das nacionalidades, no qual toda razão mais refinada se arrasta para o lado e a vaidade dos povos periféricos mais rupestres grita pelos direitos à existência particular e à automagnificência – como se <pode> ver hoje no caso dos poloneses, do tipo mais distinto do mundo eslavo, que tenta conservar esperanças abortadas e – – –
as pessoas me dizem que a A<lemanha> falaria neste caso a grande palavra.

2 (4)

Discurso intermediário alciônico
Para o descanso de "Assim falou Zaratustra"
dedicado aos seus amigos

Por
Friedrich Nietzsche

2 (5)

O interesse exclusivo que agora é dedicado na Alemanha às questões do poder, do comércio, da mobilidade e – por último – à "vida boa"; a ascensão do disparate parlamentar, da leitura dos jornais e da presunção de que todos podem participar como literatos concomitantemente do diálogo sobre qualquer coisa; a admiração a um político que sabe tanto e considera tanto a filosofia quanto um camponês ou quanto o corpo estudantil acreditar tornar "aceitável" para o gosto alemão (ou para a consciência –) sua política instantânea ousada e brutal por meio de uma dissimulação arcaica levada a termo com royalismo e cristianismo –: tudo isso tem a sua origem no sinistro e em muitos aspectos do atraente ano 1815. Aí caiu rapidamente a noite sobre o espírito alemão, que até então tinha tido um dia longo e feliz: a pátria, o limite, a gleba, o antepassado – todos os tipos de limitação começaram repentinamente a fazer valer seus direitos. Outrora *despertou* lá em cima a reação e o temor, o medo ante o espírito alemão, e, consequentemente, embaixo o liberalismo, o revolucionarismo e toda a febre política – compreende-se esse "consequentemente". Desde então – desde que tudo se acha politizado –, a Alemanha perdeu a liderança espiritual da Europa: e agora acontece de, com os ingl<eses> medianos, com os a<lemães>, – – –

2 (6)

Os penúltimos séculos. –

A Alemanha só conseguiu levar sua arte mais própria, a música, a uma posição elevada nos séculos XVII e XVIII: é preciso perdoar um homem vez por outra melancólico, se ele só conseguir reconhecer a música alemã do século XIX como uma forma brilhante, múltipla e erudita da decadência. Também se mostraram no mesmo século tão blasfemado um prazer e uma força dissipadora: o estilo barroco alemão nas igrejas e nos palácios pertence à nossa música, como um estilo imediatamente aparentado com ela – no reino do olhar, ele constitui o mesmo gênero de magia e de seduções que nossa música representa para outro sentido. Entre Leibniz e Schopenhauer (nascido em 1788), a Alemanha esgotou toda a esfera de pensamentos originais, ou seja, do mesmo modo que no interior daquele século: – e mesmo essa filosofia, com sua trança e com sua teia de aranha conceitual, com sua flexibilidade, com sua melancolia, com sua secreta infinitude e mística, pertence à nossa música e é uma espécie de barroco no reino da filosofia.

2 (7)
Não somos *iguais* ao espírito que concebemos – a ele somos superiores!

2 (8)
O que ainda é jovem e se encontra sobre pernas fracas faz sempre a gritaria mais barulhenta: pois ainda cai de modo frequente demais. Por exemplo, o "patriotismo" na Europa atual, "o amor à pátria", o qual não passa de uma criança: – não se deve levar tão a sério a pequena choradeira!

2 (9)
Para meus amigos.
Este livro, que soube encontrar seus leitores em um amplo arco de países e povos e que precisa entender de alguma arte, por meio da qual mesmo ouvidos frágeis e rebeldes são seduzidos: precisamente este livro continuou sendo o mais incompreensível para meus amigos mais próximos: – quando ele apareceu, eles tomaram um susto e depararam com um ponto de interrogação. Assim, ele estabeleceu um longo estranhamento entre mim e eles. De fato, o estado a partir do qual ele surgiu tinha bastante do enigmático e do contraditório em si: eu estava naquela época ao mesmo tempo *muito* feliz e sofrendo *muito* – graças a uma grande *vitória* que tinha conquistado sobre mim mesmo, uma daquelas vitórias perigosas, com as quais se costuma perecer. Um dia – foi no verão de 1876 –, abateu-se sobre mim um repentino desprezo

FRAGMENTOS PÓSTUMOS, 1885–1887 (Vol. VI) 55

e uma intelecção: e, a partir daí, me lancei impiedosamente para além de todos os belos devaneios, para os quais minha juventude havia entregue seu coração.

2 (10)
O desvario das nacionalidades e a estultícia da pátria são, para mim, desprovidos de magia: a frase "Alemanha, Alemanha acima de tudo" dói em meus ouvidos; no fundo, porque quero mais e desejo mais dos alemães do que –. Seu primeiro homem de Estado, em cuja cabeça a boa razão do royalismo e do cristianismo se mostrava compatível com uma política instantânea brutal, um homem que não foi mais tocado pela filosofia do que um camponês ou um corpo de estudantes, desperta minha curiosidade irônica. Parece-me até mesmo útil que haja alguns alemães que tenham permanecido indiferentes em relação ao I<mpério> A<lemão>: e nem mesmo como espectadores, mas como aqueles que desviavam o olhar. *Para onde* eles olham, então? Há coisas mais importantes. Computadas em relação a elas, essas questões só são questões de primeiro plano: por exemplo, o despontar crescente do homem democrático e o embrutecimento da Europa e *apequenamento* do homem europeu que é condicionado por tal despontar.

2 (11)
A consciência intelectual
Ensaio de uma crítica dos homens mais espirituais.
O filósofo. O espírito livre. O artista. O homem religioso. O erudito. O homem distinto. Dioniso.

2 (12)
Entre pares: uma palavra que embriaga – ela encerra tanta felicidade e infelicidade para aquele que esteve toda uma vida sozinho; para aquele que nunca encontrou ninguém que lhe pertencesse, por mais que tenha procurado por muitos caminhos; para aquele que, nas relações interpessoais, sempre precisou ser o homem da dissimulação benevolente e serena, da assimilação buscada e com frequência encontrada, que conhece o riso ama-

relo diante de uma situação de aviltamento por uma experiência longa demais, que se chama "afabilidade" – ao mesmo tempo que conhece, também, aquelas perigosas irrupções lacerantes de toda bem-aventurança encoberta, de todos os desejos não sufocados, de todas as correntes acumuladas que se tornaram selvagens –, o repentino desvario daquela hora na qual o solitário abraça uma pessoa qualquer e a trata como amigo e enviado do céu e como o mais delicioso presente, para uma hora depois afastá-lo de si com nojo – com nojo desde então perante si mesmo, como que sujo, como que humilhado, como que alienado de si, como que doente de sua própria sociedade –.

2 (13)

Esta é minha desconfiança, que sempre retorna uma vez mais, minha preocupação que nunca se deita comigo para dormir, minha questão que nunca escuta ou pode escutar, minha esfinge, ao lado da qual não há apenas um abismo: – acredito que nós nos iludimos hoje quanto às coisas que nós europeus mais amamos, e um terrível (ou nem mesmo terrível, apenas indiferente e criançola) duende vem brincando com nosso coração e com nosso entusiasmo, tal como ele talvez já tenha brincado com tudo aquilo que de resto viveu e amou –: acho que tudo aquilo com o que estamos habituados na Europa hoje a venerar como "humanidade", "moralidade", "condição humana", "compaixão" e "justiça" tem muito provavelmente um valor de face como enfraquecimento e atenuação de certos impulsos fundamentais perigosos e poderosos, mas, apesar disso, não é, visto a longo prazo, outra coisa senão o apequenamento de todo tipo de "homem" – sua *mediocrização* definitiva, se é que se pode fazer vista grossa em uma ocasião desesperada quanto a uma expressão desesperada; acho que a *commedia umana* precisaria consistir, para um deus-espectador epicurista, no fato de que os homens, em virtude de sua moralidade crescente, se arrogam, com toda inocência e vaidade, capazes de se elevar do plano do animal ao nível dos "deuses" e a determinações supraterrenas. Em verdade, contudo, eles estão *caindo*, ou seja, por meio da

FRAGMENTOS PÓSTUMOS, 1885–1887 (Vol. VI)   57

formação de todas as virtudes, graças às quais um rebanho cresce, e por meio da repressão daquelas outras virtudes opostas, que dão origem a um novo tipo *dominante* mais elevado e mais forte, eles não fazem outra coisa senão desenvolver justamente o animal de rebanho e *fixam*, com isso, como tal o animal "homem" – pois até aqui o homem foi o "animal não fixado" –; acredito que o grande movimento *democrático* da Europa, que impele para frente e se mostra como irresistível – aquilo que se denomina "progresso" –, e, do mesmo modo, já a sua preparação e o augúrio moral, o cristianismo – no fundo não significa senão a conjuração conjunta instintiva descomunal do rebanho contra tudo aquilo que vem à tona como pastor, predador, eremita e César, em favor da conservação e do trazer para cima todos os fracos, oprimidos, desvalidos, medíocres, semifracassados, como uma rebelião dos escravos prolongada, de início secreta e em seguida cada vez mais autoconsciente, contra todo tipo de senhor, por fim, ainda contra o conceito "senhor"; como uma guerra de vida ou morte contra toda e qualquer moral, que emerge de início do colo e da consciência de um tipo mais elevado e mais forte, como dissemos, de um tipo dominante de homem – um tal que necessita da escravidão em uma forma qualquer e sob um nome qualquer como sua base e condição; acredito finalmente que, até aqui, toda elevação do tipo homem foi obra de uma sociedade aristocrática que acreditava em uma longa escada ascendente da ordem hierárquica e na diversidade valorativa de homem para homem e que tinha necessidade da escravidão: sim; acredito que sem o *páthos da distância*, tal como ele emerge da diferença encarniçada das classes, da visão e do baixar os olhos, que são próprios da casta dominante, para ver os súditos e os instrumentos, assim como de seu exercício igualmente constante no comando, no manter embaixo e no manter afastado, também não tem como surgir de maneira alguma aquele outro *páthos* mais envolto ainda em mistério, aquela exigência por uma ampliação cada vez maior da distância no interior da própria alma, a conformação de estados cada vez mais elevados, mais raros, mais distantes, mais amplamente estendidos, mais abrangentes, em suma, a "autossuperação do homem", a fim de tomar uma fórmula moral em um sentido supramoral. Uma questão sempre me ocorre uma vez mais, uma questão terrível e marcada pelo ensaio: vou dizê-la no ouvido daqueles que têm um direito a tais questões dignas de serem questionadas, às almas mais fortes de hoje, que também conseguem se manter o melhor possível sob controle: não seria próprio ao nosso tempo, quanto mais o tipo do "animal de rebanho" se desenvolve agora na Europa, fazer a tentativa de realizar uma *criação* fundamentalmente artificial e consciente do tipo oposto e de sua virtude? E não seria para o movimento democrático pela primeira vez uma espécie de meta, de redenção e de justificação, caso alguém viesse, que se *servisse* delas – por meio do fato de que finalmente se acrescentariam a elas novas e sublimes modulações da escravidão – como a qual se apresentará um dia a consumação da democracia europeia – aquele modo de ser mais elevado de espíritos dominantes e cesarianos, de que essa escravidão agora – *necessita*? Para visões panorâmicas novas, impossíveis, para as *suas* visões panorâmicas? Para as *suas* tarefas?

2 (14)
      Nossas quatro virtudes cardinais: coragem, compaixão, intelecção e solidão – elas seriam insuportáveis para si mesmas caso não tivessem se aliado com um vício mais sublime e velhaco chamado "cortesia". –

2 (15)
      Crueldade pode ser o alívio de almas tensas e orgulhosas, de tais almas que estão acostumadas a exercitar constantemente contra si mesmas durezas; tornou-se para elas uma festa finalmente poder algum dia ferir, ver alguém sofrendo – todas as raças guerreiras são cruéis; inversamente, crueldade também pode ser uma espécie de saturnália de seres oprimidos e de vontade fraca, de escravos, de mulheres do serralho, como uma pequena coceira do poder – há uma crueldade de almas más e também uma crueldade de almas ruins e parcas.

2 (16)

O que é nobre?
Crença na ordem hierárquica.
Trabalho (sobre artistas, eruditos etc.)
Serenidade (sintoma do bem-estar).
Moral de senhores e moral de rebanho.

2 (17)

Os escritos citados, cuidadosa e morosamente questionados, poderiam ser usados como meios para talvez descerrar o acesso à compreensão de um tipo ainda mais elevado e mais difícil, que é ele mesmo <o> tipo do espírito livre: – nenhum outro caminho conduz à compreensão de – – –

***

Escritos da juventude do mesmo autor.
O nascimento da tragédia. Primeira edição de 1872. 2ª edição – – –
Considerações extemporâneas 1873-1876.

2 (18)

Um Deus do amor poderia um dia falar, entediado por sua virtude: "tentemos uma vez com o diabolismo!" – e vê, aí, uma nova origem do mal! Por tédio e virtude! – – –

2 (19)

"O paraíso encontra-se sob a sombra das espadas" – também um símbolo e uma expressão distintiva, junto aos quais se revela e se desvenda a presença de almas de origem nobre e guerreira.

2 (20)

"As águias atacam diretamente." Não é pela burrice suntuosa e orgulhosa que menos se pode reconhecer a nobreza da alma, pela burrice com a qual ela *ataca* – "diretamente".

2 (21)

Também há uma dissipação de nossas paixões e desejos, a saber, por meio do modo modesto e pequeno-burguês com o qual as satisfazemos: – o que estraga o gosto, mas ainda mais a veneração e o temor diante de nós mesmos. O ascetismo temporário é o meio para *estancá-las* – dar-lhes perigo e um grande estilo – –

2 (22)

Com vistas àquilo de que espíritos frutíferos necessitam no que há de mais elevado e mais baixo para não sofrerem com os vermes de sua consciência – a saber, "colocar ovos, cacarejar, chocar os ovos" etc., com ou sem graça –, eles podem com boa razão, como o fizeram Stendhal e Balzac, prescrever a si mesmos a castidade como dieta. E no mínimo não se tem o direito de duvidar de que precisamente para o "gênio" a cama conjugal ainda pode ser mais fatídica do que o concubinato e a libertinagem. – Também em muitos outros aspectos – por exemplo, no que concerne à descendência – é preciso se aconselhar bem e se decidir: *aut liberi aut libri.*[10]

2 (23)

Muito tempo refletido sobre aquela fonte original da genialidade religiosa e, consequentemente, também da "necessidade metafísica", a "neurose religiosa"; – pensando a contragosto aquela expressão célebre na França e ela mesma proverbial, que dá tanto a entender sobre a "saúde" do espírito francês: *le génie est une neurose".*[11] –

2 (24)

– E dito uma vez mais: a besta em nós quer ser *enganada* – moral é uma mentira necessária.

---

10 **N.T.:** Em latim no original: "sem deliberação, sem liberdade".
11 **N.T.:** Em francês no original: "o gênio é uma neurose".

2 (25)

"Tu me pareces trazer algo terrível no escudo, disse certa vez ao deus Dioniso: a saber, levar os homens ao perecimento?" – "Talvez, respondeu o deus, mas de tal modo que ganho algo com isso." – O que, afinal?, perguntei, curioso. "Quem, afinal?, é que tu deverias perguntar." Assim falou Dioniso e silenciou em seguida, do modo que lhe é próprio, a saber, experimentalmente. – Vós deveríeis tê-lo visto aí! Era primavera e toda madeira se encontrava em sua jovem seiva.

2 (26)

Para além de bem e mal.
Prelúdio
de uma filosofia do futuro
Por
Friedrich Nietzsche

2 (27)

Para além de bem e mal.
Algo que dá muito o que pensar
para espíritos alciônicos.
Por
Friedrich Nietzsche

2 (28)

Meu ponto de interrogação atormentadamente radical junto a todos os códigos penais mais recentes é o seguinte: supondo que as penas devem causar proporcionalmente uma dor de acordo com a grandeza do crime – e é isso que vós todos quereis no fundo! –, então elas deveriam ser medidas de maneira proporcional à sensibilidade de cada criminoso para a dor: – ou seja, *não poderia haver* de maneira alguma uma determinação prévia da pena, *não poderia haver* um código de penas! No entanto, levando-se em consideração o fato de que não seria fácil conseguir constatar em um criminoso a escala gradual de seu prazer e de seu desprazer, então se precisaria com certeza na práxis abdicar do punir? Que perda! Não é verdade? Consequentemente – – –

2 (29)

A música *não* revela a essência do mundo e sua "vontade", como Schopenhauer afirmou (que se enganou sobre a música, assim como ele se enganou sobre a compaixão, e pela mesma razão – ele conhecia muito pouco as duas por experiência –): a música revela apenas os senhores músicos! E eles mesmos não o sabem! – E que bom pode ser talvez o fato de eles não saberem! –

2 (30)

Nossas virtudes.
Em muitos aspectos, questões e algo questionável
para consciências mais finas.
Por
Friedrich Nietzsche

2 (31)

Nossas virtudes
Indicações para uma moral do futuro
Por
Friedrich Nietzsche
Sobre a força da alma.
Sobre a probidade.
Sobre a serenidade.
Sobre a vontade de solidão.
"O que é nobre?"

2 (32)

Os filósofos do futuro.
Um discurso.
1.
Uma tal grandeza é possível hoje? –
2.
Mas talvez amanhã, talvez depois de amanhã. – Eu vejo surgirem novos filósofos etc.

2 (33)

Há uma incompreensão da serenidade que não tem como ser suspensa: quem a comunica, porém, pode estar satisfeito precisamente com tal comunicação. – Nós, que por sorte *fugimos* –: nós, que precisamos de todo tipo de Sul e de profusão do sol indômito e nos colocamos na estrada, lá onde a vida passa rolando como um cortejo de máscaras embriagadas – como algo que faz perder os sentidos –, nós, que exigimos da felicidade precisamente *que* ela nos faça perder "os sentidos": não parece que temos um saber que *tememos*? Com o qual não queremos ficar sozinhos? Um saber diante de cuja pressão trememos, diante de cujo sussurro empalidecemos? Essa renúncia tenaz aos tristes espetáculos, esses ouvidos fechados e enrijecidos contra tudo o que sofre, essa superficialidade corajosa, trocista, esse epicurismo arbitrário do coração, que não quer ter nada quente e como um todo e que procura venerar a *máscara* como sua última divindade e redentora: esse escárnio contra os melancólicos do gosto, junto aos quais nós sempre descobrimos uma falta de profundidade – tudo isso não é uma paixão? Parece que sabemos a nós mesmos como por demais frágeis, talvez já como destruídos e incuráveis; parece que tememos essa mão da vida, o fato de que ela pode nos destruir, e fugimos para a sua aparência, para a sua falsidade, sua superficialidade e engodo colorido; parece que somos serenos, porque somos descomunalmente tristes. Somos sérios, conhecemos o abismo: *por isso*, nos colocamos contra tudo o que é sério.

– – – rimos conosco dos melancólicos do gosto – ah, ainda os invejamos, na medida em que os ridicularizamos! – pois não somos suficientemente inteligentes para podermos nos permitir sua terna tristeza. Precisamos ainda fugir das sombras da tristeza: nosso inferno e nossas trevas estão sempre perto de nós. Temos um saber que tememos, com o qual não queremos ficar sozinhos; temos uma crença diante de cuja pressão tememos, diante de cujo sussurrar empalidecemos – os incrédulos nos parecem bem-aventurados. Nós renunciamos aos tristes espetáculos, nós fechamos os ouvidos em relação ao sofredor; a compaixão nos destruiria imediatamente, se não soubéssemos nos endurecer. Permanece corajosamente ao nosso lado, trocista leviandade: refresque-nos, vento, que correu pelas geleiras: não queremos tomar mais nada no coração, queremos orar para a *máscara*.

Há algo em nós que facilmente se quebra: nós tememos as mãos infantis que destroem? Nós fugimos do acaso e nos salvamos – – –

2 (34)

Amei e venerei mais Richard Wagner do que qualquer outra pessoa; e, se ele não tivesse tido por fim o mau gosto – ou a triste compulsão – de se misturar com uma qualidade para mim impossível de "espíritos", juntamente com seus discípulos, os wagnerianos, então não teria tido nenhuma razão para lhe dizer "adeus" já durante o seu tempo de vida: ele, o mais profundo e o mais ousado, assim como o mais malconhecido de todos aqueles que são difíceis de conhecer de hoje. Ter me encontrado com ele foi mais profícuo para o meu conhecimento do que qualquer outro encontro. Antepondo aquilo que se encontra anteposto: o fato de que sua questão e minha questão não tinham como ser confundidas e de que foi preciso uma boa dose de autossuperação, até que aprendi a separar desse modo "o seu" e "o meu" com o devido corte. O fato de ter chegado a meditar sobre o problema extraordinário do ator – um problema que talvez se ache mais distante para mim do que qualquer outro, por uma razão dificilmente exprimível –, o fato de ter descoberto e reconhecido o ator no fundo de todo artista, o tipicamente artístico – para tanto foi necessário o contato com aquele <homem> – e me parece que penso de maneira mais elevada – e mais terrível os dois do que filósofos anteriores. – A melhoria do teatro me importa pouco; sua "realização", ainda menos; a música wagneriana propriamente dita não me concerne suficientemente – eu poderia prescindir dela para a minha felicidade e para a minha saúde (*quod erat demonstrandum et demonstratum*[12]). O que nela havia de mais

---

12 **N.T.:** Em latim no original: "como se queria demonstrar e como se acha demonstrado".

FRAGMENTOS PÓSTUMOS, 1885–1887 (Vol. VI)   65

estranho para mim era a germanice e a semidevoção de seus últimos anos – – –

2 (35)
Um novo modo de pensar – que é sempre um novo modo de medir e que sempre pressupõe a presença de um novo critério de medida, de uma nova escala de sensações – se sente em contradição com todos os modos de pensamento e diz, na medida em que lhes apresenta resistência, constantemente "isto está errado". Considerado de maneira mais fina, esse "isto está errado" significa propriamente apenas "não sinto aí nada de mim", "não retiro nada daí para mim", "não consigo entender como vós não conseguis sentir como eu".

2 (36)
Da libertação.
Do enrijecimento.
Da máscara.
Da ordem hierárquica.
Europeu e supraeuropeu.

2 (37)
Sempre se tem algo mais necessário a fazer do que se casar: pelos céus, foi assim que as coisas sempre se mostraram para mim!

2 (38)
Para além de bem e mal.
Indicações para uma moral dos mais fortes.

2 (39)
Máscara e comunicação.

2 (40)
Os filósofos do futuro.
Sobre a história natural dos espíritos livres.
Nossas virtudes.

Povos e pátrias.
A desfeminização.
Homo religiosus.

2 (41)
Para a história natural do homem superior.
Pensamento de um educador.
1) Os filósofos de outrora.
2) Artistas e poetas.
3) O gênio religioso.
4) Nós, virtuosos.
5) A mulher.
6) Os eruditos.
7) Os "tentadores".
8) Povos e pátrias.
9) Sabedoria da máscara.
10) Psicologia moral.
Sentenças e travessões.
O que é nobre?
Anexo. Canções e setas do príncipe Vogelfrei.

2 (42)
Para além de bem e mal.
Prelúdio
a uma filosofia do futuro.
Com um anexo: canções e setas do príncipe Vogelfrei
Por
Friedrich Nietzsche

2 (43)
Para a história natural do homem superior.
Pausas de meditação de um psicólogo
1) O filósofo.
2) O espírito livre.
3) O gênio religioso.
4) Sobre a psicologia da moral.

FRAGMENTOS PÓSTUMOS, 1885–1887 (Vol. VI)

5) Que é nobre?
6) Povos e pátrias.
7) A mulher em si.
8) Os eruditos.
9) Nós, virtuosos.
10) Sabedoria e máscara.
11) Os vindouros.
12) Sentenças de um homem silencioso.
Anexo. Canções e setas do príncipe Vogelfrei.

2 (44)
                    Prefácio
1) Que foi o filósofo?
2) Sobre a história natural do espírito livre.
3) Monólogo de um psicólogo.
4) A mulher em si.
5) O gênio religioso.
6) Nós, eruditos.
7) Nós, virtuosos.
8) Que é nobre?
9) Povos e pátrias.
10) As máscaras.
11) Os tentadores. Dioniso
12) Anexo: – – –
Índice

2 (45)
        Nada de advogado: nenhum homem de partido, desconfiado em relação a tudo aquilo que se denomina "convicção": incrédulo em relação a descrenças; – – –

2 (46)
        Para a história natural do homem superior.
            Pensamentos de um ocioso.
                    Por
            Friedrich Nietzsche

2 (47)

Para além de bem e mal.
Monólogos
de um
psicólogo.
Com um anexo: canções e setas do príncipe Vogelfrei.
Por
Friedrich Nietzsche
Anexo:
Canções e setas
do
Príncipe Vogelfrei.

1) Junto ao mistral.
2) Para Goethe.
3) Para certos oradores elogiosos.
4) Sils-Maria.
5) O meio-dia do eremita.
6) Rumo a novos mares.
7) "Os pombos de São Marco".
8) Sobre a porta da casa.
9) O autêntico alemão.
10) A música de Parsifal.
11) Para Espinoza.
12) *Rimus remedium.*
13) Louco em desespero.
14) Pós-canto.

2 (48)

A mulher é tão pouco suficiente para si mesma que ela prefere que batam nela a –

2 (49)

Na maior parte dos amores, há alguém que joga e alguém que deixa jogarem com ele: amor é, antes de tudo, um pequeno diretor de teatro.

FRAGMENTOS PÓSTUMOS, 1885–1887 (Vol. VI)

2 (50)

Conteúdo:

Prefácio.
1) Dos preconceitos dos filósofos.
2) O espírito livre.
3) O gênio religioso.   O ser religioso.
4) A mulher em si.   Sentenças e jogos intermediários.
5) Sobre a história natural da moral.
6) Nós, eruditos   *"Carcasse, tu trembles? Tu*
7) Nossas virtudes.   *tremblerais bien davantage, si tu*
8) Povos e pátrias.   *savais, où je te mène."*[13]
9) Máscaras.   Turenne
10) O que é nobre?
Anexo: Canções e setas do príncipe Vogelfrei.

2 (51)

Monólogos
de um psicólogo.
Por
Friedrich Nietzsche
Para a história natural do homem superior.
Que é nobre?

2 (52)

Sentenças e monólogos.
Com um ingrediente apropriado.
Por
Friedrich Nietzsche

2 (53)

Para além de bem e mal.
Prelúdio
de uma filosofia do futuro.

---

13   **N.T.:** Em francês no original: "Carcaça, tu estás tremendo? E tu tremerias muito mais se tu soubesses para onde estou te levando".

Introdução.
Primeiro livro: Dos preconceitos dos filósofos.
Segundo livro: Indicações de uma psicologia da moral.
Terceiro livro: Nós, europeus. Uma ocasião para autoespelhamento.

2 (54)

Para além de bem e mal.
Por
Friedrich Nietzsche

2 (55)

Penúltimo capítulo
Alcuin dos anglo-saxões, que determinou a profissão imperial do filósofo do seguinte modo:
prava corrigere, et recta corroborare, et sancta sublimare.[14]

2 (56)

Corrupção do homem natural vigoroso sob a compulsão das cidades civilizadas (– recai entre os componentes leprosos, aprende aí a má consciência).

2 (57)

Haverá, a partir de agora, condições prévias mais favoráveis para formações de domínio mais abrangentes, que ainda não tiveram até aqui os seus iguais. E isso ainda não é o mais importante; tornou-se possível o surgimento de laços sexuais internacionais que se impõem a tarefa de cuidar e de trazer à tona uma raça de senhores, os futuros "senhores da terra"; – uma aristocracia nova, descomunal, construída sobre a autolegislação mais rígida, na qual é dada para a vontade de homens filosóficos violentos e de tiranos artísticos a duração para além dos milênios: – uma espécie de homens que, graças ao seu sobrepeso

---

14 **N.T.:** Em latim no original: "corrigir o que está errado, corroborar o que está certo e sublimar o que é sagrado".

em termos de querer, saber, riqueza e influência, se serviram da Europa democrática como seu instrumento mais dócil e mais móvel, a fim de assumir os destinos da terra em suas mãos, a fim de como artista dar forma ao próprio "homem". Basta! Ainda chegará o tempo no qual se seguirá uma orientação diferente em relação à política.

2 (58)
    Acho que nos falta a paixão política: nós conseguiríamos viver de maneira honrada sob um céu democr<ático> do mesmo modo que sob um abs<olutista>.

2 (59)
                                        Em relação a I.
    Por fim, porém: para que se precisaria dizer aquilo que *virá* tão alto e com tanta ira! Consideremo-lo de maneira mais fria, mais distanciada, mais inteligente, mais elevada, digamos tal como ele pode ser dito cá entre nós, de maneira tão secreta que todo o mundo não o repare, que todo o mundo não repare em *nós*... Denominemo-lo um prosseguimento.

2 (60)
    Como? O drama é a finalidade, a música sempre apenas o meio? Esta pode ser a teoria de W<agner>: sua práxis era, em contrapartida: a *atitude* (dramática) é a finalidade, a música apenas um meio para uma atitude (para a sua elucidação, intensificação, interiorização –)

2 (61)
    O desenvolvimento do modo de pensar mecanicista-atomista continua sempre sem estar consciente de sua meta necessária; – essa é a minha impressão, depois de ter visto durante tempo suficiente os seus discípulos entre os dedos. Ele terminará com a criação de um sistema de sinais: ele abdicará da explicação, ele abandonará o conceito de "causa e efeito".

2 (62)

Não querer iludir – e não querer se deixar iludir: isso é algo fundamentalmente diverso como mentalidade e vontade. No entanto, tanto uma tendência quanto a outra costumam se servir da palavra "filosofia", seja para o adorno, seja para o encobrimento, seja por incompreensão.

2 (63)

Os fisiólogos deveriam meditar sobre a possibilidade de estabelecer o impulso à conservação como um impulso cardinal de um ser orgânico: algo vivo quer, sobretudo, *descarregar* sua força: a "conservação" é apenas uma consequência disso. – Cautela diante de princípios teleológicos *superficiais*! E é entre esses princípios que se encontra todo o conceito de "impulso de conservação".

2 (64)

Todo Filocteto sabe que, sem seu arco e sem suas flechas, Troia não tem como ser conquistada.

2 (65)

In media vita.
Monólogos de um psicólogo.
Por
Friedrich Nietzsche

2 (66)

– *Sobre o prefácio.* – Talvez um prosseguimento: o filósofo-*artista* (mencionadas até aqui foram a cientificidade, a posição em relação à religião e à política): conceito mais elevado da *arte*. Será que o homem pode se colocar tão distante dos outros homens, a fim de *dar forma a eles*? (Exercícios prévios: 1) aquele que configura a si mesmo, o eremita 2) o artista *até aqui*, como o pequeno consumidor, em uma matéria – não! –)

– É constitutivo disso a *série hierárquica* dos homens superiores, que precisa ser apresentada.

FRAGMENTOS PÓSTUMOS, 1885–1887 (Vol. VI)

– *Um capítulo: música.* – Sobre a doutrina da "embriaguez" (enumeração, por exemplo, adoração dos *petits faits*)
– Música alemã, francesa e italiana. (Nossos tempos politicamente mais baixos foram os *mais frutíferos*: –)
Os eslavos?
– o balé histórico-cultural: – superou a ópera.
– um erro de pensar que aquilo que W<agner> criou seria uma forma – trata-se antes de ausência de forma. A possibilidade de uma construção *dramática* precisa ser ainda encontrada. Música de atores e música de músicos.
– em termos rítmicos. A expressão a qualquer preço.
– para a honra de "Carmen".
– para a honra de H. Schütz (e da "Sociedade-Liszt" –)
– instrumentação de prostitutas
– para a honra de *Mendelssohn*: um elemento de Goethe aí, e em nenhum outro lugar! Exatamente como outro elemento de Goethe se consumou na Rahel! um terceiro Heinrich Heine
Sobre o capítulo dos *"espíritos livres"* – 1) não o quero "divinizar": uma palavra em favor dos espíritos que possuem um vínculo.
2) o caráter vicioso do intelecto: a demonstração a partir do *prazer* ("isto me deixa feliz, portanto é verdadeiro". Nesse caso, a vaidade é sublinhada no "me".
Sobre o capítulo *"nossas virtudes"*: 3) nova forma da moralidade: *promessa de fidelidade* em associações sobre aquilo que se deixa de fazer e se quer fazer, uma renúncia totalmente *determinada* a muitas coisas. Testes para saber se se está *maduro* para tanto. –
Sobre o capítulo *"gênio religioso"*. 1) o mistério, a história paradigmática de uma alma. ("Drama" – significa?)
2) a interpretabilidade do acontecimento; a crença no "sentido" é fixada graças à religião –
3) em que medida a alma superior cresce e prospera às custas da alma inferior?
4) o que é refutado é a *moral* do cristianismo como essencial nos destinos da alma do mundo: – com o que ainda não

74 FRIEDRICH NIETZSCHE

é afastada a vontade de introduzi-la e de torná-la dominante. – Algo assim só poderia ser, contudo, algo quixotesco: – mas isso não seria nenhuma razão para pensar pouco dele!

5) em que medida o gênio religioso é uma *variedade* do artístico: – a força *configuradora*.

6) em que medida só a consciência *artística* dá a liberdade ante o "verdadeiro" e o "falso". Transformar a crença verdadeira na *vontade* incondicionada – –

7) literatura religiosa, o conceito de "livro sagrado".

Sobre *"nossas virtudes"*. Não damos mais o peso, nem levamos mais a sério junto ao que podemos dar vazão à nossa cientificidade: uma espécie de imoralidade.

Sobre o *capítulo "história natural da moral"*? *Corrupção*, que é isso? Por exemplo, o homem natural e vigoroso, que vem para a cidade. Por exemplo, o aristocrata francês, antes da Revolução Francesa.

Sobre o capítulo *"homem e mulher"*.

A *vitória* do homem sobre a mulher, por toda parte onde a cultura se inicia.

N.B. *Magister liberalium artium et hilaritatum.*[15]

N.B. Peguei alguma coisa pelos chifres – só estou em dúvida se era precisamente um touro.

2 (67)

"Eu", "sujeito" como linha do horizonte. Inversão da visão perspectivística.

2 (68)

A partir do *fio condutor do corpo*. O protoplasma que se divide ½ + ½ não é = 1, mas = 2. (Com isso), a crença nas mônadas anímicas torna-se caduca.

Autoconservação apenas como uma das consequências da autoexpansão. E "si mesmo"?

---

15 **N.T.:** Em latim no original: "mestre nas artes liberais e nas artes do divertimento".

FRAGMENTOS PÓSTUMOS, 1885–1887 (Vol. VI) 75

2 (69)
A força mecânica só é conhecida como um *sentimento de resistência*: e isso só é sensivelmente *interpretado* com *pressão* e *choque*, não *explicado*. De que tipo é a coerção que uma alma mais forte exerce sobre uma mais fraca? – E seria possível que o aparentemente "desobediente" em relação à alma superior se baseasse no não--compreender-sua-vontade, por exemplo, uma rocha não se deixa comandar. Mas – é necessária aqui justamente uma lenta diversidade de grau e de posição hierárquica: *só* os mais proximamente aparentados podem se compreender e, consequentemente, só aqui pode haver obediência. Será que é possível apreender todos os movimentos como sinais de um acontecimento anímico? Ciência natural como uma sintomatologia –
Talvez seja falso, porque as conformações vitais são muito pequenas (células, por exemplo), para procurarem, então, por unidades ainda menores, "pontos de força" etc.?
O *estágio prévio das conformações de domínio.*
Entrega à pessoa (pai, antepassado, príncipe, padre, Deus) *como atenuação* da moral.

2 (70)
Para além de bem e mal.
– Problema do legislador.
A partir do fio condutor do corpo. Mecanismo e vida.
A vontade de poder.
– Interpretação, não conhecimento. Sobre a doutrina do método.
O eterno retorno do mesmo.
– O artista. Cultura e sua subestrutura.
– Nós, os sem-Deus.
– Música e cultura.
– Da grande e da pequena política.
"Mistério".
– Os bons e os justos.

– Os que prometem.
– Sobre a história do pessimismo.
– Educação.

2 (71)

Sobre o "Zaratustra".

Calina: marrom-avermelhado, tudo agudo demais na proximidade. Sol maximamente elevado. Fantástico. Sipo matador. E quem diz que nós não queremos isso? Que música e sedução! Não há aí nada que não envenene, que não atraia, que não corroa, que não derrube e não transvalore!

I *O* momento *decisivo*:
A ordem hierárquica. 1) Destrói os bons e justos!
2)
O eterno retorno.
Meio-dia e eternidade.
Livro do vidente.

2 (72)

Meio-dia e eternidade.
Por
F. N.

I. A festa dos mortos. Zaratustra depara com uma festa extraordinária:
II. A nova ordem hierárquica.
III. Dos senhores da terra.
IV. Do anel do retorno.

2 (73)

Os títulos dos 10 novos livros: (Primavera de 1886)
Pensamentos sobre os gregos antigos
Por
Friedrich Nietzsche
Em que medida tudo se torna *degradado* e *não natural* no devir. A degradação do Renascimento – da filologia.

Exemplo para as condições fundamentais *não morais* de uma cultura mais elevada, de uma elevação do homem. *A vontade de poder.* Tentativa de uma nova interpretação do mundo. *Os artistas.* Pensamentos de fundo de um psicólogo.
Por
Friedrich Nietzsche
Nós, os sem-Deus
Por
Friedrich Nietzsche
Meio-dia e eternidade.
Por
Friedrich Nietzsche
Para além de bem e mal.
Prelúdio de uma filosofia do futuro.
Por
Friedrich Nietzsche
Gai *saber.*
Canções do príncipe Vogelfrei.
Música.
Por
Friedrich Nietzsche
Experiências de grafólogo.
Por
Friedrich Nietzsche
Para a história da desertificação moderna.
Por
Friedrich Nietzsche

2 (74)
A vontade de poder.
1) Fisiologia da ordem hierárquica.
2) O grande meio-dia.
3) Cultivo e criação.
4) O eterno retorno.

78 FRIEDRICH NIETZSCHE

2 (75)

O eterno retorno. Livro de novas festas e predições.
O eterno retorno
Danças sagradas e promessas.
Meio-dia e eternidade.
Danças sagradas dos que retornam.

2 (76)

Sobre a ordem hierárquica:
Sobre o tópico I. Para a fisiologia do poder.
A aristocracia no corpo, a maioria dos dominantes (luta dos tecidos?

A escravidão e a divisão do trabalho: o tipo mais elevado só é possível por meio de uma *pressão* que coloca *para baixo* um tipo inferior, obrigando-o a desempenhar uma função. Prazer e desprazer não constituem nenhuma oposição. O sentimento do poder.

Alimentação, apenas uma consequência da apropriação insaciável, da vontade de poder.

A geração, a decomposição entrando em cena em meio à impotência das células dominantes para organizarem o que foi apropriado.

É a força *configuradora* que procura ter sempre aprovisionada uma nova "matéria-prima" (ainda mais "força"). A obra-prima da construção de um organismo a partir do ovo.

"Concepção mecanicista": não quer senão quantidades: mas a força se encontra na qualidade: portanto, o mecanicismo só pode descrever processos, não explicá-los.

A "meta". Partir da "sagacidade" das plantas.

Conceito do "aperfeiçoamento": *não* apenas uma complicação maior, mas um *poder* maior (– não precisam ser apenas massas maiores –).

Conclusão sobre o desenvolvimento da humanidade: o aperfeiçoamento consiste na produção dos indivíduos mais poderosos. A grande maioria é transformada em seus instrumentos (e, em verdade, como o mais inteligente e mais móvel instrumento).

Os artistas como os pequenos configuradores. O pedantismo dos "educadores" em contrapartida

A pequena: a manutenção-conservação de um tipo superior. O isolamento.

Doutrinas falsas oriundas da história. *Porque* algo elevado fracassou ou foi vítima de abuso (como a aristocracia), ele não é refutado!

2 (77)
A semblância do vazio e cheio, do firme e flexível, do parado e móvel e do igual e desigual.

(o espaço absoluto)   a mais antiga semblância é
(a substância)   *transformada em metafísica.*

– : os critérios de medida valorativos *de segurança* estão aí.

Nossos *conceitos* são inspirados por nossa *indigência.*

A apresentação das oposições corresponde à inércia (uma distinção, que *é suficiente* para a alimentação, para a segurança etc., vige como "*verdadeira*")

simplex veritas! – pensamento da inércia.

Nossos valores são *inseridos interpretativamente* nas coisas.

Há, afinal, um *sentido* em si??

O sentido não é necessariamente sentido-relacional e perspectiva?

Todo sentido é vontade de poder (todos os sentidos relacionais podem ser resolvidos nela).

Uma coisa = suas propriedades: essas propriedades, porém, equivalem a tudo aquilo que *nos diz respeito* nessa coisa: uma unidade, na qual sintetizamos as relações que são *levadas em conta* para nós. No fundo, as transformações *percebidas* em nós (– são deixadas de fora aquelas que não percebemos, por exemplo, sua eletricidade). Em suma: objeto é a soma das *obstruções* experimentadas que se tornaram *conscientes* para nós. Uma propriedade, portanto, expressa sempre algo de "útil" ou "nocivo" para nós. As cores, por exemplo. Cada uma corresponde a um grau de prazer e de desprazer, é o resultado de avaliações sobre "utilidade" e "inutilidade". – Nojo.

2 (78)

Temas.

Interpretação, *não* explicação.

Redução dos juízos de valor *lógicos* a juízos de valor morais e políticos (valor da segurança, da quietude, da preguiça ("a menor força possível") etc.

O problema do artista, sua moralidade (mentira, ausência de vergonha, dom para a invenção daquilo que lhe falta).

O amaldiçoamento dos impulsos não morais: considerado em termos de consequência uma *negação* da vida.

O incondicionado e de onde provêm os traços ideais que se atribuem a ele.

A pena como meio de criação.

Gravitação multiplamente interpretável: como tudo aquilo que é supostamente "fático".

O predicado expressa um efeito, que é produzido (ou poderia ser produzido) em nós, *não* o efetuar em si; a soma dos predicados é sintetizada em uma palavra. Erro de que o sujeito seria causa. – Mitologia do conceito de sujeito. (o "raio" brilha – duplicação – o efeito *coisificado.*

Mitologia do conceito de causalidade. Cisão entre "efetuar" e "efetuado" como *fundamentalmente falsa.* A aparência do que permanece sem transformação, agora como antes – – –

Nossa cultura europeia – pelo que ela *urge,* em oposição à solução budista na Ásia? –

Religião, essencialmente uma doutrina da *ordem hierárquica,* até mesmo a tentativa de uma ordem hierárquica e de uma ordem de poder *cósmicas.*

Fraqueza
Mentira, dissimulação
Burrice
Despotismo   *em que medida idealizadores?*
Curiosidade
Avidez
Crueldade

FRAGMENTOS PÓSTUMOS, 1885–1887 (Vol. VI)

2 (79)

Meus escritos estão muito bem defendidos: quem lança mão deles e aí se perde como alguém que não tem nenhum direito a eles – se torna imediatamente ridículo – um pequeno acesso de ira o impele a descarregar o que ele possui de mais íntimo e de mais risível: e quem não saberia o que sempre vem à tona nesse caso! Literatura de mulheres, como esses acessos costumam ser, com órgãos sexuais adoentados e com nódoas de tinta nos dedos – A incapacidade de ver o novo e o original: os dedos grosseiros, que não sabem pegar uma nuança; a seriedade rígida, que tropeça nas palavras e cai em armadilhas; a miopia, que se eleva até o reino descomunal de distantes paisagens até as raias da cegueira. Já me queixei algum dia de meu destino por ser muito pouco lido e tão malcompreendido? Mas para quantos se pode criar, afinal, efetivamente algo extraordinário! – Vós achais realmente que Deus criou o mundo em virtude dos homens?

2 (80)

Para a introdução.

A solidão e o deserto mais sombrios da *campagna* romana, a paciência no incerto.

Cada livro como uma conquista, uma pega – tempo *lento* – – levantado até o fim dramaticamente, ao final *catástrofe* e repentina redenção.

2 (81)

É apenas uma questão de força: ter todos os traços doentios do século, mas equilibrá-los em uma força plástica reprodutora extremamente rica. *O homem forte*: descrição

2 (82)

Para além de bem e mal.
Segunda e última parte

Prefácio.

Interpretação, *não* explicação. Não há nenhum estado de fato, tudo é fluido, intangível, retrátil; o que há de mais duradou-

ro são ainda nossas opiniões. Inserção de sentido – na maioria dos casos uma nova interpretação que se tornou incompreensível, que não passa agora de um sinal. Para a fisiologia do poder. Uma consideração, na qual o homem sente os seus mais fortes impulsos e seus ideais (e sua boa consciência) como idênticos.
Nós, os sem-Deus.
Que são artistas?
Direito e legislação.
Para a história da desertificação moderna.
A teatralidade.
Sobre os bons e justos.
Hierarquia e ordem hierárquica.
Junto ao mistral. Um canto de dança.
Para além de bem e mal como clarificação para alguns, como a mais profunda desertificação para muitos.
Sobre a história da desertificação moderna.
Psicologia do artista.
Sobre a teatralidade.
O problema do legislador.
O perigo na música.
Interpretação, *não* conhecimento.
Os bons e justos.
Da pequena e da grande política –
Nós, os sem-Deus.
Junto ao mistral. Canto de dança.

Em *30* páginas
Dois blocos

(Prefácio: o elemento comum de meus escritos)
Interpretação, *não* explicação.
Para a fisiologia do poder.
Da teatralidade.
Para a história da desertificação moderna.
Nós, os sem-Deus.
Os bons e justos.
Da ordem hierárquica.

Direito e legislação.
Artistas.

2 (83)
O homem acredita em si mesmo como causa, como agente –
Tudo o que acontece se comporta predicativamente em relação a um sujeito qualquer
Em todo juízo se encontra toda a crença plena e profunda
em sujeito e predicado ou em causa e efeito; e essa crença derradeira (a saber, como a afirmação de que todo efeito seria uma
atividade e de que toda atividade pressuporia um agente) é até
mesmo um caso particular do primeiro, de tal modo que a crença
fundamental resta: há sujeitos.

Noto algo e procuro um *fundamento* para ele: ou seja, originariamente: eu procuro aí por uma *intenção* e, antes de tudo,
por alguém que tenha a intenção, por um sujeito, por um agente:
– outrora, viam-se em *todo* acontecimento intenções, todo acontecimento era um fazer. Esse é o nosso mais antigo hábito. O
animal também tem esse hábito? Como vivente, ele não depende
também da interpretação de *si*? – A questão "*por quê?*" é sempre
a questão acerca da *causa finalis*, acerca de um "para quê?" Não
temos nada sobre um "sentido da *causa efficiens*": *Hume* tem razão nesse caso, o hábito (mas *não* apenas o hábito do indivíduo!)
nos faz esperar que certo processo frequentemente observado se
siga a outro: nada além disso! O que nos dá a firmeza extraordinária da crença na causalidade, porém, *não é* o grande hábito da
sucessão de processos, mas antes nossa *incapacidade* de *interpretar* um acontecimento de maneira diversa do modo como um
acontecimento é interpretado a partir de *intenções*. Trata-se da
crença no vivente e no ser pensante como a única coisa *atuante*
– na vontade, na intenção –, a crença em que todo acontecimento
seria um fazer, em que todo fazer pressuporia um agente: a crença no "sujeito". Será que essa crença no conceito de sujeito e de
predicado não seria uma grande b<urrice>?
Questão: a intenção é causa de um acontecimento? Ou será
que isso também é uma ilusão? Ela não é *o* próprio acontecimento?

84 FRIEDRICH NIETZSCHE

"Atrair" e "repelir" em um sentido puramente mecânico é uma ficção completa: uma palavra. Não podemos imaginar uma atração sem uma intenção. – A vontade de se apoderar de uma coisa ou de resistir ao seu poder, repelindo-a – é *isto* que "compreendemos": essa seria uma interpretação que poderíamos utilizar. Em suma: a compulsão psicológica para uma crença na causalidade reside na *interpretabilidade de um acontecimento sem intenções*: com o que naturalmente não se diz nada sobre verdade e não verdade (sobre a justificação de tal crença). A crença em causas equivale à crença em *téle*[16] (contra Espinoza e seu causalismo).

2 (84)

O julgar é a nossa crença mais antiga, nosso tomar-por--verdadeiro-ou-tomar-por-não-verdadeiro mais habituais.

No julgar encontra-se a nossa crença mais antiga; em todo julgar há um tomar por verdadeiro ou por não verdadeiro, uma afirmação ou negação, uma certeza de que algo é assim e não de modo diverso, uma crença de ter "conhecido" efetivamente aqui – em que se acredita em todos os juízos como verdadeiro?

O que são *predicados*? – Nós *não* consideramos em nós transformações como tais, mas como um "em si" que nos é alheio, que apenas "percebemos": e nós *não* as temos como um acontecimento, mas como estipuladas como um ser, como "propriedade" – juntamente com uma essência acrescentada por meio da invenção, essência essa à qual elas se atêm, *isto é*, nós estabelecemos o *atuante como ente*. Também nessa formulação, contudo, o conceito de "efeito" é arbitrário: pois, daquelas transformações que passam por nós e das quais acreditamos determinadamente *não* sermos nós mesmos as causas, apenas concluímos que elas precisam ser efeitos: segundo a conclusão: "a toda transformação pertence um agente". – Mas essa conclusão é já mitologia: *ela* cinde o atuante *e* o atuar. Quando digo "o raio brilha", estabeleço, por um lado, o brilhar como atividade e, por outro, como sujeito: portanto, suponho em relação ao acontecimento um ser que não é

---

16 **N.T.:** Em grego no original: "fins".

FRAGMENTOS PÓSTUMOS, 1885–1887 (Vol. VI) 85

o mesmo que o acontecimento, mas que inversamente *permane-ce, é* e não *"vem a ser"*. *Estabelecer o acontecimento como um atuar*: e o *efeito como ser*: esse é o erro *duplo* ou a interpretação da qual somos culpados. Ou seja, por exemplo, "o raio brilha" –: "brilhar" é um estado em nós; mas nós não o tomamos como efeito sobre nós, e dizemos: "algo que brilha" como um "em si", buscando em relação a isso um autor, o "raio".

2 (85)
As propriedades de uma coisa são efeitos sobre outras "coisas": se eliminarmos outras "coisas", então uma coisa não possui nenhuma propriedade, ou seja, *não há nenhuma coisa sem outras coisas*, isto é, não há nenhuma "coisa em si".

2 (86)
O que pode ser por si só o *conhecimento?* "Interpretação", *não* "explicação".

2 (87)
Toda unidade é apenas como *organização* e *conjunção* unidade: nada diverso do modo como uma comunidade humana é uma unidade: ou seja, *oposição* em relação à *anarquia* atomista; com isso, uma *conformação de domínio*, que significa *uma coisa*, mas não *é* uma coisa.

Precisar-se-ia *saber* o que *é* ser para decidir *se* isso e aquilo são reais (por exemplo, "os fatos da consciência"); o mesmo vale para o que *é* a certeza, o que *é* o conhecimento e coisas do gênero. – No entanto, uma vez que *não* sabemos, então uma crítica da faculdade do conhecimento é um disparate: como é que o instrumento deveria criticar a si mesmo se ele só pode *se* utilizar para a crítica? Ele não consegue nem mesmo se definir!

Se toda unidade só é unidade como organização? Mas a "coisa" na qual acreditamos só pode ser *acrescentada inventivamente* como fermento para predicados diversos. Se a coisa "produz um efeito", então isso significa: nós tomamos todas as propriedades *restantes*, que de outro modo ainda estão presentes aqui e momentaneamente se mostram como latentes, como causa de que agora uma propriedade particular venha à tona: ou seja, *nós tomamos a soma de suas propriedades – x* como *causa da propriedade x: o que é de qualquer modo totalmente estúpido e louco!* "O sujeito" ou a "coisa"

2 (88)

(33)

Uma força que não podemos imaginar (tal como a assim chamada força de atração e de repulsão puramente mecânica) é uma palavra vazia e não pode ter nenhum direito de cidadania na *ciência*: que *quer tornar o mundo representável para nós*, nada além disso! Todo acontecimento a partir de intenções é redutível à *intenção da ampliação de poder*.

2 (89)

Ilusão de que algo *seja conhecido*, em que temos uma fórmula matemática para o acontecimento: ele é apenas *designado, descrito*: nada mais do que isso!

2 (90)

(30)

Igualdade e semelhança. 1) o órgão mais tosco vê muitas igualdades aparentes

2) o espírito *quer* igualdade, isto é, subsumir uma impressão sensível a uma série presente: exatamente como o corpo *assimila em si* o inorgânico.

Para a compreensão da *lógica*: : : *a vontade de igualdade é a vontade de poder*.

– a crença em que algo seja de tal e tal modo, a essência do *juízo*, é a consequência de uma vontade, ele *deve* ser o máximo possível igual.

2 (91)

(30)

Se nosso "eu" é, para nós, o único *ser*, segundo o qual deixamos tudo *ser* ou compreendemos tudo como *ser*: muito bem, então é muito oportuna a dúvida relativa a se não residiria aqui uma *ilusão perspectivística* – a unidade aparente, na qual tudo se reúne como em uma linha do horizonte. A partir do fio condutor do corpo se mostra uma *multiplicidade* descomunal; é metodologicamente permitido utilizar o fenômeno mais rico e melhor estudável como fio condutor para a compreensão do fenômeno mais pobre. Por fim: supondo que tudo está em devir, então o *conhecimento só é possível com base na crença no ser.*

2 (92)

As percepções sensíveis projetadas para "fora": "interior" e "exterior" – aí comanda o *corpo* –?

– a mesma força, que iguala e ordena e que vigora no idioplasma, também vigora junto à incorporação do mundo exterior: nossas percepções sensíveis já são o *resultado* dessa assimilação e *igualação* em relação a *todo* passado em nós; elas não se seguem imediatamente à "impressão".

2 (93)

(34)

Em que medida a dialética e a crença na razão ainda estão baseadas em preconceitos morais. Em Platão, como antigos moradores de um mundo inteligível do bem, ainda estamos de posse de um legado daquele tempo: a dialética divina, como proveniente do bem, conduz a tudo o que é bom (– ou seja, por assim dizer "de volta" –). Descartes também tinha uma ideia do fato de que, em um modo fundamental de pensamento moral cristão, que acredita em um *bom* Deus como criador das coisas, só a veracidade de Deus nos *garante* os nossos juízos sensíveis. Fora de uma sanção e de uma garantia religiosas de nossos sentidos e de nossa racionalidade – de onde é que deveríamos ter um direito à confiança em nossa existência! O fato de o pensamento ser até mesmo uma medida do real e efetivo – o fato de que aquilo que não pode ser pensado não *é* – não passa de um *non plus ultra* grosseiro de uma bem-aventurança da confiança moral (em um princípio essencial da verdade no fundo das coisas), em si uma afirmação bacana,

88 FRIEDRICH NIETZSCHE

que é negada a todo instante por nossa experiência. Nós não podemos justamente pensar nada, na medida em que ele *é*...

2 (94)
De modo bastante precário, podemos observar o surgimento de um juízo qualitativo
Redução das qualidades a juízos de valor.

2 (95)
Nossas percepções, tal como as compreendemos: isto é, a soma de todas *as* percepções, cuja *conscientização* foi útil e essencial para nós e para todo o processo orgânico: ou seja, não todas as percepções em geral (por exemplo, não as elétricas). Isto é: nós só temos *sentidos* para uma seleção de percepções – daquelas que necessariamente nos importam, para que nos conservemos. *A consciência só se faz presente enquanto a consciência é útil.* Não há dúvida de que todas as percepções sensíveis são totalmente marcadas por *juízos de valor* (útil, nocivo – consequentemente, agradável ou desagradável). A cor particular expressa para nós ao mesmo tempo um valor (por mais que nós só o admitamos raramente ou somente depois de uma longa atuação exclusiva (por exemplo, encarcerados na prisão ou loucos). Por isso, insetos reagem a cores diversas de maneira diversa: alguns as amam; por exemplo, formigas.

2 (96)
Ironia contra aqueles que acreditam *ter superado* o cristianismo por meio das ciências naturais modernas. Com isso, os juízos de valor cristão não são de maneira alguma superados. "Cristo na cruz" continua sendo efetivamente o símbolo mais sublime.

2 (97)
Saúde e caráter doentio: é preciso tomar cuidado! O critério de medida continua sendo a eflorescência do espírito, a força fontal, a coragem e a jovialidade do espírito – mas, naturalmente também, *o quanto de um elemento doentio ele pode assumir so-*

bre *si e superar* – o quanto ele pode *tornar* saudável. Aquilo em que os homens mais ternos pereceriam pertence aos meios de estímulo da *grande* saúde.

2 (98)

Pobreza, humildade e castidade– ideais perigosos e amaldiçoadores, mas, como venenos, em certos casos de doenças, remédios úteis, por exemplo, no período imperial romano. Todos os ideais são perigosos, porque humilham e marcam a ferro; todos eles são venenos, mas são imprescindíveis como remédios temporários.

2 (99)

Como precisou se comportar todo o processo orgânico em relação ao restante da natureza? – Aí se revela a sua *vontade fundamental.*

2 (100)

A vontade de poder.
Tentativa
de uma transvaloração de todos os valores.
Em quatro livros
Primeiro livro: o perigo dos perigos (apresentação do niilismo) (*como a consequência necessária das avaliações até aqui*)
Segundo livro: crítica dos valores (da lógica etc.
Terceiro livro: o problema do legislador (aí a história da solidão) *Como é que* precisam ser constituídos aqueles que avaliam inversamente? Homens, que têm todas as propriedades da alma moderna, mas são fortes o suficiente para transformá-la em pura saúde.
Quarto livro: o martelo
seu meio para a sua tarefa
Sils-Maria, verão de 1886

Violências descomunais são desencadeadas; mas se contradizendo, as forças *desencadeadas* se aniquilando mutuamente atar de maneira nova as forças desencadeadas, de tal modo que elas não se aniquilem mutuamente e abrir os olhos para a *ampliação* efetiva da força!

Por toda parte mostrar a desarmonia entre o ideal e suas condições particulares (por exemplo, probidade junto aos cristãos, que são constantemente impelidos à mentira) Sobre o livro 2.

Na coletividade democrática, na qual qualquer um é especialista, falta o "para quê?", o estado no qual todos os estiolamentos de mil faces de todos os particulares (que se transformam em funções) recebem o seu *sentido*.

O desenvolvimento da sensibilidade
da crueldade
da vingança
da loucura   para a soma
da avidez   da *cultura*
do despotismo
etc.

Sobre

O perigo em todos os ideais até aqui

Crítica do modo de pensar indiano e chinês, assim como do cristão (como preparações para um modo de pensar *niilista* –)

O perigo dos perigos: tudo não possui nenhum sentido.

O martelo: uma doutrina que provoca, por meio do *desencadeamento* do pessimismo maximamente mórbido, uma *seleção dos mais aptos para a vida*

2 (101)

A conclusão que vai da obra de volta para o criador: a questão terrível de saber se a plenitude ou a privação, se o desvario da privação pode impelir para a criação: a visão repentina do fato de que todo ideal romântico se mostra como uma fuga de si mesmo,

FRAGMENTOS PÓSTUMOS, 1885–1887 (Vol. VI)   91

um desprezo por si mesmo e uma condenação de si mesmo por parte daquele que o inventa.

Trata-se, por fim, de uma questão da força: toda essa arte romântica poderia ser totalmente rearticulada por um homem excessivamente rico e por um artista com uma vontade poderosa com o elemento antirromântico – para usar minha fórmula – com o *dionisíaco*, assim como todo tipo de pessimismo e de niilismo na mão dos mais fortes não passa agora de um martelo e de um instrumento a mais, com o qual é possível colocar um novo par de asas.

Reconheci com um único olhar o fato de que Wagner, em verdade, alcança a sua meta, mas apenas assim como Napoleão tinha alcançado Moscou – em cada etapa, tantas coisas tinham sido perdidas, irremediavelmente perdidas, que precisamente no fim de toda a marcha e aparentemente no instante da vitória o destino já estava decidido. Fatídicos os versos de Brunilda. Foi assim que Napoleão veio para Moscou (R. Wagner para Bayreuth –)

Não se aliar com nenhum poder doentio e desde o princípio vencido –

Eu deveria ter confiado mais em mim mesmo: a incapacidade de andar wagneri<ana> (ainda mais de *dançar* – e sem dança não há para mim nenhum descanso e bem-aventurança) sempre me acossou.

A exigência *por* paixões completas é reveladora: quem é capaz dessas paixões exige a magia do oposto, isto é, o *ceticismo*. Os que acreditam fundamentalmente têm sua boa ação e seu descanso ocasionais no ceticismo.

Wagner falando dos encantos que ele soube conquistar da ceia cristã: o decisivo, para mim, é que ele se mostrou para mim como *vencido*. – Alia-se a isso o fato de uma desconfiança ter despertado em mim em relação a se ele não consideraria possível, com a finalidade de sua nova naturalização na Alemanha, desempenhar, por exemplo, o papel do cristão e do recém-convertido: essa desconfiança foi mais nociva para ele junto a mim do que o enfado de vê-lo apostando em uma esperança romântica que estava ficando velha, esperança cujos joelhos já estavam bastante cansados de se ajoelhar diante da cruz.

FRIEDRICH NIETZSCHE

2 (102)

A crença no *corpo* é mais fundamental do que a crença na alma: essa última crença surgiu das aporias da consideração científica do corpo (algo que o abandona. Crença na *verdade do sonho* –)

2 (103)

Desconfiança em relação à auto-observação. O fato de um pensamento ser causa de um pensamento não tem como ser constatado. Na mesa de nossa consciência aparece uma sucessão de pensamentos, como se um pensamento fosse a causa do seguinte. De fato, não vemos a luta que se desenrola embaixo da mesa – – –

2 (104)

Em Platão como em um homem de uma sensibilidade e de um entusiasmo superexcitáveis, a magia do conceito era tão grande que ele venerou e divinizou involuntariamente o conceito como uma forma ideal. *Embriaguez dialética*, como a consciência com a qual é possível exercer um domínio sobre si mesmo – como instrumento da vontade de poder.

2 (105)

Pressão e impulso são algo indizivelmente tardio, derivado, não originário. Eles já pressupõem efetivamente algo que *se mantém coeso* e que *pode* pressionar e impulsionar! Mas a partir de onde ele se manteria coeso?

2 (106)

O significado da filosofia alemã (Hegel): elucubrar um *panteísmo* no qual o mal, o erro e o sofrimento não são sentidos como argumentos contra o divino. *Essa grandiosa iniciativa* foi mal utilizada pelos poderes existentes (Estado etc.), como se estivesse sancionada, com isso, a racionalidade daquele que se encontra precisamente agora como dominante.

Em contrapartida, Schopenhauer aparece como um homem moral tenaz que, finalmente, para continuar tendo razão com a

FRAGMENTOS PÓSTUMOS, 1885–1887 (Vol. VI) 93

sua avaliação moral, se transforma em um *negador do mundo*. Por fim, em um "místico". Eu mesmo tentei uma justificação estética: como é que a feiura do mundo é possível? – Tomei a vontade de beleza, de permanência nas *mesmas* formas, como um meio temporário de conservação e cura: fundamental, porém, me parecia o fato de o eterno-criador, como aquele *que eternamente precisa destruir*, estar ligado à dor. O feio é a forma de consideração das coisas, sob o domínio da vontade de estabelecer um sentido, um *novo* sentido naquilo que se tornou sem sentido: a força acumulada, que obriga o criador a sentir o que se teve até aqui como insustentável, como falho, digno de negação, como feio? –

A ilusão de *Apolo*: a eternidade da bela forma; a legislação aristocrática *"assim deve ser para sempre!"*

Dioniso: sensibilidade e crueldade. A perecibilidade poderia ser interpretada como gozo da força geradora e destrutiva, como criação constante.

2 (107)

N.B. As religiões perecem junto à crença da moral: o Deus moral cristão não é sustentável: consequentemente, "ateísmo" – como se não pudesse haver nenhum outro tipo de deuses.

Do mesmo modo, a cultura também perece junto à crença na moral: pois, quando são descobertas as condições necessárias a partir das quais apenas ela medra, não se *a* quer mais: budismo.

2 (108)

Que o valor do mundo reside em nossa interpretação (– que em algum outro lugar talvez sejam possíveis ainda outras interpretações que não as humanas –), que as interpretações até aqui são avaliações perspectivísticas, graças às quais nós nos mantemos na vida, ou seja, na vontade de poder, de crescimento de poder, que toda *elevação do homem* traz consigo a superação de interpretações mais estreitas, que toda intensificação e ampliação do poder alcançadas abrem novas perspectivas e conclamam a que se acredite em novos horizontes – isso é algo que atravessa meus escritos. O mundo, *que em alguma medida nos diz respeito*, é falso, isto é, não é nenhum fato, mas uma sedimentação e um arredondamento a partir de uma soma mais magra de observações; ele está em "fluxo"; como algo que devém, como uma falsidade que sempre se translada novamente, que nunca se aproxima da verdade: pois – não há nenhuma "verdade".

2 (109)
A "ausência de sentido do acontecimento": a crença nisso é a consequência de uma intelecção da falsidade das interpretações até aqui, uma universalização da covardia e da fraqueza – nenhuma crença *necessária*.
Imodéstia do homem –: onde ele não vê o sentido, ele o *nega*!

2 (110)
Sobre o "Nascimento da tragédia"
O "ser" como a invenção do que sofre com o devir.
Um livro construído a partir de vivências puras sobre os estados de prazer e desprazer estéticos, com uma metafísica de artista no pano de fundo. Ao mesmo tempo, uma confissão de um romântico, finalmente uma obra de juventude cheia de coragem da juventude e de melancolia. Aquele que mais sofre é o que exige da maneira mais profunda possível a beleza – *ele* a *gera*.
Experiências fundamentais psicológicas: com o nome "apolíneo" é designado o permanecer encantado diante de um mundo imaginado e sonhado, *diante* do mundo da *bela aparência* como uma redenção do *devir*: sob o nome de Dioniso está batizado, por outro lado, o devir, ativamente concebido, subjetiva e empaticamente sentido, como volúpia irada do criador, que conhece ao mesmo tempo a fúria do elemento destrutivo. Antagonismo dessas duas experiências e dos *anseios* que se encontram na base das duas: o primeiro anseio quer a aparição *eternamente*, diante dela o homem se aquieta, não apresenta qualquer desejo, fica liso como o mar, curado, em acordo consigo mesmo e com a existência: o segundo anseio impele ao devir, à volúpia da produção do devir, isto é, da criação e da aniquilação. O devir, sentido

e interpretado a partir de dentro, seria a constante criação de algo insatisfeito, excessivamente rico, infinitamente tensionado e concentrado de um deus que só supera o tormento do ser por meio da incessante transformação e mudança: – a aparência como sua redenção temporária, alcançada a cada instante; o mundo como a sequência de visões divinas e redenções na aparência. – Essa metafísica de artistas se coloca em contraposição à consideração unilateral de Schopenhauer, que não sabe dignificar a arte a partir do artista, mas apenas a partir daquele que a recebe: uma vez que ela traz libertação e redenção no gozo do que não é efetivamente real, em oposição à realidade efetiva (a experiência de um ser que sofre e se desespera consigo e com a sua realidade efetiva) – redenção na *forma* e em sua eternidade (como também é possível que Platão o tenha vivenciado: só que Platão já tinha gozado também no conceito a vitória sobre a sua sensibilidade por demais irritável e sofredora). A isso contrapõe-se o segundo fato, a arte a partir da vivência do artista, sobretudo do músico: a *tortura* do precisar criar, como *impulso dionisíaco*.

A arte trágica, rica nas duas experiências, é designada como reconciliação entre Apolo e Dioniso: à aparição é doada a mais profunda significância, por meio de Dioniso: e a aparição é de qualquer modo negada e negada com *prazer*. Isso está voltado contra a doutrina schopenhaueriana da *resignação* como consideração trágica do mundo.

Contra a teoria de Wagner de que a música é um meio e o drama um fim.

Uma exigência pelo mito trágico (por "religião" e, em verdade, por uma religião pessimista) (como um sino de conclusão no qual algo crescente se consuma)

Desconfiança em relação à ciência: apesar de seu otimismo instantaneamente mitigador ser fortemente sentido. Serenidade do homem teórico.

Caráter profundamente contrafeito em relação ao cristianismo: por quê? A degradação da essência alemã cabe a ele.

Só esteticamente há uma justificação do mundo. Suspeita fundamental em relação à moral (ela faz parte do mundo fenomênico).

A felicidade na existência só é possível como felicidade na *aparência*.

A felicidade no devir só é possível na *aniquilação* do efetivamente real da "existência", da bela aparência, na destruição pessimista da ilusão.

na aniquilação também da mais bela aparência, a felicidade dionisíaca chega ao seu ápice.

2 (111)

O problema do sentido da arte: *para que* arte?

Como é que os homens mais vigorosos em termos vitais e mais bem constituídos, *os gregos*, se comportaram em relação à arte?

Fato: a tragédia pertence aos tempos mais ricos em termos de força – por quê?

Segundo fato: a necessidade de beleza, assim como de logicização do mundo, pertence à sua *décadence*

Interpretação dos dois fatos: – – –

Aplicação equivocada ao presente: eu interpretei o pessimismo como *consequência* da força superior e da plenitude vital, que pode se dar ao luxo do trágico. Do mesmo modo, interpretei a música alemã como expressão de um excesso de plenitude e de uma originariedade dionisíacos, isto é:

1) superestimei a essência alemã

2) não compreendi a fonte da desertificação moderna

3) me faltou a compreensão histórico-cultural para a origem da música moderna e seu *romantismo essencial*.

Abstraindo-se dessa aplicação falha, o problema persiste: *como seria uma música* que *não* tivesse uma origem romântica – mas uma *dionisíaca*?

2 (112)

um romântico é um artista que torna criativo o grande desprazer consigo – que olha para além de si e de seu mundo compartilhado, que olha para trás

FRAGMENTOS PÓSTUMOS, 1885–1887 (Vol. VI)   97

2 (113)

Comecei com uma hipótese metafísica sobre o sentido da música: mas na base dessa hipótese se encontrava uma *experiência psicológica*, no fundo da qual eu ainda não tinha conseguido inserir nenhuma explicação *histórica* suficiente. A transposição da música para o plano metafísico foi um ato de veneração e de agradecimento; no fundo, todos os homens religiosos até aqui lidaram assim com sua vivência. – Pois bem, em seguida surgiu o lado inverso: o efeito inegavelmente *nocivo* e destruidor sobre mim justamente dessa música venerada – e, com isso, também o fim de sua veneração religiosa. Com isso, também se abriram meus olhos para a necessidade moderna *de* música (que se mostra ao mesmo tempo na história juntamente com a necessidade crescente de narcóticos). Até mesmo a "obra de arte do futuro" se mostrou para mim como refinamento da necessidade de excitação e anestesia, junto à qual todos os sentidos querem fechar concomitantemente sua conta, inclusive o contrassenso idealista, religioso, hipermoral – como uma excitação conjunta de toda a maquinaria nervosa. A essência do romantismo veio à tona para mim: a *falta* de um tipo fecundo de homem se tornou geradora aí. Ao mesmo tempo, a teatralidade dos meios, a inautenticidade e o caráter de empréstimo de todos os elementos particulares, a falta de probidade da formação artística, a *falsidade* abissal dessa arte de todas a mais moderna: que arte essencialmente teatral poderia ser. A impossibilidade psicológica dessas almas supostamente heroicas e divinas, que são ao mesmo tempo nervosas, brutais e refinadas como os mais modernos entre os pintores e líricos de Paris. – Basta, eu os coloco todos dentro do "barbarismo" moderno. – Com isso, não se disse nada sobre o *dionisíaco*. No tempo da maior profusão e saúde aparece a tragédia, mas também no tempo do esgotamento nervoso e da superexcitação nervosa. Interpretação contraposta. – Em Wagner é distintivo o modo como ele deu já ao "Anel do Nibelungo" uma conclusão niilista (ávida por quietude e fim).

2 (114)

A obra de arte, onde ela aparece *sem* artistas, por exemplo, como corpo, como organização (corpo prussiano de oficiais, ordem de jesuítas). Em que medida o artista é apenas um estágio prévio. O que significa o "sujeito" –?

O mundo como uma obra de arte que gesta a si mesma – – A arte é uma consequência da *insuficiência no que há de efetivamente real*? Ou uma expressão de *gratidão quanto a uma felicidade gozada*? No primeiro caso, *Romantismo*; no segundo, brilho das glórias e ditirambos (em suma, *arte apoteótica*): Rafael também pertence a esse âmbito, só que ele tinha aquela falsidade de divinizar a *aparência* da interpretação de mundo cristã. Ele era grato pela existência, em que *não* se mostrava como especificamente cristão.

Com a interpretação *moral*, o mundo se mostra insuportável. O cristianismo foi a tentativa de superar o mundo: ou seja, de negá-lo. Na prática, tal atentado do desvario – de uma autoarrogância desvairada do homem em face do mundo – confluiu para a desertificação, o apequenamento, o empobrecimento do homem: o tipo mais medíocre e mais inofensivo, o tipo do homem de rebanho, só foi levado em conta aí, sua *exigência*, caso se queira...

Homero como artista apoteótico; também Rubens. A música ainda não tinha tido nenhum artista assim.

A idealização do *grande malfeitor* (o sentido para a sua *grandeza*) é grega; o tornar indigno, o amaldiçoar, o tornar desprezível o pecador é judaico-cristão.

2 (115)

"Deus está morto." Perigo na veneração de Deus segundo esquemas judaico-cristãos.

2 (116)

Aquele autoconhecimento, que é modéstia – pois nós não somos nossa própria obra –, mas que também é do mesmo modo gratidão – pois nós somos "nos saímos bem" –

2 (117)

Psicologia da necessidade científica.
A arte a partir da gratidão ou da insuficiência.

FRAGMENTOS PÓSTUMOS, 1885–1887 (Vol. VI) 99

A interpretação moral do mundo termina na negação do mundo (Crítica ao cristianismo). Antagonismo entre "aprimoramento" e intensificação do tipo homem. Interpretabilidade infinita do mundo: toda interpretação é um sintoma do crescimento ou do perecimento. As tentativas até aqui de superar o *Deus moral* (Panteísmo, Hegel etc.) A unidade (o monismo) como uma necessidade da inércia; a maioria das inserções de sentido é um sinal de força. *Não querer contestar* ao mundo o seu caráter inquietante e enigmático!

2 (118)
    1) I. O niilismo segundo todos os indícios bate à porta.
    2) II. Inevitável, caso não se concebam seus pressupostos. Esses pressupostos são as avaliações (*não* os fatos sociais: que só atuam todos por meio de determinada *interpretação* ora pessimista, ora otimista)
    3) III. Gênese das avaliações, como crítica dessas avaliações.
    4) IV. Os invertidos. Sua psicologia.
    5) V. O martelo: como a doutrina que produz a *decisão*.
        1) O perigo dos perigos.
        2) Crítica da moral.
        3) Nós, os invertidos.
        4) O martelo.

2 (119)
"Até que ponto a arte alcança o íntimo do mundo? E há ainda, para além do 'artista', potências artísticas?" Essa questão foi, como se sabe, meu *ponto de partida*: e eu disse sim à segunda questão; e, quanto à primeira, "o mundo mesmo não é nada além de arte". A incondicionada vontade de saber, de verdade e de sabedoria se mostrou para mim em tal mundo da aparência como um crime contra a vontade metafísica fundamental, como antinatureza: e de maneira justa <o> ápice da sabedoria se volta *contra* os sábios. O elemento antinatural da sabedoria tornou-se manifes-

100 FRIEDRICH NIETZSCHE

to em sua hostilidade à arte: querer conhecer, em que a aparência é justamente a redenção – que inversão, que instinto de nada!

2 (120)
Todos os cultos fixam uma vivência *única*, o reunir-se com um deus, um ato de graça em um sentido qualquer, apresentando essa vivência em seguida sempre uma vez mais. A lenda do lugar como origem de um drama: em que a poesia desempenha o papel de um deus.

2 (121)
(38)
A teatralidade.
O caráter colorido das cores do homem moderno e seu estímulo. Essencialmente esconderijo e enfado.
O literato.
O político (no "engodo nacional").
A teatralidade nas artes
falta de probidade da formação prévia e da instrução (Fromentin)
os românticos (falta de filologia e de ciência e abundância de literatura)
os romancistas (Walter Scott, mas também o caráter descomunal dos Nibelungos com a música maximamente nervosa)
os líricos
a "cientificidade"
os ideais populares como superados, mas ainda não *diante* do povo:
o sagrado, o sábio, o profeta

2 (122)
(37)
Para a história da desertificação moderna.
Os nômades do Estado (funcionários públicos etc.): sem "terra natal" –

FRAGMENTOS PÓSTUMOS, 1885–1887 (Vol. VI)   101

O ocaso da família.
"O homem bom" como sintoma do esgotamento.
Justiça como vontade de poder (criação)
Viço e neurose.
Música negra: – a música agradável para onde?
O anarquista.
Desprezo pelo homem, nojo.
Distinção de todas a mais profunda: se a fome ou a exuberância se tornam ou não *criadoras*? O primeiro caso é gerado pelos *ideais românticos*.
Antinaturalidade nórdica.
A necessidade de álcool e a "indigência" dos trabalhadores
O niilismo filosófico

2 (123)
Os cristãos precisam acreditar na *veracidade de Deus*: infelizmente, porém, eles só recebem aí no bojo a crença na Bíblia e em sua "ciência da natureza"; eles *não podem* admitir absolutamente nenhuma verdade relativa (ou, dito de maneira mais clara – – –). Junto ao caráter *incondicionado* de sua moral, o cristianismo se quebra. – A ciência despertou a dúvida quanto à veracidade do Deus cristão: junto a essa dúvida *morre o cristianismo* (*Pascal deus absconditus*).

2 (124)
1) Nascimento da tragédia Metafísica de artista
2) Considerações extemporâneas O filisteu da cultura.
            O nojo.
        Vida e história – problema
           fundamental.
         O eremita filosófico.
         "Educação"
         O eremita artista.
O que há para aprender
com Wagner.
3) Humano, demasiadamente humano O espírito livre.

4) Opiniões e sentenças misturadas   O pessimista do
                                                    intelecto.
Causalidade. Por que *sou* de tal e tal modo? O pensamento
absurdo em relação à sua existência: se pensar como se esco-
lhendo livremente mesmo para o seu ser de tal e tal modo. Pano
de fundo: a exigência de que *precisaria* haver uma essência, que
teria *impedido* uma criatura que despreza a si mesma como eu de
surgir. *Sentir*-se como contra-argumento contra *Deus* –
5) O viandante e sua sombra.   Solidão como problema.
6) Aurora.   Moral como uma soma de
                                                    preconceitos
7) Gaia ciência   Escárnio em relação à
                                                    moralística europeia.
                              Perspectivas quanto a uma
                                                    superação da moral.
                              Como é que precisaria ser
                                                    constituído um homem que
                                                    vivesse no além?
                                                    Z<aratustra> – – –

Sete prefácios
Um adendo a
Sete publicações

2 (125)
Sobre a história do pessimismo.
A desertificação moderna.
A teatralidade.

2 (126)
        Para 2) Crítica dos valores supremos
Para a história do *amaldiçoamento*.
Como se fazem *ideais*.
Cultura (e "antropomorfização": antagonística)
Moral como instinto da vergonha, como dissimulação, más-
cara, uma interpretação fundamentalmente bem-intencionada

FRAGMENTOS PÓSTUMOS, 1885–1887 (Vol. VI)

(37)
Misturar juízos sobre os *pessimistas*!
  Os indianos
  O pessimismo (como instinto) e a *vontade de pessimismo*:
contraste principal
    O pessimismo do intelecto   aquele seguindo o rastro
                                      do ilógico,
    O pessimismo da sensibilidade   esse do que há de
                                      doloroso.
  – Todos esses critérios de medida só o são critérios de me-
  dida por razões *morais*.
  – Ou, como Platão, também a *hedoné*, temida como trans-
  valoradora dos valores e como sedutora
  A) O que é verdade?
  B) Justiça
  C) Para a história das simpatias.
  D) O "homem bom"
  E) O "homem superior"
  F) O artista

(36)
O que é verdade? (inércia, a hipótese, surgida com a satisfação, o mínimo dispêndio de força espiritual etc.)

2 (127)
  O niilismo está batendo à porta: de onde vem esse hóspede
de todos o mais sinistro? –
  I. 1) Ponto de partida: é um *erro* apontar para "situações
  sociais de indigência" ou para "degradações fisiológi-
  cas" ou até mesmo para a corrupção como *causa* do
  niilismo. Esses estados permitem sempre interpretações
  completamente diversas. Ao contrário, é em uma *interpretação completamente determinada*, da interpretação
  moral cristã que se esconde o niilismo. Trata-se do tempo de todos o mais honesto, mais empático. Indigência,
  indigência intelectual, psíquica, corporal não é de modo

algum capaz de produzir niilismo, ou seja, a recusa radical de valor, sentido e desejabilidades.

2) O declínio do cristianismo – junto à sua moral (que era irredimível) que se volta contra o Deus cristão (o sentido da veracidade, que tinha sido elevadamente desenvolvido pelo cristianismo, se *enoja* com a falsidade e mendacidade de toda a interpretação cristã do mundo e da história. Retradução da sentença "Deus é a verdade" na crença fanática de que "tudo é falso". Budismo da *ação*...
3) O ceticismo na moral é o decisivo. O declínio da interpretação *moral* do mundo, que não tem mais nenhuma *sanção*, depois de ter tentado fugir para o além: termina no niilismo, "tudo não tem sentido algum" (a irrealizabilidade de uma interpretação do mundo, para a qual foi dedicada uma quantidade descomunal de força – desperta a desconfiança quanto a se *todas* as interpretações de mundo não são falsas –) Movimento budista, nostalgia do nada. (O budismo indiano *não* tem atrás de si um desenvolvimento fundamentalmente moral. Por isso, no budismo, o niilismo é apenas uma moral não superada: existência como punição, combinada com a existência como erro, o erro, portanto, como punição – uma avaliação moral.) As tentativas filosóficas de superar o "Deus moral" (Hegel, Panteísmo). Superação dos ideais populares: o sábio. O santo. O poeta. Antagonismo entre "verdadeiro", "belo" e "bom" – –
4) Contra a "ausência de sentido" por um lado, contra os juízos morais por outro: em que medida toda ciência e filosofia até aqui se encontravam sob juízos morais? E será que não se compra com isso concomitantemente a hostilidade da ciência? Ou a anticientificidade? Crítica ao espinozismo. Os juízos de valor cristãos se acham atrasados por toda parte nos sistemas socialistas e positivistas. Falta uma *crítica à moral cristã*.
5) As consequências niilistas da ciência da natureza atual (ao lado de suas tentativas de escapulir para o além).

De seu funcionamento *se segue* finalmente uma autodecomposição, uma virada contra *si* mesma, uma anticientificidade. – Desde Copérnico, o homem vem rolando para fora do centro e se dirigindo para o x

6) As consequências niilistas do modo de pensar político e político-econômico, no qual todos os "princípios" vão pertencendo pouco a pouco à teatralidade: o halo de mediocridade, de mesquinhez, de não probidade etc. O nacionalismo, o anarquismo etc. Punição. Falta o estado e o homem *redentor*, o justificador –

7) As consequências niilistas da história e dos "historiadores *práticos*", isto é, dos românticos. A posição da arte: absoluta *ausência* de originalidade de sua posição no mundo moderno. Sua desertificação. As supostas olimpíadas de Goethe.

8) A arte e a preparação do niilismo. Romantismo (A conclusão dos Nibelungos de Wagner)

2 (128)

I. Contradição fundamental na civilização e na elevação do homem. Estamos no tempo do *grande meio-dia, da* clarificação *mais terrível:* minha *espécie de pessimismo*: – grande ponto de partida.

II. As avaliações morais como uma história da mentira e da arte do amaldiçoamento a serviço de uma vontade de poder (da vontade do *rebanho*) que se rebela contra os homens mais fortes

III. As condições de toda elevação da cultura (da possibilitação de uma *seleção* às custas de uma massa) são as condições de todo crescimento.

IV. A *plurissignificância do mundo* como questão da *força*, que considera todas as coisas sob a *perspectiva de seu crescimento*. Os juízos de valor *cristãos morais* como uma rebelião de escravos e como mendacidade de escravos (contra valores aristocráticos do mundo *antigo*).

Até que ponto a *arte* desce até a essência da *força*?

2 (129)

O eterno retorno do mesmo.
Danças e mudanças zaratustrianas.
Primeira parte: a festa para a morte de Deus.
Por
Friedrich Nietzsche

1) A festa pela morte de Deus.
2) No grande meio-dia.
3) "Onde está a mão para este martelo?"
4) Nós que prometemos.

I.

A cidade da peste. Ele é avisado, mas não se atemoriza e entra, encoberto. Todos os tipos de pessimismo passam por ele. O vidente *interpreta* cada movimento. A busca do diverso, a busca do não e, finalmente, a busca do nada se sucedem. Por fim, Zaratustra dá a *explicação*: Deus está morto, esta é a *causa* do maior perigo: como? Ela também poderia ser a causa da maior coragem!

II.

A aparição dos amigos.
O gozo por parte daqueles que se acham em declínio junto ao *perfeito*: aqueles que vão embora.
O cômputo dos amigos.
Cortejos festivos. O tempo decisivo, o grande meio-dia.
O grande sacrifício de gratidão e de morte ao Deus morto.

III.

A nova tarefa.   A morte de Deus, para o vidente
O meio da tarefa.   o mais terrível acontecimento, é o
Os amigos o abandonam.   acontecimento mais feliz e
                         mais cheio de esperança para
                         Zaratustra.
Zaratustra morre.

IV.

Nós que prometemos

FRAGMENTOS PÓSTUMOS, 1885–1887 (Vol. VI) 107

2 (130)
O fenômeno "artista" é ainda o mais facilmente *transparente*: – olhar a partir daí para os *instintos fundamentais do poder*, da natureza etc.! Também da religião e da moral! "o jogo", o inútil, como o ideal daquele que se encontra com um superacúmulo de força, como "infantil". A "infantilidade" de Deus, παῖς παίζων.[17]

2 (131)
Plano do primeiro livro
Alcança o seu ocaso a oposição do mundo que nós veneramos, do mundo em que nós vivemos, que nós – somos. Resta eliminar ou bem nossas venerações, ou bem a nós mesmos. Esta última posição é o niilismo.
1) O niilismo que está vindo à tona, teórica e praticamente. Dedução errônea do niilismo.
(Pessimismo, seus tipos: prelúdios do niilismo, ainda que não necessário)
2) O cristianismo perecendo de sua moral. "Deus é a verdade", "Deus é o amor", "o Deus justo" – o maior de todos os eventos – "Deus está morto" – sentido de maneira grosseira. A tentativa alemã de transformar o cris<tinianismo> em uma gnose é recusada por uma desconfiança profunda: o "inverídico" aí é experimentado da maneira mais forte possível (contra Schelling, por exemplo)
3) A moral, desde então sem sanção, não consegue mais se sustentar. Deixa-se que a interpretação moral finalmente *caia por terra* – (O sentimento por toda parte ainda de plena repercussão do juízo de valor cristão –)
4) Ora, mas o *valor* até aqui, sobretudo o valor da filosofia ("da vontade de verdade"), estava baseado em juízos morais!
os ideais populares: "o sábio", "o profeta", "o santo" caducaram

---

17 **N.T.:** Em grego no original: "criança das crianças".

5) Traço *niilista* nas ciências naturais ("ausência de sentido" –) Causalismo, mecanismo. A "conformidade a leis" como um ato intermediário, como um resíduo.

6) Do mesmo modo na política: falta a crença em *seu* direito, a inocência, impera a mentira, a serviçalidade ao instante

7) Do mesmo modo na economia política: a suspensão da escravidão: falta de um estado redentor, de um *justificador* – ascensão do anarquismo. "Educação?"

8) Do mesmo modo na história: o fatalismo, o darwinismo, as últimas tentativas de inserir interpretativamente a razão e a divindade, tudo deu em nada. Sentimentalidade diante do passado; não se suportaria nenhuma biografia! – (O fenomenalismo também aqui: caráter como máscara, não há nenhum fato)

9) Do mesmo modo na arte: o Romantismo e sua *reação* (caráter contrafeito em relação aos ideais românticos e às mentiras) os puros artistas (indiferentes em relação ao conteúdo). Estes, moralmente, como sentido de uma maior veracidade, mas pessimisticamente

(Psicologia do confessor e psicologia de puritanos, duas formas do Romantismo psicológico: também ainda, contudo, sua reação, a tentativa de se colocar de maneira puramente artística em relação ao "homem" – também aí não se *ousa* implementar as avaliações *inversas*!)

10) Todo o sistema europeu das aspirações humanas *se sente* parcialmente sem sentido, parcialmente já "imoral". Probabilidade de um novo budismo. O perigo extremo. "Como se comportam veracidade, amor, justiça em relação ao mundo *real e efetivo*?" De maneira alguma! –

Os indícios

O niilismo europeu.

Sua causa: a desvalorização dos valores até aqui

A palavra obscura "pessimismo": pessoas que se sentem mal e pessoas que se sentem bem demais – ambas foram p<essimistas>.

Relação entre pessimismo, Romantismo e positivismo (o positivismo como uma reação ao Romantismo, obra de românticos desiludidos)

"Retorno à natureza" 1) suas situações: pano de fundo a bem-aventurança cristã (aproximadamente já Espinoza "*deus sive natura*"!)

Rousseau, a ciência segundo o idealismo romântico

O espinozismo extremamente influente: 1) Tentativa de se dar por satisfeito com o mundo, *tal como ele é*

2) Felicidade e conhecimentos postos ingenuamente em uma relação de dependência (isso é expressão de uma vontade *de* otimismo, na qual se revela alguém que sofre profundamente –)

3) Tentativa de se *livrar* da ordenação moral do mundo, *para manter "Deus", um mundo existente antes da* razão...

"Se o homem não se considera mais mau, ele deixa de ser mau – "Bem e mal são apenas interpretações, e de modo algum um estado de fato, nenhum em si. É possível aceder a um lugar por detrás da origem desse tipo de interpretação; pode-se fazer a tentativa de se libertar, com isso, lentamente da obrigação enraizada de interpretar moralmente.

Para o segundo livro.

Surgimento e *crítica* das avaliações morais. As duas coisas *não* coincidem, como se pensa simplesmente (essa crença já é o *resultado* de uma avaliação moral, "algo que surgiu de tal e tal modo possui pouco valor, como marcado por uma origem não moral")

Critério de medida, *segundo o qual* o valor das avaliações morais precisa ser determinado: crítica das noções de "aprimoramento, aperfeiçoamento, elevação".

Os fatos fundamentais *desconsiderados*: contradição entre o "se tornar moral" e a elevação e o fortalecimento do tipo homem *Homo natura*. A "vontade de poder".

Para o terceiro livro

A vontade de poder.

Como precisam ser constituídos os homens que empreendem em si essa transvaloração.

A ordem hierárquica como ordem de poder: guerra e perigo, o pressuposto de que uma posição hierárquica fixa suas condições. O modelo grandioso: o homem na natureza, o ser mais fraco, mais inteligente, transformando-se em senhor, as potências mais estúpidas se deixando subjugar

Para o quarto livro

A *maior* luta: para tanto, precisa-se de uma nova *arma*. O martelo: conjurar uma decisão terrível, colocar a Europa diante da *consequência* de saber se sua vontade de declínio "quer"

Preservação da mediocrização. É preferível o declínio!

2 (132)

O pressuposto de que tudo ocorre tão moralmente no fundo das coisas, que a razão humana continua em seu direito – é uma ingenuidade e uma pressuposição pequeno-burguesa, a ressonância do efeito da crença na veracidade divina – Deus pensado como criador das coisas. – Os conceitos como uma herança de uma preexistência no além – –

Um instrumento não pode *criticar* sua própria aptidão: o intelecto não pode determinar por si mesmo seus limites, nem tampouco seu ser bem constituído ou mal constituído. –

"Conhecer" é *referir*: segundo sua essência um *regressus in infinitum*. O que se detém (junto a uma suposta *causa prima*, junto a algo incondicionado etc.) é a *preguiça*, o cansaço – –

Por melhor que se possa ter conhecido as condições, sob as quais uma coisa *surge*, ainda não se conhece *com isso* a coisa mesma: – sussurrado no ouvido dos senhores historiadores.

2 (133)

Contra o querer se reconciliar e o pacifismo. Pertence a isso, também, toda tentativa de monismo.

2 (134)

O efeito do povo e das massas por parte dos artistas: Balzac, V. Hugo, Wagner

FRAGMENTOS PÓSTUMOS, 1885–1887 (Vol. VI)

2 (135)

– Error veritate simplicior – [18]

2 (136)

– um daqueles argumentos *concludentes*, que derruba aquele que o utiliza –

2 (137)

Sinal para pensamentos
Auxílios
para um estudo sério de
meus escritos.
Algo fundamental. Para a doutrina do sentimento de poder.
Para a ótica psicológica.
Para a crítica das religiões
Para a disciplina *intellectus*.
O questionável nas virtudes.
Para a honra do mal.
O problema do artista.
Política.
Aos lógicos.
Contra os idealistas.
Contra os crentes na realidade efetiva.
Sobre a música.
Esclarecimento sobre o gênio.
A partir dos segredos da solidão.
Que é grego?
Para a arte da vida. A desertificação moderna. Mulher e amor. Livros e homens. Povos e "povo".

2 (138)

Para além de bem e mal
Prelúdio
de uma filosofia do futuro.

---

18 **N.T.**: Em latim no original: "é um erro considerar a verdade simples".

Por
Friedrich Nietzsche
Uma nova edição mais compreensível
Segundo Volume.
Com um anexo: *sinal para pensamentos.*
Um auxílio para o estudo sério de meus estudos.

2 (139)

(7)

Sobre o "causalismo"

É evidente que *nem* coisas em si podem se encontrar em uma relação de causa e efeito umas com as outras *nem* fenômeno com fenômeno: com o que vem à tona o fato de o conceito "causa e efeito" *não ser aplicável* no interior de uma filosofia, que acredita nas coisas em si e nos fenômenos. O erro de Kant – ... de fato o conceito "causa e efeito", calculado psicologicamente, provém apenas de um modo de pensar, que sempre acredita por toda parte em uma vontade atuando sobre uma vontade – que só acredita no vivente e no fundo apenas em "almas" (e *não* em coisas). No interior da consideração mecanicista do mundo (que é lógica e de sua aplicação ao tempo e ao espaço), aquele conceito reduz-se à fórmula matemática – com a qual, como sempre se precisa sublinhar uma vez mais, algo nunca é concebido, mas com a qual algo é muito mais designado, *registrado.*

A sucessão inalterável de certos fenômenos não demonstra nenhuma "lei", mas uma relação de poder entre duas ou mais forças. É preciso dizer: "mas precisamente essa relação permanece igual a si mesma!" não significa outra coisa senão: "uma e mesma força não pode ser outra força". – Não se trata de uma *sequência* – mas de uma *interpenetração*, um processo, no qual os momentos particulares que se seguem *não* se condicionam como causas e efeitos...

A separação do "fazer" e do "agente", do acontecimento de <algo> uno, que *faz* acontecer, do processo de algo uno que não é processo, mas algo duradouro, substância, coisa, corpo, alma etc. – a tentativa de conceber o acontecimento como uma espécie de transposição e mudança de posição de um "ente", de algo que permanece: essa antiga mitologia fixou a crença em "causa e efeito", depois que ela tinha encontrado nas funções linguísticas e gramaticais uma forma fixa. –

2 (140)

(30)

Contra as duas afirmações "o mesmo só pode ser conhecido pelo mesmo" e "o mesmo só pode ser conhecido pelo diferente" – em torno das quais já tinha sido combatida na Antiguidade uma luta de séculos – é possível objetar hoje, a partir de um conceito rigoroso e cauteloso de conhecimento: *o mesmo não pode ser de maneira alguma conhecido* – e, em verdade, justamente porque o mesmo não pode conhecer o mesmo e porque o mesmo também não pode ser conhecido pelo diferente. –

2 (141)

Essas cisões entre o fazer e aquele que faz, do fazer e do sofrer, do ser e do devir, da causa e do efeito já a crença nas transformações pressupõe a crença em *algo*, *que* "se altera".

a razão é a filosofia da *aparência*

2 (142)

(30)

a "regularidade" das sequências é apenas uma expressão plástica, *como se* uma regra fosse seguida aqui: nenhum fato. Do mesmo modo "conformidade a leis". Nós encontramos uma fórmula, para expressar um tipo de consequência que sempre retorna: com isso, não *descobrimos* nenhuma "*lei*", nem muito menos uma força que é a causa do retorno das consequências. O fato de que algo *sempre* acontece de tal e <tal> modo é aqui interpretado como se um ser sempre agisse de tal e tal modo em consequência de uma obediência em relação a uma lei ou a um legislador: enquanto ele, abstraindo-se da "lei", teria liberdade de agir de outro modo. Mas precisamente esse assim-e-não-de-modo--diverso poderia provir do próprio ser que *não* se comportaria de tal e tal modo com vistas primeiro a uma lei, mas como constituído de tal e tal modo. Só significa: algo não pode apenas ser também algo diverso, não pode fazer ora isto, ora outra coisa, nem livre nem não livre, mas justamente de tal e tal modo. *O erro se esconde na inserção imaginativa de um sujeito*

2 (143)
Supondo que o mundo disponha de um *quantum* de força, é natural que toda transposição de poder condicione todo o sistema – ou seja, ao lado da causalidade *de uma coisa por detrás da outra* haveria uma dependência *de uma coisa ao lado da outra e de uma com a outra*.

2 (144)

(40)
Supondo que uma contraprova da fé cristã não poderia ser conduzida, Pascal considerou inteligente no sentido mais elevado do termo, com vistas a uma possibilidade *terrível* de que ela, contudo, fosse verdadeira, ser cristão. Hoje se encontra, sob o signo de o quanto o cristianismo tinha perdido em termos de fecundidade, aquela outra tentativa de sua justificação, o fato de que, mesmo que tivesse sido um erro, se teriam experimentado de qualquer modo durante o período de vida a grande vantagem e o gozo desse erro: parece, portanto, que, precisamente em virtude de seus efeitos tranquilizadores, essa fé deveria ser mantida – ou seja, não por medo de uma possibilidade ameaçadora, mas muito mais por medo de uma vida da qual um estímulo se esvai. Essa virada hedonista, a prova a partir do *prazer*, é um sintoma do declínio: ela substitui a prova a partir da *força*, a partir daquilo que se mostra na ideia cristã como um abalo, a partir do *temor*. De fato, nessa reintepretação, o cristianismo aproxima-se do esgotamento: as pessoas se satisfazem com um cristianismo *marcado pelo ópio*, porque não se tem a força nem para buscar nem para lutar, ousar, querer ficar sozinho, nem para o pascalismo, para esse desprezo de si meditabundo, para a crença na indignidade humana, para o medo do "talvez-condenado". Mas um cristianismo, que deve aquietar sobretudo nervos doentes, *não necessita* daquela solução

FRAGMENTOS PÓSTUMOS, 1885–1887 (Vol. VI) 115

terrível de um "Deus na cruz": razão pela qual silenciosamente por toda parte o budismo faz progressos na Europa.

2 (145)
A interpretação de um acontecimento como *ou bem* fazer, *ou bem* sofrer – ou seja, todo fazer um sofrer – diz: toda transformação, todo tornar-se diverso pressupõe um autor e alguém, *junto ao qual* se dá a "transformação".

2 (146)
É possível apresentar uma analogia perfeita entre a simplificação e a repulsa de inúmeras experiências às sentenças gerais *e* ao devir das células reprodutoras, que portam todo o passado sinteticamente em si: e, do mesmo modo, entre a formação artística a partir de pensamentos fundamentais procriadores até o "sistema" *e* a partir do devir do organismo como um imaginar e um continuar pensando, como um *rememoração* de toda a vida anterior, da re-presentificação, corporificação.

Em suma: a vida orgânica *visível* e o vigorar e pensar psíquico criador *invisível* contêm um paralelismo: na "obra de arte" podem-se demonstrar esses dois lados da forma mais clara e distinta possível como paralelos. – Em que medida pensar, concluir e tudo o que diz respeito à lógica podem ser considerados como *um lado exterior*: como sintoma de um acontecimento muito mais interior e muito mais fundamental?

2 (147)
(30)

"Fim e meio"	como interpretação (*não* como estado de fato)
"Causa e efeito"	como interpretação tudo no sentido de uma
"Sujeito e objeto"	como interpretação vontade de poder

"Fazer e sofrer"
("Coisa em si e fenômeno") como interpretação

116 FRIEDRICH NIETZSCHE

e em que medida talvez interpretações *necessárias*? (como "conservadoras")

2 (148)

A vontade de poder *interpreta*: na formação de um órgão trata-se de uma interpretação; ela demarca determinados graus, diversidades de poder. Meras diversidades de poder ainda não poderiam se sentir como tal: precisa estar presente algo que quer crescer, que interpreta qualquer outra coisa que queira crescer com vistas ao seu valor. *Aí imediatamente* – – Em verdade, a *interpretação é um meio próprio de se tornar senhor sobre algo*. (*O processo orgânico pressupõe uma* interpretação *constante*.

2 (149)

Uma "coisa em si" tão equivocada quanto um "sentido em si", um "significado em si". Não há nenhum "fato em si", *mas um sentido precisa ser primeiro inserido para que possa haver um fato*. O "o que é isto?" é um *estabelecimento de sentido* visto a partir de algo diverso. A *"essência"*, a *"essencialidade"* é algo perspectivístico e já pressupõe uma pluralidade. No fundo, encontra-se sempre "o que é isto para *mim*?" (para nós, para todos que vivem etc.).

Uma coisa só seria designada se, nela, todas as essências tivessem perguntado e respondido seu "o que é isto?". Supondo que uma única essência, com suas próprias relações e perspectivas com vistas a todas as coisas, faltasse: e a coisa ainda não estaria "definida".

2 (150)

Em suma, a essência de uma coisa também é apenas uma *opinião* sobre a "coisa". Ou, muito mais: o *"ela vale"* é o *"ela é"* propriamente dito, o único "ela é".

2 (151)

Não se tem o direito de perguntar: "quem interpreta afinal?", mas o próprio interpretar, como uma forma da vontade de

FRAGMENTOS PÓSTUMOS, 1885–1887 (Vol. VI) 117

poder, tem existência (mas não como um "ser", mas como um *processo*, um *devir*) como um afeto.

2 (152)
O surgimento das "coisas" é totalmente a obra dos que representam, pensam, querem, inventam. O conceito "coisa" ele mesmo, assim como todas as propriedades – mesmo o "sujeito" é algo assim criado, uma "coisa" tal como todas as outras: uma simplificação, para designar a *força* como tal que estipula, inventa, pensa, diferentemente de todo estabelecer, inventar, pensar mesmo particulares. Portanto, a *faculdade* é designada diferentemente de todo particular: no fundo, o fazer sintetizado com vistas a todo fazer que ainda está à espera (fazer e a probabilidade de um fazer semelhante)

2 (153)
N.B. A partir do mundo que nos é conhecido não é possível *comprovar* o Deus humanitário: é até esse ponto que se pode obrigar e impelir-vos a chegar agora: – mas qual é a conclusão que vós tirais daí? Ele não é comprovável *para nós*: ceticismo do conhecimento. Mas todos vós *temeis* a conclusão: "a partir do mundo que é conhecido por nós, um Deus totalmente diferente seria *comprovável*, um tal Deus que no mínimo *não* seria humanitário" – – – e, dito de maneira breve e boa, isto é, vós retendes o vosso Deus e inventais para ele um mundo, *que não nos é conhecido*.

2 (154)
(36)
Contra o preconceito científico. – A maior fabulação é a do conhecimento. Gostar-se-ia de saber como são constituídas as *coisas em si*: mas vede, não há nenhuma coisa em si! No entanto, caso supuséssemos que haveria um em si, um incondicionado, então ele *não* poderia, por isso mesmo, *ser conhecido*: senão ele *não* seria justamente incondicionado! Conhecer, contudo, é sempre "se-colocar-em-uma-relação-qualquer-sob-uma--condição" – –; um tal "ser cognoscente" quer que aquilo que ele

procura conhecer não lhe diga minimamente respeito; e que esse algo mesmo não diga respeito minimamente a ninguém em geral: estando dada de início uma contradição, no *querer*-conhecer e na exigência de que nada lhe concerna (para que, então, conhecer!); e, em segundo lugar, como algo, que não diz respeito em nada a ninguém, não *é* de modo algum, ele também não pode ser conhecido. – Conhecer significa "se colocar em uma condição em relação a algo": sentir-se condicionado por algo e entre nós – – trata-se, portanto, em todas as circunstâncias, de uma *constatação. Designar, tornar consciente de condições (não uma sondagem* sobre a essência, as coisas, os "em si")

2 (155)
Aversão profunda a se aquietar em uma consideração conjunta qualquer do mundo de uma vez por todas; magia do modo de pensar oposto; não se deixar privar do estímulo do caráter enigmático.

2 (156)
Para o capítulo "*artista*" (como plasmador, estabelecedor de valores, como alguém que se apossa de algo)
Nossas línguas como ressonâncias dos *mais antigos movimentos de se apossar das coisas*, por dominadores e pensadores ao mesmo tempo – –: para toda palavra cunhada confluía o comando lateral "assim as coisas *devem* passar a partir de agora a ser chamadas!"

2 (157)
Todas as *quantidades* não devem ser indícios de *qualidades*? O poder maior corresponde a outra consciência, sentimento, anseio, a um outro olhar perspectivístico; o próprio crescimento é uma exigência de *ser mais*; emergindo de um *quale* surge a exigência por um mais de *quantum*; em um mundo puramente quantitativo, tudo seria morto, rígido, imóvel. – A redução de todas as qualidades à quantidade é um disparate: o que resulta daí é o fato de uma coisa e outra estarem juntas, uma analogia –

FRAGMENTOS PÓSTUMOS, 1885–1887 (Vol. VI)   119

2 (158)

História psicológica do conceito de "sujeito". O corpo, a coisa, o "todo" construído pelo olho desperta a distinção entre um fazer e um agente; o agente, a causa do fazer que é sempre tomada de maneira mais fina, deixou para trás por fim o "sujeito".

2 (159)

Já se constatou algum dia uma força? Não, mas efeitos, traduzidos em uma língua completamente estranha. O regular na sucessão, contudo, nos mimou a tal ponto que *não nos espantamos com o que há de espantoso aí*

2 (160)

Hoje, quando o que está em questão é dar a este livro, que se encontra em aberto, mas exige apesar disso a sua chave, uma porta de entrada, um prefácio, a primeira coisa a fazer deve ser dizer por que eu *temia* outrora um prefácio.

2 (161)

(41)

Para o *prefácio*.

Contra os dogmas epistemológicos profundamente desconfiado, <eu> adorava olhar ora a partir desta, ora a partir daquela janela, tomava cuidado para não <me> fixar em uma, considerava-as nocivas – e, por fim: é provável que um instrumento *possa* criticar sua própria habilidade?? – Aquilo ao que prestei atenção foi muito mais o fato de um ceticismo ou uma dogmática epistemológicos nunca terem surgido sem pensamentos de fundo, de que eles possuem um valor de segunda grandeza, logo que se leva em consideração o que *impeliu* no fundo para esta posição: mesmo já a vontade de certeza, se ela não é a vontade "quero primeiro viver" – – – Intelecção fundamental: tanto Kant quanto Hegel e Schopenhauer – tanto a postura cético-epoquista quanto a historializante e a pessimista possuem uma origem moral. Nunca vi ninguém que tivesse ousado realizar uma *crítica dos sentimentos valorativos modernos*: e a tentativa parca de chegar

120 FRIEDRICH NIETZSCHE

a uma história do surgimento desses sentimentos (como junto aos darwinistas ingleses e alemães), a essa tentativa eu logo virei as costas. – Como se explica a posição de Espinoza, sua negação e recusa dos juízos de valor morais? (Foi *uma* consequência de uma teodiceia?)

2 (162)

Observa-se em meus escritos mais antigos uma boa vontade com horizontes inconclusos, certa precaução inteligente diante de convicções, uma desconfiança contra feitiços e ilusões da consciência moral, que toda e qualquer crença forte traz consigo; é possível que se veja aí em parte a cautela da criança queimada, do idealista enganado – mais essencial, porém, me parece o instinto epicurista de um amigo de enigmas, que não quer se deixar privar do caráter enigmático das coisas; e, no que há de mais essencial, por fim, há ainda uma repulsa estética em relação às grandes noções virtuosas incondicionadas, um gosto que resiste a todas as oposições quadradas, que *deseja* uma boa parcela de insegurança nas coisas e que elimina as oposições, como amigo das cores intermediárias, das sombras, das luzes da tarde e do mar sem fim.

2 (163)

Erro habitual dos historiadores da moral:

1) eles dizem que há em povos diversos avaliações morais diversas e concluem a partir daí a sua não obrigatoriedade. – Ou eles afirmam algum consenso qualquer dos povos, ao menos dos povos cristãos, em certas coisas da moral e concluem a partir daí a sua obrigatoriedade para nós: – as duas posições são igualmente ingênuas.

2) eles criticam a opinião de um povo sobre a sua moral (sobre a proveniência, a sanção, racionalidade etc.) e acreditam ter criticado uma moral que se acha coberta com esse capim de irracionalidade.

3) eles mesmos encontram-se sob o regime de uma moral, sem que o saibam, e não fazem no fundo outra coisa

FRAGMENTOS PÓSTUMOS, 1885–1887 (Vol. VI)

senão auxiliar a sua crença nessa moral a se sair vitoriosa: – suas razões não demonstram senão sua própria
vontade de que se acredite nisto e naquilo, de que isto e
aquilo devam ser inteiramente verdadeiros.

Os historiadores da moral até aqui não têm muita importância: eles mesmos se encontram habitualmente sob o comando
de uma moral e não fazem no fundo outra coisa senão a propaganda dessa moral. Seu erro habitual é que eles criticam as
opiniões tolas de um povo sobre a sua moral (ou seja, sobre a
proveniência, sanção, racionalidade dessa moral) e acreditam,
com isso, terem criticado justamente a própria moral, que se viu
coberta por esse capim de irracionalidade. Mas o valor de uma
prescrição "tu deves" é independente da opinião sobre ela, assim
como o valor de um medicamento é certamente independente de
se eu penso cientificamente ou se eu penso como uma velha senhora sobre a medicina.

Ou, por outro lado, eles afirmam um consenso qualquer
dos povos, ao menos dos povos domesticados sobre certas coisas
da moral, e concluem a partir daí a sua obrigatoriedade incondicionada, mesmo para ti e para mim: sendo as duas coisas do
mesmo modo grandes ingenuidades

2 (164)

Um espírito fortalecido pela guerra e pela vitória, para o
qual a conquista, a aventura, o perigo, a dor se tornaram até mesmo uma necessidade; o hábito de um ar elevado e cortante, de
andanças invernais, do gelo e das montanhas em todos os sentidos; uma espécie de maldade sublime e de malícia derradeira da
vingança, pois há vingança aí, vingança na própria vida, quando
alguém que sofre pesadamente toma a vida em sua proteção. Este
livro, para o qual não apenas um prefácio pode ser necessário, é
difícil de compreender por muitas razões, não apenas por uma
falta de habilidade de seu autor, nem tampouco por sua má vontade, mas <pelas> malícias derradeiras de alguém que sofre pesadamente, que escarnece constantemente de um ideal, no qual o
povo acredita e que ele talvez alcançasse nesses estados.

122 FRIEDRICH NIETZSCHE

– E talvez tenha um direito de falar concomitantemente sobre esses estados, porque não apenas olhei atentamente para eles.

Não duvido: tratava-se do estado do sábio, tal como o povo o pensa, para além do qual eu vivia outrora com uma autossuperioridade irônica: a infecundidade suave e a autossatisfação do sábio, tal como o povo o pensa, o ao largo de e para além do "que conhece puramente", todo o organismo sublime de um espírito, para o qual a boa vontade de ação, de geração, de criação em todo sentido desapareceu. Quem consegue sentir comigo a felicidade maravilhosa daquele tempo, no qual o livro surgiu! A maldade sublime de uma alma que – – –

Meu gosto de hoje diz outra coisa: o homem do grande amor e do grande desprezo, que impele sua força supérflua a sair de todo "ao largo de" e de todo "para além de" e a entrar no cerne do mundo, o homem cuja solidão obriga a criar para si seres que são iguais a ele – um homem com a vontade de uma responsabilidade terrível, fundido com seu problema

O que é talvez o mais difícil neste livro dificilmente compreensível, para o qual não apenas um prefácio é necessário, é conceber a ironia da oposição entre seu tema, uma dissolução e um deslindamento dos valores morais – e seu tom, a mais ampla, mais elevada e mais suave serenidade, na qual alguém que sofre pesadamente, alguém que se afastou da vida, se compraz com sua malícia derradeira.

2 (165)

(41)

Para o prefácio de "Aurora"

Tentativa de pensar sobre a moral sem se encontrar sob o seu encanto, desconfiado em relação ao enredamento em seus belos gestos e olhares.

Um mundo que podemos venerar, que é consonante com o nosso impulso à adoração – que se *comprova* constantemente – por meio da direção do particular e universal –: essa é a intuição cristã da qual todos provimos.

FRAGMENTOS PÓSTUMOS, 1885–1887 (Vol. VI)   123

Por meio de um crescimento de força, desconfiança, cienti-ficidade (também por meio de um instinto mais elevadamente diri-gido da veracidade, ou seja, sob influências cristãs uma vez mais), *essa* interpretação se tornou cada vez menos *permitida* para nós. A mais refinada saída: o criticismo kantiano. O intelecto contesta a si mesmo o direito tanto à interpretação naquele sentido quanto à *recusa* da interpretação naquele sentido. As pessoas se satisfazem em, com um *mais* de confiança e crença, com a reali-zação de uma recusa a toda demonstrabilidade de sua crença, com um "ideal" inconcebível e superior (Deus), preencher as lacunas.

A saída hegeliana, em articulação com Platão, uma parcela de Romantismo e de reação, ao mesmo tempo o sintoma do sen-tido histórico, de uma nova *força*: o "espírito" mesmo é o ideal que se desvela e se realiza; no "processo", no devir manifesta-se um mais desse ideal, no qual acreditamos – portanto, o ideal rea-liza a si mesmo, a crença se dirige para o *futuro*, no qual ele pode louvar suas necessidades nobres. Em suma,

1) Deus é *para nós* incognoscível e indemonstrável – sen-tido de fundo e movimento epistemológico

2) Deus é demonstrável, mas como algo que vem a ser – e nós fazemos parte desse devir, justamente com nossa in-clinação para o ideal – sentido de fundo do movimento historicizante

Mas o mesmo sentido histórico, transbordando para a na-tureza, tem —— –

Vê-se: a crítica *nunca* está voltada para o próprio ideal, mas apenas para o problema, do qual emerge a contradição em relação ao mesmo, razão pela qual ele ainda não foi alcançado ou pela qual ele não é comprovável no que há de pequeno e grande.

O ideal do *sábio*: em que medida fundamentalmente moral até aqui? – – –

Faz a maior diferença: se se sente esse estado de emergên-cia como um estado de emergência a partir da paixão, a partir de uma exigência, ou se se o alcança precisamente ainda como problema com o ápice do pensamento e com certa força da ima-ginação histórica...

Ao largo da consideração filosófico-religiosa encontramos o mesmo fenômeno: o utilitarismo (o socialismo, o democratismo) critica a proveniência das avaliações morais, *mas acredita nelas*, exatamente como o cristão. (Ingenuidade, como se a moral restasse, quando falta o *Deus* sancionador. O "além" como absolutamente necessário, se é que a crença na moral deve ser mantida.)

Problema fundamental: de onde provém essa omniviolência da *crença? Da crença na moral?*

(– que também se revela no fato de que mesmo as condições fundamentais da vida são interpretadas de maneira falsa em favor da moral: apesar do conhecimento do mundo animal e do mundo vegetal.

a "autoconservação": perspectiva darwinista de reconciliação entre princípios altruístas e egoístas.

(Crítica do egoísmo, por exemplo, Larochefoucauld)

Minha tentativa de compreender os juízos morais como sintomas e como linguagem de sinais, nos quais processos do medrar ou do fracasso fisiológicos, assim como a consciência de condições de conservação e crescimento, se revelam: um modo de interpretação de valores da astrologia. Preconceitos insuflados por instintos (de raças, de comunidades, de diversos níveis de juventude ou do murchar etc.)

Aplicada à moral especialmente cristã-europeia: nossos juízos morais são indícios de decadência, de descrença na *vida*, uma preparação do pessimismo.

O que significa o fato de termos inserido interpretativamente uma *contradição* na existência? – Importância decisiva: por detrás de todas as outras avaliações encontram-se comandando aquelas avaliações morais. Supondo que elas continuem caindo, de acordo com o que medimos, então? E que valor possuem, então, conhecimento etc. etc.???

Meu princípio: não há nenhum fenômeno moral, mas apenas uma interpretação moral desses fenômenos. Essa interpretação mesma possui uma origem extramoral.

2 (166)

Prefácio à "Gaia ciência"
Uma festa diante de um grande empreendimento, para o qual se sente agora finalmente a nossa força retornar: como Buda se entregou por 10 dias aos divertimentos mund<anos>, para finalmente encontrar seu princípio fundamental.
Escárnio geral quanto a toda moralização de hoje. Preparação para a *posição irônica e ingênua de Zaratustra em relação a todas as coisas sagradas* (forma ingênua da superioridade: o *jogo* como o *sagrado*)

(42)

Sobre a incompreensão da "serenidade". Redenção temporária da longa tensão, a arrogância de um espírito que se consagra e se prepara para longas e terríveis resoluções. *O "louco" sob a forma da "ciência".*
Este livro talvez não precise de apenas um prefácio: não se compreendeu absolutamente nada de sua "gaia ciência". Mesmo em relação ao título – – –
Não se compreendeu absolutamente nada dessa "gaia ciência": nem mesmo o título, cujo sentido provençal foi esquecido por muitos eruditos – – –
O estado triunfal do qual proveio este livro é difícil de ser compreendido – eu mesmo, porém, provim de tal estado.
a consciência da indisposição em relação a tudo o que se achava atrás de mim, acompanhada por uma vontade sublime de gratidão mesmo pelo "atrás de mim", que não estava muito distante do sentimento do direito a uma longa vingança
uma parcela de uma velhice cinzenta e fria como o gelo, ativada na posição mais injusta da vida, a tirania da dor ultrapassada pela tirania do orgulho, que recusa as *consequências* da dor, a busca da solidão como legítima defesa contra um desprezo pela humanidade doentio e vidente e, por isso, ainda amado e desfrutado como redenção; por outro lado, uma exigência pelo que há de mais amargo, seco, doloroso do conhecimento
Está entre as coisas que não esquecerei jamais o fato de as pessoas não terem me parabenizado de maneira tão sincera em re-

lação a nenhum outro livro como em relação a este, as pessoas me deram mesmo a entender o quão saudável seria tal modo de pensar Nada ofende de maneira tão profunda quanto deixar que se observem a altitude e o rigor de nossas próprias pretensões em relação a nós mesmos Nada ofende de maneira tão profunda, nada cinde de modo tão fundamental quanto deixar que se note algo do rigor com o qual tratamos a nós mesmos: ó, o quão amável e amoroso se mostra todo o mundo em relação a nós, logo que fazemos como todo mundo e nos "deixamos levar" como todo mundo!

Está entre as coisas que jamais esquecerei o fato de as pessoas terem me dado mais parabéns por este livro do *"gai* saber" do que por todos os outros livros em conjunto: as pessoas se mostraram repentinamente reconciliadas e amorosas, todo mundo viu aí uma convalescença, um retorno, uma volta para casa, uma entrada – a saber, como retorno ao "mundo todo".

Abstraindo-se de alguns eruditos, cuja vaidade tomou um impulso a partir da palavra "ciência" (– eles me deram a entender que o livro talvez fosse "feliz", mas certamente não era "ciência"), todo mundo considerou este livro como um retorno ao "mundo todo" e mostrou-se por causa dele benevolente e amoroso em relação a mim: e eu desvendei *ulteriormente* o quanto nada ofende mais profundamente e de maneira mais fundamental em relação a nós – – –

N.B. Talvez seja possível que se ofereçam por fim à escuta também algumas canções eufóricas, nas quais um poeta escarnece de poetas e de seus belos sentimentos líricos.

N.B.!! Zaratustra, que contrapõe coragem e escárnio de um modo sagrado a todas as coisas sagradas e que percorre com inocência seu caminho em direção ao que há de mais proibido, mal...

2 (167)

Negação da causalidade. Para não tornar tudo responsável por tudo e qualquer coisa e tomar o fio no qual algo se articula de maneira *curta demais*. Existe efetivamente "acaso".

2 (168)

Tendência do desenvolvimento da moral. Cada um deseja que nenhuma outra doutrina e avaliação das coisas se façam valer além de uma doutrina e avaliação tais, nas quais ele mesmo possa se sair bem. *A tendência fundamental consequentemente dos fracos e medíocres de todos os tempos é enfraquecer os fortes, rebaixá-los: meio principal o juízo moral.* O comportamento do mais forte em relação ao mais fraco é estigmatizado; os estados mais elevados do mais forte recebem apelidos ruins.

A luta dos muitos contra os poucos, dos habituais contra os raros, dos fracos contra os fortes.

– uma de suas interrupções mais refinadas é aquela segundo a qual os selecionados, os refinados e os mais exigentes se apresentam como os fracos e afastam de si os meios mais toscos do poder –

2 (169)

Poderia parecer como se eu tivesse evitado a questão acerca da certeza. O contrário é verdadeiro: mas, na medida em que perguntei sobre o critério da certeza, coloquei à prova segundo que fiéis da balança em geral se teria pesado até aqui – e se a questão acerca da certeza mesma já não seria uma questão *dependente*, uma questão de *segunda* ordem.

2 (170)

Faltam o saber e a consciência de por que inversões o juízo moral já tinha, afinal, passado, e o quão efetivamente por muitas vezes "mal" e "bem" já foram rebatizados da maneira mais fundamental possível. Apontei para uma dessas transposições com a oposição "eticidade dos costumes" e – – –

Mesmo a consciência trocou a sua esfera: havia um remorso de rebanho

Em que medida mesmo nossa consciência, com sua responsabilidade pessoal aparente, ainda se mostra de qualquer modo como consciência de rebanho.

128 FRIEDRICH NIETZSCHE

2 (171)

O *remorso tal como todos os ressentimentos* em uma grande profusão de força faltante (Mirabeau, B. Cellini, Cardanus).

2 (172)

O "ser" – não temos nenhuma outra representação disso senão "viver". – Portanto, como algo morto pode "ser"?

2 (173)

Sobre *l'art pour l'art* cf. *Doudan pensées*, p. 10, como o culto das cores deprava Scherer, VIII, p. 292.

2 (174)

Não se encontra nas coisas nada que não se tenha inserido nelas por si mesmo: essa brincadeira de criança, da qual eu não gostaria de fazer pouco, se chama ciência? Ao contrário: sigamos com as duas ações, é necessária uma boa coragem para as duas – a primeira para reencontrar; a outra para – *nós* outros – inserir!

– o homem não encontra, por fim, uma vez mais nada nas coisas senão aquilo que ele mesmo inseriu nelas: o reencontrar se chama ciência; a inserção – arte, religião, amor, orgulho. Nos dois, ainda que eles devessem ser brincadeira de criança, – – –

2 (175)

N.B. *Contra* a doutrina da influência do *milieu* e das causas externas: a força interior é infinitamente *superior*; muita coisa, que se parece com influência de fora, é apenas sua adequação a partir de dentro. Exatamente os mesmos *milieux* podem ser interpretados e explorados de maneira oposta: não há fatos. – Um gênio *não* é explicado a partir de tais condições de surgimento –

2 (176)

O que constitui os homens *fortes* do século XX: –

FRAGMENTOS PÓSTUMOS, 1885–1887 (Vol. VI) 129

2 (177)
Ideais populares, por exemplo, Francisco de Assis: negação da hierarquia das almas, perante Deus todos são iguais.

2 (178)
Faz bem considerar a "justiça", a "injustiça" etc. em determinado sentido burguês restrito, tal como "faça o bem e não se
envergonhe perante ninguém": isto é, de acordo com um esquema tosco determinado, no interior do qual subsiste uma coletividade e essa coletividade cumpre o seu dever.

2 (179)
Prefácio
Partindo de uma representação da vida (que não é um que-
rer-se-conservar, mas um *querer-crescer*), dei uma olhada nos
instintos fundamentais de nosso movimento social, espiritual e
político na Europa.
Do que foi que eu talvez tenha dado um conceito?
1) de que por detrás das diversidades mais fundamentais
das filosofias se encontra certa igualdade na confissão: a condução inconsciente por meio de *intenções morais de fundo*, mais
claramente: *por meio de ideais populares*; – de que, consequentemente, o problema moral é mais radical do que o problema da
teoria do conhecimento
2) de que é necessário realizar algum dia uma inversão do
olhar, a fim de trazer à luz o *preconceito da moral* e de todos os
ideais populares: para o que podem ser usados todos os tipos de
"espírito livre" – isto é, imorais
3) de que o cristianismo, como ideal plebeu, conflui com
sua moral para a danificação dos tipos masculinos mais fortes e
mais elevadamente constituídos e favorece um homem do tipo
do homem de rebanho: de que ele é uma preparação do modo de
pensar democrático
4) de que a ciência segue em frente em aliança com o movimento da igualdade, de que ela é democracia, de que todas as
virtudes do erudito recusam a *ordem hierárquica*

130 FRIEDRICH NIETZSCHE

5) de que a Europa democrática só conflui para um cultivo sublime da escravidão, cultivo esse que precisa ser comandado por uma raça forte, a fim de suportar a si mesma
6) de que uma aristocracia só surge sob uma longa pressão rigorosa (domínio sobre a terra)

2 (180)

Talvez haja alguns homens na Europa, também na Alemanha, que consigam alcançar o problema deste livro, e não apenas com sua curiosidade, não apenas com as antenas de um entendimento mimado, com sua imaginação e capacidade de reconstrução adivinhadoras, de seu "sentido histórico" sobretudo, mas com a paixão daquele que prescinde: cuja alma possui uma elevação suficiente para compreender minha concepção do "espírito livre" como um meio de expressão, como uma liberdade, como uma modéstia: esses homens não se queixarão de minha obscuridade.

Há muitas coisas contra as quais não me sinto obrigado a falar: compreende-se por si mesmo que o "literato" é, para mim, repulsivo, que todos os partidos políticos de hoje me são repulsivos, que o socialista não é tratado por mim apenas com compaixão. As duas formas mais distintas de homem, com os quais já me encontrei corporalmente, (foram) o cristão perfeito – conto como um elemento a favor de minha honra o fato de provir de uma família que levou em todos os sentidos a sério o cristianismo – e o artista perfeito do ideal romântico, que considerei como estando muito abaixo do nível cristão: é natural que, caso se tenha virado as costas para *essas* formas, porque elas não nos são suficientes, não se encontrará sua satisfação facilmente em outro tipo de homem de hoje – nessa medida, estou condenado à solidão, apesar de conseguir muito bem imaginar um tipo de homem com o qual teria satisfação. Meu nojo paciente e suave diante da autossuficiência de nossos cidadãos das grandes cidades que se enfeitam com cultura, de nossos eruditos – – –

2 (181)

(42)

A ironia de Platão, com a qual uma ternura enorme do sentimento e dos sentidos, uma propensão do coração para se ferir

FRAGMENTOS PÓSTUMOS, 1885–1887 (Vol. VI)   131

procura se defender, ao menos se resguardar, aquela essência olímpica de Goethe, que fez versos sobre seu sofrimento, para se ver livre deles, assim como Stendhal, Merimée –

2 (182)

(10)
Para que algo possa subsistir, que seja mais duradouro do que um particular, ou seja, para que uma *obra* possa permanecer, que tenha sido talvez criada por um particular: para tanto, é preciso impor ao particular todo tipo possível de restrição, de unilateralidade. Com que meio? O amor, a veneração, a gratidão em relação à pessoa, que criou a obra, são um alívio: ou o fato de nossos ancestrais terem primeiro combatido por ela: ou o fato de que meus ascendentes só estão garantidos se eu garantir aquele *obra* (por exemplo, a *pólis*). A *moral* é essencialmente o meio, para além dos particulares, ou talvez muito mais por meio de uma *escravização* dos particulares, de levar algo a durar. Compreende-se que a perspectiva de baixo para cima dará expressões totalmente diversas daquela que têm lugar de cima para baixo.
Um complexo de poder: como é que ele é *conservado*? Por meio do fato de que muitas gerações se sacrificam por ele, ou seja – – –

2 (183)
Para a *introdução*
Para todos aqueles que conviveram com um grande ponto de interrogação como o seu destino e cujos dias e noites se consumiram em puros diálogos e decisões solitários, opiniões alheias sobre o mesmo problema são sempre como uma espécie de barulho, contra o qual eles se defendem ou mantêm fechados os ouvidos: além disso, elas se mostram, por assim dizer, como algo importuno, não autorizado, sem vergonha, como vindas daqueles que, como ele acredita, não têm direito algum a possuir tais problemas: porque eles não o encontraram. São as horas da desconfiança em relação a si mesmo, da desconfiança em relação ao próprio direito e privilégio, que aquele que ama como

um eremita – pois o filósofo é um eremita – busca escutar tudo aquilo que é dito e silenciado sobre o seu problema; talvez porque ele desvende aí o fato de o mundo estar cheio de tais amantes ciumentos como ele e de tudo o que é alto, barulhento, público, todo o primeiro plano da política, do cotidiano, da feira anual, só parecer ter encontrado "tempo" para que tudo aquilo que se mostra hoje para nós filósofos e eremitas possa se esconder aí por detrás – como em *sua* mais própria solidão; todos ocupados com uma coisa, apaixonados por uma coisa, ciumentos de uma coisa, precisamente de *seu* problema. "Não se pensa de nenhum outro modo hoje, onde efetivamente se pensa" – é o que ele diz para si, finalmente; "tudo gira em torno desse ponto de interrogação; o que parece reservado a mim tem a concorrência de toda a época: as coisas não acontecem no fundo de nenhum outro modo; eu mesmo – mas o que importa eu mesmo!"

2 (184)
Mais tarde me conscientizei de até onde o ceticismo moral tinha ido: em que me reconheço uma vez mais?
o determinismo: não somos responsáveis por nossa essência
o fenomenalismo: não sabemos nada sobre uma "coisa em si"
Meu problema: quais foram os danos causados na humanidade até aqui pela moral tanto quanto por sua moralidade? Danos ao espírito etc.
meu nojo pelo sábio como um espectador
meu conceito mais elevado de "artista"

2 (185)
"Nós, imoralistas"
crítica real do ideal moral
– do homem bom, do santo, do sábio
– do amaldiçoamento das assim chamadas propriedades *más*
– que sentido têm as diversas interpretações morais?
– qual é a medida a partir da qual se pode medir? ("Vontade de poder")

2 (186)

Não acreditais que eu requisitarei de vós o mesmo risco! Ou mesmo apenas a mesma solidão. Pois quem segue seu próprio caminho não encontra ninguém: isso é algo que os "caminhos próprios" trazem consigo. Ninguém chega a "ajudá-lo" aí, e em tudo o que há de perigo, acaso, maldade e mau tempo com o que ele depara, ele mesmo precisa se haver. Ele tem justamente o seu caminho *para si*, assim como o seu dissabor ocasional em relação a esse "para si" duro e inexorável: ao que pertence, por exemplo, o fato de que mesmo seus bons amigos nem sempre veem e sabem por onde ele está indo, para onde ele quer ir – e se perguntam por vezes: como? Ele está efetivamente saindo do lugar? Será que ele tem um *caminho*?...

– Na medida em que tento, com isso, dar um aceno sobre o caminho que percorri para aqueles que permaneceram para mim até aqui – apesar de tudo – bem-intencionados, é aconselhável dizer em primeiro lugar em que caminhos as pessoas até agora me procuraram e acreditaram me encontrar. As pessoas costumam me confundir: eu o admito; contudo, ter-se-ia prestado um grande serviço a mim se algum outro tivesse me defendido e demarcado o meu espaço contra tais confusões. Mas, como dissemos, eu preciso ajudar a mim mesmo: para que se seguem "caminhos próprios"?

antimetafísico, antirromântico, artístico, pessimista, cético, histórico

Uma consideração artística do mundo, uma antimetafísica – sim, mas uma artística –

uma budista-pessi-
mista –
uma cética –
uma científica –
não positivista

2 (187)

– placatum que nitet difuso lumine coelum –[19]

---

19 **N.T.**: Trata-se de uma passagem de abertura do texto *De Rerum Natura* 1, de Lucrécio: "E o céu azul se cobre em um esplendor sem nuvens".

134 FRIEDRICH NIETZSCHE

2 (188)

o fato de a história permitir que se simplifiquem a tal ponto os fe<nômenos> da moralidade em seu conjunto, como Schopenhauer acreditava – a saber, de tal modo que, como raiz de toda inclinação moral até aqui, seria preciso reencontrar a compaixão – revela o grau de contrassenso e de ingenuidade a que pôde chegar um pensador, que não possuía nenhum instinto histórico e que tinha escapulido da maneira mais estranha possível daquela forte instrução para a história que tinha sido realizada pelos alemães, de Herder até Hegel.

2 (189)

A questão acerca da proveniência de nossas avaliações e tábuas de valores não coincide de maneira alguma com a sua crítica, tal como frequentemente se acredita: assim, certamente também a intelecção de alguma *pudenda origo*[20] traz consigo para o sentimento uma diminuição de valor da coisa assim surgida e prepara contra essa coisa uma atmosfera e uma postura críticas.

2 (190)

de que valem nossas avaliações e tábuas valorativas morais? *Que vem à tona com seu domínio?* Para quem? Em relação com o quê? – Resposta: para a vida. Mas, *que é vida?* Aqui se precisa, portanto, de uma nova concepção mais determinada do conceito "vida": minha fórmula para tanto diz: vida é vontade de poder. *que significa o próprio avaliar?* ele remete de volta para outro mundo metafísico ou para baixo? Tal como mesmo Kant ainda acreditava (que se encontra diante do grande movimento histórico). Em suma: *onde é que ele surgiu?* Ou será que ele não "surgiu"? Resposta: a avaliação moral é uma *interpretação*, um modo de interpretar. A interpretação mesma é um *sintoma* de determinados estados fisiológicos, assim como de um nível espiritual determinado de juízos dominantes. *Quem interpreta?* – Nossos afetos.

---

20 **N.T.:** Em latim no original: "origem vergonhosa".

FRAGMENTOS PÓSTUMOS, 1885–1887 (Vol. VI)   135

2 (191)

Minha afirmação: é preciso submeter as próprias avaliações morais a uma crítica. É preciso dar uma ordem para que o impulso do sentimento moral pare diante da questão: por quê? Afirmo que essa exigência por um "por quê?", por uma crítica da moral, é ela mesma justamente a nossa *forma atual da própria moralidade*, como um sentido sublime da probidade. Que nossa probidade, nossa vontade de não *nos* enganarmos precisa demonstrar a si mesma: "por que *não*?" – Diante de que fórum? – A vontade de não se deixar enganar possui outra origem, uma cautela ante a subjugação, a exploração, um instinto de legítima defesa da vida.

Essas são minhas exigências a vós – elas podem doer bastante nos vossos ouvidos –: que vós deveis submeter as próprias avaliações morais a uma crítica. Que vós deveis ordenar ao impulso do sentimento moral, o qual exige aqui submissão e *não* crítica, que ele pare diante da questão: "por que submissão?" Que vós deveis considerar essa exigência por um "por quê?", por uma crítica da moral, justamente como vossa forma *atual* da própria moralidade, como o tipo mais sublime de retidão, que vós podeis dedicar honrosamente a vós mesmos e ao vosso tempo.

2 (192)

o sentimento: tu deves!, a inquietude junto ao contrariar – questão: "quem comanda aí? De que desgraça tememos aí?"

2 (193)

(7)

Nosso vício, um sinal de lembrança, tomar uma fórmula encurtada como essência, por fim como *causa*, por exemplo, dizer do raio: "ele brilha". Ou até mesmo a palavrinha "eu". Estabelecer um tipo de perspectiva no ver uma vez mais como *causa do próprio ver*: esse foi o artifício na invenção do "sujeito", do "eu"!

2 (194)

(23)

Stendhal: *"Combien de lieux ne ferais-je pas à pied, et à combien de jours de prison ne me soumettrais-je pas pour en-*

136 FRIEDRICH NIETZSCHE

tendre Don Juan *ou le* Matrimonio segreto; *et je ne sais pour quelle autre chose je ferait cet effort.*"[21] Naquela época, ele tinha 56 anos.

2 (195)

(41)

Hegel: seu lado popular, a doutrina da guerra e dos grandes homens. O direito está entre os vencedores: ele apresenta o progresso da humanidade. Tentativa de demonstrar o domínio da moral a partir da história.

Kant: subtraído a nós, invisível, efetivamente real, um reino dos valores morais

Hegel: um desenvolvimento demonstrável, o tornar-se visível do reino moral

Nós não queremos nos deixar enganar nem pelo estilo kantiano nem pelo hegeliano: – nós não acreditamos *mais*, como eles, na moral e também não temos mais consequentemente nenhuma filosofia a fundar, *para que* a moral continue tendo razão. Tanto o criticismo quanto o historicismo não têm para nós *aí* o seu encanto: – bem, mas que outro encanto eles possuem, então?

2 (196)

Nós, *homens sem terra natal – sim!* Mas queremos nos valer das *vantagens* de nossa situação e, para não falarmos sobre perecermos junto a ela, deixar virem a nosso favor o ar livre e a poderosa plenitude da luz.

2 (197)

Incrédulos e sem Deus, sim! – mas sem aquela amargura e paixão do que foi arrancado de sua prisão, do que transforma

---

21 **N.T.:** Em francês no original: "Por quantos lugares não passaria a pé, a quantos dias de prisão eu não me submeteria para escutar *Don Juan* ou o *Matrimonio segreto*; e eu não sei por que outras coisas eu faria esse esforço."

FRAGMENTOS PÓSTUMOS, 1885–1887 (Vol. VI) 137

a descrença em uma crença, em uma finalidade, com frequência em um martírio: nós estamos saturados e nos tornamos frios em meio à intelecção de que as coisas não ocorrem de maneira integralmente divina no mundo, sim, de que elas não se dão nem mesmo segundo uma medida racional, misericordiosa, humana; sabemos: o mundo no qual vivemos é imoral, não divino, desumano – nós o interpretamos por um tempo longo demais no sentido de nossa veneração. O mundo não tem o valor em que tínhamos acreditado: e o último fio da teia de aranha do consolo, que Schopenhauer teceu, foi rompido por nós: justamente esse é o sentido de toda a história, que ela aceda a um ponto por detrás de sua ausência de sentido e se farte dela mesma. Esse achar-se-cansado-da-existência, essa vontade de não-mais-querer, a destruição da vontade própria, do bem-estar próprio, <do> sujeito (como expressão dessa vontade inversa) – isso e nada além disso foi o que Schopenhauer quis ver adorado com a mais elevada honra: ele o chamou de moral, ele decretou que todo agir altruísta – – – ele acreditava assegurar até mesmo à arte o seu valor, na medida em que pretendia reconhecer nos estados indiferentes, que ela cria, preparações para aquele descolamento e saciedade totais característicos do nojo.

– mas será que nós seríamos realmente *pessimistas* em relação à visão de um mundo imoral? Não, pois não acreditamos na moral – – acreditamos que a misericórdia, o direito, a compaixão, a legalidade foram demasiadamente *superestimados*, que seu oposto foi amaldiçoado, que nos dois, no exceder e no amaldiçoar, em todo o estabelecimento do *ideal moral* e do critério de medida moral residia um risco descomunal para o homem. Não esqueçamos tampouco o bom produto: o refinamento da *interpretação*, da vivissecção moral, do remorso da consciência elevou a *falsidade* do homem ao ponto extremo e o tornou engenhoso.

Em si, uma religião não tem nada em comum com a moral: mas os dois descendentes da r<eligião> judaica são religiões *essencialmente* morais, que fornecem prescrições sobre como *deve* ser vivido e criam uma escuta para as suas requisições por meio de recompensa e punição.

138 FRIEDRICH NIETZSCHE

2 (198)
a era de Bismarck (a era do embrutecimento alemão) crescendo em um tal solo pantanoso, como de costume, também as plantas pantanosas propriamente ditas, por exemplo, os a<ntissemitas>

2 (199)
– ser nacional, no sentido e no grau, tal como é exigido agora da opinião pública, seria para nós, homens mais espirituais, ao que me parece, mais do que uma questão de mau gosto: seria uma improbidade, uma narcose arbitrária de nosso melhor saber e consciência.

2 (200)
Do mesmo modo, não somos mais de modo algum cristãos: nós superamos o cristianismo, não porque estamos muito distantes dele, mas porque moramos muito próximos dele; mais ainda, porque crescemos *a partir* dele – é a nossa castidade mais rigorosa e mais mimada que nos *proíbe* hoje de continuarmos sendo cristãos –

2 (201)
Quando escrevi outrora a palavra "extemporâneo" sobre meus livros, o quanto de juventude, inexperiência, recanto não se expressam nessa palavra! Hoje compreendo que, com esse tipo de queixa, entusiasmo e insatisfação, pertencia justamente com isso aos mais modernos entre os modernos.

2 (202)
Kant: a mera ideia de uma ciência possível, da qual se busca se aproximar por muitos caminhos, até o momento em que a única senda já bastante oculta pela sensibilidade é arrebatada" –

2 (203)
E ainda hoje os filósofos também fornecem, sem que eles o saibam, a mais forte demonstração de até que ponto se estende

FRAGMENTOS PÓSTUMOS, 1885–1887 (Vol. VI) 139

essa autoridade da moral. Com toda a sua vontade de independência, com seus hábitos ou princípios da dúvida, mesmo com
o seu vício da contradição, da renovação a todo custo, da petulância ante toda e qualquer elevação – o que vem a ser deles,
logo que eles refletem sobre o "tu deves" e o "tu não deves"?
Não há de imediato nada mais modesto sobre a Terra: a moral
envolveu a Circe em uma névoa e a encantou! Todos esses homens orgulhosos que perambulam sozinhos! – Pois bem, em um
segundo eles se transformam em carneiros, em um segundo eles
se dispõem a ser rebanho. De início, todos juntos querem com-
partilhar o seu "tu deves" e "tu não deves" – primeiro sinal da
independência abandonada. O que é o seu critério de uma prescrição moral? Todos são unânimes quanto a isto: sua validade
geral, sua abstração da pessoa. É a isso que chamo "rebanho".
Em seguida, naturalmente, eles se separam: pois cada um quer
com a *sua* melhor força servir à m<oral>. A maioria deles decai
na tentativa de "fundamentar a moral", como se diz, na tentativa
de irmaná-la e unificá-la com a razão, se possível até a unidade
total; os mais refinados encontram inversamente na impossibilidade de fundamentação da moral o indício e o privilégio de
seu nível hierárquico, de seu nível hierárquico superior à razão;
outros irão querer derivá-la historicamente (por exemplo, como
os darwinistas, que inventaram os pequenos meios domésticos
para péssimos historiadores, "primeiro utilidade e coerção, então
hábito, finalmente instinto, até mesmo prazer"), enquanto outros
ainda refutam essas derivações e negam em geral toda dedutibilidade histórica da moral, e isso do mesmo modo para a honra de
seu nível hierárquico, de seu tipo e determinação mais elevados:
todos, porém, são unânimes na questão principal: "a moral está
aí, a moral está dada!", eles acreditam todos, de maneira proba,
inconsciente, irrefletida, no valor daquilo que eles denominam
moral, ou seja, eles estão sob a sua autoridade. Sim! O *valor* da moral! Será que eles vão permitir que alguém pegue a palavra aqui,
que tenha dúvidas justamente em relação a esse valor? Alguém
que só se preocupa com a sua derivação, dedutibilidade, possibilidade e impossibilidades psíquicas nesse aspecto?

2 (204)

Quinto livro: Nós, os inversos.
Nossa nova "liberdade".
Contra os homens ideais populares.
Até que ponto a arte e a falsidade acedem à essência do ser?
Por que não somos mais cristãos.
Por que somos antinacionais.
Pessimismo e dionisismo.
Nossa desconfiança em relação à lógica.
L'art pour l'art.
O caráter restrito de toda teologia.
Contra o fatalismo da causalidade.
Contra a doutrina do meio: máscara e caráter. Sobre o conceito de "fenomenalismo".
Contra o Romantismo.
Conceito da escravidão, isto é, da instrumentalização.
Incompreensão da serenidade.
O que produz a ordem hierárquica.
Crítica da filosofia moderna: ponto de partida equivocado, como se houvesse "fatos da consciência" – e nenhum fenomenalismo na auto-observação.

2 (205)

Não há nenhum egoísmo que permaneça parado junto a si mesmo e não se lance sobre algo diverso – portanto, não há de maneira alguma aquele e<goísmo> "permitido", "moralmente indiferente", do qual vós falais.

"Fomenta-se o seu eu constantemente às custas do outro"; "a vida vive sempre às expensas da vida alheia". – Quem não concebe isso, ainda não deu o primeiro passo para a probidade.

2 (206)

(48)

Que sentimento de liberdade se encontra no modo como sentimos espíritos libertos, no fato de *não* estarmos inseridos em um sistema de "fins"! Ao mesmo tempo, no fato de os conceitos de "recompensa" e "punição" não terem sua sede na essência da existência! Do mesmo modo no fato de a boa e a má ação não serem denominadas boa e má em si, mas apenas sob a perspectiva das tendências de conservação de certos tipos de comunidades humanas! Da mesma forma no fato de nossos cálculos em relação a prazer e desprazer não terem nenhum significado cósmico, para não falar de um significado metafísico! – Aquele pessimismo, que promete colocar o prazer e o desprazer da existência para si na balança, com o seu encarceramento arbitrário na prisão e no campo de visão pré-copernicanos, seria algo atrasado e caduco, caso ele não fosse apenas uma piada sem graça de um berlinense (o p<essimismo> de E<duard> von Hartmann

2 (207)

Início
Conclusão
Em que medida essa autoaniquilação da moral é ainda uma parcela de sua própria força. Nós, europeus, temos o sangue de tal força em nós, em nós que morremos por sua crença; nós levamos a moral terrivelmente a sério, e não há nada que não tenhamos de algum modo sacrificado a ela. Por outro lado: nossa fineza espiritual foi essencialmente alcançada por meio de uma vivissecção da consciência. Nós ainda não sabemos "para onde?", para o que estamos sendo impelidos, depois de termos sido arrancados de tal modo de nosso velho solo. Mas foi esse solo mesmo que cultivou em nós a força que nos impele agora para além, em direção ao espaço longínquo, em direção à aventura, <por meio da qual> nós somos empurrados para fora, para o sem margem, não testado, não descoberto – não nos resta nenhuma escolha, precisamos ser conquistadores, depois de não termos mais terra alguma, na qual possamos estar em casa, na qual gostaríamos de nos "manter". Não, vós sabeis disso melhor, meus amigos! O sim velado em vós é mais forte do que todo não e talvez, nos quais vós estais doentes e viciados com o vosso tempo; e se vós precisais vos fazeres ao mar, então impingi-vos *uma crença* para tanto...

2 (208)

o não estar quite com o cristianismo

2 (209)

Trata-se de uma questão de honra de meus amigos atuar em favor do meu nome, de minha fama e segurança mundana, construindo para mim um burgo, no qual seja protegido do tosco desconhecimento: eu mesmo não quero mais mover nenhum dedo por isso

2 (210)

a segurança funcional perfeita dos instintos reguladores

[3 = WI 7b. WI 3b. Mp XVI 2b. Mp. XVI 1b.
Início de 1886 – Primavera de 1886]

3 (1)

História natural dos
espíritos livres

3 (2)

Para a
História natural do espírito livre
Por
Friedrich Nietzsche

3 (3)

Dedicatória e pós-canto
"Para aquele que torna todo céu límpido
E todo mar tempestuoso –"

3 (4)

A vontade de poder.
Presságios
de uma filosofia do futuro.
Por
Friedrich Nietzsche

3 (5)

Incompreensões da busca de domínio.
A serenidade como redenção.
A dança.
Escárnio quanto a "algo divino" – sintoma da convalescença.
A exigência de "fatos fixos" – Teoria do conhecimento o
quanto de pessimismo há aí!
Z<aratustra> criar-se como seu *adversário*

3 (6)

O amor à pátria é algo jovem na Europa e ainda se acha sobre pernas fracas: ele facilmente cai no chão! Não podemos nos deixar enganar pelo barulho que ele faz: são as crianças pequenas que gritam mais alto.

3 (7)

"Burro como um santo", se diz na Rússia.

3 (8)

Rumo a novos mares.
Questões e coisas questionáveis diversas
para bons europeus.
Por
Friedrich Nietzsche

3 (9)

Para além de bem e mal.
Prelúdio
de uma filosofia do futuro.
Primeiro livro: Moral e conhecimento.
Segundo livro: Moral e religião.
Terceiro livro: Moral e arte.
Quarto livro: Nossas virtudes.
Quinto livro: Da ordem hierárquica.

3 (10)

Nossas virtudes
Questões e coisas questionáveis diversas
Por
Friedrich Nietzsche

3 (11)

Humano, demasiadamente humano
Um livro para espíritos livres.
Nova série.

FRAGMENTOS PÓSTUMOS, 1885–1887 (Vol. VI) 145

E se este livro for um espelho e, consequentemente, uma ocasião para o autoespelhamento: então, vós, bons europeus, o que vós achais de nossa vaidade? Será que ela gosta de se ver – "no espelho"? –

3 (12)
A partir da história natural do espírito livre.
A filosofia do futuro.
Trabalhador científico.
Artista.
Para a filosofia do homem superior.
Para a desertificação da Europa.

3 (13)
É essa solidão que *protegemos*, quando nos colocamos a favor da organização religiosa da humanidade: – e talvez nada nos distinga tão determinadamente dos animais de rebanho e dos apóstolos da igualdade que se denominam abusivamente "espíritos livres": – do que o fato de que todos juntos não *poderiam* suportar a solidão. Religião pensada como prosseguimento e como aprofundamento da doutrina política fundamental, que é sempre a doutrina dos direitos desiguais, da necessidade de uma construção da sociedade com o alto e o baixo, com aqueles que mandam e aqueles que obedecem: religião significa, para nós, a doutrina da diversidade hierárquica das almas, do cultivo e da viabilização das almas mais elevadas às custas das almas mais baixas.

3 (14)
O mundo não tem *o* valor que tínhamos acreditado: descobriu-se isso. O pessimista chega até mesmo a nos dar a entender que esse seria o resto de valor que ele contém para nós, *o fato de que* podemos descobrir isso – e que ele não possui o valor que tínhamos acreditado. Desse modo, o mundo seria um meio de se estragar o mundo, de se "desmundanizar" a si mesmo da melhor forma possível; um disparate, que começa finalmente a

146 FRIEDRICH NIETZSCHE

ser compreendido depois de funestas digressões, uma comédia de erros arrastada por um tempo algo longo demais, que se perde humilhada no nada.

3 (15)
Há muito a objetar a uma enfermidade longa; o que menos gostaria de fazer é de admitir para os moralistas cristãos que essa longa doença teria aprimorado o h<omem>, a saber, quando ele é buscado em casa por dores crônicas, para as quais se <olha> com uma fria circunspecção – nem aquela autodissolução e aquela autoentrega oriental surda e muda, nem aquela superexcitação da força da vontade e da coragem, que dá para um tal inimigo, como o é a dor, o orgulho, o escárnio, – – –
Em meio a longos martírios, queimado por assim dizer com madeira verde e sem a boa ação, que a febre, impotências – – –

3 (16)
Manzoni
Stifter
(G. Keller)

3 (17)
"*Maledetto colui* –
che contrista un spirto imortal!"[22]
Manzoni (2º ato do Conte de Carmagnola)

3 (18)
gangasrotogati "como a corrente do
Ganges fluindo"   = *presto*
kurmagati "com o modo de andar da tartaruga" = *lento*
mandeikagati "com o modo de andar do sapo" = *staccato*

---

22 **N.T.**: Em italiano no original: "Maldito daquele que entristece um espírito imortal".

FRAGMENTOS PÓSTUMOS, 1885–1887 (Vol. VI)

3 (19)

Nós, filósofos do além – do além de bem e mal com perdão!, que somos, em verdade, finos intérpretes e decifradores de sinais –, nós, que fomos poupados do destino de sermos colocados como espectadores das coisas europeias diante de um texto misterioso e *não lido*: que se revela para nós cada vez mais – que necessidade temos de silenciar e de cerrar os lábios, enquanto coisas cada vez mais raras e em um número cada vez maior se aglomeram em nós e se acumulam e exigem luz, ar, liberdade, *voz*! Mas a voz – – –

[4 = D 18. Mp XV 2c. Mp XVII 3a. Mp XVI 1b.
Início do ano 1886 – Primavera de 1886]

4 (1)

Um filósofo: que criatura modesta, quando permanece efetivamente fiel ao seu *nome*! – que não designa um "amigo da sabedoria", como o perdão a um velho filólogo!, mas apenas "alguém que gosta de homens sábios". Portanto, caso queirais que haja filósofos, no sentido grego e na compreensão literal do termo, trazei para cá os vossos "homens sábios"! – Mas me parece, meus amigos, que amamos por fim mais os homens desprovidos de sabedoria do que os sábios, supondo que haja homens sábios – não é verdade? E talvez se encontre aí, precisamente aí, mais sabedoria? Como? Os próprios sábios não deveriam ser nem mesmo – vistos de maneira mais detida, talvez – "filósofos"? Mas "filásofos"? Amigos do desvario, boa companhia para jogadores e para o povo doido? E não para – si? –

4 (2)

Sobre o problema da máscara. *"Une croyance presque instinctive chez moi, c'est tout homme puissant ment, quand il parle, et à plus forte raison, quand il écrit."*[23] Stendhal, *Vida de Napoleão*, prefácio p. XV.

4 (3)

"Je sais, quel est le pouvoir des hommes", disse Napoleão para Santa Helena; *"les plus grands ne peuvent exiger d'être aimés"*.[24] – Acrescentemos imediatamente aquilo que é possível

---

23 **N.T.**: Em francês no original: "Em mim, há uma crença quase instintiva: a crença em que todo homem poderoso mente quando fala, e, com maior razão ainda, quando escreve."

24 **N.T.**: Em francês no original: "Sei qual é o poder dos homens", disse Napoleão para Santa Helena; "os maiores não podem exigir serem amados".

FRAGMENTOS PÓSTUMOS, 1885–1887 (Vol. VI)   149

supor com razões boas demais: eles não o exigem nem mesmo deles mesmos – e eles também não se amam!

4 (4)

"Tu me pareces estar carregando algo terrível no escudo, poder-se-ia acreditar que tu queres levar o homem a perecer, não é?" – disse eu um dia ao deus Dioniso. "Talvez, respondeu o deus, mas de tal modo que sobre algo para mim aí." – "O que, afinal?, perguntei curioso. – *Quem*, afinal? É o que tu deverias perguntar." Assim falou Dioniso e silenciou em seguida do modo como lhe é próprio, a saber, de modo tentador. Vós deveríeis tê--lo visto aí! – Era primavera e toda madeira se encontrava com a jovem seiva.

4 (5)

Há uma parte da noite, da qual um eremita dirá: "escutai, agora o tempo cessa!" Em toda vigília noturna, em particular quando se está em viagens e viandanças notívagas inabituais, tem-se em relação a essa parte da noite (tenho em vista aqui as horas que vão de 1 às 3) um sentimento estranho e espantado, uma espécie de "breve demais" ou "longo demais", em suma, a impressão de uma anomalia do tempo. Deveríamos ter de expiar naquelas horas, como em uma vigília excepcional, o fato de que, durante esse tempo, nos encontramos no caos temporal do mundo do sonho? Basta, à noite de 1 às 3 não temos "nenhum relógio na cabeça". Parece-me que justamente isso também tinha sido expresso pelos antigos com a noção de "*intempestiva nocte*" e "*en aoronukti*" (Ésquilo), ou seja, "aí na noite na qual não há tempo algum" (Ésquilo); e explico etimologicamente para mim até mesmo uma expressão obscura de Homero para a designação da parte mais profunda e mais silenciosa da noite com vistas a esse pensamento, por mais que os tradutores possam continuar acreditando que eles podem restituí-las pela locução "tempo da ordenha noturna" –: pelo amor de Deus, onde já se viu algo tão estúpido quanto ordenhar uma vaca à noite entre 1 e 3 da manhã! – Mas a quem tu contas afinal teus pensamentos noturnos? –

150 FRIEDRICH NIETZSCHE

4 (6)

<Nos> casamentos no sentido *burguês* da palavra, bem-
-compreendidos no sentido mais digno de atenção da palavra
"casamento", o que está em questão não é de maneira alguma o
amor, assim como também não está em questão o dinheiro – não
é possível construir nenhuma instituição a partir do amor –: mas
o que está em questão é, antes, a permissão social que é conferida
a duas pessoas para a satisfação sexual uma com a outra; e isso a
partir de certas condições, como se compreende por si mesmo
– condições tais como o *interesse da sociedade* as tem em vista. O fato de algum prazer dos envolvidos e muito de uma boa
vontade – vontade de paciência, compatibilidade, preocupação
um com o outro – estarem entre os pressupostos de tal contrato
é algo natural; mas a palavra amor não deveria ser mal utilizada
para tanto! Para dois amantes no sentido pleno e forte da palavra, a satisfação sexual não é nada essencial e, propriamente, não
passa de um símbolo; por uma parte, como dissemos, símbolo da
submissão incondicionada, por outra, símbolo da concordância
com ela, sinal da tomada de posse. – No caso do casamento no
sentido aristocrático, arcaico-aristocrático da palavra, o que está
em questão é o *cultivo* de uma raça (há ainda hoje aristocracia?
Quaeritur[25]) –, ou seja, a manutenção de um tipo firme e determinado de homem dominante: homem e mulher são sacríficos
em nome desse ponto de vista. Compreende-se que o amor *não*
era a primeira exigência para tanto, ao contrário! Nem tampouco
aquela dose de boa vontade um para o outro que condiciona o
bom casamento burguês. O interesse de uma espécie decidiu de
início, e, acima dele – a classe. Nós teríamos calafrios diante
da frieza, do rigor e da clareza calculadora de um tal conceito
distinto de casamento na antiga Atenas, assim como na Europa
do século XVIII, nós, animais de sangue quente com corações
delicados, nós, "modernos"! Justamente por isso, o amor como
paixão, segundo a grande compreensão da palavra, foi *inventado*

---

25 **N.T.**: Em latim no original: "pergunta-se".

para o mundo aristocrático e nele – aí, onde a compulsão e a privação eram justamente as maiores possíveis...

4 (7)

– "A doença torna o homem melhor": essa famosa afirmação, com a qual deparamos através dos séculos, e, em verdade, na boca dos sábios tanto quanto na boca e na língua do povo, nos dá o que pensar. Seria muito bom que, com vistas à sua validade, se permitisse que perguntássemos: há, talvez, um laço causal entre moral e doença em geral? O "aprimoramento do homem", considerado em grandes traços, por exemplo, a amenização, a antropomorfização, a melhora do estado de humor inegáveis do europeu no interior do último milênio – será que tudo isso se mostra talvez como a consequência de um longo sofrimento e fracasso secretos e sinistros, de uma privação, de um estiolamento? "A doença" tornou os europeus "melhores"? Ou, questionando de outro modo: nossa moralidade – nossa moralidade terna e moderna na Europa, com a qual se poderia comparar a moralidade do chinês – seria a expressão de um *retrocesso* fisiológico?... Não haveria como poder negar justamente que em cada posição da história, na qual "o homem" se mostrou com um luxo e uma potência particulares em termos tipológicos, ele imediatamente assumiu um caráter repentino, perigoso, eruptivo, junto ao qual a humanidade se viu em maus bocados; e, talvez, em todos os casos em que *as coisas possam se mostrar diversas*, só tenha faltado coragem ou refinamento para impelir a psicologia até a profundeza e mesmo deduzir ainda o princípio geral: "quanto mais saudável, quanto mais forte, mais rico, mais fecundo, mais empreendedor um homem se sente, tanto mais 'amoral' <ele> também se torna". Uma ideia ridícula!, à qual não devemos nos entregar inteiramente! Supondo, porém, que se siga adiante com ela por um instantinho pequeno e breve, o quão admiradamente não se olha aí para o futuro! O que valeria mais a pena sobre a Terra, então, do que precisamente aquilo que exigimos com todas as forças – a antropomorfização, o "aprimoramento", a "civilização" crescente do homem? Nada seria mais delicioso do que a virtude: pois, por fim, se teria com ela a Terra como hospital: e "cada um dos enfermeiros de cada um" seria a última conclusão da sabedoria. Naturalmente: também se teria, então, aquela tão cobiçada "paz na Terra"! Mas também tão pouco "prazer uns com os outros"! Tão pouca beleza, alegria, risco, perigo! Tão poucas "obras", em virtude das quais ainda valeria a pena viver sobre a Terra! Ah! E absolutamente nenhum feito mais! Todas as *grandes* obras e feitos, que ficaram parados e foram varridos para o ralo pelas ondas do tempo – todos eles não foram, em seu entendimento mais profundo, grandes imoralidades?...

4 (8)

O fato de a mera força de uma crença ainda não garantir absolutamente nada com vistas à sua verdade, sim, o fato de essa força estar até mesmo em condições de preparar a partir da coisa mais racional possível lentamente o surgimento de uma grande tolice: essa é a nossa visão propriamente dita como europeus – nela, se é que em algum lugar, nos tornamos experientes, delicados, *sábios*, através de muitos danos, ao que parece... "A crença torna venturoso": muito bem! Até aqui ao menos! Mas a crença torna em todas as circunstâncias *estúpido*, mesmo nos casos mais raros em que ela não é estúpida, mas em que ela se mostra desde o princípio como uma crença inteligente. Toda longa crença *torna-se* finalmente estúpida, o que significa, expresso com a clareza de nossos psicólogos modernos, que seus fundamentos mergulham "no inconsciente", que eles desaparecem aí – doravante, ela não se baseia mais em razões, mas em afetos (ou seja, no caso em que ela necessita de ajuda, ela deixa que os afetos lutem por si, e *não mais* as razões). Supondo que se poderia arrancar daí qual seria a crença mais crível, mais duradoura, mais inquestionável, mais sincera que há entre os homens, seria possível presumir com um grau elevado de probabilidade que ela também seria ao mesmo tempo a mais profunda, mais estúpida, "mais inconsciente", mais bem defendida por razões e a mais longamente abandonada pelas razões. –

Admitamos; mas qual é essa crença? – Ó, vós curiosos! Mas depois de ter me metido um dia com a apresentação de enig-

FRAGMENTOS PÓSTUMOS, 1885–1887 (Vol. VI) 153

mas, gostaria de proceder humanamente e rapidamente trazer à
tona a resposta e a solução – as pessoas não conseguirão anteci-
pá-las tão facilmente antes de mim.

O homem é antes de tudo um animal *que julga*; no julgamento, porém, se acha imersa nossa crença mais arcaica e mais
constante. Em todos os juízos, há um tomar-por-verdadeiro e uma
afirmação que se encontram à sua base, uma certeza de que algo é
assim e não de outro modo, de que aí o "homem" foi efetivamente
"conhecido": o que é isso em que se acredita inconscientemente
em todo e qualquer juízo como verdadeiro? – O fato de termos o
direito de *distinguir* entre sujeito e predicado, entre causa e efeito
– essa é a nossa crença mais forte; sim, no fundo, mesmo a crença
na causa e no efeito, na *conditio* e no *conditionatum*, já é um caso
particular da primeira crença universal, de nossa crença no sujeito e no predicado (a saber, como a afirmação de que todo efeito
seria uma atividade e de que todo condicionado pressuporia um
condicionante, toda atividade um agente, em suma, um sujeito).
Será que essa crença no conceito de sujeito e de predicado não
deveria ser <uma grande burrice?>

4 (9)
Epílogo
– Mas aqui me interrompo, vós, espíritos livres. "Basta!
Basta! Ouço-vos gritar e rir, nós não aguentamos mais! Ó, sobre esses tentadores horríveis e esses perturbadores da paz da
consciência! Tu queres, afinal, estragar a nossa fama junto a todo
mundo? Denegrir o nosso bom nome? Colocar em nossas costas
apelidos que não se entranham na pele? – E para que, na luz clara
e azul do dia, esses fantasmas sombrios, esses sons de gargarejo
morais, toda essa música trágica e escura como o breu! Tu di-
zes verdades: de acordo com tais verdades, nenhum pé consegue
dançar, porém, ou seja, elas estão longe de ser verdades para
nós! *Ecce nostrum veritatis sigillum!*[26] E há aqui relva e um solo

---

26 **N.T.:** Em latim no original: "Eis o nosso segredo sobre a verdade."

macio: o que poderia haver de melhor do que lançar fora teus grilos e, depois da tua noite, nos desejar um bom dia? Teria chegado finalmente a hora de um arco-íris se abrir uma vez mais sobre esse país e de alguém nos oferecer canções suaves e bacanas para ouvirmos e leite para bebermos: – nós todos temos uma vez mais sede de um modo de pensar casto, tolo e leitoso de coração". – Meus amigos, vejo que vós estais perdendo minha paciência – e quem vos disse que eu já não venho esperando precisamente *por isso* há muito tempo? Mas faço a vossa vontade; e também tenho o que vós precisais. Vós não vedes lá meus rebanhos saltarem, todos os meus pensamentos que são como carneiros e bodes tenros, solares, silenciosos como o vento? E aqui também já tendes preparado para vós todo um galão de leite; depois que tiverdes bebido, porém – pois vós todos tendes sede de *virtude*, eu o vejo –, então não devem faltar canções, tal como vós as desejais! Começando com um canto de dança para as pernas e os corações mais alegres: e, verdadeiramente, quem canta honra a alguém que merece ser honrado, a um dos mais livres dentre os espíritos livres, que torna todos os céus claros uma vez mais e todo mar, revolto. –

[5 = N VII 3. Verão de 1886 – Outono de 1887]

5 (1)

    Livros Th. Ziegler

        História da ética

5 (2)

        Aurora
        e
        Gaia ciência

5 (3)

    Dizemos uma palavra onde desponta a nossa ignorância – onde não conseguimos mais ver; por exemplo, a palavra "eu", a palavra "fazer", a palavra "sofrer": essas talvez sejam linhas do horizonte de nosso conhecimento, mas nenhuma "verdade".

5 (4)

    O ponto podre do criticismo kantiano foi se tornando aos poucos visível para os olhos mais toscos: Kant não tinha mais nenhum direito à sua distinção entre "fenômeno" e "coisa em si" – ele tinha suprimido para si mesmo o direito de continuar distinguindo dessa antiga maneira usual, na medida em que recusou a conclusão que sai do fenômeno para uma causa do fenômeno como ilícita – de acordo com a sua concepção do conceito de causalidade e de sua validade puramente intrafenomenal: uma concepção, por outro lado, que já antecipa aquela distinção, como se "a coisa em si" não fosse apenas descerrada, mas *dada*.

5 (5)

    A origem do sentimento moral, texto escrito pelo Dr. Paul Rée: um livrinho lento e inteligente, sem entusiasmos exagerados e atitudes virtuosas, do qual diverge de uma maneira agradável o caráter de sua *juventude*. As palavras com as quais busquei impelir nesse lugar seu jovem e isolado autor para o interior da ciência – palavras fortes, que as pessoas chegaram até mesmo a censurar em mim – estão talvez efetivamente entre as minhas burrices; ao menos elas foram ditas até aqui em vão... (considero com desgosto, como se pode notar, uma esperança frustrada, daquele tipo de esperanças que justamente o talento dos judeus muitas vezes despertaram em mim – como o tipo de homem que, na Europa atual, de longe mais se vê herdado de modo inato na primeira espiritualidade, mas também como um ritmo do desenvolvimento que rapidamente impele ao *amadurecimento* (e infelizmente também para além dele...)

5 (6)

E vós gostaríeis de se livrar sinceramente "*do* além": receio que não haja nenhum outro meio, vós precisais se decidir primeiro pelo *meu* "além".

5 (7)

A felicidade, em relação à qual os modestos acreditam que seu nome correto seria sobre a tal "Assim! Assim!"

Quem é algo que facilmente se quebra teme mãos de crianças e tudo aquilo que não pode amar sem destruir.

Quem pega em espinhos poupa menos seus dedos do que quem conduz uma adaga.

Wagnerianos cornudos

5 (8)

O artifício psicológico desses anos era seguir por sobre um abismo terrível e não olhar *para baixo*; mas dar cada passo serenamente, como se se tratasse de atravessar um campo colorido, em cujo fim talvez estivesse à nossa espera um grande perigo: em suma, escapar de um perigo com a crença de estar indo ao encontro de um perigo.

5 (9)

Exotérico – esotérico
1. – Tudo é vontade contra vontade
2. Não há nenhuma vontade
1. Causalismo
2. Não há nada como causa-efeito
1.
Toda causalidade remonta psicologicamente à crença em *intenções*:
Precisamente o efeito de *uma* intenção *in*demonstrável.
(*Causa efficiens* é uma tautologia com *finalis*) considerado psicologicamente –

5 (10)

O que é "conhecer"? A recondução de algo estranho a algo conhecido, familiar. Primeiro princípio: aquilo com o que estamos *habituados* não é mais considerado por nós como enigma, como problema. Embotamento do sentimento do novo, do que produz estranhamento: tudo o que acontece *regularmente* não nos parece mais questionável. Por isso, a *busca de regras* é o primeiro instinto do cognoscente: enquanto, naturalmente, com a constatação de uma regra, contudo, nada se acha ainda "conhecido"! – Por isso, a superstição dos físicos: onde eles podem permanecer, isto é, onde a regularidade dos fenômenos permite a aplicação de fórmulas encurtadoras, eles acham que algo teria sido *conhecido*. Eles sentem "segurança": por detrás dessa segurança intelectual, porém, se encontra a aquietação do terrível: *eles querem as regra*s, porque elas despem o mundo do seu caráter terrível. *O medo do incalculável* como o *instinto por detrás* da ciência.

A regularidade adormece o instinto questionador (isto é, atemorizador): "explicar", indicar uma regra do acontecimento. A crença na "lei" é a crença na periculosidade do arbitrário. A boa *vontade* de acreditar em leis ajudou a ciência a conquistar a vitória (a saber, nas eras democráticas)

5 (11)

O intelecto não tem como criticar a si mesmo, justamente porque ele não pode ser comparado com intelectos constituídos de outro modo e porque sua capacidade de conhecimento só entraria em cena diante da "verdadeira realidade efetiva", ou seja, porque, para criticar o intelecto, precisaríamos de um ser superior com um "conhecimento absoluto". Isso já pressuporia que *houvesse algo* para além de todos os tipos perspectivísticos de consideração e de apropriação sensível-espiritual, um "em si" – Mas a derivação psicológica da crença em *coisas* nos proíbe de falar em "coisas em si".

5 (12)

Questão fundamental: será que o *elemento perspectivístico* pertence à *essência*? E não é apenas uma forma de consideração, uma relação entre seres diversos? As forças diversas se encontram em relação, de tal modo que essa relação estaria ligada à ótica da percepção? Isso seria possível, se *todo ser fosse* essencialmente *algo perceptivo*.

5 (13)

O fato de a semelhança da forma apontar para o parentesco, para a proveniência a partir de uma forma comum – o fato de a semelhança do som nas palavras apontar para o parentesco entre as palavras é um modo de concluir, no qual a inércia *impele*: como se fosse *mais provável* que uma forma tivesse surgido uma vez do que ela ter surgido muitas vezes...

A sucessão de fenômenos, por mais exatamente que ela seja descrita, não tem como fornecer a *essência* do processo – mas a *constância* do meio falsificador (nosso "eu") está ao menos presente. Tudo se dá como se a rima de uma língua se perdesse na tradução para outra: mas a *crença* é evocada, a crença *de que*, naquela língua originária, havia um poema rimado. Assim, a série, a sucessão desperta a crença em uma espécie de "conexão" *para além* da mudança vista por nós.

FRAGMENTOS PÓSTUMOS, 1885–1887 (Vol. VI)

5 (14)

O desenvolvimento da ciência dissolve o "conhecido" cada vez mais em algo desconhecido: ela quer, porém, justamente o *inverso* e parte do instinto de reconduzir o desconhecido ao conhecido.

Em suma, a ciência prepara uma *ignorância soberana*, um sentimento de que "conhecer" é algo que não ocorre de modo algum, de que seria uma espécie de petulância sonhar com isso, mais ainda, que não mantemos de resto o mais mínimo conceito para que pudéssemos ao menos fazer valer o "conhecimento" como uma *possibilidade* – que o próprio "conhecer" é uma representação contraditória. Nós *traduzimos* uma mitologia e uma vaidade arcaicas do homem no mais rigoroso fato: assim como a coisa em si, o "conhecimento em si" também não é *lícito* como conceito. A sedução por meio "do número e da lógica"

– –   por meio das "leis"

"*Sabedoria*" como tentativa de se lançar *para além* das avaliações perspectivísticas (isto é, para além da "vontade de poder") e de alcançar um princípio hostil à vida e dissolutor, sintoma como no caso dos indianos etc. *Enfraquecimento* do poder de apropriação.

5 (15)

Assim como se faz a tentativa de traduzir tudo no que há de morto, inanimado em nossos sentidos (ou seja, por exemplo, dissolvê-los em movimentos etc.), também é permitido dissolver tudo aquilo que é visto, que é ouvido, que é oferecido por nossos sentidos em nossas funções *vitais*, ou seja, como desejar, perceber, sentir etc.

5 (16)

É junto aos fenômenos *mais superficiais* que a exatidão científica pode ser primeiramente alcançada, ou seja, onde se pode contar, calcular, tatear, ver, onde podem ser *constatadas* quantidades. Ou seja, os âmbitos mais mesquinhos da existência foram aqueles que acabaram sendo cultivados pela primeira vez de maneira fecunda. A exigência de que tudo precisaria ser explicado mecanicamente é instintiva, como se os conhecimentos mais valorosos e mais fundamentais fossem aqueles que teriam *primeiro* sucesso aí: o que é uma ingenuidade. De fato, tudo aquilo que pode ser contado e tomado possui pouco valor: onde *não* conseguimos aceder com o "conceber" é onde se mostra para nós o que vige como o "mais elevado". Lógica e mecânica só são aplicáveis ao *mais superficial*: propriamente apenas uma arte de esquematização e de encurtamento, uma dominação da pluralidade por meio de uma arte da expressão – não um "compreender", mas uma designação com a finalidade do *entendimento*. Pensar o mundo reduzido à superfície significa torná-lo de início "concebível".

Lógica e mecânica *nunca* tocam a causalidade – –

5 (17)
Assim como as eras céticas, *que sofrem* de insegurança, passam para uma crença rígida: homens com uma indisposição em relação a dogmas e estreitamentos oriundos de tempos anteriores, por outro lado, *só se deixam impingir* lenta e tardiamente uma crença conjunta (porque eles não *sofrem* da insegurança, mas têm prazer com ela). Esse último tipo de crença conjunta e de generalização impingidas possuem um *valor* decisivo: elas cresceram apesar da inclinação oposta. Sobre a *origem das concepções sistemáticas*: a) a partir das cabeças sistemáticas, b) a partir do sofrimento com a insegurança, c) caso mais raro, junto àqueles que não gostam de esquematizar e <são> *incerti amici*.

5 (18)
"O que pode ser demonstrado é verdadeiro." Essa é uma fixação arbitrária do conceito "verdadeiro", que *não* tem como ser *demonstrada*! Trata-se simplesmente de um "isso *deve* valer como verdadeiro, deve significar 'verdadeiro'"! No pano de fundo, encontra-se a utilidade de tal validade do conceito "verdadeiro": pois o demonstrável apela para o que há de mais comum nas cabeças (para a lógica): razão pela qual ele não é naturalmente

FRAGMENTOS PÓSTUMOS, 1885–1887 (Vol. VI)   161

mais do que um critério de utilidade de acordo com o interesse da maioria. "Verdadeiro", "demonstrado", isto é, derivado de conclusões, pressupondo que os juízos que são levados à conclusão já são "verdadeiros" (*isto é, universalmente admitidos*). Com isso, "verdadeiro" é algo que é reconduzido segundo um modo genericamente admitido da conclusão a verdades genericamente admitidas. *Isso significa, portanto*: "o que se deixa demonstrar é verdadeiro" já *pressupõe verdades como dadas*...

5 (19)
      O mundo, que nos diz respeito de algum modo, é efetivamente irreal. – Mas o conceito de "efetivamente real, verdadeiramente presente" foi retirado por nós daquilo "que nos diz respeito"; quanto mais somos tocados em nosso interesse, tanto mais acreditamos na "realidade" de uma coisa ou de um ser. "Ele existe" significa: sinto-me nele como existente. – Antinomia.
      Tanta vida advém daquele sentimento, colocamos tanto *sentido* naquilo em que acreditamos como causa dessa excitação. Portanto, o "ente" é por nós concebido como aquilo que atua sobre *nós*, como aquilo que *se demonstra por meio de sua atuação*. – "Efetivamente irreal", "aparente" seria aquilo que não consegue produzir efeitos, mas que parece produzi-los.
      Supondo, porém, que inserimos certos valores nas coisas, esses valores *reagem*, então, sobre nós, depois de termos esquecido que tínhamos sido os doadores.
      Supondo que eu considere alguém meu pai, então se seguem daí muitas coisas para cada uma de suas manifestações em relação a mim: elas são *interpretadas* de maneira diversa. – Portanto, nossas concepções e exegeses das coisas, nossa interpretação das coisas, implicam, é o que se segue, que todos os efeitos "efetivamente reais" dessas coisas sobre nós aparecem de outro modo, são interpretados de maneira nova, em suma, *atuam de modo diverso*.
      Ora, mas se todas as concepções das coisas eram falsas, então se segue daí que todos os efeitos das coisas sobre nós são experimentados e interpretados com vistas a uma *causalidade*

falsa: em suma, que nós medimos o valor e a ausência de valor, a utilidade e o dano com vistas a erros, que o mundo *que de algum modo nos concerne* é falso.

5 (20)
    O ar segue frio e puro
    – eu gostaria
    o dia olha rancoroso
    À noite, quando teu coração corajoso duvida e olha cansado.
    a chama com uma barriga grisalha, cuja garganta se curva
    e gira cobiçosa para altitudes puras

5 (21)
    Os problemas, diante dos quais sou colocado, parecem-me de uma importância tão radical que quase me perdi ano após ano algumas vezes em meio à imaginação de que os homens espirituais, para os quais tornei visíveis esses problemas, precisariam em face disso colocar seu próprio trabalho de lado, a fim de se dedicar por enquanto totalmente *aos meus* assuntos. Ao invés disso, o que *aconteceu*, então, a cada vez foi, de uma maneira tão estranha e sinistra, o contrário daquilo que tinha esperado, que aprendi com velhos conhecedores do homem a me envergonhar de mim mesmo <e> que tive de reaprender sempre novamente na doutrina dos iniciantes – o fato de que os homens consideram cem mil vezes como mais importantes os seus hábitos do que mesmo – sua vantagem...

5 (22)
    Solução fundamental:
    nós acreditamos na razão: esta, porém é a filosofia dos *conceitos* cinzentos, a linguagem está construída sobre os preconceitos mais ingênuos.
    agora inserimos por meio da leitura desarmonias e problemas nas coisas, porque *só* pensamos sob a forma linguística – com isso, acreditamos na "verdade eterna" da "razão" (por exemplo, sujeito, predicado etc.

FRAGMENTOS PÓSTUMOS, 1885–1887 (Vol. VI)   163

*nós deixamos de pensar, quando não nos dispomos a fazê-
-lo sob a coação linguística,* nós chegamos precisamente junto à
dúvida a ver aqui um limite como limite.
. *o pensamento racional é um interpretar segundo um esquema, que nós não conseguimos jogar fora.*

5 (23)
voluntariamente colocado de lado, abandonado, afável em
relação às coisas e ao acaso, grato em relação aos menores olhares solares da saúde, assumindo a dor como uma regra, como
uma condição, como algo por si mesmo desejado, utilizando-o,
inquirindo-o com uma compulsão astuta para nossos fins –

5 (24)
Homens, em cujo corpo grunhe e rumoreja constantemente
a vaca interior

5 (25)
não apenas a moral como preconceito, mas vivendo para
além do tipo mais elevadamente honrado da moralidade até aqui
permanecer parado com uma onisciência irônica em relação a toda *vita contemplativa* até aqui
permanecer sentado com uma grande má vontade em um
dos recantos até aqui da contemplação do mundo, tão profundamente quanto a curiosidade me impeliu um dia para o interior de
cada um deles: com uma vontade tanto mais rigorosa de vivenciar algum dia por mim mesmo o estado a partir do qual cada
uma dessas perspectivas do recanto do mundo particulares, que
se denominam uma filosofia ou uma "religião", <surgiu>

5 (26)
a indicação vivenciada de algo infinito, que se encontra
livre diante de nós para que nos apossemos dele

5 (27)
Para compreender este livro, é preciso admitir em relação
a mim alguns pressupostos

5 (28)

O fato de alguém poder tomar a moral como preconceito e, em seguida, poder até mesmo desfrutar ainda nessa vitória do ceticismo de uma felicidade em sua aurora –

5 (29)

É preciso querer *vivenciar* os grandes problemas de corpo e alma

5 (30)

O povo tem normalmente o conceito mais falso possível do estado, do qual ele está o mais distante possível, da sabedoria

5 (31)

Todo grande problema é um sintoma: um homem com certo *quantum* de força, de refinamento, de insidiosidade, com esse perigo, com esse pressentimento o expeliu de si

5 (32)

O povo precisa de homens, que lhe antecipam com um bom exemplo: e, interpretando-o uma vez mais a partir de si e de tudo aquilo que ele tem de superar em si como ideal de um superador vitorioso, o povo conquista uma espécie de critério para o seu tipo de *homens superiores*. Esconde-se aí um grande perigo. É preciso se manter sincero e admitir que essa foi a razão pela qual Cristo, por exemplo, é apenas um ideal do "homem vulgar".

5 (33)

O povo costuma perguntar com uma sincera seriedade junto a um filósofo se ele efetivamente *viveu do modo como ele ensinou*: ele julga, consigo, que pregar a moral seria fácil e significaria pouco, mas que era importante *viver* a moral, uma espécie qualquer de moral. Isso é uma ingenuidade: pois como é que alguém deveria chegar de algum outro modo ao saber se ele não tivesse vivido no país do qual ele fala! Supondo que um filósofo – – –

FRAGMENTOS PÓSTUMOS, 1885–1887 (Vol. VI)

O povo exige de um filósofo que ele não minta: pois ele acredita que só os verazes conhecem a verdade. Do mesmo modo, que ele viva sem prazer sensível, resignando-se

5 (34)

Os homens espirituais experimentam o estímulo e a magia das coisas sensíveis de um modo tal que os outros homens, aqueles com os "corações de carne", não podem nem mesmo imaginar – nem têm o direito de imaginar: – eles são sensualistas com a melhor das crenças, porque atribuem aos sentidos um valor mais fundamental do que àquele crivo fino, do que aos aparelhos de diluição e de diminuição, ou como quer que possa se chamar aquilo que, na linguagem do povo, se denomina "espírito". A força e o poder dos sentidos – isso é o que há de mais essencial em um bem constituído e pleno: o "animal" esplendoroso precisa ser dado em primeiro lugar – para além disso, o que importa de resto toda "antropomorfização"!

5 (35)

N.B. Toda a moral da E<uropa> tem como base a utilidade do rebanho: a aflição de todos os homens mais raros e superiores reside no fato de tudo aquilo que os distingue ganhar a sua consciência juntamente com o sentimento da diminuição e da difamação. *Os mais fortes* dentre os homens de hoje são as causas da desertificação pessimista: os medíocres são como o rebanho é, sem muitas questões e consciência – serenos. Sobre a desertificação dos fortes: Schopenhauer Pascal

N.B. *Quanto mais perigosa parece uma propriedade do rebanho, tanto mais fundamentalmente ela é considerada com atenção.*

5 (36)

Nosso "conhecimento" restringe-se a constatar quantidades, isto é

mas não podemos impedir por meio de coisa alguma que essas diferenças quantitativas sejam experimentadas como qualidades. A *qualidade* é uma verdade *perspectivística* para nós; nenhum "em si".

Nossos sentidos possuem um *quantum* determinado como meio, no interior do qual eles funcionam, isto é, nós sentimos o grande e o pequeno em relação às condições de nossa existência. Se aguçássemos ou embotássemos em dez vezes os nossos sentidos, nós pereceríamos. Ou seja, também sentimos *relações de grandeza* em ligação com a viabilização de nossa existência como *qualidades*.

5 (37)
É preciso descrever o que está em questão para alguém no pensamento epistemológico, fisiologicamente. *Primitivos* – como?

5 (38)
A antinomia de minha existência reside no fato de tudo aquilo de que *necessito* mais radicalmente como filósofo radical – liberdade profissional, mulher, criança, amigos, sociedade, pátria, terra natal, crença, liberdade quase de amor e ódio – eu também experimentar do mesmo modo como muitas privações, na medida em que sou felizmente um ser vivente, e não um mero aparato abstrativo. Preciso acrescentar que me falta em todo caso a *saúde sólida* – e que só em momentos de saúde *sinto de maneira não tão dura* o peso dessas privações. Mas continuo sempre sem saber como juntar as cinco condições sobre as quais poderia se basear uma privação suportável, mediana de minha frágil saúde. Apesar disso, seria um erro fatídico se eu me privasse daquelas oito liberdades, a fim de criar para mim as cinco condições: esta é uma visão *objetiva* de minha situação. –

A coisa se complica, na medida em que também sou, além disso, poeta, como de costume com as necessidades de todos os poetas: entre as quais estão simpatia, administração doméstica brilhante, fama e coisas do gênero (e, em relação a essas necessidades, eu não tenho outra designação para a minha vida senão uma existência de canil). A coisa se complica ainda uma vez mais, na medida em que sou, além disso, músico: de tal modo que, para mim, propriamente nada na vida – – –

FRAGMENTOS PÓSTUMOS, 1885–1887 (Vol. VI) 167

5 (39)
   – o fato de falar a língua dos moralistas populares e dos "homens santos" e isso de maneira isenta, originariamente de modo tão entusiasmado quanto engraçado, mas ao mesmo tempo com um gozo de artista aí, um gozo que não está tão longe da ironia – quanto ao fato justamente de a forma mais refinada do pensamento moderno ser aqui constantemente retraduzida na linguagem da ingenuidade – ou seja, com um triunfo secreto sobre a dificuldade vencida e sobre a impossibilidade aparente de tal atrevimento

5 (40)

Para a genealogia
da moral.
Primeiro ensaio
de
Friedrich Nietzsche.

2. o ideal ascético
3. responsabilidade
4. "eu" e "ele".

5 (41)
   Prelúdio do P<arsifal>, a maior das boas ações, que me foi feita desde muito tempo. O poder e o rigor do sentimento, indescritível, não conheço nada que tome o cristianismo assim na profundidade e o traga tão agudamente a uma experiência empática. Totalmente elevado e comovido – nenhum pintor jamais pintou um *olhar* tão indescritivelmente melancólico e terno quanto Wagner
   a grandeza na apreensão de uma certeza fecunda, a partir da qual brota algo como uma compaixão:
   a maior obra-prima do sublime que conheço, o poder e o rigor na apreensão de uma certeza fecunda, uma expressão indescritível de grandeza *na* compaixão sobre isso; nenhum pintor jamais pintou tal olhar escuro, melancólico, como Wagner na última parte do prelúdio. Mesmo Dante, não; também Leonardo, não.

168 FRIEDRICH NIETZSCHE

Como se depois de muitos anos finalmente alguém falasse comigo sobre os problemas que me afligem, não naturalmente com respostas, que mantenho preparadas para tanto, mas com as respostas cristãs – que foram, por fim, as respostas de almas mais fortes do que aquelas que foram produzidas nos nossos últimos dois séculos. Ao ouvir essa música, coloca-se com certeza o protestante de lado como uma incompreensão: assim como a música de Wagner me levou em Monte Carlo, tal como não pretendo negar, a colocar do mesmo modo de lado a música *excelente* que de resto escutava (Haydn, Berlioz, Brahms, Reyers, a abertura de Sigur) como uma incompreensão da música. Estranho! Como rapaz tinha pensado para mim a missão de trazer o mistério para o palco; – – –

5 (42)
    Crítica do *ideal cristão*
    da pobreza,
    da castidade,
    da humildade.
    As aspirações europeias na *era dos faquires*.

5 (43)
    "ce jeune Juif, à la fois doux et terrible, fin et impérieux, naïf et profond, rempli du zèle désintéressé d'une moralité sublime et de l'ardeur d'une personnalité exaltée"[27]
                        (*"les évangiles"*) Renan.
    C'est du régime féodal et non de sa chute, que sont nés l'égoïsme, l'avidité, les violences et la cruauté, qui conduisirent aux terreurs des massacres de septembre[28]
                                     v. Sybel!!

---

27 **N.T.**: Em francês no original: "Esse jovem judeu, ao mesmo tempo doce e terrível, fino e imperioso, ingênuo e profundo, repleto do zelo desinteressado de uma moralidade sublime e do ardor de uma personalidade exaltada."
28 **N.T.**: Em francês no original: "É do regime feudal e não de sua queda que nasceram o egoísmo, a avidez, as violências e a crueldade que conduziram aos terrores do massacre de setembro."

FRAGMENTOS PÓSTUMOS, 1885–1887 (Vol. VI)   169

5 (44)

Honremos desse modo os cegos, os confiantes, os simples, os pacíficos, as mulas; protejamos e defendamos de nós mesmos todos esses corações de leite ingênuos, desprovidos de questões, quentes como uma vaca, que não têm nada da vida senão a distinção de todas a mais fatídica de *não nos conhecerem*... salvemo-los com essa arte do rápido emudecimento para os nossos próprios dias maus – pois nós também temos a necessidade vez por outra de oásis, oásis humanos, familiares, nos quais é possível esquecer, oásis nos quais adormecemos uma vez mais, sonhamos uma vez mais, amamos uma vez mais, tornamo-nos "humanos" uma vez mais...

5 (45)

Entrementes, um senhor muito estranho chamado Theodor Fritsch de Leipzig começou a se corresponder comigo: não consegui evitar, uma vez que ele foi muito importuno, de lhe dar uns bons pés na bunda amistosos. Esses "alemães" atuais me dão cada vez mais nojo.

5 (46)

Nós, hiperbóreos.

Nem por água, nem por terra, tu podes encontrar o caminho para os hiperbóreos.

Píndaro

Para além do norte, do gelo, da dureza, da morte – *nossa vida! Nossa* felicidade!

5 (47)

Como é que eles deveriam entrar em nosso justo auditório, esses moralistas, que com uma impertinência vergonhosa só dão escuta àquilo que, *para eles*, pode trazer algum proveito; e, em geral, *se* algo trouxer algum proveito para eles. Para o prefácio.

"O que tenho daí?

Como me excluo daí?

"O que recolho daí para mim?"

– os espíritos não permitidos.

5 (48)

N.B. "Jovens alemães" e outro tipo de gado com chifres – corações de leite quentes como uma vaca

5 (49)

A moral como *o pior perigo* do homem
A virtude, por exemplo, como veracidade, como o *nosso* luxo nobre e perigoso; não precisamos recusar as desvantagens que esse luxo traz consigo.

5 (50)

1) Aquela típica transformação, da qual entre os franceses G. F<laubert> e entre os alemães R. W<agner> fornecem o mais claro exemplo: entre 1830 e 1850, a crença romântica no amor e no futuro transforma-se na exigência do nada.

2) *a era trágica* para a Europa: condicionada pela luta contra o niilismo.

Talvez o *título* do número 10.

3) O que significa o sentido para *cores* entre os franceses, para o som (e especialmente para a *"harmonia"* entre os alemães)? Estímulos em parte para um tipo *mais tosco* de homem, em parte para um tipo mais *esnobe* de homem.

4) O pessimismo e a teoria estética

5) a filosofia grega a partir de Sócrates como sintoma de uma doença e, consequentemente, como preparação do cristianismo.

6) O anarquismo

7) Contra o causalismo. Condições para uma causa.

8) a mentira educativa. Platão. A essa mentira pertencem todos os "ideais". Mas educação *para quê*? Criar construtos *duradouros*, nos quais algo que dura pode crescer.

9) Como surge a *fama* de uma qualidade moral?

10) A moral conflui para a mediocrização, para o rebaixamento do nível. Em que medida fala aqui um instinto de *conservação*.

11) No *grande homem*, as propriedades específicas da vida, a injustiça e a exploração são as maiores. Na medida, contudo, em que elas atuaram *imponentemente*, sua essência foi a mais mal compreendida e interpretada em meio ao bem. O tipo de Carlyle como intérprete.
12) Antagonismo entre fortalecimento e aprimoramento.
13) Contra a atomística.
14) A crença no eu
15) inventar uma nova perfeição, na qual toda a nossa indigência humana não se revolte.
16) Como surge o *homem forte*? v. – – –
17) Os tipos de embriaguez?
18) O que *significa* nosso sentido para altas montanhas, desertos, *campagna* romana, nacionalismo?
19) Apequenamento do homem desde Copérnico.
20) As avaliações como causa e como consequência
21) A sucessão também é apenas *descrição*.
22) Agnósticos
23) Da ausência de cultivo do espírito –
o que é a viciosidade do intelecto?
24) O que *significa* o domínio da música?
25) Entrega à pessoa como alívio da moral.
(pai, ancestrais, príncipe, padre, Deus)
26) Mistérios ("drama")
27) Punição: manutenção de um tipo mais elevado.
28) A "aparência" científica. Sobre a teatralidade.
29) Para a fisiologia do poder
30) nossa cultura europeia – para onde ela *impele*, em oposição à solução budista na Ásia?
31) Interpretação: *não* explicação.
32) Para a lógica: a vontade de igualdade como vontade de poder.
33) "Coisa em si"
34) Contra o mecanicismo
35) O preconceito *moral* na crença na dialética
36) O elemento difamador nos ideais.

37) Psicologia da necessidade científica.
38) Desertificação moderna
39) a teatralidade
40) o demagógico nas artes.
41) Hedonismo no cristianismo atual
42) tanto Kant quanto Hegel quanto Schopenhauer determinados pelo juízo fundamentalmente *moral*. Assim como Platão, Spin<oza>
43) Incompreensão da serenidade, da ironia
44) "Remorso"
45) Inversões do juízo moral
46) Doutrina do meio
47) Ideais populares, Francisco de Assis
48) "Nós, imoralistas"
49) Sentimento de liberdade.
50) Que é nobre? (*Livro vermelho e marmorizado*)
51) Todos os grandes homens são homens maus
52) Fanfarronice da cientificidade
53) Assim como Descartes fundamentou a verdade da natureza de *Deus*, Kant pôde recusar a doutrina da razão, que cria uma ilusão. Nessa medida, a teoria do conhecimento é dependente de uma decisão *prévia* quanto ao caráter moral da existência.
Os ingleses acham que só se obedece a um Deus moral. – Os ateus são precisamente os mais cativos em questões morais.
54) o bem-estar como o sentimento de *poder* que é desencadeado junto a leves resistências: pois no conjunto do organismo há uma superação incessante de inúmeras obstruções – o sentimento de *vitória* chega como um *sentimento conjunto* à consciência, como jovialidade, "liberdade"
inversamente: há obstruções pesadas; assim, o sentimento de poder não é desencadeado.
N.B. Portanto, o sentimento de desprazer é fundamentalmente diverso de um sentimento de prazer. O sentimento de pra-

FRAGMENTOS PÓSTUMOS, 1885–1887 (Vol. VI) 173

zer é um sentimento de poder que, para ser provocado, necessita como seu pressuposto de pequenas obstruções e pequenos sentimentos de desprazer.

5 (51)
Ordem hierárquica.
Desforra.
Verdade e veracidade.
Direito, pena etc.
Compaixão.

5 (52)
Máxima: não lidar com nenhum homem que participe da engodo mendaz da raça. (O quanto de mendacidade e de pântano é necessário para atiçar questões de raça na miscelânea em que se tornou a E<uropa> atual!)

5 (53)
O século XIX como herança do *anterior*
1) sensualista, hedonista (ou pessimista)
2) fanático – em termos morais
   liberdade, conhecimento, felicidade
   em um laço
3) – – –

5 (54)
O princípio da conservação da energia exige o *eterno retorno*.

5 (55)
Equívoco principal dos psicólogos: computado em relação à representação luminosa, eles tomam a representação infinita como uma *espécie* inferior da representação: mas o que se distancia de nossa consciência, e que, por isso, *se torna obscuro*, *pode* ser, com isso, perfeitamente claro em si. *O obscurecimento é uma questão das perspectivas da consciência.*

A "obscuridade" é uma consequência da ótica da consciência, não *necessariamente* algo inerente ao "obscuro".

5 (56)
Tudo o que entra em cena como unidade na consciência já é extraordinariamente complicado: sempre temos apenas uma *aparência de unidade*.

O fenômeno do *corpo* é o mais rico, mais distinto, mais tangível: antepor metodologicamente, sem fechar algo sobre o seu derradeiro significado.

N.B. Se o *centro da "consciência"* não coincide também com o *centro fisiológico*, então seria de qualquer modo possível que, apesar disso, o *centro fisiológico* também fosse o centro *psíquico*.

A intelectualidade do sentimento (prazer e dor), isto é, *ele é dominado* a partir daquele centro.

5 (57)
O problema do niilismo (contra o pessimismo etc.)
A luta contra ele o fortalece.

Todas as forças *positivas* do século parecem apenas prepará-lo

por exemplo, a ciência da natureza

Explicação: *ocaso de uma avaliação das coisas*, que dá a impressão de que nenhuma outra avaliação seria possível.

5 (58)
Moral como *ilusão do gênero*, a fim de impelir o particular a se sacrificar ao futuro: admitindo aparentemente para ele mesmo um valor infinito, de tal modo que ele, com essa *auto-consciência*, tiraniza e reprime outros lados de sua natureza e dificilmente está satisfeito consigo mesmo.

A mais profunda gratidão em relação àquilo que tinha sido realizado até aqui pela moral: mas *agora apenas ainda uma pressão*, que se transformaria em fatalidade! *Ela mesma obriga* como retidão à negação da moral.

FRAGMENTOS PÓSTUMOS, 1885–1887 (Vol. VI) 175

5 (59)
O pressuposto do *trabalho científico*: uma crença na associação e na perduração do trabalho científico, de tal modo que o particular pode trabalhar em cada lugar, por menor que seja, com a confiança de que *não está trabalhando em vão*. Essa – – –
Há uma *grande paralisia*: *trabalhar em vão*, lutar *em vão*. – –
Os tempos *acumuladores*, nos quais são encontrados a força, os meios de poder, dos quais o futuro pode se servir expressamente: *ciência como uma estação mediana*, na qual os seres complicados, multifacetados, medianos têm sua descarga e sua satisfação mais naturais: *todos aqueles para os quais a* ação *é desaconselhável*.

5 (60)
O espírito dogmático em Kant

5 (61)
Um momento no tempo, no qual o homem tem um *supérfluo* de força a seu serviço: a ciência busca produzir essa *escravidão da natureza*.
Então, o homem alcança o *ócio*: para *formar* a si mesmo, para algo novo, mais elevado. *Nova aristocracia*
Em seguida, *sobrevive* uma grande quantidade de *virtudes*, que agora se mostram como *condições existenciais*.
Não ter mais a necessidade de propriedades, *consequentemente* perdê-las.
Não temos mais necessidade *das virtudes: consequentemente*, nós as perdemos: tanto a moral do "uma coisa é necessária", a moral da salvação da alma tanto quanto da imortalidade: um meio para *possibilitar* ao homem uma *autodominação* descomunal (por meio do afeto de um *temor* descomunal:::
os tipos diversos de *indigência*, por meio de cujo cultivo o homem é formado: a indigência ensina a trabalhar; o pensar, a se frear
A purificação e o fortalecimento *fisiológico*
a *nova aristocracia* necessita de uma oposição, contra a qual ela combate: ela precisa ter uma urgência terrível de se manter.

176 FRIEDRICH NIETZSCHE

os dois futuros da humanidade:
1) a consequência da mediocrização
2) o destacar-se consciente, configurar-se
as aristocracias até aqui, espirituais e mundanas, não demonstram *nada* em relação à necessidade de uma nova aristocracia.
Teoria das *conformações de domínio* ao invés de: *sociologia*

5 (62)
Deve-se admitir a verdade até o ponto em que se esteja já suficientemente *elevado*, para não ter mais a necessidade da *escola compulsiva do erro.*
Caso se condene a existência moralmente, *produz-se nela um desgosto.*

5 (63)
"Não se devem inventar pessoas falsas, por exemplo, não se deve dizer "a natureza é cruel". Perceber precisamente que *não há nenhuma essência central da responsabilidade* como tal é algo que *alivia!*
Desenvolvimento da humanidade. A. Conquistar poder sobre a natureza e, *além disso,* certo poder sobre si. A moral foi necessária para impor o homem na luta com a natureza e com o "animal selvagem"
B. Quando o poder sobre a natureza *é* conquistado, pode-se utilizar esse poder a fim de continuar formando livremente *a si mesmo:* vontade de poder como autoelevação e fortalecimento.

5 (64)
Que é "passivo"? resistir e reagir. Ser *obstruído* no movimento que se projeta para frente: portanto, um agir da resistência e da reação
Que é "ativo"? lançar-se em direção ao poder
"Alimentação" é apenas derivada, o originário é: querer encerrar tudo em si
"Geração" só derivada: originariamente, onde uma vontade não é suficiente para organizar o que é apropriado em seu

FRAGMENTOS PÓSTUMOS, 1885–1887 (Vol. VI)   177

todo, entra em cena uma *contravontade*, que empreende o descolamento, um novo centro de organização, depois de uma luta com
a vontade originária
    Prazer como sentimento de poder (pressupondo o desprazer)

5 (65)
    Todo pensamento, julgamento, percepção como *compara-
ção* tem como pressuposto uma "*equi*paração", ainda mais pri-
mordialmente uma "*igual*ação". A igualação é o mesmo que a
incorporação da matéria apropriada na ameba.
    A lembrança é tardia, na medida em que aqui o impulso
igualador já aparece *domado*: a diferença é conservada. Lembrar
como um rubricar e um incluir, ativamente – quem?

5 (66)
    O valor das *inclinações irracionais*, por exemplo, amor
materno, amor em relação à "obra" etc.
    não "altruísta"!

5 (67)
    Nenhuma "educação moral" da espécie humana: mas a es-
cola compulsiva dos erros é necessária, porque a "verdade" causa
desgosto e a vida nos faz perder o prazer, supondo que o homem
já não se deparou de maneira inevitável em meio à sua *via* e assumiu sobre si a sua *intelecção* proba com um orgulho trágico.

5 (68)
    Os fisiólogos, assim como os filósofos, acreditam que a
consciência, na medida em que ela *cresce* em termos de clareza,
também aumentaria em termos de *valor*: a consciência mais clara, o pensamento lógico mais frio seria um pensamento de *primeira* grandeza. Não obstante – de acordo com o que esse valor é
determinado? O pensamento mais superficial, *mais simplificado*,
é o mais útil com vistas ao *desencadeamento da vontade* (porque
ele deixa que ao menos as motivações permaneçam) – por isso, ele
poderia etc. N.B.

178 FRIEDRICH NIETZSCHE

a *precisão da ação* encontra-se em um antagonismo com a *precaução que olha amplamente* e que com frequência julga de maneira incerta: essa precaução é guiada pelo instinto *mais profundo*. N.B. *Valor a ser medido* segundo a *amplitude* da utilidade.

5 (69)
Nossas paixões e inclinações querem *sua* satisfação e, *além disso*, o domínio também sobre o intelecto

5 (70)
1) Filosofia da história.
2) Psicologia.
3) Cultura dos gregos.
4) Filosofia da moral.
5) História da filosofia grega.
Niilismo: ocaso de uma valoração conjunta (a saber, da valoração moral) faltam as novas forças interpretativas.
Para a história dos valores.
A vontade de poder e suas metamorfoses.
(o que foi a vontade de moral até aqui: uma escola)
O eterno retorno como martelo

5 (71)
O niilismo europeu.
Lenzer Heide   10 de junho de 1887
1.
Que *vantagens* ofereceu a hipótese moral cristã?
1) ela emprestou ao homem um *valor* absoluto, em oposição à sua pequenez e à sua contingência na corrente do devir e do perecimento
2) ela serviu aos advogados de Deus, na medida em que deixou para o mundo, apesar do sofrimento e do mal, o caráter da *perfeição* – inclusive aquela "liberdade" – o mal apareceu como cheio de *sentido*.
3) ela estabelece um *saber* sobre valores absolutos junto ao homem e lhe deu, com isso, precisamente em rela-

ção ao que há de mais importante, um *conhecimento adequado* ela impediu que o homem se desprezasse como homem, que ele tomasse um partido contra a vida, que ele se desesperasse junto ao conhecimento: ela foi um *meio de conservação*; – em suma: a moral foi o grande *antídoto* contra o *niilismo* prático e teórico.

2.

Mas, entre as forças que a moral cultivou estava a *veracidade*: esta se volta finalmente contra a moral, descobre sua *teleologia*, sua consideração *interessada* – e, agora, a *intelecção* exerce um efeito sobre essa mendacidade longa e encarnada, da qual se está desesperado para se mandar embora, precisamente como estimulante. Do niilismo. Nós constatamos agora necessidades em nós, plantadas pela longa interpretação moral, que nos parecem agora necessidades do não verdadeiro: por outro lado, elas são aquelas das quais parece depender o valor, aquelas em virtude das quais suportamos viver. Esse antagonismo entre *não* valorizar aquilo que conhecemos e não *ter mais o direito* de valorizar aquilo com o que gostaríamos de nos iludir – desencadeia um processo de dissolução.

3.

De fato, não temos mais a necessidade de um antídoto contra o *primeiro* niilismo: a vida não é mais incerta, contingente, absurda a esse ponto em nossa Europa. Tal *potencialização* descomunal do valor do homem, do valor do mal etc. não é agora tão necessária, que suportamos uma *redução* significativa desse valor, que podemos abrir espaço para muito contrassenso e acaso: o *poder* alcançado do homem permite agora um *rebaixamento* dos meios de cultivo, dos quais a interpretação moral era o que há de mais intenso. "Deus" é uma hipótese extrema demais.

4.

Mas posições extremas não são suplantadas por posições reduzidas, mas, por sua vez, apenas por outras extremas, mas *invertidas*. E, assim, a crença na imoralidade absoluta da natureza, na ausência de sentido e de finalidade, é o *afeto* psicologicamente necessário, quando a crença em Deus e em uma ordem essencialmente moral não é mais sustentável. O niilismo aparece agora *não* porque o desprazer com a existência seria maior do que anteriormente, mas porque as pessoas se tornaram em geral desconfiadas em relação a um "sentido" no mal, sim, na existência. *Uma* interpretação pereceu; no entanto, como ela era considerada *a* interpretação, tudo se mostra agora como se não houvesse de maneira alguma um sentido na existência, como se tudo fosse *em vão*.

5.

O fato de esse "em vão" ser o caráter de nosso niilismo atual continua precisando ser demonstrado. A desconfiança em relação às nossas avaliações antigas eleva-se até a questão sobre se "todos os 'valores' não seriam chamarizes com os quais a comédia se estende, mas não chega de maneira alguma a uma solução". A *duração*, com um "em vão", sem meta e sem finalidade, é o pensamento mais *paralisante*, a saber, ainda quando se concebe que se está fazendo pouco de si e que, de qualquer modo, não se tem poder para não deixar que isso aconteça.

6.

Pensemos essa ideia em sua forma mais terrível: a existência, tal como ela é, sem sentido e sem meta, mas inevitavelmente retornando, sem um final no nada: "o eterno retorno".

Esta é a forma mais extrema do niilismo: o nada (o "sem-sentido") eternamente!

Forma europeia do budismo: energia do saber e da força *obriga* a tal crença. Essa é a *mais científica* de todas as hipóteses possíveis. Nós negamos metas conclusivas: se a existência tivesse uma meta, então ela já precisaria ter sido alcançada.

7.

Compreende-se que se anseia aqui ao oposto do panteísmo: pois "tudo o que é perfeito, divino, eterno" obriga *do mesmo modo a uma crença no "eterno retorno"*. Questão: com a moral, mesmo essa posição de um sim panteísta em relação a todas as coisas não se torna impossível? No fundo, só se superou efetivamente o Deus moral. Tem um sentido imaginar um Deus "para além de bem e mal"? Um panteísmo *nesse* sentido seria possível? Eliminamos a

FRAGMENTOS PÓSTUMOS, 1885–1887 (Vol. VI) 181

representação da meta do processo e afirmamos *apesar disso* o processo? Esse seria o caso se algo fosse *alcançado* no interior daquele processo em cada um de seus momentos – e sempre o mesmo

8.

Mas seu caso é apenas um caso particular. *Todo traço fundamental de caráter*, que reside à base de *todo* acontecimento, que se expressa em todo acontecimento, precisaria, se ele fosse experimentado por um indivíduo como *seu* traço fundamental de caráter, impelir esse indivíduo a aprovar de maneira triunfante cada instante da existência em geral. O que estaria em questão seria o fato de se sentir esse traço fundamental de caráter em si como bom, valoroso, prazeroso.

9.

Então, a *moral* protegeu a vida perante o desespero e o salto no nada junto a tais homens e estirpes, que foram violentados e reprimidos pelos *homens*: pois é a impotência em relação aos homens, *não* a impotência em relação à natureza, que gera a amargura mais desesperada em relação à existência. A moral tratou os detentores da violência, os violentos, os "senhores" em geral como os inimigos, contra os quais o h<omem> comum precisava ser protegido, isto é, *de início encorajado, fortalecido*. Consequentemente, a moral ensinou da maneira mais profunda possível a *odiar* e a *desprezar* aquilo que é o traço fundamental de caráter dos dominantes: *sua vontade de poder*. Eliminar, negar, decompor essa moral: esse seria o impulso mais odiado, dotado de uma sensação e de uma valoração *inversas*. Se o sofredor, se o reprimido *perdesse a crença* no fato de que tinha um *direito* ao seu desprezo pela vontade de poder, então ele entraria no estágio do desespero mais desesperançoso. Esse seria o caso, se esse traço fosse essencial à vida, se viesse à tona que mesmo naquela "vontade de moral" essa "vontade de poder" estaria presente, só que dissimulada, que mesmo aquele ódio e aquele desprezo ainda se mostram como uma vontade de poder. O reprimido compreenderia que ele se encontraria *no mesmo solo* do repressor e que ele não tinha nenhuma *prerrogativa*, nenhuma *posição hierárquica superior* em relação a ele.

10.

Muito mais *o contrário*! Não há nada na vida que possua valor, a não ser o grau de poder – supondo justamente que a própria vida é vontade de poder. A moral protegeu os *desvalidos* ante o niilismo, na medida em que atribuiu a *cada homem* um valor infinito, um valor metafísico, inserindo-o em uma ordem, que não se achava em consonância com a ordem do poder mundano e com a ordem hierárquica: ela ensinou a submissão, a humildade etc. *Supondo que a crença nessa moral pereça*, os desvalidos não teriam mais seu consolo – e *pereceriam*.

11.

O perecer se apresenta como um – *levar ao perecimento*, como uma seleção instintiva daquilo que *precisa ser destruído*. *Sintomas* dessa autodestruição dos desvalidos: a autovivissecção, o envenenamento, a embriaguez, o Romantismo, sobretudo a coerção instintiva a ações, com as quais se transformam os poderosos em *inimigos mortais* (– cultivando, por assim dizer, seus próprios carrascos), a *vontade de destruição* como vontade de um instinto ainda mais profundo, do instinto da autodestruição, da *vontade de nada*.

12.

Niilismo, como sintoma do fato de os desvalidos não terem mais nenhum consolo: o fato de eles destruírem para serem destruídos, de eles, remidos da moral, não terem mais nenhuma razão para "se render" – o fato de eles se colocarem sobre o solo do princípio oposto e mesmo, por sua parte, *quererem* poder, na medida em que *obrigam* os poderosos a serem seus carrascos. Essa é a forma europeia do budismo, o *não fazer*, depois que toda existência perdeu seu "sentido".

13.

A "indigência" não se tornou, por exemplo, maior: ao contrário! "Deus, moral, submissão" eram recursos, em níveis profundos e terríveis da miséria: o *niilismo ativo* entra em cena junto a condições configuradas de maneira relativamente muito mais favoráveis. Já o fato de a moral ser sentida como superada pressupõe um grau elevado de cultura espiritual; essa, por sua vez, um viver bem relativo. Certo cansaço espiritual, que é trazido até o ceticismo sem esperanças *em relação à* filosofia por meio da longa luta de opiniões filosóficas, caracteriza do mesmo modo o estado de maneira alguma *inferior* daqueles niilistas. Pensemos na situação em que Buda surgiu. A doutrina do eterno retorno teria pressupostos *eruditos* (assim como a doutrina de Buda tinha tais pressupostos, por exemplo, o conceito de causalidade etc.).

14.

O que significa agora "desvalido"? Sobretudo em termos *fisiológicos*: não mais politicamente. O tipo *mais doentio* de homem na Europa (em todas as camadas) é o solo desse niilismo: ele sentirá a crença no eterno retorno como uma *maldição*. No momento em que for tocado por ele, não haverá mais como se atemorizar em relação a qualquer ação: não eliminar passivamente, mas *fazer* com que tudo elimine aquilo que é sem sentido e sem meta a esse grau: apesar de apenas um espasmo, uma fúria cega estar junto à intelecção de que tudo estava presente desde eternidades – mesmo esse momento de niilismo e de prazer com a destruição. – O *valor de tal crise* é que ela *purifica*, que ela concentra os elementos aparentados e faz com que cada um deles se corrompa junto ao outro, é que ela destina aos homens marcados por modos de pensar opostos tarefas conjuntas – trazendo à luz mesmo entre eles os mais fracos e os mais inseguros, ela dá, assim, o impulso inicial para *uma ordem hierárquica das forças*, a partir do ponto de vista da saúde: reconhecendo aquele que comanda como aquele que comanda, aquele que obedece como aquele que obedece. Naturalmente, para além de todas as ordens sociais existentes.

15.

Quais são aqueles que vão se comprovar aí como os *mais fortes*? Os mais moderados, aqueles que não *necessitam* de nenhum princípio extremo de fé, aqueles que não apenas admitem, mas amam uma boa parcela de acaso, de absurdo, aqueles que podem pensar sobre o homem com uma redução significativa de seu valor, sem se tornar pequenos e fracos por meio daí: os mais ricos em termos de saúde, que estão à altura da maioria das infelicidades e que, por isso, não precisam temer tanto as infelicidades – homens que *estão seguros de seu poder* e que representam com um orgulho consciente a força *atingida* do homem.

16.

Como pensaria um tal homem no eterno retorno? –

5 (72)

Autossuspensão da moral
a probidade
justiça, pena, compaixão etc.

5 (73)

Para além de bem e mal.

17.

5 (74)

*Para
a
Genealogia da Moral*
Um escrito de combate
Por
Friedrich Nietzsche
Despreocupado, trocista, violento – é assim
que a sabedoria *nos* quer: ela é uma mulher,
ela nunca ama senão um guerreiro.
Assim falou Zaratustra
Leipzig,
Editora C. G. Naumann

5 (75)

A vontade de poder
Tentativa de uma transvaloração de todos os valores.

1.

Do valor da verdade.

2.

O que se segue daí.

3.
Para a história do niilismo europeu.
4.
O eterno retorno.

5 (76)
Moral como vontade

5 (77)
Sentenças e setas.
Por
Friedrich Nietzsche
Composto a partir de seu escrito e produzido por E. V. W.

5 (78)
Ditados
de um imoralista.

5 (79)
Não faz propriamente o menor sentido dar uma prova do que é a psicologia *no grande estilo* para esta época mesquinha; – quem viria ao meu encontro apenas com um milésimo de paixão e sofrimento, para poder compreender *como* se chega ao saber em tais coisas estranhas e decisivas?...
E o que alguém não precisa vivenciar em si, para conceber com os seus 25 anos o nascimento da tragédia!
Nunca me queixei do indescritível de minha privação: nunca se ouviu um som semelhante, nunca algo de um mesmo sofrimento e querer.
Eu mesmo não conheço em literatura alguma livros que tenham essa riqueza em termos de experiências psíquicas e isso desde os maiores até o menores e os mais refinados. Que, no fundo, ninguém além de mim veja isso e saiba disso é algo que se mostra em articulação com o fato de estar condenado a viver em um tempo no qual floresce o rinoceronte; e isso, ainda além, em um povo para o qual falta toda instrução prévia em

186 FRIEDRICH NIETZSCHE

coisas psicológicas em geral (um povo que levou a sério Schiller e Fichte!!). Quando penso que tais h<omens> como R<ohde> se comportaram como gado chifrudo em relação a mim: o que pensar de tudo isso propriamente – – –

5 (80)

8.

Por fim, aponta para um fato descomunal e ainda totalmente sem ser descoberto, um fato que se constatou muito lentamente: não houve até aqui nenhum problema mais fundamental do que os problemas morais; foi a partir de sua força *impulsionadora* que todas as grandes concepções tiveram sua origem no reino dos valores até aqui (– por exemplo, tudo o que é comumente chamado de "filosofia"; e isso descendo até os pressupostos epistemológicos derradeiros). *Mas há ainda problemas mais fundamentais do que os morais*: esses problemas só são visualizados quando se deixa *para trás* o preconceito moral...

5 (81)
a) O *grande estilo*
O *nu*: purificação psicológica do gosto.
b) os homens sintéticos não *podem* crescer da "formiga"
Nossa sociedade *representa* apenas a formação
Falta o "erudito".
c) o suicídio haraquiri no Japão
d) reconquistar o direito a *afetos* para o *cognoscente*

5 (82)
O direito só surge aí onde há contratos; para que possa haver contratos, porém, precisa estar presente certo *equilíbrio de poder*. Caso falte tal equilíbrio, dois *quanten* de poder extremamente diversos deparam um com o outro, e, assim, o mais forte se apossa do mais fraco para o contínuo enfraquecimento desse último, até que entram em cena finalmente submissão, adaptação, registro, incorporação: ou seja, com o fim de que de dois tenha vindo a ser um. Para que dois permaneçam dois, é necessá-

FRAGMENTOS PÓSTUMOS, 1885–1887 (Vol. VI)

rio, como disse, um equilíbrio: e, por isso, todo direito remonta a uma *ponderação* anterior. Por isso, não se precisa aprovar – pois induz em erro – caso se represente a justiça com uma balança na mão: a alegoria correta seria colocar a justiça em uma balança, de tal modo que ela *mantivesse* os dois pratos *em equilíbrio*. Representa-se, porém, a justiça de maneira falsa: também se colocam palavras falsas em sua boca. A justiça não diz: "a cada um o que lhe é devido", mas sempre apenas "como tu te comportas em relação a mim, eu me comporto em relação a ti". Que dois poderes em relação um com o outro estabeleçam um freio para a vontade de poder brutal e não se mantenham indiferentes um ao outro como *iguais*, mas também *queiram* como iguais, eis o início de toda "boa vontade" sobre a Terra. Um contrato não contém justamente apenas uma mera afirmação em relação a um *quantum* de poder *subsistente*, mas ao mesmo tempo também a vontade de afirmar esse *quantum* dos dois lados como algo *duradouro* e, com isso, mantê-lo até um certo grau por si mesmo: – aí se acha, como dissemos, um *germe* de toda "boa vontade".

5 (83)
Aqui, onde ainda não visualizamos previamente o problema do estado estético a partir do artista, mas apenas a partir da perspectiva do espectador, é sobretudo necessário explicar que ele *não* é o problema: "o que é o estado contemplativo e como ele é possível?" Até aqui, por parte dos filósofos, *confundiram-se* ingenuamente o estado contemplativo e o estado estético e se os computaram como um: mas o primeiro estado não é senão um pressuposto do segundo, e não ele mesmo: ele é apenas sua condição, mas, como se precisa acrescentar imediatamente, isso também não no sentido de que ele seria, por exemplo, causa e razão genética propriamente dita. Esta seria uma afirmação completamente equivocada: um "precisa", a partir do qual se vem a ser "esteticamente", é fundamentalmente diverso do "precisa", cuja consequência é o estado contemplativo, apesar de esse último estado, como dissemos, ser um pressuposto para aquele outro estado e precisar ser alcançado, para que o estado estético possa

entrar no fenômeno. Do mesmo modo, porém, depois que o solo é purificado – – –

5 (84)
O maior número possível de poderes *internacionais* – a fim de *exercitar* as *perspectivas mundiais*.

5 (85)
Todo ano cinco capítulos

5 (86)
E, como diz o beduíno: "mesmo a fumaça é boa para alguma coisa" – pois ela revela para aquele que está a caminho a proximidade de um rebanho amistoso.

5 (87)
Pour qu'un homme soit au-dessus de l'humanité, il en coûte trop cher à tout les autres.[29]

Montesquieu

5 (88)
A história dos judeus é típica para o surgimento do "idealista". "Deus e Israel" em aliança. 1) refinamento: só com a justa Israel, o Deus justo se mantém em aliança. 2) por fim, porém, Ele ama Israel, mesmo quando Ele sofre, mesmo quando Ele sofre por sua culpa etc.

A antiga Israel e os alemães de Tácito são iguais: assim como os árabes das terras dos beduínos e os corsos. Os genoveses do tempo, no qual o presidente de Brosses os visitava, e os atuais.

5 (89)
Contra o grande *erro*, como se nosso tempo (Europa) representasse o *tipo mais elevado de homem*. Ao contrário, os ho-

---

29 **N.T.**: Em francês no original: "Para que um homem esteja abaixo da humanidade, custa muito caro para todos os outros."

mens do Renascimento eram superiores, e os gregos, do mesmo modo; sim, talvez nos encontremos *em um nível bem profundo*: a "compreensão" não é nenhum sinal de força suprema, mas de um *cansaço habilidoso*; a *moralização* mesma é uma "*décadence*".

5 (90)

Uma palavra de Napoleão (2 de fevereiro de 1809 para Röderer):

"*J'aime le pouvoir, moi; mais* c'est en artiste *que je l'aime... Je l'aime* comme un musicien aime son violon; *je l'aime pour en tirer de sons, des accords, des harmonies.*"[30]

5 (91)

(Revue des deux mondes, 15 de fevereiro de 1887. *Taine*)

"De repente, desdobra-se a *faculté maîtresse*: o *artista*, preso no político, sai de *sa gaine*; ele cria em meio a *l'idéal et l'impossible*. Nós o reconhecemos uma vez mais como aquilo que ele é: o irmão póstumo de Dante e de Michelangelo: e, em verdade, com vista aos contornos fixos de sua visão, a intensidade, a coerência e a lógica interna de seu sonho, a profundidade de sua meditação, a grandeza sobre-humana de sua concepção, ele é como eles e *leur égal: son génie a la même taille et la même structure; il est un de trois esprits souverains de la renaissance italienne.*"[31]

5 (92)

Do homem superior

Ou:

a tentação de Zaratustra

Por

Friedrich Nietzsche

---

30 **N.T.:** Em francês no original: "Eu amo o poder; mas é como *um artista* que eu o amo... Eu o amo *como um músico ama o seu violão*; eu o amo para retirar sons, acordes, harmonias."

31 **N.T.:** Em francês no original: "... seu gênio possui a mesma estatura e a mesma estrutura; ele é um dos três espíritos soberanos do Renascimento italiano".

190 FRIEDRICH NIETZSCHE

5 (93)

Dioniso filósofo.
Uma
Satura Menippea.
Por
Friedrich Nietzsche

5 (94)

Os *antagonismos.* Problemas cuja(s) solução(ões) dependem em última instância da vontade (da força –)
1) entre a *força* dos h<omens> e a *duração da raça*
2) entre a *força criadora* e a *"humanidade"*
3) – – –

5 (95)

Depois de tal chamado vindo do ponto mais íntimo da alma, não ouvir nenhum som como resposta é uma vivência *terrível*, na qual o mais tenaz dos homens pode perecer: ela me arrancou e me alçou para além de todos os laços com homens vivos.

5 (96)

Pensamentos sobre os gregos
Com uma resposta
a
Jakob Burckhardt.
Por
Friedrich Nietzsche

5 (97)

1) O niilismo europeu.
2) A moral até aqui como hostil à vida.
3) A moral até aqui ela mesma "amoral"

5 (98)

1.

Quem pensa sobre de que maneira o tipo homem pode ser elevado ao seu maior fausto e potência compreenderá em primeiríssimo lugar que ele precisa se colocar fora da moral: pois a moral estava voltada no Ocidente para o oposto, para obstruir e aniquilar aquele desenvolvimento luxuoso, onde quer que ele estivesse em vias de se estabelecer. Pois, de fato, tal desenvolvimento consome tal quantidade descomunal de homens a seu serviço que um movimento *inverso* é mais do que natural: as existências mais medianas, mais ternas, mais fracas têm a necessidade de tomar partido *contra* aquela glória de vida e de força e, para tanto, precisam receber diante de si uma nova avaliação, em virtude da qual elas condenam e quiçá destroem nessa profusão extrema a vida. Uma tendência hostil à vida é, por isso, própria à moral, na medida em que ela quer dominar os tipos mais fortes da vida.

5 (99)
N.B.
1) Tentativa de aproximar a *estética* da *ética não egoísta* por meio da eliminação do "eu" (como preparação dessa ética)
2) Tentativa de aproximá-la do *conhecimento* (sujeito puro, "puro espelho do objeto")
– em contrapartida: o *objeto*, na consideração estética, é inteiramente *falsificado*
"sujeito do conhecimento: puramente desprovido de vontade, de dor, de tempo
– de maneira *alguma* "conhecimento"!
– a vontade que *sublinha* tudo isso (e elimina o resto), que serve a ele em um objeto para que ele *se satisfaça e se harmonize consigo mesmo*
a imaginação e a retificação de um mundo, no qual nós mesmos *nos afirmamos* em nossas necessidades mais íntimas
Cores sons figuras movimentos – *memória inconsciente* ativa, na qual propriedades úteis dessas qualidades (ou associações) se mantêm
uma *retificação* das coisas interessada no mais alto grau e interessada de maneira brutal
uma falsificação essencial, uma *exclusão* precisamente do sentido meramente constatador, cognoscente

192 FRIEDRICH NIETZSCHE

a simplificação, destaque do típico – gozo junto à *subjugação* por meio da *inserção de um sentido*
a *eliminação por parte do pensamento* de todos os fatores nocivos e hostis no intuído (por exemplo, de uma paisagem, de uma tempestade)
o espectador estético *permite* uma *subjugação*, e faz o contrário daquilo que, de resto, ele faz em relação àquilo que vem de fora – ele expõe sua desconfiança, nenhuma defensiva – um *estado de exceção*: o *acolhimento confiante, venerando e amoroso*
a vontade
? interesse pelas *causas* e pelo *típico* (dominante)

5 (100)
Para a *crítica dos ideais*: começar essa crítica de tal modo que se elimine a palavra "*ideal*": crítica das *desejabilidades*

5 (101)
prestar uma escuta a um anarquista, que grita aos diabos e que, na medida em que asperge toda a história com o veneno de seu ódio, gostaria de nos convencer a sermos, com isso, os historiógrafos.

5 (102)
Uma vida entre gado chifrudo!

5 (103)
O que se precisa ter vivenciado para poder escrever aos 26 anos o nascimento da tragédia!

5 (104)
ma non si deve fischiar in presenza d'un professore: ciò pecca contro la buona creanza[32]

---

32 **N.T.**: Em italiano no original: "mas não se deve assoviar na presença de um professor: com isso, se peca contra os bons costumes".

FRAGMENTOS PÓSTUMOS, 1885–1887 (Vol. VI) 193

5 (105)

Uma ação *boa*, para a qual a consciência disse sim! Como se uma obra fosse bela meramente porque ela agrada fundamentalmente o artista! O "*valor*" dependente de *sentimentos de prazer* do autor que o acompanham! (– quem consegue elaborar aí o cálculo da vaidade, das quietudes junto ao que está vindo ao seu encontro etc.!) Por outro lado, todas as ações *decisivas* e valiosas foram realizadas *sem* aquela segurança... É preciso tratar de julgar segundo valores *objetivos*. "A utilidade" da comunidade é uma tal? Sim: só que ela é habitualmente *confundida* com os "sentimentos de prazer" da comunidade. Uma "ação terrível", que atua para a comunidade como um estimulante e é bastante desagradável, seria, nessa medida, uma ação *valiosa*.

5 (106)

Contra a moral do rebanho. Uma declaração de guerra.

5 (107)

Crítica da "justiça" e "igualdade diante da lei": o que deve ser propriamente *eliminado* com isso? A tensão, a hostilidade, o ódio – mas é um erro achar que, desse modo, "*a felicidade*" aumentaria: os corsos desfrutam de mais felicidade do que os continentais

5 (108)

Erro fundamental: colocar as metas no rebanho, e *não* nos indivíduos particulares! O rebanho é um meio, não mais! Mas, agora, se busca compreender o *rebanho como indivíduo* e atribuir a ele um nível hierárquico mais elevado do que ao particular – a mais profunda incompreensão! Do mesmo modo aquilo que torna conforme ao rebanho as compaixões, caracterizá-los como o lado mais *valioso* de nossa natureza!

5 (109)

Esses poetas parisienses e romancistas de hoje, cães finos e curiosos, que acompanham com o olhar excitado "a mulher" até o cerne de seus segredos mais malcheirosos

5 (110)

Gury, Compendium theologiae Moralis Ratisb<onae> 1862
Stein, Estudos sobre as hesicastas 1874
Braid, Hipnotismo, alemão de Preyer 1882
Cremer, História cultural do Oriente
_____, História das ideias dominantes do Islã 1868
_____, Incursões históricas na região do Islã 1873

[6 = Mp XIV 1, p. 416-420. Mp XVII 3a. Mp XV 2d. P II 12b, p. 37. Verão de 1886 – Primavera de 1887]

6 (1)

Quando se tem uma alma mais corajosa e bem-constituída no corpo, já é possível se permitir esse luxo gentil de imoralidade
Epílogo e desfecho

6 (2)

Para além de bom e ruim?
Um
escrito filosófico polêmico.
(Para o complemento e a elucidação do último livro publicado,
"para além de bem e mal")

6 (3)

Sete prefácios
Com um anexo:
Canções do príncipe Vogelfrei.
"moro em minha própria casa,
"nunca imitei nada de ninguém,
"e – ri ainda de todo mestre,
"que não riu de si mesmo"
Por
Friedrich Nietzsche
Leipzig.
Editora E. W. Fritzsch.

6 (4)

Prefácios e posfácios
Meus escritos falam apenas de minhas próprias vivências
– felizmente vivenciei muitas coisas –: estou aí de corpo e alma
– para que dissimulá-lo?, *ego ipissimus*,[33] e, quando isso vem

---

33   **N.T.:** Em latim no original: "meu si mesmo mais próprio".

196 FRIEDRICH NIETZSCHE

à tona, *ego ipissimum*.[34] Mas sempre foi preciso, para mim, a princípio alguns anos de distância, a fim de pressentir a presença daquele prazer e daquela força imperiosos que conclamam a apresentar toda e qualquer vivência como essa, todo e qualquer estado ao qual *sobrevivemos*. Nessa medida, todos os meus escritos, com uma única exceção, com certeza muito essencial, precisam ser *redatados*. Alguns até mesmo, tal como as primeiras considerações extemporâneas, precisam ser colocados aquém do tempo de surgimento e de vivência de um livro anteriormente editado, o *Nascimento da tragédia*: como não passará encoberto para um observador e para um comparador mais refinados. Aquela irrupção furiosa contra a germanice, a comodidade e a autoadmiração do velho *David Strauss* deu vazão a humores, junto dos quais tinha me sentado como estudante em meio à formação e ao filisteísmo cultural alemão; e o que disse contra a "doença histórica" digo como alguém que aprendeu a se *convalescer dela* e que ainda não estava de maneira alguma disposto a abdicar totalmente da "história". (*Quod demonstratum est* –).[35] Quando expressei minha gratidão em relação ao meu primeiro e único educador, em relação a Artur Schopenhauer – eu o expressaria hoje de maneira ainda muito mais intensa –, estava metido com minha própria pessoa em meio ao ceticismo e à dissolução moral – e já não acreditava em "absolutamente nada mais", como diz o povo, nem mesmo em Schopenhauer: justamente naquele tempo surgiu um documento que mantive em segredo, "Sobre verdade e mentira em sentido extramoral", – mas, já no *Nascimento da tragédia* e em sua doutrina do *dionisíaco*, o pessimismo de Schopenhauer aparece como superado. Meu discurso festivo em homenagem a Richard Wagner, por ocasião de seus festejos triunfais em Bayreuth – Bayreuth significa a maior vitória que um artista jamais alcançou –, já foi ao mesmo tempo um ato de separação e estranhamento. O próprio Wagner não se enganou em relação a isto: enquanto se ama alguém, não se pintam tais "retratos" e

---

34 **N.T.**: Em latim no original: "meu si mesmo mais íntimo".
35 **N.T.**: Em latim no original: "o que foi demonstrado".

FRAGMENTOS PÓSTUMOS, 1885–1887 (Vol. VI) 197

não se assume uma posição "contemplativa" – "todo aquele que se coloca exatamente à prova sabe que mesmo para a contemplação é necessária uma *hostilidade* misteriosa, que é constitutiva do *lançar o olhar ao encontro de*": é assim que se encontra formulado na página 46 do escrito citado. A serenidade de *poder* falar por longos anos da solidão e da privação mais íntimas surgiu para mim com o livro *Humano, demasiadamente humano*. Há nele a frieza serena e curiosa do psicólogo, que constata por si uma grande quantidade de coisas dolorosas, puros fatos, fatos corretos de seu passado, e que por assim dizer *costura* firmemente com a agulha: – em tal trabalho, como sabemos, ficamos com um pouco de sangue nos dedos... Para dizer finalmente para o que acho necessário que os leitores desse livro se preparem com os acenos que acabei de dar: o que está em jogo com esse livro, cuja última parte vem à luz por meio daqui, não é outra coisa senão o que estava em jogo até aqui em meus escritos – ele é uma parte do que está *atrás de mim*. O que se encontra à sua base, pensamentos, primeiros manuscritos e esboços de todo tipo, faz parte de meu passado: a saber, àquele tempo muito enigmático, no qual surgiu *Assim falou Zaratustra*: em virtude dessa coetaneidade, ele já poderia fornecer indicações úteis para a compreensão dessa obra *difícil de ser entendida* que acabamos de citar. Sobretudo, também, para a compreensão de seu surgimento: para o qual ele contribuiu. Outrora, esses pensamentos me serviram, seja como descanso, seja como autoinquirição e autojustificação em meio a um empreendimento ilimitadamente ousado e responsável: que as pessoas possam se servir do livro que despontou a partir deles para fins semelhantes! Ou mesmo como um atalho muito entrecortado, que sempre atrai uma vez mais sem que se perceba para aquele solo perigoso e vulcânico, a partir do qual surgiu o evangelho de Zaratustra, do qual acabamos de falar. Certamente, por mais que esse "prelúdio de uma filosofia do futuro" não forneça, nem deva fornecer, nenhum comentário sobre os discursos de Zaratustra, vem com ele de qualquer modo uma espécie de glossário prévio, no qual as mais importantes inovações conceituais e valorativas daquele livro – de um evento sem modelo, sem exemplo, sem igual em toda a literatura – ocorrem em al-

198 FRIEDRICH NIETZSCHE

gum lugar qualquer e são chamadas pelo nome. Supondo, por fim, meus caros senhores leitores, que precisamente esses nomes não *vos* agradem, não *vos* seduzam, supondo até mesmo que *vestigia terrent*[36]..., quem vos diz que eu quero as coisas – de outro modo? Para meu filho Zaratustra exijo veneração; e só deve ser *permitido* aos poucos prestar atenção nele. De mim, em contrapartida, seu "pai" – pode-se rir, tal como eu mesmo o faço: as duas coisas fazem parte até mesmo de minha felicidade. Ou, para <me> servir de um modo de falar, <que> se encontra sobre a porta de entrada de minha casa, e para dizer tudo uma vez mais de maneira breve:

> moro em minha própria casa,
> nunca imitei nada de ninguém,
> e – ri ainda de todo mestre,
> que não – riu – de si mesmo

6 (5)

Poètes et Mélodes. Études sur les origines du rythme tonique dans l'hymnographie de l'église grecque. Par le P. Edmond Bouvy[37] XVI, p. 384 e segs.

Nîmes, Maison de l'Assomption, 1886

W. *Meyer*. Início e origem da poesia rítmica latina e grega.

Ensaio da Academia de ciências imperial da Baviera, 1884.

Barbey d'Aurevilly

Oeuvres et hommes.

Sensations d'histoire.[38]

6 (6)

Algo fundamental.

Para os lógicos.

Sobre a doutrina do sentimento de poder.

Contra os idealistas.

---

36 **N.T.**: Em latim no original: "que os vestígios aterrorizam".
37 **N.T.**: Em francês no original: "Poetas e melodias. Estudo sobre as origens do ritmo tônico na hinografia da igreja grega. Pelo P. Edmond Bouvy."
38 **N.T.**: Em francês no original: "Obras e homens. Sensações de história."

Contra os crentes na realidade efetiva.
Esclarecimento sobre o gênio.
O que há de mais questionável nas virtudes.
Para a honra do mal.
O problema do artista.
Política.
Mulher e amor.
Povos e "povo".
Música e músicos
Para a crítica das religiões.
Os homens espirituais.
Solidão.

6 (7)
Para a psicologia dos filósofos. Como alguém se sente junto a uma longa permanência no *abstractis*; o efeito refrescante sentido por Platão; o efeito hipnotizante que talvez tenha sido sentido e buscado pelos indianos. Será que a exigência do "om" não é no fundo a exigência do faquir por se tornar insensível por todos os meios possíveis? O mesmo não acontece nos estoicos? – Justaposição de uma luxúria sensível maximamente grosseira e de um devaneio especulativo.

6 (8)
Se aguçássemos ou embotássemos nossos sentidos 10 vezes, nós pereceríamos. O modo de ser do sentido encontra-se em uma relação com um ponto médio na possibilidade de conservação. O mesmo vale para aquilo que sentimos como grande, como pequeno, como próximo, como distante. Nossas "formas" – não há nada aí que outros seres pudessem perceber como o homem: – nossas condições de existência prescrevem as leis mais universais, no interior das quais nós vemos, nós *podemos* ver formas, figuras, leis...

6 (9)
Se não há nenhuma meta em toda a história dos destinos humanos, então precisamos inserir uma: supondo justamente que

uma meta nos é *necessária* e que, por outro lado, a ilusão de uma meta e de uma finalidade imanentes se tornou transparente. E nós necessitamos de metas, porque nós necessitamos de uma vontade – que seja nossa espinha dorsal. "Vontade" como indenização pela "crença", isto é, pela representação de que há uma vontade *divina*, uma que tem algo em vista conosco...

6 (10)
Libertemo-nos, caso não queiramos enlamear o nome da filosofia, de algumas sensaborias. Por exemplo, do conceito do "processo mundial": não sabemos nada sobre isso. Já o conceito "mundo" é um conceito-limite: com essa palavra, concebemos um reino para o qual enviamos todas as nossas ignorâncias necessárias.

6 (11)
A força inventiva, que imaginou poeticamente categorias, trabalhou a serviço da necessidade, a saber, da segurança, da rápida compreensibilidade com base em sinais e sons, de meios de encurtamento: – não se trata de verdades metafísicas junto à "substância", ao "sujeito", ao "objeto", ao "ser", ao "devir". – Foram os poderosos que transformaram o nome das coisas em lei: e, entre os poderosos, há os maiores artistas da abstração, que criaram as categorias.

6 (12)
Quanto mais perigosa uma propriedade aparece para o rebanho, tanto mais fundamentalmente ela precisa ser considerada com atenção. Esse é o princípio no interior da história da difamação. Talvez se possa dizer que as potências totalmente terríveis precisem ser ainda hoje mantidas em cadeias. (Conclusão de H. H. 2)

6 (13)
Em um último momento, nós vamos nos livrar do mais antigo elemento da metafísica, supondo que nós *possamos* nos livrar dele – daquele elemento que se incorporou na linguagem e nas categorias gramaticais e que se tornou a tal ponto impres-

cindível que pareceria que iríamos parar de poder pensar se rejeitássemos essa metafísica. Precisamente, os filósofos são aqueles que têm mais dificuldade de se verem livres da crença no fato de que os conceitos fundamentais e as categorias da razão pertenceriam já simplesmente ao reino das certezas metafísicas: desde tempos primevos, eles acreditam justamente na razão como uma parte do próprio mundo metafísico – neles, essa crença antiquíssima sempre irrompe uma vez mais como um contragolpe superpoderoso.

6 (14)
As qualidades são nossas barreiras intransponíveis; não podemos impedir por nada que venhamos a sentir meras diferenças qualitativas como algo fundamentalmente diverso da quantidade, a saber, como qualidades, que não são mais redutíveis umas às outras. Mas, tudo aquilo para o que só a palavra "conhecimento" tem sentido refere-se ao reino no qual se pode contar, pesar, medir, refere-se à quantidade –; enquanto, inversamente, todas as nossas sensações valorativas (isto é, justamente as nossas sensações) se atêm justamente às qualidades, ou seja, às nossas "verdades" perspectivísticas que só pertencem a nós mesmos, que não podem ser pura e simplesmente "conhecidas". É natural que cada um de nós, seres diversos, experimente outras qualidades e, consequentemente, viva em um mundo diverso do que nós vivemos. As qualidades são as nossas idiossincrasias humanas propriamente ditas: exigir que essas nossas interpretações e valores humanos sejam universais e talvez constitutivos está entre as mais graves loucuras do orgulho humano, que sempre continua tendo sua sede maximamente firme na religião. Será que preciso acrescentar inversamente ainda que quantidades "em si" não ocorrem na experiência, que nosso mundo empírico é apenas um mundo qualitativo, que, consequentemente, a lógica e a lógica aplicada (como a matemática) pertencem aos artifícios do poder ordenador, imponente, simplificador, encurtador, que se chama vida, ou seja, que elas são algo prático e útil, a saber, conservador da vida, mas justamente por isso também não possuem minimamente algo "verdadeiro" em si?

6 (15)

Não buscar o sentido nas coisas: mas *inseri-lo* nelas!

6 (16)

Para que ainda ideias, se temos ideais! Belos sentimentos são suficientes.

6 (17)

Digo algo desejável, não um ideal.

6 (18)

Não se come mais um prato a partir da moral; assim, um dia, também não se fará mais "uma boa ação" a partir da moral.

6 (19)

Fenômeno-mania.

6 (20)

Espíritos sem nariz ou com um nariz entupido, toda a espécie espírito, que denomino animais bovinos

6 (21)

Ter um ideal quase desobriga alguém de ter ideias. Já é suficiente ter olhos, belos sentimentos em um lugar correto, e, sobretudo, aqui e acolá uma ação imperdoavelmente tola

Para que ainda ideias, quando se têm ideais! Aí já são suficientes belos olhos, peitos inchados e aqui e acolá uma ação tola de primeiro nível, que esteja imune contra toda razão.

6 (22)

Nossos artistas do futuro. – Vejo aqui um músico, que fala a língua de Rossini e de Mozart como se ela fosse a sua língua materna, aquela língua popular terna, ora molenga demais, ora barulhenta demais, que é própria à música com a sua indulgência chistosa em relação a tudo, mesmo em relação ao que é "vulgar" – mas que deixa escapar de si um sorriso, o sorriso do mimado, refinado, epígono, que, ao mesmo tempo, por razões do coração, constantemente *escarnece* ainda dos bons e velhos tempos e de sua música boa, antiga, *démodée*: um sorriso cheio de amor, porém, cheio mesmo de emoção... Como? Essa não é efetivamente a melhor posição que *podemos* assumir hoje em relação ao passado – olhando dessa forma retrospectivamente com gratidão e imitando "os antigos", com muito prazer e amor pela total honorabilidade e desonorabilidade de nossos avós, honorabilidade e desonorabilidade das quais proviemos, e, do mesmo modo, com aquele grãozinho sublime de desprezo misturado, sem o qual todo amor rapidamente se degrada e apodrece, tornando-se "estúpido"... Talvez se pudesse prometer e imaginar também algo desse gênero para o mundo da *palavra*, a saber, que viesse algum dia um filósofo-poeta ousado, refinado e epígono ao excesso, mas capaz de falar a língua dos moralistas populares e dos homens santos de outrora; e isso de maneira tão desprendida, tão original, tão entusiasmada, tão francamente engraçada, como se ele mesmo fosse um dos "primitivos"; para aquele, porém, que tem o ouvido ainda por detrás de suas orelhas, oferecendo um prazer sem par, ou seja, o prazer de ouvir e saber o que está acontecendo propriamente aí – como é que a forma mais ateia e mais profana é aqui constantemente retraduzida na linguagem sentimental da inocência e do mundo prévio; e, nesse saber, desfrutar concomitantemente de todo o triunfo secreto do cavaleiro petulante, que escalou essa dificuldade, essa barreira e se acha colocado para além da própria impossibilidade. –

6 (23)

Para mim, não importa muito saber se alguém diz hoje com a modéstia do ceticismo filosófico ou com uma resignação religiosa: "a essência das coisas é, para mim, desconhecida"; ou outro, mais corajoso, que ainda não aprendeu suficientemente a exercitar a crítica e a desconfiança: "a essência das coisas é, para mim, em boa parte desconhecida". Diante dos dois, considero justo afirmar que eles ainda pretendem saber sob todas as circunstâncias coisas demais, que os dois pressupõem que subsiste com razão a distinção entre uma "essência das coisas" e um mundo dos fenômenos. Para se poder fazer tal distinção, seria preciso pensar nosso intelecto marcado com um caráter contraditório: por um lado, dirigido para o ver perspectivístico, como isso é necessário, para que precisamente seres de nosso tipo possam se conservar na existência; ao mesmo tempo, por outro lado, com uma capacidade de conceber justamente esse ver perspectivístico como algo perspectivístico, o fenômeno como fenômeno. Isso quer dizer: dotado de uma crença na "realidade", como se ela fosse a única, e, por assim dizer, também com a intelecção sobre essa crença de que ela seria justamente apenas uma restrição perspectivística com vistas a uma realidade verdadeira. Uma crença, porém, intuída com essa intelecção não é mais crença, é dissolvida como crença. Em suma, não temos o direito de pensar nosso intelecto de tal modo que ele se mostre como uma crença e, ao mesmo tempo, como um saber sobre essa crença como crença. Suprimamos a "coisa em si" e, com ela, um dos conceitos mais obscuros, o conceito de "fenômeno"! Toda essa oposição foi, tal como aquela mais antiga entre "matéria e espírito", demonstrada como inútil

6 (24)

Esse destino encontra-se desde então sobre a Europa, o fato de precisamente os seus filhos mais fortes chegarem à sua primavera bem tarde e só raramente – o fato de eles perecerem na maioria das vezes já jovens enojados, invernados, desertificados, precisamente porque eles beberam até o fim o cálice da desilusão – e este é hoje o cálice do *conhecimento* – com toda a paixão de seu força: – e eles não seriam os mais fortes se eles também não tivessem sido os mais desiludidos! Pois esta é a prova de sua força: somente a partir de toda a doença do tempo é que eles precisam chegar até a *sua* saúde. A primavera *tardia* é seu distintivo; acrescentemos: também a tolice tardia, o desvario tardio, a petulância tardia! Nossa *juventude* chegará quando nós não suspeitarmos mais, nós transpusemos as épocas da vida. É possível que compreendamos aí quem mais se espantou consigo tal como nós. Pois é a este ponto que as coisas se mostram hoje como perigosas:

FRAGMENTOS PÓSTUMOS, 1885–1887 (Vol. VI)   205

tudo aquilo que amamos, quando éramos jovens, nos enganou; nosso último amor – que nos faz admitir isto –, nosso amor pela verdade – prestemos atenção, para que também esse amor não nos engane! –

6 (25)
Crítica do pessimismo até aqui
Defesa dos pontos de vista eudaimonológicos como a última redução à questão: qual o *sentido* que isso tem? Redução da desertificação. – *Nosso* pessimismo: o mundo não tem o valor que acreditávamos – nossa própria crença elevou a tal ponto nosso impulso ao conhecimento que *precisamos* dizer isso hoje. De início, o mundo vigia como detendo um valor menor: ele foi *sentido assim inicialmente* – somente nesse sentido somos pessimistas, a saber, com a vontade de admitir para nós mesmos sem reserva essa transvaloração e de não nos deixarmos enredar pelo som mágico da lira, nem pela força da mentira... Precisamente com isso encontramos o *páthos*, que talvez venha a nos impelir a buscar *novos valores*. Em suma: o mundo poderia ter um valor muito maior do que acreditávamos – nós precisamos aceder a um ponto por detrás da *ingenuidade de nossos ideais* e ver talvez que, com a consciência de dar a eles a mais elevada interpretação, não demos à nossa existência humana nem mesmo um valor módico e barato.

O que foi *divinizado*? Os instintos valorativos da *comunidade* (aquilo que possibilitou a sua perduração)

O que foi *amaldiçoado*? Aquilo que cindiu os homens mais elevados dos mais baixos, os impulsos que criam fossos.

Crítica do causalismo.

Ele não é *nem mesmo* uma interpretação, apenas uma formulação

Descrição; "a sucessão" *aguarda* sempre a interpretação.

Crítica do conceito de "conhecimento"

Contra o "fenômeno"

Nossa grande modéstia: não divinizar o desconhecido; nós começamos justamente a saber menos. Os empenhos falsos e dissipados.

Nosso "novo mundo": precisamos reconhecer até que *grau somos os criadores de nossos sentimentos valorativos* – ou seja, *podemos* inserir "sentido" na história... Essa crença na verdade chega, em nós, às últimas consequências – vós sabeis como ela se chama: – que, se há efetivamente algo a louvar, é a aparência que precisa ser louvada, que a mentira – e *não* a verdade – é divina...?

6 (26)
Para a história do niilismo europeu.
A doutrina do eterno retorno.
Sobre a ordem hierárquica.
Crítica dos sentimentos valorativos mais elevados
Sua origem 1) a partir da esfera dos doentes e malfadados
2) a partir do rebanho e de seus instintos serenos e sombrios
Pontos de partida para valores *opostos*: –
por que razão inferiores?
Crítica do "homem bom" (crítica de *Deus*)
Crítica do julgamento dos afetos até aqui (a ordem hierárquica)
Crítica das filosofias até aqui (como consequência de desejos em parte doentios, em parte próprios ao rebanho)
A vontade de verdade
Temor, preguiça, sensibilidade, despotismo, avidez – e suas metamorfoses.
Doença, velhice, cansaço –
Morfologia dos afetos: redução dos afetos à *vontade de poder*.
As funções orgânicas, consideradas como uma modulação da vontade de poder.
Teoria das conformações de domínio:
Desenvolvimento dos organismos
O rebanho: uma forma transitória, um meio para a conservação do tipo *mais forte e mais multifacetado*.

"*Consumação*": redução ao *tornar-se mais poderoso do tipo.*
Condições: escravidão, estirpes

Em que medida mesmo o re-
trocesso e a divergência são
uma "vontade de poder"?

No espírito humano aparece
o gênero mais elevado de ser
como afeto espiritual, comandante, predominante.

Que é "espiritualidade"?
Perspectiva cosmológica.
Os tipos *dominantes* e sua psicologia
  o homem (consequência de uma vitória)
  o legislador
  o conquistador
  o padre
  o "pastor" em contraposição ao "senhor" (primeiro *meio*
para a conservação do rebanho, derradeira *finalidade*, em virtude
da qual o rebanho está aí.
  A *noblesse*
    que é a *beleza*? Expressão do *vitorioso* e do *ter se tornado
senhor.*

Esboço do
plano para:
A vontade de poder
Tentativa
de uma transvaloração de todos os valores.
Sils Maria
no último domingo do
mês de agosto de 1888.
Nós, hiperbórios. – Estabelecimento da pedra fundamental
do problema
Primeiro livro: *"o que é a verdade?"*
Primeiro capítulo. Psicologia do erro.
Segundo capítulo. Valor de verdade e erro.

Terceiro capítulo. A vontade de verdade (só justificada no valor afirmativo da vida
Segundo livro: *Origem dos valores.*
Primeiro capítulo. Os metafísicos.
Segundo capítulo. Os *homines religiosi.*
Terceiro capítulo. Os bons e os aprimoradores.
Terceiro livro: *Luta pelos valores*
Primeiro capítulo. Pensamentos sobre o cristianismo.
Segundo capítulo. Para a fisiologia da arte.
Terceiro capítulo. Para a história do niilismo europeu.
Passatempo para psicólogos
Quarto livro: *O grande meio-dia*
Primeiro capítulo. O princípio da vida "ordem hierárquica".
Segundo capítulo. Os dois caminhos.
Terceiro capítulo. O eterno retorno.
Cf. volume 7, 18 (17): último plano para a "Vontade de poder". Depois dos títulos dos capítulos desse plano, Nietzsche classificou uma parte dos fragmentos dos grupos 7 e 8.

[7 = Mp XVII 3b. Final de 1886 – Primavera de 1887]

(Primeiro livro: *"o que é a verdade?"*)
(*Primeiro capítulo.* Psicologia do erro)

7 (1)

Psicologia do erro. Desde os primórdios, nós estabelecemos o valor de uma ação, de um caráter, de uma existência na intenção, na finalidade em virtude da qual ela foi feita, realizada, vivida: essa idiossincrasia arcaico-originária do gosto toma finalmente uma virada perigosa – supondo justamente que a ausência de intenção e de finalidade do acontecimento ganhe cada vez mais o primeiro plano. Com isso, parece se preparar uma desvalorização geral: "tudo não possui nenhum sentido" – essa sentença melancólica significa "todo sentido reside na intenção, e, supondo que falte completamente a intenção, então também falta completamente o sentido". De acordo com aquela avaliação, as pessoas se sentiram obrigadas a transpor o valor da vida para uma "vida depois da morte"; ou para o desenvolvimento progressivo das ideias ou da humanidade ou do povo ou para além do homem; com isso, porém, se chegou ao progresso da finalidade em direção ao infinito, as pessoas finalmente sentiram a necessidade de assumir um lugar no "processo do mundo" (com a perspectiva disdemonista talvez de que se trata do processo em direção ao nada).

Em contrapartida, a "finalidade" necessita de uma crítica mais rigorosa: é preciso perceber que uma ação *nunca é causada por um fim*; que fim e meio são interpretações, nas quais certos pontos de um acontecimento são sublinhados e escolhidos, às custas de outros e, em verdade, da maioria; o fato de que, toda vez em que algo é feito com vistas a um fim, algo fundamentalmente diverso e outro acontece; o fato de, em relação a toda ação orientada por um fim, as coisas se mostrarem de maneira semelhante à suposta conformidade a fins do calor, que o sol irradia: o fato de uma massa descomunal ser dissipada; de uma parte, que quase não merece ser levada em conta, possuir uma "finalidade", um "sentido" –; o fato de uma "finalidade" com seus "meios" ser um desenho indescritivelmente indeterminado que, como prescrição, como "*vontade*", pode, em verdade, comandar, mas que pressupõe um sistema de elementos obedientes e instruídos, instrumentos que estabelecem no lugar do indeterminado puras grandezas fixas (isto é, nós imaginamos um sistema de intelectos *mais inteligentes*, mas mais restritos, que instituem finalidades e meios, a fim de poderem atribuir à nossa "finalidade" unicamente conhecida o *papel* da "causa de uma ação": para o que nós não temos propriamente direito algum (isso significaria, para resolver um problema, inserir a solução do problema em um mundo inacessível para a nossa observação –). Por fim, por que "uma finalidade" não poderia ser *um fenômeno concomitante* na série de transformações de forças atuantes, que provocam o surgimento da ação conforme a fins – uma imagem mnemônica esmaecida e previamente jogada na consciência, que nos serve para a orientação naquilo que acontece, como um sintoma mesmo do acontecimento, *não* como a sua causa? – Com isso, porém, criticamos a *própria vontade*: não é uma ilusão tomar aquilo que emerge na consciência enquanto ato volitivo como causa? Todos os fenômenos de consciência são apenas fenômenos finais, os últimos elos de uma cadeia, mas que aparentemente se condicionam no interior de uma superfície da consciência? Isso poderia ser uma ilusão. –

Contradição em relação aos supostos "fatos da consciência". A observação é mil vezes mais difícil; o erro, talvez a condição da observação em geral.

Tenho a intenção de esticar meu braço; supondo que eu saiba tão pouco de fisiologia do corpo humano e das leis mecânicas de seu movimento como um homem do povo, o que há propriamente de mais vago, mais esmaecido, mais incerto do que essa intenção em comparação com aquilo que em seguida acontece? E supondo que eu seja o mecânico mais arguto e especialmente instruído sobre as fórmulas que são aplicadas aqui, eu não iria esticar meu braço minimamente melhor ou pior. Nosso "saber" e nosso "fazer" encontram-se, nesse caso, friamente dissociados:

FRAGMENTOS PÓSTUMOS, 1885–1887 (Vol. VI)　　　211

como dois reinos diversos. – Por outro lado: Napoleão leva a termo o plano de uma batalha – o que isso significa? *Sabe-se* aqui tudo aquilo que pertence à execução do plano, porque tudo precisa ser comandado: também aqui, porém, são pressupostos subordinados, que interpretam o universal, que o ajustam à necessidade do instante, medida da força etc.

O mundo *não* é de tal e tal modo: e os seres vivos o veem, tal como ele aparece para eles. Ao contrário: o mundo é constituído a partir de tais seres vivos, e para cada um deles há um pequeno canto, a partir do qual se mede, se descobre, se vê e não se vê. *Falta a* "essência": o "que vem a ser", o "fenomenal" é o único tipo de ser?

"Isso se transforma", nenhuma transformação sem fundamento – já sempre pressupõe algo que se encontra e permanece por detrás da transformação.

"Causa" e "efeito": contabilizados psicologicamente, trata-se da crença que se expressa no *verbo, activum* e *passivum*, fazer e sofrer. Ou seja: a cisão do acontecimento em um fazer e em um sofrer, a suposição de um agente foi antecipada. A crença no *agente* se acha aí por detrás: *como se, caso todo fazer fosse deduzido do "agente", ele ainda restasse.* Aqui insufla a representação egoica: todo acontecimento é interpretado como *fazer*: com a mitologia, uma essência que corresponde ao "eu" – – –

(Segundo capítulo. Valor de verdade e erro)

7 (2)

Valor de verdade e erro
　　　A origem de nossas avaliações: a partir de nossas necessidades

　　　Será que a origem de nossos "conhecimentos" aparentes também não tem de ser buscada apenas nas *avaliações mais antigas*, que estão tão firmemente incorporadas que pertencem à nossa consistência fundamental? De tal modo que só necessidades *mais recentes* são agredidas pelo *resultado das necessidades mais antigas*?

O mundo, visto, sentido, interpretado de tal e tal modo que uma vida orgânica se mantém nessa perspectiva de interpretação. O homem *não* é apenas um indivíduo, mas o conjunto orgânico que continua vivendo em determinada linha. Com o fato de *ele* subsistir está demonstrado que um gênero de interpretação (ainda que continuamente construído) também subsistiu, que o sistema da interpretação não mudou. "Adaptação"

Nossas "insuficiências", nosso "ideal" etc. talvez sejam a *consequência* dessa parte incorporada de interpretação, de nosso ponto de vista perspectivístico; a vista orgânica talvez pereça finalmente aí – assim como a divisão de trabalho de organismos implica ao mesmo tempo um estiolamento e um enfraquecimento das partes, trazendo consigo finalmente a morte para o todo. É preciso que o *declínio* da vida orgânica esteja estabelecido com vistas à sua forma suprema, assim como o declínio do particular.

Valor de verdade e erro

(19)

As avaliações A) como consequência (vida, ou declínio)

B) como causa

interpretação equívoca

mascarada

como arte da calúnia, da autodivinização

corporativamente condicionado

racialmente condicionado

valores de domingo e valores cotidianos

em crises, em guerras e em perigos ou na paz

o surgimento sob a *fama* de um ideal, na condenação de seu contrário.

Antagonismo entre fortalecimento e "aprimoramento", entre *fortalecimento* do indivíduo e *fortalecimento* de uma raça, entre fortalecimento de uma raça e fortalecimento da "humanidade".

N.B. "O elemento criador": o quão profundamente ele atinge?

Por que toda *atividade*, mesmo a atividade de um *sentido*, está associada com prazer? Porque existe anteriormente uma obstrução, uma pressão? Ou muito mais porque todo fazer é uma superação, um assenhorear-se e oferece uma *ampliação do sentimen-*

to de poder? – O prazer no pensamento. – Por fim, não há apenas o
sentimento de poder, mas o prazer na criação e no *criado*: pois toda
atividade chega à consciência como consciência de uma "obra"

Valor de verdade e erro

Um artista não suporta nenhuma realidade efetiva, ele olha
para além de, de volta para, sua opinião séria é a de que o valor de
uma coisa está naquele resíduo sombrio que se conquista a partir
das cores, da figura, do som, dos pensamentos; ele acredita no
fato de que, quanto mais sutilizados, fluidificados, volatilizados
uma coisa ou um homem se tornam, *tanto maior é o seu valor*:
quanto menos *real*, *tanto maior é o valor*. Isto é platonismo: que,
porém, ainda possuía uma ousadia a mais, na rotação: – ele media o grau de realidade segundo o grau de valor e dizia: quanto
mais "ideia", tanto mais ser. Ele girou 360 graus o conceito de
"realidade efetiva" e disse: "o que vós considerais efetivamente
real é um erro, e nós nos aproximamos <tanto mais> da verdade,
quanto mais próximos nos encontramos da 'ideia'". Compreende-se isso? *Esse foi* o maior de todos os *rebatizados*: e como ele
foi acolhido pelo cristianismo, então não percebemos a coisa es-
pantosa. Platão *preferiu*, no fundo, *a aparência*, como artista que
ele era, ao ser: ou seja, a mentira e a invenção poética da verdade, o efetivamente irreal ao presente – no entanto, ele estava tão
convencido do valor da aparência, que lhe conferiu o atributo do
"ser", da "causalidade" e da "bondade", verdade, em suma, todo
o resto a que se confere valor.

O próprio conceito de valor, pensado como causa: primeira
intelecção.

O ideal pensado com todos os atributos, que concedem
honra: segunda intelecção.

(Terceiro capítulo. A vontade de verdade)

7 (3)

Vontade de verdade

O "*agnóstico*", o venerador do desconhecido e do misterioso em si, de onde eles tomam o direito de louvar um ponto de

214 FRIEDRICH NIETZSCHE

interrogação como Deus? Um Deus que se mantém desse modo velado talvez mereça temor, mas certamente não louvor! E por que o desconhecido não poderia ser o diabo? Mas "é preciso louvar" – é assim que comanda aqui o instinto para as boas maneiras: isso é inglês.

Os transcendentalistas, que acham que todo conhecimento humano não satisfaz os desejos de seu coração, mas que inversamente os contradiz e faz tremer – eles estabelecem de maneira inocente um mundo em algum lugar que, não obstante, corresponde a seus desejos, e que não <se> mostra justamente ao nosso conhecimento: esse mundo, eles acham, seria o *mundo verdadeiro*, em relação com o qual nosso mundo cognoscível é apenas ilusão. Assim pensa Kant, assim pensa a filosofia vedanta e, assim, alguns americanos. – "Verdadeiro", isso significa para eles: o que corresponde ao desejo de nosso coração. Outrora, verdadeiro significava: o que corresponde à razão.

O sinal mais universal do tempo moderno: o homem perdeu aos seus próprios olhos inacreditavelmente em *dignidade*. Durante muito tempo como ponto central e como herói trágico da existência em geral; então, ao menos empenhado em se demonstrar <como> aparentado com o lado decisivo e em si valioso da existência – como o fazem todos os homens metafísicos, que procuram fixar a *dignidade do homem* com a sua crença de que os valores morais são valores cardinais. Quem abandona Deus se mantém tanto mais rigorosamente junto à crença na moral.

Vontade de verdade

Enfraquecimentos do afeto.

A. a) Vontade, intenção, desejos veementes em uma direção

b) Finalidade, menos veemente, porque a representação do meio e do caminho entra em cena aí no meio

c) "Fundamento", sem desejos; o princípio de *razão* tem sua certeza psicológica na crença em uma *intenção* como causa de todo acontecimento

B. *pensamento diferenciador como consequência do temor e da cautela junto à vontade de apropriação.*

a representação *correta* de um objeto é originariamente apenas *meio* com a finalidade da apreensão, da concepção e do *apoderar-se*.

Mais tarde, essa representação correta mesma já é sentida como uma apreensão, como uma *meta*, na qual entra em cena *satisfação*.

Pensar por fim como *dominação* e como exercício de poder: como uma composição, como inserção do novo sob as antigas séries etc.

C. o *novo* atemoriza: por outro lado, o temor já precisa estar presente, para conceber algo novo como novo.

o *espanto é* o *temor atenuado*.

O conhecido suscita *confiança*

"verdadeiro" é algo que desperta o sentimento de segurança

a *inércia* tenta de início alcançar a *equiparação* junto a toda e qualquer impressão: ou seja, equiparar a nova impressão e a lembrança; ela quer *repetição*.

o *temor* ensina *diferenciação, comparação*

No *juízo* um resto de *vontade* (*deve* ser de tal e tal modo) um resto de *sentimento* de prazer (prazer da afirmação:)

N.B. *A comparação não é nenhuma* atividade *originária*, mas o equiparar! Originariamente, o *juízo* não é a crença de que algo é de tal e tal modo, mas a vontade de que algo *deve* ser de tal e tal modo.

N.B. A *dor* é um juízo (negador) em sua forma mais tosca.

o *prazer*, uma afirmação

Para a gênese psicológica de "causa e efeito".

Vontade de verdade

Interpretação

Em que medida as interpretações do mundo são sintomas de um impulso dominante.

A consideração *artística* do mundo: sentar-se diante da vida. Mas falta aqui a análise da intuição estética, sua redução à crueldade, ao sentimento da segurança, do ser juiz e do estar de fora etc. Precisamos tomar o próprio artista: e sua psicologia (a crítica do impulso ao jogo, como manifestação de força, prazer com a mudança, no impressionar a própria alma, o egoísmo absoluto do artista etc.). Que impulso ele sublima? A consideração *científica* do mundo: crítica da necessidade psicológica *de* ciência. O querer tornar concebível; o querer tornar prático, útil, explorável –: em que medida ele é antiestético. O valor apenas, o que conta e pode ser calculado. Em que medida um tipo mediano de homem procura se tornar aí preponderante. Terrível, quando até mesmo a *história* é tomada dessa maneira em sua posse – o reino do superior, do que condena. Que impulsos ele sublima!

A consideração *religiosa* do mundo: crítica do homem religioso. *Não* é necessariamente o homem moral, mas o homem das fortes sublevações e das profundas depressões, que interpreta os primeiros com gratidão ou suspeita e não os deduz a partir de si (– os últimos também não –). Essencialmente o homem que se sente "desprovido de liberdade", que sublima seus estados, seus instintos de submissão.

A consideração *moral* do mundo. Os sentimentos sociais da ordem hierárquica são transpostos para o interior do universo: a inalterabilidade, a lei, a inserção em uma ordem e o estabelecimento de equivalências são *buscados*, uma vez que avaliados da maneira mais elevada possível, mesmo junto às posições mais elevadas, acima do todo, por detrás do todo, do mesmo modo – – –

O que é *comum*: os impulsos dominantes também *querem ser considerados* como *instâncias valorativas supremas em geral, sim*, como *potências criadoras* e *governantes*. Compreende-se que esses impulsos se hostilizem ou se submetam mutuamente (que eles sinteticamente também se atem mutuamente) ou se alternem no domínio. Seu profundo antagonismo, porém, é tão grande que, onde todos eles querem satisfação, é preciso pensar em um homem de uma *mediania* mais profunda.

Por isso, a "beleza" é para o artista algo para além de toda ordem hierárquica, porque oposições são domadas na beleza, o sinal mais elevado de poder, a saber, sobre o contraposto; além disso, sem tensão: – que nenhuma violência seja mais necessária,

que tudo se *siga, obedeça* tão facilmente, e assuma a expressão facial mais adorável para a obediência – eis o que deleita a vontade de poder do artista.
As interpretações de mundo e aquilo que lhes é comum.

(Segundo livro: proveniência dos valores)
(*Primeiro capítulo*. Os metafísicos)

7 (4)
Os metafísicos
Os ingênuos: Lamennais, Michelet, Victor Hugo
Do hábito de lidar com autoridades incondicionadas surgiu, por fim, uma necessidade profunda de autoridades incondicionadas: – uma necessidade tão intensa que, mesmo em uma era crítica como a de Kant, ela se comprovou como superior à necessidade de crítica, e, em certo sentido, soube colocar sob sua subordinação e se utilizar de todo o trabalho do entendimento crítico. – Ela demonstrou, na geração seguinte, que foi dirigida por seu instinto histórico necessariamente para o elemento relativo de toda autoridade, uma vez mais sua superioridade, quando mesmo a filosofia do desenvolvimento de Hegel, que tornou útil para si a própria história rebatizada em filosofia e a história como a autorrevelação progressiva, apresentou a autoexcedência das ideias morais. Desde Platão, a filosofia está sob o domínio da moral: mesmo em seus antecessores, as interpretações morais desempenham um papel decisivo (em Anaximandro, o perecimento de todas as coisas como punição por sua emancipação do puro ser; em Heráclito, a regularidade das aparições como testemunho em favor do caráter ético-jurídico do devir como um todo).

Qual é o *critério* da ação moral? 1) seu caráter desinteressado 2) sua universalidade etc. Mas essa é uma moralística de rábula. É preciso estudar os povos e considerar qual é o critério a cada vez, assim como o que se expressa aí. Uma crença em que "tal comportamento está entre nossas condições existenciais primeiras". Em termos não morais significa "que elas trazem o oca-

218 FRIEDRICH NIETZSCHE

so". Pois bem, todas essas comunidades nas quais essas sentenças foram encontradas pereceram: algumas dessas sentenças em particular sempre foram sublinhadas novamente, porque toda comunidade que estava se formando novamente tinha necessidade delas uma vez mais, por exemplo, da sentença "tu não deves roubar".

Em tempos nos quais o sentimento comum não pôde ser exigido para a sociedade (por exemplo, *imperium romanum*), o impulso concentrou-se na "salvação da alma", dito religiosamente: ou "na maior de todas as felicidades", dito filosoficamente. Pois também os filósofos morais gregos não se sentiram mais com a sua pólis. O pano de fundo psicológico de Spinoza. Escasso!

1) O *ponto de vista hedonista* no primeiro plano: em que consiste a *alegria persistente* ou como pode ser eternizado o afeto alegre?

Enquanto a alegria se ligar a algo particular, ela será restrita e perecível; ela se torna perfeita, quando não muda mais com as coisas, mas repousa no nexo sem mudança; ela é eterna, se eu transformo o todo em minha propriedade, *omnia in mea*, e se posso dizer dessa *omnia in mea* a cada instante "*mecum porto*".[39] No *Tract. de intell. emendatione*[40] Op. II, p. 413: "Resolvi investigar se seria possível encontrar algo cuja posse me permitiria o gozo eterno de uma alegria duradoura e suprema." "O amor a um ser eterno e infinito preenche o ânimo com uma alegria que exclui todo tipo de tristeza." "O bem supremo é o *conhecimento* da unidade de nosso espírito com o universo."

2) o ponto de vista egoísta e *natural*: virtude e poder idênticos. Ela não renuncia, ela cobiça, ela luta, não contra, mas a favor da natureza; ela não é a aniquilação, mas a *satisfação* do afeto *mais poderoso*. Bom é aquilo que fomenta nosso poder: mau, o contrário. A virtude se segue à aspiração por autoconservação. "O que fazemos, nós fazemos para conservar e ampliar nosso poder." Por virtude e poder compreendo o mesmo.

---

39 **N.T.:** Em latim no original: "todas as coisas em mim" e "trago comigo".
40 **N.T.:** Cf. Spinoza, B. *Tratado para a reforma do entendimento*. São Paulo: Pensadores, 1988.

FRAGMENTOS PÓSTUMOS, 1885–1887 (Vol. VI)   219

Finis = *appetitus*. *Virtus* = *potentia*. *Ética* IV Defin. VII. VIII.
3) o "pensador" específico se trai. O conhecimento torna-se senhor sobre todos os outros afetos; ele é mais forte. "Nossa verdadeira atividade consiste na natureza pensante, na consideração racional. Os desejos de atividade = viver o desejo de maneira conforme à razão.

"não dou muita importância à autoridade de um Platão, de um Aristóteles e de um Sócrates"; a doutrina das "formas substanciais" (conceito de finalidade sob o modo de expressão escolástico) é denominada por ele "um desvario entre mil outros". "A sensibilidade saudável e fresca" de *Feuerbach*. "Princípios *da* filosofia do futuro", 1843.

contra "a filosofia abstrata"

A filosofia antiga tinha o homem em vista como *meta*.

A teologia cristã pensou a redenção do homem como *meta* da providência divina.

Estranho *Spinoza*: "compreendo por *conscietiae morsus*[41] a tristeza, acompanhada pela representação de uma coisa passada, que contra todas as expectativas se perdeu". *Ética* III Prop. XVIII. Escólio I. II. P. 147. 48. Affect. Def. XVII p. 188.

Como oposto ao *gaudium*, quando o fim esperado não entra em cena e o temor repentinamente cessa. Apesar de K. Fischer, seria possível que Spinoza tenha escolhido aqui a designação *a potiori*:[42] e que ele tenha considerado como o cerne objetivo de todo "remorso" o designado. Ele precisou negar *em si* a culpa: o que era para ele, portanto, o fato "*conscientiae morsus*", *que restou*?

Se tudo acontece no fundamento último por causa do poder divino, então tudo é em seu modo de ser perfeito, então não há nenhum mal na natureza das coisas; se o homem for inteiramente desprovido de liberdade, então não há nenhum mal na natureza da vontade humana; assim, os males e o mal não estão nas coisas, mas apenas na imaginação do homem.

---

41 **N.T.:** Em latim no original: "remorso".
42 **N.T.:** Em latim no original: "a partir do que há de mais forte e mais importante".

Em Deus, faltam a vontade e o entendimento e a personalidade e a meta.

Spinoza se volta contra aqueles que dizem: Deus efetua tudo *sub ratione boni*.[43] Essas pessoas parecem supor algo fora de Deus que não é dependente de Deus, para o que Spinoza se dirige em sua ação como para um modelo padrão ou em direção ao que ele aspira a ir como em direção a uma meta. Isso significa, na verdade, submeter Deus ao destino: o que é o maior dos disparates. *Ética* I Prop. XXXIII Escólio 2.

A razão última de todo e qualquer acontecimento: "Deus o quis." *Asylum ignorantiae*.[44] A vontade de Deus, porém, é impenetrável para o homem. Junto a esse modo de pensar, a verdade permaneceria velada para o homem por toda a eternidade, *se a matemática* (que não se ocupa com metas, mas simplesmente com a natureza e com as propriedades da grandeza) *não tivesse mostrado para o homem um outro prumo da verdade*.

Descartes diz: "considerei muitas coisas como verdadeiras, cujo erro agora constato". Spinoza: "considerei muitas coisas como *boas*, das quais agora constato que elas são vãs e sem valor". Se há um bem autêntico e imperdível, então a satisfação nesse bem é duradoura e indestrutível, então, minha alegria é eterna".

Sofisma psicológico: como se a duração de uma coisa garantisse a duração da afecção que tenho com ela!

(ausência perfeita do "artista") Supremo e estranho pedantismo de um lógico, *que diviniza seu impulso*

Spinoza acredita ter conhecido tudo absolutamente.

Aí ele tem o *maior* sentimento de poder. O impulso para tanto se apoderou e aplacou todos os outros impulsos.

A consciência desse "conhecimento" para junto a ele: uma espécie de "amor a Deus" resulta daí, uma alegria com a existência, tal como de resto também há, com *toda* existência.

De onde provêm todas as indisposições, tristeza, temor, ódio, inveja? De uma fonte: de nosso amor às coisas *perecíveis*.

---

43 **N.T.**: Em latim no original: "com boas razões".
44 **N.T.**: Em latim no original: "Asilo da ignorância."

FRAGMENTOS PÓSTUMOS, 1885–1887 (Vol. VI)

Com esse amor desaparece, também, todo o gênero daqueles desejos.

"Apesar de ter vislumbrado claramente a nulidade dos bens do mundo, não consegui pôr de lado de qualquer modo completamente a cobiça, o prazer sensível e a ambição. Uma coisa, porém, experimentei: *enquanto meu espírito viveu naquela consideração, ele estava afastado desses desejos* – e isso me bastou como um bom consolo. Pois vi a partir daí que aqueles males não são incuráveis. De início, a nova vida se mostra em instantes raros, breves –"

Nada tem valor diante do *valor da conclusão clara*. Todos os outros valores são apenas consequências de um pensar desprovido de clareza. Rejeição vil de todos os bens da vida; *amaldiçoamento* constante de tudo, a fim de elevar uma coisa ao alto, o *pensamento claro*. "Toda dúvida provém do fato de que as coisas são investigadas sem ordem."!!!

Como em Schopenhauer: os desejos silenciam sob a violência da contemplação estética.

Uma experiência psicológica, *interpretada* de maneira falsa e geral.

Leibniz: "É preciso julgar comigo *ab effectu*: como Deus escolheu este mundo tal como ele é, *por isso ele é o melhor.*" *Teodiceia*, p. 506.

O preconceito teológico em Kant, seu dogmatismo inconsciente, sua perspectiva moral como dominante, diretriz, comandante

O *próton pseudos*:[45] como é que o fato do conhecimento é possível?

o conhecimento em geral é um fato?

o que é conhecimento? Se não *sabemos* o que é o conhecimento, é impossível responder à pergunta sobre se há conhecimento. Muito bem! Mas, se já não "sei" se há, se pode haver conhecimento, não tenho como formular racionalmente de maneira alguma a questão "o que é conhecimento". Kant *acredita*

---

45 **N.T.:** Em grego no original: "o primeiro erro".

222 FRIEDRICH NIETZSCHE

no fato do conhecimento: é uma *ingenuidade* o que ele quer: *o conhecimento do conhecimento!*

"Conhecimento é juízo!" Mas juízo é uma *crença* em que algo é de tal e tal modo! E *não* conhecimento!

"todo conhecimento consiste em juízos sintéticos" – uma articulação necessária e universalmente válida de representações diversas –

com o caráter da universalidade (a coisa se comporta em todos os casos assim e não de outro modo)

com o caráter da necessidade (o oposto da afirmação nunca pode ocorrer)

A *legitimidade* na crença no conhecimento é sempre pressuposta: assim como a legitimidade no sentimento do juízo da consciência é sempre pressuposta. Aqui, a *ontologia moral* é o preconceito *dominante*.

Portanto, a conclusão é: 1) há afirmações que consideramos como universalmente válidas e necessárias

2) o caráter da necessidade e da validade universal não pode provir da experiência

3) consequentemente, ele precisa *se fundamentar* sem experiência, em *algum outro lugar*, e possuir uma outra fonte de conhecimento!

Kant conclui: 1) há afirmações que só são válidas sob certas condições

2) essa condição é: que ela não provenha da experiência, que ela provenha da razão pura.

Portanto: a questão é *de onde nossa crença* na verdade de tais afirmações retira seus fundamentos? Não de onde ela tem seus juízos! Mas o *surgimento de uma crença*, de uma forte convicção é um problema psicológico: e uma experiência *muito* limitada e estreita pode com frequência produzir tal crença!

Ela *já pressupõe* que não há apenas "data *a posteriori*", mas também data *a priori*, "antes da experiência". Necessidade e universalidade nunca podem ser dadas por meio da experiência: com o que fica claro, então, que elas se fazem presentes aí sem a experiência em geral?

Não há nenhum juízo particular!

Um juízo particular não é nunca "verdadeiro", nunca conhecimento; é só em *contexto*, na *relação* de muitos juízos, que surge uma municipalidade.

O que diferencia a crença verdadeira da crença falsa? O que é conhecimento? Ela o "sabe", isso é celestial! Necessidade e universalidade nunca podem ser dadas pela experiência. Portanto, independentemente da experiência, *antes* da experiência!

Aquela intelecção que ocorre *a priori*, ou seja, independentemente de toda experiência, *a partir da pura razão*, "um conhecimento *puro*".

Os princípios da lógica, o princípio de identidade e de não contradição, são conhecimentos puros, porque eles antecedem à experiência. – Ora, mas esses não são conhecimento algum! Ao contrário, eles são apenas *artigos de fé regulativos*!

Para fundamentar o caráter a priori (a pura conformidade à razão) dos juízos matemáticos, o espaço precisa *ser concebido como uma forma da razão pura*.

Hume tinha explicado: "não há nenhum juízo sintético *a priori*". Kant diz: há, sim! Os matemáticos! E, se há tais juízos, talvez também haja uma metafísica, um conhecimento das coisas por meio da pura razão! *Quearitur*.

A matemática é possível sob condições sob as quais a metafísica *nunca* é possível.

todo conhecimento humano é ou bem experiência, ou bem matemática.

ele é *a priori*: ou seja, aquela ligação é uma ligação universal e necessária, que nunca pode ser dada por meio da percepção sensível, mas apenas por meio da pura razão.

Caso deva haver juízos sintéticos *a priori*, então a razão precisará estar em condições de ligar: o ligar é uma forma. A razão precisa *possuir uma faculdade doadora de forma*.

Espaço e tempo como *condições da experiência*

Kant designa a Revolução Francesa como a passagem do governo *mecânico* para o *orgânico*!

Os espíritos inventivos e pioneiros nas ciências, as assim chamadas "grandes cabeças", *é desse modo que julga Kant*, são especificamente diversos do *gênio*: o que eles descobriram e inventaram também poderia ter sido aprendido e foi completamente concebido e aprendido. Na obra de Newton, não há nada que não possa ser aprendido; Homero não é tão concebível quanto Newton! *"No campo científico, portanto, o maior inventor só é distinto do imitador mais esforçado e do discípulo segundo o grau". Idiotismo psicológico!!*

"a música é marcada por certa falta de urbanismo", "ela, por assim dizer, se impõe inoportunamente", "ela quebra a liberdade".

a música e a arte das cores formam um gênero próprio sob o nome do "belo jogo das sensações"

Pintura e arte da jardinagem colocadas em uma relação mútua.

A pergunta sobre se a humanidade tem uma *tendência para o bem* é preparada pela pergunta sobre se há um dado que não pode ser explicado de outro modo senão por meio da disposição moral da humanidade. Essa é a revolução. "Um tal fenômeno na história da humanidade não se esquece mais, porque ele descobriu uma disposição e uma capacidade na natureza humana *para o melhor*, algo que nenhum político até aqui tinha conseguido astutamente imaginar a partir do curso das coisas até aqui."

Se a humanidade piora crescentemente, então sua meta é o *absolutamente ruim:* o modo de representação *terrorista* em oposição ao modo de representação *eudaimonista* ou ao "quiliasmo". Se a história oscila de um lado para o outro entre progresso e retrocesso, seu impulso como um todo é desprovido de finalidade e meta, nada senão uma tolice zelosa, de tal modo que *bem e mal se neutralizam mutuamente e o todo se mostra como um jogo satírico*: é assim que Kant denomina o *modo de representação abderita*.

<Kant> não vê na história outra coisa senão um movimento moral.

"Um caçador de bruxos consciencioso é uma *contradictio in adjecto*"

Idiotismo psicológico

sem a ressurreição, todas as virtudes humanas, segundo Kant, são mesquinharias brilhantes. Esse aprimoramento só é possível em virtude do caráter inteligente; sem ele, não há liberdade nem no mundo, nem na vontade do homem, nem para a redenção do mal. Se a redenção não consiste no aprimoramento, ela só pode consistir no *aniquilamento*. A origem do caráter empírico, da inclinação para o mal, e a ressurreição são, em Kant, feitos próprios ao caráter inteligível; o caráter empírico precisa experimentar uma inversão em suas raízes.

todo Schopenhauer

A compaixão é um desperdício dos sentimentos, um parasita nocivo da saúde moral, "é impossível que ampliar o mal no mundo seja um dever". Se só se faz algo por compaixão, então só se faz propriamente bem a si mesmo, e não ao outro. C<ompaixão> não se baseia em máximas, mas em afetos; ela é patológica; o sofrimento alheio nos contagia, compaixão é uma contaminação.

todos os gestos e palavras da submissão, "em cujo pedantismo os alemães, entre todos os povos da Terra, foram aqueles que menos os apresentaram", "não são provas de uma inclinação difundida para o servilismo entre os homens?" "No entanto, quem se transforma em verme não pode se queixar depois de ter sido pisado."

"Duas coisas enchem o ânimo com uma admiração e uma veneração cada vez mais novas e crescentes, quanto mais frequente e constantemente a reflexão se ocupa com elas: o céu estrelado e a lei moral em nós."

Ele prossegue: "a primeira visão de uma multidão mundial inumerável *aniquila, por assim dizer, minha importância* como uma *criatura animal*, que precisa devolver uma vez mais ao planeta (um mero ponto no universo) a matéria da qual ele proveio; e isso depois de ter sido dotado por um curto espaço de tempo, não se sabe quão curto, com força vivente. A segunda visão, em contrapartida, eleva meu valor como *uma inteligência infinitamente*

A pensabilidade da liberdade baseia-se na estética transcendental. Caso o espaço e o tempo sejam atribuídos às coisas como tais, então os fenômenos são como as coisas em si, então não é possível nenhum fenômeno entre os dois, então não há nada in-

226 FRIEDRICH NIETZSCHE

dependente do tempo, então a liberdade é pura e simplesmente impossível. A liberdade só pode ser pensada como propriedade de um ser que não se submete às condições do tempo, isto é, que não seja um fenômeno, não uma representação, mas uma coisa em si. Por que é que os fenômenos não são coisas em si? Porque eles são no espaço e no tempo e porque espaço e tempo são intuições puras.

Contra a pretensa liberdade psicológica, Kant nos diz: "Se nossa liberdade consistisse no fato de nós sermos impelidos por representações, como um *automaton spirituale*", então "ela não seria no fundo melhor do que a liberdade de um espeto rotativo, que também realiza seus movimentos por si mesmo, depois que lhe damos corda".

A liberdade é impensável no mundo do fenômeno, quer se trate da liberdade exterior ou interior

(Segundo capítulo. Os homines religiosi.)

7 (5)

homines religiosi
A reforma: uma das erupções mais mendazes de instintos vulgares.

Uma quantidade de impulsos fortes, que se tornaram indômitos e fundamentalmente vulgares, busca ganhar o ar livre: nada é mais necessário do que subterfúgios, a saber, encontrar palavras grandiosas sob as quais esses animais selvagens possam ser deixados soltos.

Lutero, o tipo psicológico: um camponês inculto e impróprio, que dá vazão com a "liberdade evangélica" a todas as necessidades violentas acumuladas.

Quer tornar-se senhor uma vez mais, roubar, submeter, amaldiçoar, inclusive porque os sentidos querem ser levados em conta: antes de tudo, cobiça-se a riqueza enorme da Igreja.

O padre por enquanto o próprio Deus, ao menos seu representante

Em si, hábitos e exercícios ascéticos ainda estão distantes de revelar uma mentalidade antinatural e hostil à existência: assim como degeneração e doença.

FRAGMENTOS PÓSTUMOS, 1885–1887 (Vol. VI)   227

a autossuperação, com invenções duras e terríveis: um meio de ter e de exigir veneração por si mesmo: ascetismo como meio de *poder*.

O padre como representante de um sentimento de poder sobre-humano, mesmo como bom *ator* de um Deus, que ele por *profissão* precisa apresentar, se servirá instintivamente de tais meios, por meio dos quais ele alcança certo caráter terrível na violência em relação a si mesmo

O padre como representante de poderes sobre-humanos, da capacidade de causar danos e de ser útil com vistas ao conhecimento, à previsão, mesmo com vistas aos encantos e aos tipos sobre-humanos da felicidade: –

– o ator de "deuses" diante do saudável, feliz, esperançoso, poderoso.

– o ator da "terra santa", voltando-se essencialmente para o doente e carente, nos homens do ressentimento, nos reprimidos etc. – – –

– os padres são os atores de uma coisa qualquer sobre-humana, para a qual eles têm de dar evidência, quer se trate de ideais, de deuses ou de terras prometidas: aí eles encontram sua profissão, para tanto eles têm os seus instintos; para torná-lo tão críveis quanto possível, eles precisam se aproximar o máximo possível da assimilação; sua inteligência teatral precisa ter antes de tudo por meta neles *a boa consciência*, com o auxílio da qual é possível pela primeira vez verdadeiro convencimento.

(*Terceiro capítulo*. Os bons e os aprimoradores.)

7 (6)

Os bons.

Cômputo sem qualquer consideração

(9)

A vitória de um ideal moral é conquistada por meio dos mesmos meios "amorais" que toda vitória: violência, mentira, calúnia, injustiça

"Tu não deves mentir": exige-se veracidade. Mas o reconhecimento do factual (o não-deixar-que-mintam-para-si) foi o maior possível precisamente entre os mentirosos: eles reconheceram justamente também o elemento *não* factual dessa "veracidade" popular. Diz-se constantemente demais ou de menos: a exigência de *se desnudar* com cada palavra que se pronuncia é uma ingenuidade.

Diz-se o que se pensa, *só* se é "veraz" *sob pressupostos*: a saber, sob o pressuposto de ser *compreendido* (interpares), e, em verdade, de ser compreendido com boa vontade (*uma vez mais* interpares). Contra o *estranho*, escondemo-nos: e quem quer alcançar algo diz aquilo que tinha pensado sobre si, mas *não* aquilo que ele pensa. (O "poderoso mente sempre")

Um ideal, que quer se impor ou ainda se afirmar, procura se apoiar a) por meio de uma proveniência *sub-repticiamente introduzida* b) por meio de um pretenso parentesco com ideais poderosos já existentes c) por meio do calafrio do segredo, como se falasse aqui um poder não discutido d) por meio da calúnia de seus ideais opostos e) por meio de uma doutrina mendaz da *vantagem*, que ele traz consigo, por exemplo, felicidade, tranquilidade da alma, paz ou mesmo o auxílio de um Deus poderoso etc.

Para a psicologia dos idealistas: Carlyle, Schiller, Michelet

Descobriram-se todas as regras padrão de defesa e de proteção, com as quais um ideal se mantém: ele é *refutado* com isso? Ele empregou os meios pelos quais todo vivente vive e cresce – eles são todos em conjunto "amorais".

Minha intelecção: todas as forças e impulsos, em virtude dos quais há vida e crescimento, estão cobertos com a *magia da moral*: moral como instinto de negação da vida. É preciso aniquilar a moral para libertar a vida.

Os bons

Para a crítica das virtudes do rebanho.

A *inércia* ativa

1) na confiança, porque desconfiança torna necessárias tensão, observação, reflexão

2) na veneração, em que a distância do poder é grande e a submissão, necessária: a fim de não temer, tenta-se amar, estimar e interpretar a diversidade de poder como *valor*: de tal modo que a relação *não revolta mais*.

3) no sentido da verdade. O que é verdadeiro? Em que é dada uma explicação que nos exige o mínimo de empenho de força. Além disso, a mentira é muito cansativa.

(21)

4) na simpatia. Equiparar-se, procurar sentir do mesmo modo, *assumir* um sentimento presente é um alívio: algo passivo é mantido contra o ativo, o qual defende para si e constantemente realiza o direito mais próprio do juízo de valor. O ativo não dá nenhuma tranquilidade.

5) na imparcialidade e frieza do julgamento: teme-se o esforço do afeto e prefere-se se colocar de lado, "objetivamente"

(18)

6) no cômputo: prefere-se obedecer a uma lei existente a *criar* uma lei, a comandar a si mesmo e aos outros. O temor diante do comandar – melhor se submeter do que reagir.

7) na tolerância: o temor diante do exercício do direito, do condenar *os tipos* mascarados *da vontade de poder*

1) Exigência por *liberdade*, independência, mesmo por equilíbrio, paz, *coordenação*; também o eremita, a "liberdade do espírito"; em sua forma mais baixa: vontade em geral de estar aí, "impulso de autoconservação"

2) o *registro*, a fim de satisfazer em um todo maior a sua vontade de poder: a *submissão*, o tornar-se-imprescindível, o tornar-se-útil junto àquilo que tem a violência; o *amor*, como um atalho para o coração do mais poderoso – para dominá-lo

3) o sentimento de dever, a consciência, o consolo imaginário de pertencer a uma posição hierárquica *mais elevada* do que aqueles que de fato detêm o poder: o reconhecimento de uma ordem hierárquica que permite o *julgamento*, mesmo em relação aos mais poderosos; a autocondenação. A invenção de *novas tábuas valorativas* (o exemplo clássico dos judeus)
Moral como obra da amoralidade.
A. Para que valores morais se tornem *dominantes*, forças e afetos puramente amorais precisam auxiliar.

B. O *surgimento* de valores morais mesmo é a obra de afetos e aspectos amorais.

Moral como obra do erro
Moral consigo mesma
gradualmente em contradição

Desforra.

Veracidade, dúvida, época, julgamento.

"Amoralidade" da *crença* na moral.

Os passos:

1) Domínio absoluto da moral
todos os fenômenos biológicos medidos e *orientados* por ela

2) Tentativa de uma identificação entre vida e moral (sintoma de um ceticismo desperto: a moral não deve ser sentida mais como oposição), muitos meios, mesmo um caminho transcendente

3) *Contraposição entre vida e moral*: a moral julgada e condenada a partir da vida.

Em que medida a moral era *nociva* para a vida

a) para o gozo da vida, para a gratidão em relação à vida etc.

b) para o embelezamento, o enobrecimento da vida

c) para o conhecimento da vida

d) para o desdobramento da vida, na medida em que se buscou dividir os fenômenos *mais elevados* da vida consigo mesma

Cálculo oposto: sua *utilidade* para a vida.

a moral como princípio de conservação de totalidades maiores, como restrição dos membros: "o instrumento"

a moral como princípio de conservação em relação com o risco interior do homem por meio das paixões: "o mediano"

a moral como princípio de conservação em relação aos efeitos aniquiladores da vida de uma indigência e de um estiolamento mais profundos: "o sofredor"

petulância bitolada de filósofos particulares como mais apropriada para a pura *razão*

contra o sentimento em geral na moral (Kant)
contra a compaixão
contra os afetos
Os bons

Perigo na modéstia. – Adaptar-se cedo demais a um meio, às tarefas, às sociedades, às ordens do cotidiano e às ordens de trabalho, nas quais o acaso nos coloca, em um tempo no qual nem nossa força nem nossa meta ganharam ainda a nossa consciência de um modo a nos fornecer uma lei; a segurança da consciência moral conquistada cedo demais, recreação, comunhão, esse moderar-se prematuro cativa, mima e retém da maneira mais perigosa possível o sentimento como um descolar-se da inquietude interior e exterior; o aprender a prestar a atenção no modo de ser de "seus iguais", como se nós mesmos não tivéssemos em nós nenhum critério de medida e nenhum direito de estabelecer valores, o empenho por avaliar da mesma forma *contra* a voz interior do gosto, que também é uma consciência, torna-se uma cadeia refinada e terrível; se não há, por fim, nenhuma explosão, com a detonação simultânea de todos os laços do amor e da moral, então se estiola e apequena, se afemina e coisifica tal espírito. – O oposto é ruim demais, mas ainda assim melhor; sofrer com o seu entorno, com seu elogio tanto quanto com a sua reprovação, ser ferido aí e se colocar sob um juramento sem traí-lo; defender-se involuntária e desconfiadamente contra seu amor, o aprender a silenciar, talvez, na medida em que isso se esconde nos discursos, criar para si um recanto e uma solidão indesvendável para os instantes da inspiração, das lágrimas, do consolo sublime – até que se esteja forte o suficiente para dizer: "o que tenho a criar con*vosco*?" e se siga o *seu* caminho.

As virtudes são tão perigosas quanto os vícios, na medida em que as deixamos se impor a nós de fora como autoridade e lei e não as geramos a partir de nós mesmos, tal como é justo, como uma legítima defesa e uma necessidade maximamente pessoais, como condição precisamente *de nossa* existência e reconforto, que conhecemos e reconhecemos, indiferentemente de se outros crescem ou não conosco sob condições iguais ou diversas. Esse estatuto sobre a periculosidade da virtude compreendida de maneira impessoal, da virtude *objetiva*, também é válido para a modéstia: muitos dos espíritos seletos perecem junto a ela.

A moralidade da modéstia é o pior amolecimento para tais almas, junto às quais só faz sentido que elas *se endureçam* de tempos em tempos.

Os bons

Só muito poucos conseguem ver um problema naquilo em que vivemos, naquilo com o que estamos habituados há muito tempo: os olhos não estão preparados precisamente para isso. No que concerne à nossa moral, parece-me que isso até agora ainda não aconteceu.

O problema "cada homem como objeto para outros" é uma ocasião para as concessões de honras as mais elevadas; para si mesmo – não!

O problema "tu deves": uma inclinação, que não sabe se fundamentar, de modo semelhante ao que acontece com o impulso sexual, *não* deve cair sob a condenação dos impulsos; ao contrário, ela deve ser seu medidor de valor e seu juiz!

O problema da igualdade, enquanto nós todos estamos sedentos por distinção: precisamente aqui devemos apresentar, ao contrário, as exigências a nós tanto quanto aos outros.

Isso é de tanto mau gosto, evidentemente louco: mas – é sentido como sagrado, como dotado de uma posição hierárquica mais elevada, a contradição em relação à razão não é quase ouvida.

Sacrifício e altruísmo como distintivos, a obediência incondicionada à moral e a crença em que, diante dela, somos iguais a qualquer um.

O desleixo e o abandono do bem-estar e da vida como distintivos, a plena rejeição ao próprio estabelecimento de valores, a exigência rigorosa de ver o mesmo sendo recusado por qualquer um. "O valor das ações é *determinado*: cada particular é submetido a essa valoração."

Nós vemos: uma autoridade fala – quem fala? – Pode-se examinar esse fato com vistas ao orgulho humano, se ele buscasse essa autoridade tão elevadamente quanto possível, a fim de se

FRAGMENTOS PÓSTUMOS, 1885–1887 (Vol. VI)   233

encontrar tão pouco quanto possível humilhado sob ela. Portanto
– Deus fala!

Carecia-se de Deus, como uma sanção incondicionada, que
não tivesse nenhuma instância acima de si, como um "imperativo
categórico" –: ou, na medida em que se acredita na autoridade da
razão, se precisava de uma metafísica da unidade, em virtude
da qual isso fosse lógico

Supondo, então, que a crença em Deus é deixada em
aberto: então se coloca novamente a questão: "quem fala?" –
Minha resposta, tomada não a partir da metafísica, mas a partir
da fisiologia animal: *o instinto de rebanho fala*. *Ele quer* ser
senhor: por isso, seu "tu deves"; ele quer deixar o particular viger apenas no sentido do todo, para o melhor do todo, ele odeia
os que se descolam – ele volta o ódio de todos os particulares
contra esse

Ponderemos sobre o quão caro custa tal cânone moral (um
"ideal"). Seus inimigos são – então, os egoístas.

a argúcia melancólica do autoamesquinhamento na Europa
(Pascal, Larochefoucauld)

o enfraquecimento interno, desânimo, autocorrosão dos
não animais de rebanho

o acento constante das propriedades da mediocridade como
as propriedades mais valiosas (modéstia, em fila, a natureza ins-
trumental)

a má consciência misturada em tudo o que é autocrático,
original:

o desprazer, portanto: – portanto, *desertificação* do mundo
daqueles que possuem uma constituição mais forte

a consciência de rebanho transposta para a filosofia e a religião: também sua pusilanimidade, sua – – –

deixemos a impossibilidade psicológica de uma ação puramente altruísta fora de jogo

Minha filosofia se dirige para a ordem hierárquica: não
para uma moral individualista. O sentido do rebanho deve im-
perar no rebanho – mas não se lançar para além dele: os líderes
do rebanho necessitam de uma valoração totalmente diversa de

suas próprias ações, do mesmo modo como os independentes ou os "predadores" etc.

Colocado de lado em relação aos dois movimentos, a moral individualista e a moral coletivista, pois mesmo a primeira não conhece a ordem hierárquica e quer dar a um a mesma liberdade que a todos os outros. Meus pensamentos não giram em torno do grau de liberdade que um ou outro ou todos merecem, mas em torno do grau de *poder* que um ou outro devem exercer sobre outros ou todos os outros, respectivamente em torno de em que medida um sacrifício da liberdade, uma escravização mesma, fornece a base para a produção de um *tipo mais elevado*. Pensado da maior forma possível: *como é que se poderia sacrificar o desenvolvimento da humanidade*, para ajudar um tipo mais elevado do que o homem a ganhar a existência? –

Que cada um não se engane em relação a si mesmo! Quando se escuta em si o imperativo moral, tal como o altruísmo o compreende, então se pertence ao *rebanho*. Tem-se o sentimento inverso, sente-se em suas ações desinteressadas e altruístas o seu perigo, a sua aberração, então não se faz parte do rebanho.

O pensamento aparentemente louco de que alguém deveria considerar a ação que ele faz ao outro como mais elevada do que a ação que ele faz a si mesmo, esse outro, por sua vez, do mesmo modo etc.; <de que se> devem elogiar apenas ações nas quais alguém não tem a si mesmo em vista, mas o bem-estar do <outro>, possui o seu sentido: a saber, como instinto do senso comum, que se baseia na avaliação de que o particular em geral importa pouco, uma vez que o que importa é inversamente o todo, contanto que ele constitua uma *comunidade*, como um sentimento comunitário e uma consciência comunitária. Portanto, uma espécie de exercício em determinada direção do olhar, vontade de uma ótica, que quer tornar impossível ver a si mesmo.

Minha ideia: faltam as metas e *essas metas precisam ser particulares!*

Vemos o impulso geral: cada particular é sacrificado e serve como instrumento. Basta passear pelas ruas para não encontrar outra coisa senão puros "escravos". Para onde? Para quê?

FRAGMENTOS PÓSTUMOS, 1885–1887 (Vol. VI) 235

Os fenômenos morais me ocuparam como um enigma.
Hoje saberia dar uma resposta. O que significa o fato de o bem-
-estar do próximo *dever* ter para mim um valor maior do que o
meu próprio? E o fato, porém, de o próximo mesmo *dever* avaliar
o valor de seu bem-estar de outro modo do que eu, a saber, subor-
dinando justamente o seu bem-estar ao *meu*?
Se um homem é habituado desde a infância – – –
Vantagem de *outsider* de seu tempo.
Visualizar a moralização conjunta como um fenômeno.
Também como *enigma*.
O que significa o "tu deves" e mesmo uma filoso<fia> considerada como "dada"?
Por fim, precisa-se de muita moralidade para ser amoral
dessa maneira refinada: gostaria de me valer de uma metáfora.
Um fisiólogo, que se interessa por uma doença, e um doente, que quer se curar dessa doença, não possuem o mesmo interesse. Suponhamos que aquela doença é a moral – pois ela é
uma doença – e que nós europeus somos os seus doentes: que
aflição e dificuldade finas não vão surgir, se nós europeus nos
tornarmos agora ao mesmo tempo seus observadores e fisiólogos
curiosos! Será que desejaremos seriamente nos livrar da moral?
Será que iremos querer tal libertação? Será que podemos nos abs-
trair da questão de saber se *podemos* nos libertar? *Se* podemos
nos "curar"? –
A resignação, por exemplo, em relação à questão do pessimismo sobre se o prazer ou o desprazer preponderam
do mesmo modo a questão sobre o valor de nosso conhecimento
– o que foi obstruído até aqui? Nosso impulso para a busca,
o perigo era grande demais, "a salvação da alma"
a vitória sobre o antigo Deus como sobre um princípio
caluniador do mundo – vitória do paganismo –, mas o mundo
mostra-se em um novo caráter terrível
– "uma coisa é necessária" e ela "aspira ao reino de Deus:
então, todo o resto te agradará!" ("o resto" é, por exemplo, também o amor ao próximo, a moral no sentido atual)

N.B.! Devolver ao homem mau a boa consciência – foi esse o meu empenho involuntário? E, em verdade, ao homem mau, na medida em que ele é *o homem mais forte?* (O juízo de *Dostoiévski* sobre os criminosos das prisões precisa ser introduzido aqui.)

Os bons

O *remorso*: sinais de que o caráter não está à altura do feito. Também há remorsos depois de *boas obras*: o seu elemento inabitual, que destaca do velho meio –

A mais imediata pré-história de uma ação refere-se a essa ação: *muito para trás*, porém, encontra-se uma pré-história que aponta *muito para frente*: a ação particular é ao mesmo tempo um elo de um fato *posterior* muito mais abrangente. Os processos *mais breves* e os *mais longos* não são cindidos –

(Terceiro livro: Luta dos valores.)
(*Segundo capítulo.* Para a psicologia da arte.)

7 (7)

Para a fisiologia da arte
Para os artistas.

Distinção: aqueles que querem viver de sua arte e outros, como Dante, como Goethe

A partir de que *necessidade?* Conclusão retroativa da "obra" para o artista.

O que o sucesso "prova": em todo caso, uma *incompreensão* do artista, na maioria das vezes também da obra.

Os *sentidos* exigentes – o que isso significa?

A falta de *lógica* – o *esprit*, o sujeito
de probidade da *cultura*

O "naturalismo" – o que ele significa? Sobretudo um *estimulante* – o feio e o descomunal emocionam

O "romantismo" – o que ele significa?

Posição das nações para o desenvolvimento da "alma europeia"

Relação da arte com a Igreja.

FRAGMENTOS PÓSTUMOS, 1885–1887 (Vol. VI)   237

O pessimismo na teoria estética ("intuição desinteressada", "*les Parassiens*").

– Não sou feliz o suficiente, saudável o suficiente para toda a música romântica (inclusive Beethoven). Aquilo de que necessito é de uma música na qual se esqueça o sofrimento; na qual a vida animal se sinta divinizada e triunfe; na qual se quisesse dançar; na qual, então, perguntando cinicamente, se digerisse bem? A atenuação da vida por meio de ritmos *leves*, ousados, seguros de si e serenos, a douradura da vida por meio de harmonias boas, ternas e *douradas* – é isso que retiro para mim de toda música.

Wagner se tornou, para mim, impossível desde o princípio, porque ele não consegue *andar*, quanto mais dançar.

Mas esse é um juízo fisiológico, não um juízo estético: só que – não tenho mais nenhuma estética!

Ele pode andar?

Ele pode dançar?

– as formas plagiadas, por exemplo, de Brahms; como um "epígono" típico de Mendelssohn do mesmo modo um protestantismo culto (*re*configura-se poeticamente uma "alma" mais antiga...)

– as substituições morais e poéticas em W<agner>; uma arte como recurso para uma falha nas outras.

– o "sentido histórico", a inspiração por meio do poetar, das sagas; aquela transformação típica, para a qual o exemplo mais claro entre os franceses é G. Flaubert, e, entre os alemães, W<agner>

como a crença romântica no amor e no futuro se converte na exigência do nada, 1830 em 1850

se alguma coisa é alcançada, então é um comportamento mais inofensivo em relação aos sentidos, uma posição mais alegre e benevolente, goethiana em relação à sensibilidade

do mesmo modo, uma sensação mais orgulhosa em relação ao conhecimento: de tal forma que se acredita pouco no "puro louco"

FRIEDRICH NIETZSCHE

Fisiologia da arte

Beethoven – *un pauvre grand homme, sourd, amoureux, méconnu et philosophe, dont la musique est pleine de rêves gigantesques et douloureux.*[46]

Mozart – ele expressa *sentimentos totalmente alemães, la candeur naïve, la tendresse mélancolique, contemplative, les vagues sourires, les timidités de l'amour.*[47] O piano *exalte et raffine. Mendelssohn les entoure de rêves ardentes, délicats, maladifs.*[48]

Les âpres désirs tourmentés, les cris brisés, révoltés, les passions modernes, sortent de tous les accords de Meyerbeer.[49] No que concerne a *Maler.*

tous ces modernes sont des poètes, *qui ont volu être* peintres. *L'un a cherché des drames dans l'histoire, l'autre des scènes de mœurs, celui-ci traduit des religions, celui-là une philosophie.*[50]Aquele imita Rafael, um outro, os primeiros mestres italianos; os paisagistas empregam árvores e nuvens a fim de fazer odes e elegias. *Ninguém* é simplesmente pintor; todos são arqueólogos, psicólogos, encenadores de uma lembrança ou de uma teoria qualquer. Eles se regozijam com nossa erudição, com nossa filosofia. Eles estão, como nós, cheios e supercheios de ideias gerais. Eles não amam uma forma por aquilo que ela é, mas por aquilo que ela *expressa.* Eles são os filhos de uma geração culta, aflita e refletida – mil milhas de distância dos antigos mestres, que não liam e só pensavam em preparar uma festa para os seus olhos.

---

46 **N.T.:** Em francês no original: "Beethoven – um pobre grande homem, surdo, amoroso, desconhecido e filósofo, cuja música está cheia de sonhos gigantescos e dolorosos."

47 **N.T.:** Em francês no original: "(...) a candura ingênua, a suavidade melancólica, contemplativa, os sorrisos vagos, a timidez do amor".

48 **N.T.:** Em francês no original: "O piano exalta e refina. Mendelssohn os envolve com sonhos ardentes, delicados, doentios."

49 **N.T.:** Em francês no original: "Os desejos amargos e atormentados, os gritos quebrados, revoltados, as paixões modernas, saem de todos os acordes de Meyerbeer."

50 **N.T.:** Em francês no original: "Todos esses modernos são *poetas* que queriam ser *pintores*. Um procurou dramas na história; o outro, em cenas de costumes; aquele traduz religiões; esse, uma filosofia."

FRAGMENTOS PÓSTUMOS, 1885–1887 (Vol. VI) 239

Nosso estado: o bem-estar faz com que a sensibilidade cresça; sofre-se dos menores sofrimentos; nosso corpo fica mais bem protegido; nossa alma, mais enferma. A igualdade, a vida confortável, a liberdade do pensamento – mas, ao mesmo tempo, *l'envie haineuse, la fureur de parvenir, l'impatience du présent, le besoin du luxe, l'instabilité des gouvernements, les souffrances du doute et de la recherche*.[51]

– perde-se tanto quanto se ganha –

Um burguês de 1850, comparado com o de 1750, mais feliz? *Moins opprimé, plus instruit, mieux fourni de bien-être*, mas *não plus gai*[52] – –

No século XVII, não havia nada mais feio do que uma montanha; tinham-se mil pensamentos ligados à infelicidade aí. *Estava-se cansado da barbárie, assim como nós estamos hoje cansados da civilização*. As ruas hoje são tão asseadas, os policiais estão por toda parte em profusão, os hábitos são tão pacíficos, os acontecimentos tão parcos, tão previsíveis, que *se aime la grandeur et l'imprévu*.[53] A paisagem muda como a literatura; outrora, ela oferecia grandes romances açucarados e ensaios galantes: *hoje*, ela oferece *la poésie violente et des drames physiologistes*.[54]

Esse deserto, o domínio geral e irreconciliável dos rochedos nus, *ennemi de la vie – nous délasse de nos trottoirs, de nos bureaux et nos boutiques*.[55] É só *por isso* que nós os amamos.

Sobre Delacroix:

chanter avec la couleur[56]

"o eco da voz de Victor Hugo

---

51 **N.T.:** Em francês no original: "(...) a inveja odiosa, o furor do porvir, a impaciência do presente, o desejo de luxo, a instabilidade dos governos, os sofrimentos da dúvida e da busca".

52 **N.T.:** Em francês no original: "(...) menos oprimido, mais instruído, mais equipado com bem-estar, mas *não mais feliz*".

53 **N.T.:** Em francês no original: "(...) se ama a grandiosidade e o imprevisto".

54 **N.T.:** Em francês no original: "(...) a poesia violenta e os dramas fisiologistas".

55 **N.T.:** Em francês no original: "(...) inimigo da vida – nos relaxa de nossas calçadas, de nossos escritórios e de nossas butiques".

56 **N.T.:** Em francês no original: "cantar com a cor".

240 FRIEDRICH NIETZSCHE

durante a guerra, tinham se imiscuído na alma francesa *la mélancolie poétique d'Angleterre, le lyrisme philosophique d'Allemagne*[57] *l'âme complémentaire de Victor Hugo*[58] a preponderância da *música* nos românticos de 1830 e 1840 Delacroix

Ingres, um músico apaixonado, culto à felicidade em Haydn, Beethoven e Mozart

disse a seus alunos em Roma *"si je pouvais vous rendre tous musiciens, vous y gagneriez comme peintres"*[59] –)

do mesmo modo, Horace Vernet, com uma paixão particular pelo Don Juan (como Mendelssohn o atesta em 1831)

do mesmo modo, Stendhal, que diz sobre si mesmo: – – –

O presidente De Brosses diz sobre a *campagna romana*: *"il fallait que Romulus fût ivre, quand il songea à bâtir une ville dans un terrain aussi laid"*.[60]

Fénelon compara o estilo gótico com um sermão ruim.

Chateaubriand 1803 em uma carta para M. de Fontanes dá a primeira impressão da *campagna romana*.

Lamartine tem a linguagem para Sorrento e para o Posillipo – Victor Hugo é um entusiasta da Espanha, parece que *"aucune autre nation n'a moins imprunté à l'antiquité, parce qu'elle n'a subi aucune influence classique"*[61]

Delacroix também não queria Roma, a cidade o atemorizava. Ele era fascinado por Veneza, como Shakespeare, como Byron, como G. Sand. A aversão a Roma também em Th. Gautier – e em R. Wagner.

---

57 **N.T.**: Em francês no original: "(...) a melancolia poética da Inglaterra, o lirismo filosófico da Alemanha".

58 **N.T.**: Em francês no original: "a alma complementária de Victor Hugo".

59 **N.T.**: Em francês no original: "se eu pudesse vos transformar todos em músicos, vós ganharíeis como pintores".

60 **N.T.**: Em francês no original: "Rômulo precisa estar bêbado para pensar em construir uma cidade em um campo tão feio."

61 **N.T.**: Em francês no original: "(...) porque nenhuma outra nação tomou menos empréstimos à Antiguidade, porque ela não recebeu nenhuma influência clássica".

FRAGMENTOS PÓSTUMOS, 1885–1887 (Vol. VI) 241

O que é ridículo em nossa *democracia*: a casaca preta...
l'envie, la tristesse, le manque de mesure et de politesse,
les héros de Georg Sand, de Victor Hugo et de Balzac[62]
(e de Wagner)
le goût de la Renaissance[63]
uma movimentação aí, *éclatant et sombre, d'un style tour-*
menté et magnifique[64]
cet âge de force et d'effort, d'audace inventive, de plaisirs
effrénés et de labeur terrible, de sensualité et de héroïsme[65]
Jeanne d'Albret, a mãe de Heinrich IV, segundo o julgamento de Aubigné:
"princesse n'ayant de la femme que le sexe, l'âme entiè-
re aux choses viriles, l'esprit puissant aux grandes affaires, le
coeur invincible aux adversités".[66]

Agir, oser, jouir, dépenser sa force et sa peine en prodigue,
s'abandonner à la sensation présente, être toujours pressé de
passions toujours vivantes, supporter et rechercher les excès de
tous les contrastes, voilà la vie du seizième siècle.[67]

Parmi ces violences et ces voluptés la dévotion était ar-
dente.[68] A religião não era outrora uma virtude, mas uma paixão.
Ia-se para a igreja como para a batalha ou para um *rendez-vous*.

---

62 **N.T.**: Em francês no original: "a inveja, a tristeza, a falta de medida e de
   polimento, os heróis de Georg Sand, de Victor Hugo e de Balzac".
63 **N.T.**: Em francês no original: "o gosto do Renascimento".
64 **N.T.**: Em francês no original: "brilhante e sombrio, de um estilo atormen-
   tado e magnífico".
65 **N.T.**: Em francês no original: "essa idade de força e de esforço, de audácia
   inventiva, de prazeres livres e de trabalho terrível, de sensualidade e de
   heroísmo".
66 **N.T.**: Em francês no original: "princesa que não possuía da mulher outra coisa que não o sexo, a alma inteira devotada às coisas viris, o espírito potente
   para os grandes negócios, o coração invencível diante das adversidades".
67 **N.T.**: Em francês no original: "Agir, ousar, gozar, descarregar sua força e
   sua dor prodigiosamente, abandonar-se à sensação presente, ser sempre
   oprimido por paixões sempre vivas, suportar e buscar o excesso de todos
   os contrastes, eis a vida do século XVI."
68 **N.T.**: Em francês no original: "Entre tais violências e voluptuosidades, a
   devoção era ardente."

242 FRIEDRICH NIETZSCHE

os cavaleiros na época das cruzadas – *enfants robustes*.[69] No matar e no uivar, predadores. Passada a fúria, eles voltavam às lágrimas e se lançavam alegres ao pescoço de sua amada, ternos. O juízo "agradável", "desagradável" cf. música – muda e se forma segundo aquilo que sentimos como "legal", racional, plenamente dotado de sentido, significativo.

Fisiologia da arte

O sentido e o prazer com as nuanças (a *Modernidade* propriamente dita), com aquilo que *não* é geral, que vai ao encontro dos impulsos, que tem seu prazer e força na apreensão do *típico*: tal como o gosto grego dos melhores tempos. Há, aí, um domínio sobre a plenitude do vivente, a medida se torna senhora, aquela *quietude* da alma forte encontra-se à sua base, da alma que se movimenta lentamente e que tem uma má vontade em relação ao que é vivo demais. O caso geral, a lei é *venerada* e *destacada*; a exceção, ao contrário, é colocada de lado, a nuança é apagada. O firme, poderoso, sólido, a vida, que repousa de maneira ampla e violenta – é isso o que "*agrada*": ou seja, isso se acha em correspondência com aquilo que se pensa sobre si mesmo.

(*Terceiro capítulo*. Para a história do niilismo europeu)

7 (8)

Niilismo

Para o *prefácio*.

Suportei até aqui uma tortura: todas as leis, segundo as quais a vida se desenvolve, pareciam-se estar em contradição com os valores em virtude dos quais nós nos *mantemos* vivos. Não parece ser o estado do qual muitos sofrem *conscientemente*: apesar disso, quero reunir os sinais a partir dos quais suponho que esse é o *caráter fundamental*, o *problema trágico* propriamente dito de nosso mundo moderno e a indigência secreta, a causa ou a interpretação de todas as nossas indigências. *Esse problema tornou-se consciente em mim.*

---

69 **N.T.:** Em francês no original: "crianças robustas".

Niilismo

A

Partir de uma *dignificação* plena e cordial de nossa h<umanidade> atual:

não se deixar enganar pelas aparências (essa humanidade é menos "marcada pela produção de muitos efeitos", mas ela dá garantias totalmente diversas de *duração*, seu ritmo é mais lento, mas o compasso mesmo é muito mais rico

a *saúde* cresce, as condições efetivas da vida forte são reconhecidas e paulatinamente criadas, o "ascetismo" ironice –

o pudor diante de extremos, certa confiança no "caminho correto", nenhum fanatismo; um imiscuir-se temporário em valores mais restritos (como "pátria"), como "ciência" etc.

toda essa imagem continuaria sendo sempre, porém, *ambígua*

poderia ser um movimento *ascendente*

ou, contudo, um movimento *descendente* da vida.

B

A crença no "progresso" – na esfera inferior da inteligência, ela aparece como vida ascendente: há aí, contudo, uma autoilusão;

na esfera superior da inteligência, ela aparece como vida *descendente*

Descrição dos sintomas.

Unidade do ponto de vista: insegurança no que concerne ao critério de valor.

Temor diante de um "em vão universal"

Niilismo.

C

A dependência de *todo* critério de valor em relação aos critérios morais de valor

dos religiosos, estéticos, econômicos, políticos, científicos

D

Sinais de um declínio na crença na moral.

Niilismo

Nada é mais perigoso do que um desejo que contradiz a essência da *vida*.

a consequência *niilista* (a crença na ausência de valores) como consequência da avaliação moral

o *elemento egoísta nos estraga* (mesmo depois da intelecção da impossibilidade do não egoísta)

o *necessário nos estraga* (mesmo depois da intelecção da impossibilidade de um *liberum arbitrium* e de uma "liberdade inteligível")

vemos que não alcançamos a esfera na qual estabelecemos nossos valores – com isso, porém, a outra esfera na qual vivemos *ainda não conquista* de maneira alguma valor: ao contrário, estamos *cansados*, porque perdemos o impulso principal. "Em vão até aqui!"

Obstrução do conhecimento por meio da moral.

Por exemplo, tentativa de *unificar* (de identificar) a *vida* com a moral e de justificá-la diante da moral

Altruísmo originariamente inicial

o modo de pensar altruísta é possível também *sans obligation e sanction*[70]

Em que medida a moral obstruiu o conhecimento.

o valor do indivíduo, a "alma eterna", falsificação da psicologia

resistência em relação à causalidade: falsificação da física

contra a história do surgimento em geral: falsificação da história.

Falsificação da teoria do conhecimento

(Quarto livro: O grande meio-dia.)
(*Primeiro capítulo*. O princípio da vida "ordem hierárquica".)

7 (9)

Metodologicamente: o valor da *fenomenologia interior* e da *exterior*.

A. A *consciência* é tardia, parcamente desenvolvida, exposta a finalidades exteriores e aos mais toscos erros, até mesmo *essencialmente* algo falsificador, tosco, sintético

---

70 **N.T.**: Em francês no original: "sem obrigação e sem sanção".

B. em contrapartida, o fenômeno do mundo *sensível* precisa ser observado de modo cem vezes mais múltiplo, mais refinado e mais exato. A fenomenologia exterior nos dá o material em muito maximamente rico e permite o rigor maior da observação; enquanto os fenômenos internos são difíceis de conceber e aparentados com o erro (os processos internos são essencialmente *geradores de erros*, porque a vida só é possível sob a condução de tais forças perspectivas criadoras e restritivas) N.B. Todo *movimento* como *sinal* de um acontecimento *interno: – ou seja, a parte enormemente superior de todo acontecimento* interior *nos é dada apenas como sinal.*

Princípio da vida

Erros fundamentais dos biólogos até aqui: *não* se trata do gênero, mas de *indivíduos que produziam um efeito mais forte* (os muitos são apenas meios)

a vida *não* é adaptação de condições internas a condições externas, mas vontade de poder, que subjuga a si e incorpora cada vez mais o "exterior"

esses biólogos *dão prosseguimento* às avaliações morais (o valor em si mais elevado do altruísmo, a hostilidade em relação ao despotismo, em relação à guerra, em relação à inutilidade, em relação à ordem hierárquica e à ordem das classes).

Contra a teoria de que o indivíduo particular tem em vista a vantagem do *gênero*, de sua descendência, às custas de sua própria vantagem: isso é apenas *aparência*

a importância descomunal, com a qual o indivíduo toma o *instinto sexual*, não é uma *consequência* dessa importância para o gênero: mas a geração é a *realização* propriamente dita do indivíduo e seu interesse mais elevado consequentemente, *sua mais elevada manifestação de poder* (naturalmente não julgado a partir da consciência, mas a partir do centro de toda a individuação)

Princípio da vida

A *consciência*, começando de maneira totalmente extrínseca, como coordenação e conscientização das "impressões" – de início, o mais distante possível do centro biológico do indivíduo;

246 FRIEDRICH NIETZSCHE

no entanto, um processo, que se aprofunda, interioriza, que se aproxima constantemente daquele centro. Para o *surgimento da lógica*. A inclinação fundamental para *equiparar*, para *ver como igual*, é modificada, mantida cerceada pela utilidade e pelo dano, pelo *sucesso*: forma-se uma adaptação, um grau mais tênue, no qual essa inclinação pode se satisfazer, sem ao mesmo tempo negar a vida e colocá-la em perigo. Esse processo é totalmente correspondente àquele processo mecânico externo (que é seu símbolo), segundo o qual o *plasma* iguala a si e insere em suas formas e séries ininterruptamente aquilo de que ele se apropria.

A *individuação*, julgada a partir do ponto de vista da teoria da descendência, mostra a decomposição constante de um em dois, e o procedimento igualmente constante dos indivíduos com vistas *ao ganho de* poucos *indivíduos*, que dão prosseguimento ao desenvolvimento: a massa descomunal falece a cada vez ("o corpo"). O fenômeno fundamental: *indivíduos inumeráveis* sacrificados *em virtude dos poucos*, como sua possibilitação. – É preciso não se deixar enganar: as coisas se comportam completamente assim com os *povos* e as *raças*: eles formam o "corpo" para a geração de *indivíduos valiosos* particulares, que dão prosseguimento ao grande processo.

Princípio da vida

Os *poderes na história* precisam ser certamente conhecidos em meio à eliminação de toda teleologia moral e religiosa. Precisam ser os poderes, que também atuam em todo fenômeno da existência orgânica. Os enunciados mais claros estão no *reino vegetal*.

A grande vitória sobre o *animal*: o animal como escravo ou como inimigo.

– do homem sobre a *mulher*: a mulher
ao lado das grandes oscilações, por exemplo, entre o convalescer e o adoecer.

Para o interior do que a *dignidade* do homem foi colocada ter se tornado senhor sobre o
animal no homem   Ideal *grego*

FRAGMENTOS PÓSTUMOS, 1885–1887 (Vol. VI)   247

ter se tornado senhor sobre a
mulher no homem
Em contrapartida, a dignidade *cristã*:
ter se tornado senhor sobre o orgulho no homem
sobre o – – –
                                    Princípio da vida
– a complicação maior, a aguda cisão, a justaposição dos
órgãos e funções formadas, com o desaparecimento dos membros – se isso se mostra como *perfeição*, então vem à tona uma
vontade de poder no processo orgânico, em virtude da qual *forças comandantes configuradoras dominantes* sempre ampliam a
região de seu poder e, no interior dessa região, as simplificam
cada vez mais: o imperativo *crescendo*.
– útil em relação a uma aceleração do ritmo do desenvolvimento é algo diverso. "Útil" como aquilo que é estabelecido com
vistas à maior fixação e duração possível do desenvolvido.
o espírito é apenas um meio e um instrumento a serviço da
vida superior, da elevação da vida: e, no que concerne ao bem,
então, tal como Platão o compreendia (e, depois dele, o cristianismo), me parece até mesmo que ele é um princípio perigoso
para a vida, caluniador da vida, negador da vida.

7 (10)
    Conhece-se o tipo de homem que se enamorou pela sen-
tença *tout comprendre c'est tout pardonner*.[71] Trata-se dos fracos, trata-se, sobretudo, dos desiludidos: se há em tudo algo a
perdoar, então também há em tudo algo a desprezar? Trata-se
da filosofia da desilusão, que se desenvolve aqui de maneira tão
humana na compaixão e que olha de modo doce.
    Esses são os românticos, para os quais a crença se perdeu:
agora, eles querem ao menos *olhar fixamente* ainda para o modo
como tudo flui e transcorre. Eles o denominam *l'art pour l'art*,
"objetividade etc.

---

71 **N.T.:** Em francês no origina: "Compreender tudo é perdoar tudo."

7 (11)

A partir da aparência do vazio e do cheio, do firme e do solto, do em repouso e do em movimento, do igual e do desigual – não foi a partir dessas aparências que surgiu a mais antiga aparência, aquela que conduziu à metafísica?

O filosofar europeu dos últimos séculos, o filosofar com uma dignidade e uma retidão

– o que é conhecer? Posso conhecer?

7 (12)

Os ideais populares, o homem bom, o altruísta, o santo, o sábio, o justo. Ó, Marco Aurélio!

7 (13)

É preciso abrir os olhos: quando um companheiro qualquer desde o começo decrépito expõe sempre seu cansaço como sabedoria, pessi<mismo> e transfiguração.

Quando um companheiro cansado, acidentado, desde o princípio decrépito expõe sempre seu cansaço como resultado de uma vida interior de beberrão profundamente combativa e sofredora – – –

ou quando um ganso cacarejante abelhudo e irrequieto espalha a sua cobiça sobre o papel impresso

o que eu já não vivenciei com vistas à falsificação filosófica: o asno decrépito desde o princípio cansado, que seu cansaço – – –

7 (14)

Filosofia definida por Kant como "*ciência dos limites da razão*"!

Que haveria uma "verdade" da qual seria possível se aproximar de algum modo –

Se dou uma *formulação* a um acontecimento regular, então facilito, encurto etc. para mim a designação de todo o fenômeno. Mas não constato nenhuma "lei", mas levanto a questão de saber de onde provém o fato de algo se repetir aqui: é uma suposição afirmar que à fórmula corresponderia um complexo de forças e

FRAGMENTOS PÓSTUMOS, 1885–1887 (Vol. VI) 249

desencadeamentos de forças de início desconhecidos: é preciso pensar uma mitologia segundo a qual forças obedeceriam aqui a uma lei, de tal modo que teríamos na sequência da obediência todas as vezes o mesmo fenômeno.

7 (15)

Ética ou "filosofia dos desejos". "As coisas *deveriam* ser diversas", elas *deveriam* se tornar diversas: a insatisfação seria, portanto, o germe da ética.

Seria possível se salvar: em primeiro lugar, na medida em que se escolhesse onde *não* se tem o sentimento; em segundo, na medida em que se compreendessem a petulância e a tolice aí implicada, pois exigir que *algo* seja de um modo diverso do que ele é significa exigir que *tudo* seja diverso – essa exigência contém uma crítica que rejeita o todo – é, nessa medida... *Mas a própria vida é uma tal exigência!*

Constatar *o que é como é* parece algo indizivelmente mais elevado, mais sério do que todo "é assim que deveria ser": porque essa última expressão, como crítica e petulância humanas, parece condenada desde o princípio ao ridículo. Ganha voz aí uma necessidade que exige que a instituição do mundo corresponda ao nosso bem-estar humano; assim como a vontade de realizar tanto quanto possível em relação a essa tarefa. Por outro lado, foi essa <exig>ência "é assim que deveria ser" que provocou o surgimento daquela outra exigência por aquilo que *é*: ou seja, <o s>aber justamente quanto ao fato de que aquilo que é já é uma consequência daquela questão: "Como? é que <isto> é possível? Por que justamente assim?" O espanto sobre a não consonância de nossos desejos e do curso do mundo levou a que se tomasse contato com o curso do mundo. Talvez as coisas se comportem de maneira diversa: talvez aquele "é assim que deveria ser", o nosso desejo de controle do mundo, seja – –

7 (16)

Nossos distintivos, por exemplo, a posição crítica em relação ao cristianismo HH 2, 182

Tábua das demarcações
  por exemplo, contra idealistas e românticos
como atores e produtores de autoengodos
    contra os contemplativos
    contra o nacionalismo.
Para a psicologia da solidão.
Para a honra do erro.
Antagonismo entre antropomorfização e ampliação do homem.
  Os plenos e doadores em oposição aos que buscam, aos que anseiam.
Os estados estéticos duplos.
Livros e homens.
Questões da saúde.
Música moderna.
Educação clássica.
Cidade grande.
Vício do intelecto

7 (17)
  Os parasitas do espírito foram aqueles que até aqui mais me enojaram: é possível encontrá-los, na nossa Europa doente, sentados por toda parte, e, em verdade, com a melhor das consciências do mundo. Talvez um pouco sombrios, um pouco com um *air pessimiste*, no principal, porém, vorazes, sujos, enlameadores, sub-repticiamente se imiscuindo, se aninhando, ladros, pululantes – e inocentes como todos os pequenos pecados e micróbios. Eles vivem do fato de outras pessoas possuírem espírito e de o doarem com mãos cheias: eles sabem como pertence à essência do espírito rico, despreocupado, sem uma precaução mesquinha, se entregar ao dia e se dissipar por si mesmo – pois o espírito é um mau administrador e não presta atenção alguma no modo como tudo vive dele e o consome.

7 (18)
  "*Toda e qualquer atividade* enquanto tal dá prazer" – dizem os fisiólogos. Em que medida? Porque a força acumulada traz consigo uma espécie de *ímpeto e de pressão*, um estado diante

do qual o fazer é sentido como *libertação*? *Ou* na medida em que toda atividade é uma *superação* de dificuldades e de resistências? E, na medida em que muitas pequenas resistências, sempre uma vez mais superadas, trazem consigo facilmente e como em uma dança rítmica uma espécie de *cócegas do sentimento de poder*? Prazer como *cócegas* do *sentimento de poder*: sempre pressupondo algo que resiste e que é superado.

Todos os fenômenos de prazer e de desprazer são intelectuais, julgamentos conjuntos de fenômenos de obstrução quaisquer, interpretações desses sentimentos

7 (19)
Em épocas de vontade mais fraca e mais múltipla, um grau mais elevado de degradação e de extravagância não é imediatamente perigoso e não condiciona nenhuma eliminação do corpo social; por outro lado, não se perece imediatamente, porque a quantidade *média* de todas as forças impede por si mesma o surgimento da tendência agressiva e despótica em seres muito arbitrários e *egoístas*.

Os perigos de tais épocas são *os poderosos* em sua vontade concentrada; enquanto nas épocas fortes o perigo se acha nos *inseguros*.

7 (20)
A moral dos filósofos a partir de Sócrates – um quixotismo
Uma boa parcela de teatralidade
Uma má interpretação de si
O que ela é propriamente?
Idiossincraticamente: o entusiasmo pela dialética; otimisticamente – a sensibilidade superexcitável e, consequentemente, o medo

O maior de todos os engodos e automendacidades: estabelecer uma identidade entre bom, verdadeiro e belo e *representar* essa unidade

A luta contra os sofistas é psicologicamente difícil de ser apreendida: necessita-se de uma *cesura* para não ser confundido com eles (para o que tudo convidava, porque eles se sentiam justamente aparentados). *Competição* pelos *discípulos* –

252 FRIEDRICH NIETZSCHE

Virtude, ironia e argúcia em Sócrates – em Platão o apaixonado (pederasta), o artista (?), o oligarca –
Declaração de independência, emigração da pólis, libertação da proveniência –
Crítica da cultura a partir do ponto de vista da "moral" e
da dialética!!! –
Falta absoluta de "sentido histórico" –
Sintoma da *décadence* –
– será que *todos os* movimentos especificamente *morais*
até aqui não foram sintomas da *décadence*?

7 (21)
    Perspectivismo do desejável (do *ideal*)

7 (22)
    Um critica: seu temperamento diz quanto a isso sim
    com frequência a ausência de espíritos nos faz bem

7 (23)
    N.B. Em um aspecto psicológico tenho *dois sentidos*:
    por um lado: *o sentido para o* nu e cru
    em seguida: *a vontade do* grande estilo (poucas sentenças
principais e essas sentenças na mais rigorosa conexão; nenhum
esprit, nenhuma retórica).

7 (24)
    Todos os impulsos e poderes, que são *elogiados* pela mo-
ral, vêm à tona para mim como essenciais *imediatamente* junto
com os impulsos e poderes que são caluniados e recusados por
ela, por exemplo, justiça como vontade de poder, vontade de verdade como meio da vontade de poder

7 (25)
                Contra o darwinismo
    – a utilidade de um órgão *não* explica o seu surgimento,
ao contrário!

FRAGMENTOS PÓSTUMOS, 1885–1887 (Vol. VI)   253

– o tempo mais longo, durante o qual se forma uma propriedade, o indivíduo não a conserva e não a utiliza para si; e é na luta com as circunstâncias exteriores e com os inimigos que isso menos acontece
– o que é por fim "útil"? É preciso perguntar útil "em relação *a quê?*" Por exemplo, o que é útil para a *duração* do indivíduo, será que ele poderia ser desfavorável para a sua força e exuberância? Será que o que conserva o indivíduo poderia ao mesmo retê-lo e interromper seu desenvolvimento? Por outro lado, uma *falha*, uma *degeneração*, poderia ter a mais elevada utilidade, na medida em que atua como um estimulante de outros órgãos. Do mesmo modo, uma *situação de indigência* pode ser uma condição existencial, na medida em que prende um indivíduo sob uma medida, na qual ele *se mantém coeso* e não se dissipa.
– O próprio indivíduo como luta das partes (por alimento, espaço etc.): seu desenvolvimento articulado com uma *vitória*, um *predomínio* de partes particulares, com um *estiolamento*, "devir orgânico" de outras partes.
– a influência das "circunstâncias externas" é *superestimada* em Darwin até as raias do disparate; o essencial no processo vital é precisamente a violência enormemente configuradora, criadora de formas, a partir do interior, que *utiliza, explora* as "circunstâncias exteriores"...
– o fato de as *novas* formas constituídas de dentro *não* serem formadas com vistas a uma meta, mas de, na luta das partes, não permanecer por muito tempo uma relação com uma utilidade parcial, e, então, de acordo com o *uso*, com uma utilidade configurada de maneira cada vez mais perfeita para si
– se só se conservasse aquilo que se comprovou *de maneira duradoura* como útil, então se conservariam em primeira linha as capacidades danosas, destrutivas, dissolutórias, o sem-sentido, o casual, – – –

7 (26)
     O que *significa* aquilo que sentimos concomitantemente como a *campagna romana*? E os alpes? O que *significa* o nosso nacionalismo?

Idealismo ou autoengodo.
Crítica da civilização.
As metamorfoses da cruz.
Os refinamentos do medo
da voluptuosidade.

do desprezo

7 (27)
Conceito mais pleno da vida
Os tipos de embriaguez
A teatralidade moderna (por exemplo, "*pátria*": em que medida vai contra a nossa consciência sermos patriotas)
Toda a falsidade europeia.
O fosso –

7 (28)
O homem forte, poderoso nos instintos de uma saúde forte, digere seus atos exatamente do mesmo modo que ele digere as refeições; ele dá conta mesmo de comidas pesadas: na questão principal, porém, ele é orientado por um instinto intacto e rigoroso, segundo o qual ele não faz nada que lhe seja repulsivo, assim como ele não come nada que não seja gostoso.

7 (29)
Para a história do vício moderno.
O anarquismo.

7 (30)
– Ingenuidade da Antiguidade filosófica, inocência psicológica; seus "sábios" eram entediantes.
Sustentado contra a Antiguidade, que acreditava na razão (a proveniência *divina* da razão), na virtude (como a mais elevada racionalidade e independência do espírito), o cristianismo ensina a *suspeita* de que tudo no fundo seria mau e impassível de melhora, que o orgulho do espírito seria o maior dos perigos etc.

FRAGMENTOS PÓSTUMOS, 1885–1887 (Vol. VI)

7 (31)

A era trágica para a Europa: condicionada pela luta com o niilismo.

7 (32)

A falta total de *preparação* para o acolhimento de verdades; nenhuma gradação da educação; confiança cega no espírito; a "benevolência" moderna.

7 (33)

Contra a teoria do *"meio"*. A raça indizivelmente mais importante. O meio produz apenas "adaptação"; no interior da adaptação entra em jogo toda a força acumulada.

7 (34)

O causalismo. Essa "sucessão" carece sempre ainda de *interpretação*: "lei natural" é uma interpretação etc.
"Causa e efeito" remontam ao conceito de *"ação e agente"*. De onde provém *essa* cisão?
Movimento como sintoma de um acontecimento não mecânico. *Permanecer parado* na concepção mecanicista do mundo – tudo se dá como se um surdo tomasse como meta a partitura de uma obra.
Lógica – sua essência não descoberta. Arte da *designação inequívoca?*

7 (35)

Crítica das metas humanas. Que queria a filosofia antiga? Que é o cristianismo? Que é a filosofia veda? Que é Buda? – E, *por detrás* dessa vontade, *que se esconde aí?*
Gênese psicológica dos ideais *até aqui*: o que eles significam propriamente?

7 (36)

Supondo que nossa concepção usual do mundo seria uma *incompreensão*: poderia ser concebida uma *perfeição* no interior da qual mesmo tais *incompreensões* seriam *sancionadas?*

Concepção de uma nova perfeição: aquilo que *não* corresponde à nossa lógica, ao nosso "belo", ao nosso "bem", ao nosso "verdadeiro", poderia ser perfeito em um sentido mais elevado do que o nosso próprio ideal.

7 (37)

vis est vita, vides quae nos facere omnia cogit[72]

Lucílio

Βῶοσ καλειται δõησσ βῶα πορῶζεται

7 (38)

A primeira questão não é de maneira alguma saber se nós estamos satisfeitos com nós mesmos. Supondo que digamos sim em um único instante, então não dissemos sim apenas para nós mesmos, mas também para toda a existência. Pois não se acha nada por si, nem em nós mesmos nem nas coisas: e se apenas uma única vez nossa alma tiver tremido e entoado uma corda de alegria, então foram necessárias todas as eternidades para condicionar esse acontecimento uno – e toda eternidade foi bem-vinda, redimida, justificada e afirmada nesse único instante de nosso dizer sim.

7 (39)

Uma alma plena e poderosa não dá conta apenas das perdas, das privações, dos roubos, dos desprezos mais dolorosos, sim, mais terríveis: ela sai de tais infernos com uma plenitude e uma potência maiores: e, para dizer o que há de mais essencial, com um novo crescimento na bem-aventurança da alma. Acredito no seguinte: aquele que desvendou algo das condições mais inferiores de todo e qualquer crescimento no amor transforma-se em Dante, quando esse escreve sobre o portal de seu inferno: "também a mim criou o eterno amor" <, compreender.>

---

72 **N.T.:** Em latim no original: "A vida é a força que nos obriga a ver tudo o que pensamos."

FRAGMENTOS PÓSTUMOS, 1885–1887 (Vol. VI)   257

7 (40)
O mundo cresceu para nós de maneira descomunal e continua crescendo: nossa sabedoria aprende finalmente a pensar por si de modo menor; nós, eruditos, começamos até mesmo a saber *pouco*...

7 (41)
O reino terreno dos desejos, a partir do qual a *lógica* cresce: instinto de rebanho no pano de fundo, a suposição dos casos iguais pressupõe a "mesma alma". Com a *finalidade do entendimento e do domínio*.

7 (42)
O antagonismo entre o "mundo verdadeiro", tal como o pessimismo o descobre, e o mundo no qual é possível viver: – para tanto, é preciso colocar à prova os direitos à *verdade*, é necessário medir o sentido de todos esses "impulsos ideais" a partir da *vida*, a fim de conceber o que é propriamente aquele antagonismo: a luta da *vida* doentia e desesperada, suspendendo-se no além, com a vida mais saudável, mais estúpida, mais mentirosa, mais rica, mais indecomponível. Portanto, não "verdade" na luta com a vida, mas uma espécie de vida com as outros. – Mas ela quer ser o tipo *mais elevado*! – Aqui precisa se iniciar a condução da prova de que uma ordem hierárquica é necessária – de que o primeiro problema é o problema da *ordem hierárquica dos tipos de vida*.

7 (43)
Niilismo como consequência da interpretação moral do mundo.
Ordem hierárquica.
O eterno retorno.

7 (44)
"Útil" no sentido da biologia darwinista, isto é, comprovando-se na luta com outros. No entanto, o *sentimento de mais*, o

258 FRIEDRICH NIETZSCHE

sentimento do *querer ser mais forte*, abstraindo-se totalmente da utilidade na luta, já me parece ser o *progresso* propriamente dito: desse sentimento emerge pela primeira vez a vontade de luta –

7 (45)

1.
Crítica dos valores, medidos a partir da vida.
2.
A proveniência dos valores.
3.
A vida como vontade de poder.
4.
Os inversos
Seu martelo "a doutrina do retorno".

7 (46)

O tipo de homem do qual sou o porta-voz:
Homens que não sofrem de ideais não realizados, mas de ideais realizados! Que sofrem justamente com o fato de o ideal, *que nós representamos* e do qual se faz muito caso, ser tratado por nós com um leve desprezo –
Uma nostalgia perigosa da terra natal, da antiga "selvageria" da alma, das condições da grandeza, assim como da diabolia –
Nós gozamos de nossos instantes de desordem, de nossos instantes mais selvagens, mais loucos, nós estaríamos em condições de cometer um crime, só para ver o que há de tão importante no remorso –
Nós estamos enfadados com os estímulos cotidianos do "homem bom", da boa ordem social, da brava erudição –
Não sofremos com a "perdição", somos muito diferentes de Rousseau e não ansiamos pelo "bom homem natural" –
Estamos *cansados do bem, não* do sofrimento: *não* levamos mais suficientemente a sério a doença, a infelicidade, a velhice, a morte, muito menos com a seriedade dos budistas, como se as objeções contra a vida tivessem sido dadas.

FRAGMENTOS PÓSTUMOS, 1885–1887 (Vol. VI)   259

7 (47)
Crítica ao patriotismo: quem sente os valores em relação a
si mesmo, valores que ele considera de maneira mil vezes mais elevada do que o bem da "pátria", da sociedade, do parentesco sanguí-
neo e do parentesco racial – valores que se encontram para além das
pátrias e das raças, ou seja, valores internacionais –, transforma-se
em hipócrita ao querer desempenhar o papel de "patriota". Trata-se
de um rebaixamento do homem e da alma, que mantém consigo o
ódio nacional (ou mesmo o admira e diviniza): as famílias dinás-
ticas exploram esse tipo de homem, – e, por sua vez, há classes
suficientes de comércios e de sociedades (naturalmente, também
os palhaços compráveis, os artistas) que conquistam seu fomento,
quando essas águas-fortes nacionais alcançam uma vez mais o poder. De fato, uma espécie inferior passa a preponderar – –

7 (48)
Intelectualidade da dor: ela não designa em si aquilo que é
instantaneamente lesado, mas que valor possui o dano com vistas
ao indivíduo universal.
Será que há dores nas quais "o gênero" e não o indivíduo
sofre –
Que significa ativo e passivo? Não significa tornar-se senhor e ser dominado?
E sujeito e objeto?

7 (49)
A questão do valor é mais fundamental do que a questão da
certeza: essa última questão só conquista a sua seriedade sob o
pressuposto de que a questão valorativa é respondida.
Ser e aparência: computado psicologicamente, não se obtém daí nenhum em si, nenhum critério para a "realidade", mas
apenas para o grau da possibilidade de aparecer medida pela força da participação que damos a uma aparência

7 (50)
O problema da verdade, da veracidade, da certeza

O problema do bem.
O problema da justiça.
O problema da medida.
O problema da ordem hierárquica.

7 (51)
O *ferimento* provoca *ou bem* a reação, ou bem a *sujeição*.

7 (52)
Os intérpretes cristãos, como *Carlyle*, hoje como forma da *desonestidade*: do mesmo modo a admiração dos tempos da *fé*.

7 (53)
Não se combate uma luta pela existência na luta entre as representações e as percepções, mas pelo domínio: – a r<epresentação> superada *não é aniquilada*, apenas *reprimida* ou *subordinada*. *Não há no plano espiritual nenhuma aniquilação...*

7 (54)
Cunhar no devir o caráter do ser – essa é a mais elevada *vontade de poder*.

Dupla falsificação, a partir dos sentidos e a partir do espírito, a fim de conservar um mundo do ente, do que persiste, do equivalente etc.

Que tudo retorna é a aproximação mais extrema de um mundo do devir ao mundo do ser: ápice da consideração.

Dos valores que se aduziram ao ente provêm a condenação e a insatisfação no que vem a ser: depois que tal mundo do ser foi primeiro inventado.

As metamorfoses do ente (corpos, Deus, ideias, leis naturais, fórmulas etc.)

"O ente" como aparência; inversão dos valores: a aparência foi o que *emprestou valor* –

Conhecimento em si no devir impossível; como é que o conhecimento, portanto, é possível? Como erro em relação a si mesmo, como vontade de poder, como vontade de ilusão.

Devir como inventar, querer, autonegação, superar a si-mesmo: nenhum sujeito, mas um fazer, um posicionar, criativa-mente, nenhuma "causa e efeito".

Arte como vontade de superação do devir, como "eterni-zação", mas de vista curta, sempre de acordo com a perspectiva: por assim dizer repetindo no pequeno a tendência do todo

Considerar o que *toda vida* mostra como fórmula reduzida da tendência conjunta: por isso, uma nova fixação do conceito "vida" como vontade de poder

Ao invés de "causa e efeito", a luta daqueles que vêm a ser uns com os outros, com frequência arrastando o adversário para o interior da luta; nenhum número constante dos que vêm a ser.

Inutilidade dos velhos ideais para a interpretação de todo o acontecimento, depois que se reconheceram sua proveniência animal e sua utilidade; tudo, além disso, contradizendo a vida.

Inutilidade da teoria mecanicista – dá a impressão da *ausência de sentido*.

Todo o *idealismo* da humanidade até aqui está no conceito, convertido em *niilismo* – na crença na absoluta ausência de *valor*, ou seja, ausência de sentido...

A aniquilação dos ideais, o novo deserto, as novas artes para suportá-lo, nós, *anfíbios*.

Pressuposição: coragem, paciência, nenhum "retorno", ne-nhum ardor para frente

N.B. Zaratustra, comportando-se de maneira constantemente paródica em relação a todos os valores mais antigos, por plenitude.

7 (55)

Se "só há um ser, o eu", e se todos os outros entes são feitos à sua imagem – se, por fim, a crença no "eu" subsiste e perece juntamente com a crença na lógica, isto é, na verdade metafísica da categoria racional: se, por outro lado, o eu se revela como algo *que vem a ser*: então – – –

7 (56)

Contra o átomo físico. Para conceber o mundo, precisamos poder calcular; para podermos calcular, precisamos ter causas constantes; uma vez que não conseguimos encontrar na realidade efetiva nenhuma causa constante como tal, *inventamos poeticamente* para nós algumas – os átomos. Essa é a origem da atomística. A calculabilidade do mundo, a expressabilidade de todo acontecimento em fórmulas – trata-se, efetivamente, de um "conceber"? O que seria propriamente concebido em uma música, se tudo aquilo que é calculável nela e pudesse ser reduzido a fórmulas fosse calculado? – Com isso, as "causas constantes", coisas, substância, algo incondicionado portanto; *poeticamente inventado* – o que se alcançou?

7 (57)

Houve uma tarde melancólica na qual Spinoza ficou insatisfeito consigo: um pequeno acontecimento não lhe saía da mente – ele se repreendeu com vistas a esse acontecimento. De uma tacada, ele disse para si mesmo: isto é o *morsus conscientiae*![73] Mas como é que o *morsus conscientiae* ainda é possível em mim?

7 (58)

Crítica do ideal cristão: seus pressupostos as condições existenciais da alma – trata-se da *vida eterna* e de condenação ou bem-aventurança

7 (59)

O determinismo só é danoso para aquela moral, que acredita no *liberum arbitrium* como pressuposto da moralidade, que acredita na "responsabilidade"

7 (60)

Contra o positivismo que permanece junto ao fenômeno afirmando "só há fatos" eu diria: não, precisamente fatos não há, só interpretações. Não podemos constatar nenhum fato "em si": talvez seja um disparate querer algo assim. "Tudo é subjetivo", vós dizeis: mas já isso é *interpretação*, o "sujeito" não é nada

---

73 **N.T.:** Em latim no original: "o remorso de consciência".

FRAGMENTOS PÓSTUMOS, 1885–1887 (Vol. VI)

dado, mas algo acrescentado poeticamente, colocado aí por detrás. – É por fim necessário colocar ainda o intérprete por detrás da interpretação? Já isso é poesia, hipótese.

Até o ponto em que a palavra "conhecimento" tem sentido, o mundo é passível de ser conhecido: mas ele é *interpretável de outro modo*, ele não possui nenhum sentido por detrás de si, mas infinitos sentidos: "perspectivismo".

São nossas necessidades *que interpretam o mundo*: nossos impulsos e seus prós e contras. Cada impulso é uma espécie de despotismo, cada um tem a sua perspectiva que ele gostaria de impor como norma a todos os outros impulsos.

7 (61)

Títulos provisórios dos capítulos.

Antagonismo entre "aprimoramento" e "ampliação" do homem (respectivamente domesticação e intensificação)

Crítica do ideal cristão (modéstia, castidade, pobreza, ingenuidade)

Crítica do ideal estoico (inclusive do "faquir")

Crítica do ideal epicurista (inclusive o ideal "olímpico" – mesmo os "contemplativos")

As metamorfoses da escravidão.

Artistas e conquistadores. O que quer beleza?

Justiça, culpa, punição, responsabilidade – o legislador.

Crítica do ideal romântico, ao mesmo tempo daquele ideal que dá ao pessimista a sua força para odiar e desprezar

O caráter interpretativo da vida (que significa niilismo?)

"Ausência de metas"

O próximo século e seus predecessores.

Crítica da ação (causa e efeito, fazer, finalidade)

Ordem hierárquica

7 (62)

São apenas muito poucos aqueles que têm clareza quanto ao que encerra em si o ponto de vista daquilo *que é desejável*, de todo "é assim que deve ser, mas não é", ou mesmo de todo "assim deveria ter sido": uma condenação do curso conjunto das coisas. Pois nele não há nada isolado: o que há de mais ínfimo carrega o todo; sobre a tua pequena injustiça se assenta toda a construção do futuro; o todo é concomitantemente condenado em cada crítica, que toque no que há de menor. Supondo agora até mesmo que a norma moral, tal como a tinha em vista mesmo Kant, nunca pode ser plenamente cumprida e permaneceria suspensa como uma espécie de além sobre a realidade efetiva, sem jamais cair e se misturar com ela: então, a moral encerraria em si um juízo sobre o todo que permitiria de qualquer modo que perguntássemos: *de onde ela retira o direito para tanto?* Como é que a parte chega a se tornar aqui o juiz do todo? – E se se tratasse de fato de um instinto inextinguível presente nesses juízos e insuficiências morais com o efetivamente real, tal como se afirmou, então não seria possível que esse instinto pertencesse, talvez, concomitantemente às expressões inesgotáveis de estupidez, mesmo de imodéstia de nossa espécie? – Mas, na medida em que dizemos isso, fazemos aquilo que censuramos; o ponto de vista daquilo que é desejável, o desempenho não autorizado do papel de juiz, faz concomitantemente parte do curso das coisas, do mesmo modo que toda injustiça e incompletude – é justamente nosso conceito de "perfeição" que não fecha a sua conta. Todo impulso, que quer ser satisfeito, expressa a sua insatisfação com a situação atual das coisas: como? Será que o todo é composto a partir de partes puramente insatisfeitas, que têm em mente todas juntas coisas desejáveis? Será que o "curso das coisas" não é justamente o "caminho daqui! Para além da realidade efetiva!", a própria eterna insatisfação? Será que aquilo que é desejável é a própria força impulsionadora? Ela é – deus?

Parece-me importante que nos libertemos *do todo*, da unidade, de qualquer força, de um incondicionado; não se conseguiria evitar tomá-los como instância suprema e batizá-los como Deus. Precisa-se estilhaçar o todo; desaprender o respeito pelo todo; aquilo que demos ao desconhecido <e> ao todo é preciso recuperar para o próximo, para o que é nosso. O que Kant, por exemplo, diz: "duas coisas permanecem eternamente honráveis"

FRAGMENTOS PÓSTUMOS, 1885–1887 (Vol. VI)   265

– hoje diríamos antes "a digestão é honorável". O todo sempre traria consigo os antigos problemas: "como é que o mal seria possível?" etc. Ou seja: *não há nenhum todo, falta* o grande *sensorium* ou *inventarium* ou um arsenal de força: aí [+++]

7 (63)
Toda filosofia não precisa trazer à luz finalmente os pressupostos, sobre os quais o movimento da *razão* se baseia? Nossa *crença no eu*, como em uma substância, como a única realidade, segundo a qual atribuímos realidade às coisas? O mais antigo "realismo" é o último a vir à luz: no mesmo tempo em que toda a história religiosa da humanidade se reconhece como história das superstições da alma. *Aqui temos uma barreira*: nosso próprio pensamento envolve aquela crença (com sua distinção entre substância e acidente, ação, agente etc.), deixá-la passar significa não-poder-mais-pensar.

No entanto, o fato de uma crença, por mais necessária que ela seja para a conservação do ser, não ter nada em comum com a verdade é algo que se reconhece, por exemplo, no fato de que *precisamos* acreditar no tempo, no espaço e no movimento, sem nos sentirmos obrigados a aqui [+++] absolutos

7 (64)
[+++] *de todos os valores*
Primeiro livro.
O niilismo europeu.
Segundo livro.
Crítica dos valores supremos.
Terceiro livro.
Princípio de uma nova valoração.
Quarto livro.
Cultivo e domesticação.
Esboçado em 17 de março de 1887, em Nizza.
I. Toda valoração puramente moral (tal como, por exemplo, o budismo) *termina com o niilismo*: isso pode ser esperado para a Europa! Acredita-se que é possível se safar como um moralista sem um pano de fundo religioso: com isso, porém, o caminho

para o niilismo é *necessário*. Na religião, falta a compulsão para *nos* considerarmos como instauradores de valores.

7 (65)

O quão pesados são a cada vez o sucesso e seu deplorável ponto de partida computados em conjunto! Mesmo nos artistas: como é que se pode concluir a partir da obra de volta para o artista! *Homero* – vós não sentis o pessimista e o superexcitável, que cria poeticamente em virtude de seu sofrimento aquela profusão de consumação dos olímpicos! As teorias do filósofo são *ou bem* a universalização brutal da experiência de sua sensibilidade, *ou bem* o meio através do qual ele quer permanecer senhor sobre essa sensibilidade – espiritualidade etc.

4.

Egoísmo e seu problema! A desertificação cristã em Larochefoucauld, que retirou de toda parte o egoísmo e acreditou, com isso, *ter diminuído* o valor das coisas! Em contraposição a isso, busquei demonstrar de início que não *pode* haver outra coisa senão egoísmo – que, para os homens, nos quais o ego se torna fraco e fino, mesmo a força do grande amor se torna fraca – que os que mais amam são assim sobretudo pela força de seu ego – que o amor é uma expressão do egoísmo etc. A falsa avaliação aponta em verdade para o interesse 1) daqueles para os quais ela é útil, que são ajudados por ela, o interesse do rebanho 2) ela contém uma suspeita pessimista em relação ao fundamento da vida 3) ela gostaria de *negar* os *homens mais bem constituídos; medo* 4) *ela quer* ajudar os que se encontram embaixo com razão a se lançar contra os vencedores 5) ela traz consigo uma insinceridade universal, e precisamente junto aos homens mais valorosos.

5.

A música e sua periculosidade – sua patuscada, sua arte de ressurreição para estados cristãos, sobretudo para aquela mistura de sensualidade deslocada e do ciclo estral da oração (Francisco de Assis) – andam lado a lado com a sujeira da cabeça, e o fanatismo do coração; quebra a *vontade*, superexcita a sensibilidade, os músicos são foda.

FRAGMENTOS PÓSTUMOS, 1885–1887 (Vol. VI)   267

N.B. *Causas* (estados internos) a partir dos quais a arte cresce: e, *muito diferentes* delas, os *efeitos*.

7 (66)
Que tipo de homem pode se sentir mal em meio à leitura de meus escritos? Abstraindo-se daqueles, naturalmente, que "não os compreendem" de maneira alguma (como os porcos eruditos e as gralhas das grandes cidades, ou os padres, ou "os discípulos alemães", ou todos os que bebem cerveja e fedem à política). Temos aí, por exemplo, os literatos, que mexem com o espírito do usurário e querem "viver" de suas opiniões – eles descobriram justamente que há algo em uma opinião (ao menos em certas opiniões) que vale dinheiro. Contra eles, emana de meus escritos um sopro constante de um desprezo férreo. Do mesmo modo, só muito dificilmente satisfaço as mulherzinhas literárias, tal como elas costumam ser, com instrumentos sexuais doentios e canetas-tinteiro nos dedos; talvez porque eu pense de maneira elevada demais a mulher, para querer rebaixá-la à condição de uma lula?[74] Do mesmo modo, compreendo por que todos os agitadores empolados me são repulsivos: pois eles necessitam precisamente das grandes palavras e do barulho de princípios virtuosos que eu – – – e que, logo que sentem uma agulha, correm o risco de estourar – – –

Pouco me importa toda essa hostilidade: mas existe outra cujas contrações causam a mim mesmo dor: – trata-se daquelas contrações características de pessoas da plebe que trabalham penosamente para subir na vida, os homens da sede moral, da tensão combativa, aqueles que aspiram apaixonadamente a se aproximar do homem distinto. Para eles, deve surgir necessariamente a aparência de que um olhar irônico vindo de meus escritos está à espreita, um olhar do qual não escapa nada de seu pequeno heroísmo – um olhar para o qual se faz presente toda a sua pequena miséria, mesmo os seus cansaços e aquilo que é necessário para todos os homens cansados em termos de vaidade, sua escalada de formiga e seu despencar constante.

---

74 **N.T.:** Há um jogo de linguagem que se perde na tradução. Na verdade, lula em alemão significa literalmente "peixe de tinta" (*Tintenfisch*).

7 (67)

Recentemente, um senhor Theodor Fritsch de Leipzig escreveu para mim. Não há nenhum bando mais despudorado e estúpido na Alemanha do que esses antissemitas. Por carta, agradeci-lhe com um bom pé na bunda. Essa canalha ousa colocar na boca o nome de Z<aratustra>! Nojo! Nojo! Nojo!

7 (68)

N.B.

de tal modo que se encontra entre os ateus menos *liberalidade* em coisas morais do que entre os castos e os que creem em Deus (por exemplo, Pascal é mais livre e mais liberal em questões morais do que Schopenhauer)

7 (69)

Pascal viu em duas figuras, em Epiteto e em Montaigne, suas tentações propriamente ditas; tentações contra as quais ele tinha a necessidade de sempre defender e assegurar uma vez mais seu cristianismo.

7 (70)

Há acima do bafo e da sujeira das baixezas humanas uma *humanidade mais clara e mais elevada*, que será, segundo o número, uma humanidade muito pequena – pois tudo o que prepondera é, segundo sua essência, raro –: se pertence a ela, não porque se seria mais bem dotado ou mais virtuoso ou mais heroico ou mais adorável do que os homens aí debaixo, mas porque se é *mais frio, mais claro, mais previdente, mais solitário*, porque se suporta, se prefere, se exige a solidão como felicidade, como privilégio, sim, como condição da existência, porque se vive sob as nuvens e os raios como entre seus iguais, assim como sob os raios do sol, as gotas de orvalho, os flocos de neve e tudo aquilo que vem necessariamente de cima e, quando se move, se move eternamente apenas na direção de *cima para baixo*. As aspirações *ao* alto não são as nossas. – Os heróis, os mártires, os gênios e entusiasmados não são suficientemente calmos, pacientes, refinados, frios, lentos para nós.

[8 = Mp XVII 3c. Verão de 1887]

[Primeiro livro: "o que é a verdade?"]
(*Terceiro capítulo*. A vontade de verdade.)

8 (1)
O *problema da verdade.*
A *necessidade de crença é o maior* empecilho *à veracidade.*
A *vontade de verdade*
A *falsidade.* A *falsidade inconsciente.*
Todo e qualquer *instinto soberano* tem os outros instintos como seus instrumentos, como a sua corte, os seus bajuladores: ele nunca deixa que o chamem pelo seu *feio* nome: ele não tolera *nenhum outro* elogio, no qual ele não seja *concomitante e indiretamente* elogiado.

Em torno de todo e qualquer instinto soberano se cristalizam todos os elogios e as censuras em geral em uma ordem fixa e em uma etiqueta.

Essa é *uma* causa da falsidade.

Todo e qualquer instinto que aspira ao domínio, mas se encontra sob um jugo, precisa para si, para o apoio de sua autoestima, para o seu fortalecimento, de todos os belos nomes e valores *reconhecidos*: de tal modo que ele se aventura *na maioria das vezes* sob o nome do "senhor" que é por ele combatido, do qual ele quer se livrar. (Por exemplo, sob o domínio de valores cristãos, o desejo carnal ou a avidez por poder)

Essa é a *outra* causa da falsidade.

Nos dois casos impera a *completa ingenuidade*: a falsidade *não* ganha a consciência. É um sinal de um instinto *partido*, quando o homem vê *separadamente* o elemento impulsionador e sua "expressão" ("a máscara") – um sinal de autocontradição e algo muito menos triunfal. A *inocência* absoluta nos gestos, na palavra, no afeto, a "boa consciência" na falsidade, a segurança, com a qual se buscam as maiores e as mais luxuosas palavras e atitudes – tudo necessário para a vitória.

No *outro caso*: na *vidência extrema*, necessita-se do *gênio* do *jogador* e de um cultivo descomunal no autocontrole para vencer.

Por isso, padres são os hipócritas *conscientes* mais habilidosos; em seguida, os príncipes, cuja posição hierárquica e descendência criam uma espécie de teatralidade. Em terceiro lugar, os homens de sociedade, os diplomatas. Em quarto lugar, as mulheres.

Pensamento fundamental: a falsidade aparece de maneira tão profunda, tão universal, a *vontade* é dirigida de tal modo contra o conhecer a si mesmo direto e contra o chamar pelo nome, que a *suposição* possui uma *probabilidade muito grande*: *verdade, vontade de verdade seria* propriamente algo totalmente diverso e também apenas um *disfarce*.

A *sensibilidade* em seus disfarces

como idealismo ("Platão"), próprio da juventude, criando o mesmo tipo de imagem de espelho côncavo, tal como a amante em especial aparece, uma incrustação, uma ampliação, uma transfiguração, colocando a infinitude em torno de todas as coisas

na religião do amor: "um homem jovem e belo, uma bela mulher", de algum modo divino, um noivo, uma núpcia da alma

na *arte*, como violência "ornamentária": do mesmo modo que o homem vê a mulher, na medida em que torna por assim dizer presente nela tudo aquilo que há de primoroso, a sensibilidade de um artista também coloca em um objeto aquilo que ele honra e mantém elevado – desse modo, ele *consuma* um objeto (o "idealiza")

A mulher, com a consciência de que o homem sente algo em relação a ela, *vai ao encontro de seu empenho por idealização*, na medida em que se adorna, anda de modo belo, dança, exprime pensamentos ternos: do mesmo modo, *ela exercita o pudor*, a retração, a distância – com o instinto para o fato de que, com isso, a faculdade idealizadora do homem *cresce*. (– Junto ao refinamento descomunal do instinto feminino, o pudor não se mantém de maneira alguma uma hipocrisia consciente: o pudor desvenda o fato de que precisamente o *caráter envergonhado e ingênuo efetivamente real* é o que mais seduz o homem e o impele à superestimação. Por isso, a mulher é ingênua – por refina-

FRAGMENTOS PÓSTUMOS, 1885–1887 (Vol. VI)

mento do instinto, que a aconselha a utilidade do ser inocente. Um manter-os-olhos-fechados-em-relação-a-si voluntário... Por toda parte onde o disfarce atua mais intensamente, quando ele é inconsciente, ele *se torna* inconsciente. *Para a gênese da arte.* Aquele *tornar perfeito, ver como perfeito*, que é próprio do sistema cerebral carregado com forças sexuais (a noite junto com a amante, as menores contingências transfiguradas, a vida como uma sucessão de coisas sublimes, "a infelicidade do que ama de maneira infeliz como valendo mais do que qualquer coisa"): por outro lado, tudo o que é *perfeito* e *belo* age como uma lembrança inconsciente daquele estado apaixonado e de seu modo de ver – toda a *perfeição*, toda a *beleza* das coisas desperta uma vez mais por meio da *contiguity* a bem-aventurança afrodisíaca. *Fisiologicamente*: o instinto criador do artista e a distribuição do sêmen no sangue... *A exigência por arte e beleza* é uma exigência indireta pelos encantamentos do impulso sexual que o instinto criador comunica ao cérebro. *O mundo que se tornou perfeito*, por meio do "amor"...

O *"impulso do rebanho"* em seu disfarce
O impulso à *mentira e ao disfarce no artista* irrompendo
O impulso *contemplativo* em seu disfarce
Doença e degeneração em seus disfarces
A *velhice* em seus disfarces
(como niilismo
(como retorno de obras juvenis e *herdadas* – a força de tensão do intelecto é partida, por exemplo, R\<ichard\> W\<agner\>
O disfarce da *vis inertiae*

(Segundo livro: Proveniência dos valores.)
Primeiro capítulo. Os metafísicos.

8 (2)

Para a psicologia da metafísica
Este mundo é aparente – *consequentemente*, há um mundo verdadeiro.
Este mundo verdadeiro é condicionado – *consequentemente*, há um mundo incondicionado.

Este mundo é cheio de contradições – *consequentemente*, há um mundo sem contradições. Este mundo é deveniente – *consequentemente*, há um mundo que é.

Puras conclusões falsas (confiança cega na razão: se A *é*, então o seu conceito oposto B precisa *ser*) O que *inspira* a essas conclusões é o *sofrimento*: no fundo, trata-se de *desejos*, gostar-se-ia que houvesse um mundo assim; do mesmo modo, o ódio em relação ao mundo, que faz sofrer, expressa-se no fato de que um outro é imaginado, um mundo *valioso*: o *ressentimento* dos metafísicos contra o efetivamente real é aqui criador.

Segunda série de questões: *para que* sofrer?... e aqui vem à tona uma conclusão com vistas à relação do mundo verdadeiro *com* nosso mundo aparente, mutável, sofredor e cheio de contradições.

1) Sofrimento como consequência do erro: como o erro é possível?

2) Sofrimento como consequência da culpa: como a culpa é possível?

(– puras experiências a partir da esfera natural ou da sociedade universalizadas e projetadas para o interior do "em si")

Mas, se o mundo condicionado é causalmente condicionado pelo incondicionado, então a *liberdade* precisa ser condicionada concomitantemente por ele para o *erro* e para a *culpa*: e uma vez mais se pergunta *para quê*?... O mundo da aparência, do devir, da contradição é, portanto, *querido*: *para quê*?

O erro dessas conclusões: formam-se dois conceitos opostos – *porque* corresponde a um deles uma realidade, também precisa corresponder ao outro uma realidade. "*De onde* se deveria ter de outro modo o seu contraconceito?" – *Razão*, com isso, como uma fonte da revelação sobre um ser em si.

Mas a *proveniência* daquelas oposições *não precisa* retornar *necessariamente* a uma fonte sobrenatural da razão: é suficiente colocar, em contrapartida, a *gênese verdadeira dos conceitos*: – ela provém da esfera prática, da esfera da utilidade e possui justamente a partir daí a sua *crença forte* (*perece-se* aí, quando

FRAGMENTOS PÓSTUMOS, 1885–1887 (Vol. VI)

não se conclui em consonância com essa razão: com isso, porém, não está "demonstrado" o que ela afirma). *A preocupação com o sofrimento* junto aos metafísicos: é totalmente ingênua. "Eterna bem-aventurança": disparate psicológico. Homens mais corajosos e mais criadores *nunca* concebem o prazer e o sofrimento como questões valorativas derradeiras – trata-se de estados paralelos, é preciso *querer* as duas coisas, caso se queira *alcançar* algo. – Nisso se expressa algo cansado e doentio nos metafísicos e nos religiosos, de tal modo que eles veem os problemas do prazer e do sofrimento no primeiro plano. Mesmo a *moral só* tem para si tal importância porque ela é considerada como condição essencial com vistas à supressão do sofrimento.

Do mesmo modo, a preocupação com a aparência e com o erro: causa de sofrimento, superstição, o fato de a crença estar ligada à razão (confusão: a felicidade na "certeza", na "crença")

(*Segundo capítulo*. Os *homines religiosi*.)

8 (3)
em relação aos "*homines religiosi*"
Que significam ideais ascéticos?
Forma prévia da nova forma de vida *contemplativa*, a fim de encontrar respeito e a fim de *se fazer* respeitar (*contra* a "má consciência" da inatividade), suas condições são buscadas
um sentido para a *pureza* da alma, expresso de modo barroco
um *estado de casa de detenção* (preparando-se uma grande quantidade de petiscos), como remédio para uma avidez ultrasselvagem (que foge das canalizações) – como *ódio* contra os sentidos, a vida se manifestando.
um *empobrecimento da vida*, uma necessidade de indolência, de tranquilidade. Artifício do faquir. "Velhice"
uma *vulnerabilidade doentia*, sensibilidade, algo de solteirona, que foge da vida: ao mesmo tempo, um erotismo falsamente canalizado e uma histeria do "amor"
Crítica da *modéstia* ("o obediente absoluto") juntamente com o instinto do poder, buscar "instrumentos" absolutos ou al-

274   FRIEDRICH NIETZSCHE

cançar o máximo como instrumento. A inteligência aí, a preguiça (do mesmo modo que a pobreza e a castidade) Crítica da *pobreza* (a recusa aparente e a concorrência como meios da inteligência no caminho para o domínio. Crítica da *castidade*. *Utilidade*: ela dá tempo, independência – mimo intelectu<al>, que não se mantém entre mulheres – famílias são grandes ninhos de falatório. <Ela> obtém força, mantém afastadas algumas doenças. Liberdade em relação à mulher e à criança mantém afastada uma grande quantidade de tentações (luxo, servilismo em relação ao poder, classificação Um homem no qual se desdobra o efeito da pluralidade rica em segredos e da plenitude da natureza, uma síntese do que há de terrível e do que há de encantador, algo promissor, algo que sabe mais, algo que pode mais. O ideal ascético sempre expressa uma desconfiança, uma privação, uma contradição fisiológica. Ele faz com que se reflita sobre o fato de que só essa espécie de ascetas chamada padre ainda é propriamente conhecida entre os homens de hoje: essa é uma expressão de degradação e de falência do homem em geral. E, do modo como falamos sobre os artistas românticos, tem-se o direito de afirmar que só o *padre romântico* nos é propriamente conhecido – que o padre *clássico* é em si possível, que ele talvez tenha mesmo existido. Coloquemo-nos com essa possibilidade de um p<adre> cl<ássico> diante de Platão no museu Borbônico de Nápoles: os arqueólogos não estão certos se ele não seria um Dioniso barbado. Mas nos é efetivamente indiferente: certo é que se pressupõe aqui um tipo sacerdotal – *nenhum* tipo ascético...

O padre do cristianismo representa a antinatureza, o poder da sabedoria e dos bens, mas o poder antinatural e a sabedoria antinatural, a bondade antinatural: a hostilidade em relação ao poder, o conhecimento e o – – –

o poder como poder milagroso

a sabedoria como antirrazão

o amor como antissexualidade

o ódio contra os poderosos da Terra e um combate e uma competição fundamental velada – quer-se a alma, deixa-se para eles o corpo –

FRAGMENTOS PÓSTUMOS, 1885–1887 (Vol. VI)   275

o ódio contra o espírito, o orgulho, a coragem, a liberdade,
o relaxamento do espírito
    o ódio contra os sentidos, contra as alegrias dos sentidos,
contra a alegria em geral e uma hostilidade de morte contra a
sensibilidade e a sexualidade
    o sacerdócio cristão traz esse peso na consciência – a von-
tade caluniadora e vil de incompreensão em relação à vontade da
sexualidade nos cultos e mistérios dos momentos iniciais...
    o padre cristão é desde o início o inimigo mortal da sen-
sibilidade: não é possível pensar em uma oposição maior a essa
concepção do que a postura inocentemente festiva e cheia de
pressentimentos com a qual, por exemplo, nos cultos das mulheres mais dignas de Atenas, <se sentia> a presença do símbolo
sexual. O ato da geração é o segredo em si em todas as religiões
não ascéticas: uma espécie de símbolo da consumação e do intuito secreto, do futuro (ressurreição, imortalidade

(*Terceiro capítulo*. Os bons e os aprimoradores.)

8 (4)
                              Os bons e os aprimoradores.
    O ódio contra os privilegiados do corpo e da alma: levante
das almas feias e desvalidas contra as belas, orgulhosas e bem-
-constituídas
    seu ponto médio: suspeita da beleza, do orgulho, da alegria
                          "não há nenhum mérito"
                          "o perigo é descomunal: *deve*-se
    o antinatural   tremer e se sentir mal"
    como o mais elevado   "a naturalidade é má; resistir à
                          natureza é o justo. *Mesmo à* "razão".
    uma vez mais são os *padres* que exploram esse estado e
conquistam o "povo" para si. "O pecador", com o qual Deus tem
mais alegria do que com o "justo"
    esta é a luta contra o "paganismo" (o remorso como meio
de destruir a harmonia da alma)

O ódio dos medianos contra as *exceções*, do rebanho contra os independentes

o costume como	Virada *contra* o "egoísmo": só
"eticidade" propriamente	aquilo que é "do outro" tem valor
dita	"nós somos todos iguais"
	contra o despotismo, contra
	"dominar" em geral
	contra o privilégio
	contra sectários, espíritos livres, céticos
	contra a filosofia (como indo de encontro ao instinto instrumental e ao instinto dos cantos)
	nos filósofos mesmos "o imperativo categórico", a essência do moral "universal e por toda parte"

As três *afirmações*:

o vulgar é o mais elevado (protesto do "homem comum")

o antinatural é o mais elevado (protesto dos desvalidos)

o mediano é o mais elevado (protesto do rebanho, dos "medianos")

Na *história da moral* expressa-se uma *vontade de poder*, por meio da qual

ora os escravos e oprimidos	fazem a tentativa de
ora os fracassados e que sofrem em si	impor os juízos de valor mais favoráveis
ora os medianos	a eles.

Nessa medida, o fenômeno da moral é extremamente duvidoso a partir do ponto de vista da biologia. A moral se desenvolveu até aqui *às expensas*:

dos dominantes e de seus instintos específicos

dos bem-constituídos e das *belas* naturezas

dos independentes e privilegiados em um sentido qualquer

A moral é, portanto, um *contramovimento contra os esforços da natureza* de produzir um *tipo mais elevado*. Seu efeito é: Desconfiança em relação à vida em geral (na medida em que suas tendências são sentidas como "imorais" Ausência de sentido, na medida em que os valores supremos são experimentados como em oposição aos instintos superiores – disparate.

Degradação e autodestruição das "naturezas mais elevadas", porque precisamente nelas o conflito se torna *consciente*. *Levante dos escravos na moral*: o *ressentimento* torna-se criativo. Os oprimidos, rebaixados, para os quais fracassa a *reação* propriamente dita.

Consequentemente: um valor *negativo* em primeiro lugar (ao inverso da moral nobre, que emerge do sentimento de um *dizer sim triunfante*).

"o mal" (propriamente o forte)

Método da *difamação* dos valores aristocráticos: (orgulho, beleza, felicidade, serenidade, sensibilidade, riqueza

com o auxílio 1) do *não*-querer-ver 2) do querer-ver-de--maneira-*falsa* 3) do querer-*inserir*-com-o-olhar.

Inversão: tentativa de interpretar o próprio *ressentimento* como virtude (sentido de justiça)

a baixeza temerosa e factual como "humildade"

o inofensivo, a "covardia", a espera como "paciência"

como "bondade", como "amor ao inimigo", como "amor ao homem", também como "obediência em relação a Deus", que ordena que se obedeça à "autoridade"

o desejo de vingança como "vitória de Deus sobre seus inimigos", ao mesmo tempo a crueldade em meio à visão de uma derrota como "triunfo sobre a justiça de Deus"

sua miséria como provação, preparação dos "escolhidos", distinção, mesmo como inteligência ("para que haja expressamente uma rica retribuição")

a vida na "esperança", no "amor", na "fé" (em um Deus dos pobres e oprimidos)

a honra da pobreza como "culto religioso"
tentativa, *em suma*, de estar satisfeito consigo e de se convencer de que "não apenas se seria melhor", mas também "se estaria de posse de melhores condições". Os "bons", propriamente os *fracos*.
– A mais profunda insinceridade e engodo aí.

A interiorização do homem (como doença)
A i<nteriorização> emerge <por meio> do fato de que impulsos poderosos, para os quais é recusada com o estabelecimento da paz e da sociedade a descarga externa, buscam se manter por demais desprovidos de dano voltados para o interior, no laço com a imaginação.A necessidade de hostilidade, crueldade, vingança, violência se volta para trás, "se retrai"; no querer conhecer há despotismo e conquista; no artista, a força para dissimular e para mentir retraída vem à tona; os impulsos são transformados em demônios, com os quais há luta etc.

A determinação de consciência como doença
O homem se transpondo sempre uma vez mais para situações, para as quais ele ainda não possui nenhum instinto: assim, experimentando por enquanto e agindo com base em "ilações", não em instintos. Eventos "racionalistas", por exemplo, a Revolução Francesa.

a *má consciência* se aferroando ao novo
por exemplo, ao casamento
aos sentimentos marcados pelo perdão e pela compaixão (há muito tempo articulados com a autoaniquilação)
à vontade de pesquisa (como dirigido contra a autoridade)
às grandes dominações da natureza
à paz
ao comerciante, ao empregado da alfândega
no caso das espécies nobres, que abdicam da vingança, diante da suprema violência
portanto, a "consciência do justo" irmanada com a má consciência

FRAGMENTOS PÓSTUMOS, 1885–1887 (Vol. VI)

8 (5)

toda injustiça algo involuntário: consequentemente uma *sumphorá*:[75] assim o formula Platão nos livros 9 e 11 das *Leis* com vistas ao roubo do templo e ao parricídio ou matricídio.

8 (6)

O desenvolvimento da responsabilidade pessoal *é retido*: por meio da organização sexual energicamente instituída (a consequência não tocou o autor, e todos suportaram as consequências de todos – da maneira mais estranha possível, as coisas se comportaram em relação à "consciência" do chefe, que precisou expiar relativamente tudo)

8 (7)

O prazer com a mentira como a mãe da arte, o temor e a sensibilidade como a mãe da religião, o *nitimur in vetitum*[76] e a curiosidade como mãe da ciência, a crueldade como mãe da moral não egoísta, o remorso como origem do movimento social da igualdade, a vontade de poder como origem da justiça, a guerra como o pai (da boa consciência e da serenidade) da sinceridade, o direito senhorial como a origem da família; a desconfiança como a raiz da justiça e da contemplação

8 (8)

Zaratustra

Nesta obra, cada palavra precisa ter alguma vez doído e ferido, e, uma vez mais, encantado profundamente: – o que não se compreendeu assim, não se compreendeu de modo algum.

---

75 **N.T.:** Em grego no original: "contingência".
76 **N.T.:** Em latim no original: "Lançamo-nos em direção ao proibido."

[9 = W II 1. Outono de 1887]

PRIMEIRO LIVRO

9 (1)

Princípios e ponderações antecipadas.
1) Para a história do *niilismo* europeu.
Como consequência necessária dos ideais até aqui: absoluta ausência de valor.
2) A doutrina do *eterno retorno*: como sua consumação, como *crise.*

(1)   3) Todo esse desenvolvimento da filosofia como história do desenvolvimento da *vontade de verdade.* O seu próprio colocar-se em questão. Os sentimentos valorativos *sociais* exagerados e transformados em princípios valorativos absolutos.

(2)   4) O problema da vida: como *vontade de poder* (a preponderância temporária dos sentimentos valorativos sociais é compreensível e útil: trata-se da produção de uma *subestrutura*, na qual finalmente um gênero *mais forte* se torna possível). Critério de medida dos fortes: poder viver sob as avaliações *inversas* e querê-las eternamente de novo. Estado e sociedade como subestrutura: ponto de vista da economia mundial, educação como *cultivo.*

9 (2)

(3) Crítica do *homem bom.* (*Não* da hipocrisia: – isso me serve no máximo para a distração e o divertimento). A luta até aqui com os afetos mais terríveis, com o seu enfraquecimento, a repressão –: moral como apequenamento

9 (3)

(4) *Kant*: torna o ceticismo epistemológico dos ingleses *possível* para alemães
1) Na medida em que faz com que os alemães se interessem por suas necessidades morais e religiosas (: assim como

FRAGMENTOS PÓSTUMOS, 1885–1887 (Vol. VI)   281

os acadêmicos mais recentes utilizam pelas mesmas razões o ceticismo como preparação para o platonismo
de Agostinho; assim como Pascal utilizou até mesmo o
ceticismo moral, para excitar ("para justificar") a necessidade de crença
2) Na medida em que ele o floreou e frisou com muitos
arabescos e, por meio daí, o tornou palatável para o gosto científico formal dos alemães (pois Locke e Hume
eram, em si, luminosos demais, claros demais, isto é,
julgando segundo os instintos valorativos dos alemães,
"superficiais demais)
Kant: um parco psicólogo e conhecedor do homem; tos-
camente equivocado com vistas aos grandes valores históricos
(Revolução Francesa); um fanático da moral *à la* Rousseau com
uma cristandade subterrânea dos valores; inteiramente dogmático, mas com um excesso pesado dessa inclinação, até as raias do
desejo de tiranizar; no ceticismo, porém, logo cansado; ainda sem
nenhum sopro do vento de um gosto cosmopolita e de uma beleza
antiga... um *retardatário* e um *comunicador*, nada original.
(– assim como *Leibniz* entre a mecânica e o espiritualismo,
como *Goethe* entre o gosto do século XVIII e o gosto
do "sentido histórico" (– que é essencialmente um sentido do
exotismo)
como a *música alemã* entre a música francesa e a ita<liana>
como *Carlos, o Grande*, entre o Império Romano e o nacionalismo
mediatizado, vencido – retardatário por excelência

9 (4)
Por fim: "ter sido disso um mestre"
come l'uom s'eterna...[77]
(Inf. XV, 85)

---

77   **N.T.**: Em italiano no original: "como o homem se eterniza".

9 (5)

(5) Para a caracterização do *gênio nacional*, com vistas ao alheio

e tomado de empréstimo

o gênio *inglês* torna tosco e antinatural tudo aquilo que ele acolhe

o *francês* dilui, simplifica, logiciza, enfeita.

o *alemão* borra, medeia, enreda, moraliza ao extremo.

com grande folga, foi o italiano que fez o uso mais livre e mais refinado daquilo que ele tomou de empréstimo e, ao mesmo tempo, ele inseriu cem vezes mais nesse caso do que extraiu: como o gênio *mais rico*, que tinha mais a presentear.

9 (6)

(6)   *Para a estética*

A sensibilidade   Imagens da vida *elevada e vitoriosa* e sua força

transfiguradora: de tal modo que certa

a embriaguez   *perfeição* é colocada nas coisas

Inversamente: onde a *beleza da perfeição* se mostra, o mundo da sensibilidade e da embriaguez é concomitantemente mobilizado por uma *velha imbricação*. Por isso, a sensibilidade e a embriaguez pertencem à *felicidade religiosa*.

E, do mesmo modo, essencialmente a excitabilidade sensualista dos artistas.

"*belo*" atua como um inflamador do sentimento de prazer; pense-se na força transfiguradora do "amor". Inversamente, o transfigurado e perfeito não deveria excitar de maneira suave a sensibilidade, de tal modo que a vida provocasse o efeito de um sentimento de bem-estar? –

9 (7)

(7) A força *excedente* na *espiritualidade* colocando para si mesma novas metas; *inteiramente não apenas exercendo o papel de comando e de guia para o mundo inferior ou para o desdobramento do organismo*, do "indivíduo". Nós somos mais do que

um indivíduo, nós somos toda a cadeia, ainda com as tarefas de todos os futuros da *corrente*

9 (8)
Para o plano.
No lugar dos valores morais, valores *puramente naturalistas.* Naturalização da moral.
No lugar da "sociologia", uma *doutrina das configurações de domínio*
No lugar da "teoria do conhecimento", uma *doutrina perspectivística dos afetos* (à qual pertence uma hierarquia dos afetos) os afetos *transfigurados*: sua ordem *superior*, sua *"espiritualidade"*.
No lugar de metafísica e religião, a *doutrina do eterno retorno* (essa doutrina como meio do cultivo e da seleção)
(8) "Deus" como momento de culminação: a existência uma eterna divinização e desdivinização. Mas *aí nenhum ápice valorativo*, mas apenas ápices de poder
Exclusão absoluta *do mecanismo* e da *matéria*: os dois são apenas formas de expressão de níveis inferiores, a forma mais desespiritualizada do afeto ("da vontade de poder")
o *embrutecimento* do mundo como meta, em consequência da vontade de poder, que torna os elementos tão independentes uns dos outros quanto possível: *beleza* como sinal do elemento *vitorioso*: o feio como a expressão de muitas derrotas (no próprio organismo) Nenhuma herança! A cadeia *crescendo como um todo* –
Apresentar o *retrocesso a partir do ápice* no *devir* (da espiritualização mais elevada do poder sobre a base do que há de mais escravo) como *consequência* dessa força mais elevada que, se voltando *contra si*, depois que ela não tem mais nada a organizar, emprega sua força para *desorganizar...*
a) A *vitória* cada vez maior das sociedades e a subjugação delas a um número menor, mas mais forte
b) A vitória cada vez maior dos privilegiados e mais fortes e, consequentemente, a ascensão da democracia, finalmente *anarquia* dos elementos.

9 (9)

A música do presente
Um escrito polêmico
Por
F. N.

9 (10)

Segundo escrito polêmico
A ótica de rebanho como moral.
Entre moralistas e filósofos da moral.
Um ajuste de contas com a moral.
o que a diferença entre as castas contribuiu para
a moral?
o que o ideal ascético?
o que o rebanho?
o que os filósofos?
o que os afetos dos predadores?

9 (11)

Entre moralistas. – Os grandes filósofos da moral. Moral
como fatalidade dos filósofos até aqui
Rousseau. Kant. Hegel. Schopenhauer. Lichtenberg. Goethe. B. Granzian. Maquiavel. Montaigne. Pascal.
Carlyle. G. Eliot. H. Spencer.
S.-Beuve. Renan. Goncourts. Stendhal. Napoleão.
Platão. Epiteto. Epicuro. Sêneca. Marco Aurélio.

9 (12)

(9) *Evidente*: música francesa, com um espírito voltairiano, livre, impertinente, com um pequeno sorriso sardônico, mas clara, engenhosa até a brutalidade (– seu espírito não *floreia* –) e sem a sensibilidade glutona, doentia e loura vienense

9 (13)

Valores.
"O valor da vida": mas a vida é um caso particular, é preciso justificar toda a existência, e *não* apenas a vida – o prin-

FRAGMENTOS PÓSTUMOS, 1885–1887 (Vol. VI)

cípio justificador é um princípio tal a partir do qual a vida se *explica...* a vida mesma não é nenhum meio para algo; ela é a *expressão* de formas de crescimento do poder.

– Que nós não transformemos mais "o desejável" em juiz sobre o *ser*!

– que nós não coloquemos nossas formas finais do desenvolvimento (por exemplo, o espírito) uma vez mais como um "em si" *por detrás* do desenvolvimento

9 (14)
Capítulo conclusivo: *a derradeira desejabilidade*.
Fim do livro (assim como a vida, também a própria sabedoria): profunda e sedutora.

9 (15)
(10) O que Tertuliano diz sobre os anjos maus se poderia dizer dos *padres ascéticos*.
Tertuliano (*Apologética* n. 22) sobre os anjos maus: "na cura das doenças, eles são verdadeiros mágicos. De início, eles atormentam; em seguida, porém, eles prescrevem meios que, até as raias do milagroso, são novos e desvantajosos: – não obstante, contudo, acredita-se que eles teriam ajudado, *porque eles pararam de atormentar*".

9 (16)
(11) "Não julgais, *para que* não sejais julgado". O "para que" é desprezível. *Vulgar...*
   1) não se admite pura e simplesmente com isso, caso se tenha a permissão de julgar, que outros têm a permissão de *nos* julgar...
   2) as consequências desagradáveis são consideradas por alguém, que é criado para uma tarefa qualquer, *não* como contrarrazões em relação a essa tarefa: em certas circunstâncias, elas podem ser estimulantes.

286 FRIEDRICH NIETZSCHE

Nada é mais incompreensível do que apresentar um exagero em termos morais (por exemplo, amai o vosso inimigo): com isso, alijou-se a *razão* da moral... a natureza da moral.

Convicção absoluta: o fato de os sentimentos valorativos em cima e embaixo serem *diversos*; o fato de inúmeras *experiências* não se fazerem presentes para *os que estão embaixo*, de a incompreensão ser *necessária*, quando se vai de cima para baixo.

9 (17)
(12) *O apequenamento* do homem precisa viger durante muito tempo como a única meta: porque é preciso construir de início um fundamento amplo para que um tipo *superior* de homem possa se encontrar aí: em que medida até aqui *todo* tipo *fortalecido* de homem *se encontrava no nível dos inferiores* – – –

9 (18)
(13) Guerra ao *ideal cristão*, à doutrina da "bem-aventurança" e à salvação como meta da vida, guerra à supremacia dos simplórios, dos corações puros, dos sofredores e dos fracassados etc. (– o que nos importa ainda Deus, a fé em Deus! Deus, hoje, meramente uma palavra esmaecida, nem mesmo um conceito). Mas, tal como Voltaire no leito de morte, é preciso dizer: "não me falem, por favor, do homem!"

Quando e onde um homem, que possa ser levado em conta, viu algum dia de maneira *semelhante* aquele ideal cristão? Ao menos em relação a tais olhos que um psicólogo e um nefrologista precisam ter! – Folheiam-se, em vão, todos os heróis de Plutarco.

9 (19)
(14) Francisco de Assis: apaixonado, popular, poeta, luta contra a *aristocracia* e contra a ordem hierárquica das almas em favor dos mais inferiores.

9 (20)
(15) *Sócrates*: luta contra os instintos nobres, de maneira bastante plebeia (*contra* a arte, mas de maneira paradigmatica-

FRAGMENTOS PÓSTUMOS, 1885–1887 (Vol. VI)

mente científica. Escárnio em relação ao instinto equivocado de Renan, que *apinha noblesse* e ciência.)

A *ciência e a democracia* se compertencem (o que mesmo o senhor Renan pode dizer) de maneira tão certa quanto a arte e a "boa sociedade".

9 (21)

(16) Para a honra dos *vícios*:

a cultura grega	e a pederastia
a música alemã	e o alcoolismo
a ciência	e a sede de vingança

9 (22)

(17) As grandes *mentiras* na história:
como se tivesse sido a *devassidão* do paganismo que tivesse aberto o caminho para o cristianismo! Ao contrário, foi o enfraquecimento e a *ultramoralização* do homem antigo! A reinterpretação dos impulsos naturais e a sua transformação em *vícios* já tinham acontecido anteriormente!

– como *se a devassidão da Igreja* tivesse sido a *causa* da Reforma; ela foi apenas a desculpa, o autoengodo por parte de seus agitadores – havia uma forte necessidade aí, cuja brutalidade precisava de um disfarce espiritual

9 (23)

(5) A interpretação mendaz das palavras, dos gestos e dos estados dos *moribundos*: temos aí, por exemplo, o medo diante da morte confundido fundamentalmente com o medo diante do "depois-da-morte"...

9 (24)

a *imitatio* como livro da *sedução* (em Comte)

9 (25)

os quatro democratas: Sócrates, Cristo, Lutero e Rousseau

288 FRIEDRICH NIETZSCHE

9 (26)

(19) contra o *valor* daquilo que permanece eternamente igual (a ingenuidade de *Spinoza*, de *Descartes* do mesmo modo), o valor do que há de mais breve e mais perecível, a reluzência áurea sedutora na barriga da serpente *vita* –

9 (27)

(20) *Substituição* da moral pela *vontade* de nossa meta, e, *consequentemente*, dos seus meios. do imperativo categórico pelo *imperativo da natureza*. Não querer ter nenhum *elogio*: faz-se o que é útil a alguém ou aquilo que dá prazer a alguém ou o que se precisa fazer.

9 (28)

(21) As *grandes falsificações dos psicólogos*:
1) o homem aspira à *felicidade*
2) a *moral* é o único caminho para *se tornar feliz*
o conceito insípido e vazio da "bem-aventurança" cristã

9 (29)

<(22)> Absoluta falta de instinto do Sr. Renan, que computa a ciência e a *noblesse* juntas como formando uma unidade. A ciência é fundamentalmente democrática e *antioligárquica*.

9 (30)

(23)   Justificação do *conceito*
O *egoísmo*. Caso se tenha concebido em que medida o "indivíduo" é um erro e em que medida, em contrapartida, cada ser particular é justamente *todo o processo* em uma linha direta (não apenas "hereditariamente", mas ele mesmo...), então esse ser particular tem um *significado extraordinariamente grande*. O *instinto* fala, nesse caso, de maneira totalmente correta; onde esse instinto *arrefece* (– onde o indivíduo *busca* para si um valor primeiramente no serviço aos outros), pode-se com certeza concluir pelo cansaço e pela *degeneração*. O altruísmo da atitude, fundamental e sem fanfarronice, é um instinto voltado para criar para si ao menos um

segundo valor a serviço de *outros egoísmos*. Na maioria das vezes, porém, ele é apenas *aparente*: *um desvio* para a conservação do *próprio sentimento de vida, do próprio sentimento do valor* –

9 (31)
(24) Na filosofia, trata-se, como no *campo de batalha*, disso
– linhas interiores –

9 (32)
quem não tomou parte no monstruoso *obscurantismo* dos bayreuthianos

9 (33)
(25) *a falta de cultivo*: no futuro será necessário muita ascese para o fortalecimento da vontade, o privar-se voluntário

9 (34)
(26) Trabalhadores precisam aprender a sentir como *soldados*. Um honorário, um salário, mas não um pagamento! Nenhuma relação entre pagamento e *desempenho*! Mas colocar o indivíduo de tal forma, *sempre de acordo com o seu modo de ser*, que ele possa *realizar o máximo* que se encontra em seu âmbito.

9 (35)
(27)   1. *O niilismo é um estado* normal.
Niilismo: falta a meta; falta a resposta ao "por quê?" que significa niilismo? – *o fato de que os valores supremos se desvalorizaram.*
Ele é *ambíguo*:
A)) Niilismo como sinal do *poder elevado do espírito*: como *niilismo ativo*.
Ele pode ser um sinal de *força*: a força do espírito pode ter crescido a tal ponto que as metas *até aqui* se mostrem inapropriadas para ele ("convicções", "artigos de fé")
– uma crença expressa, em geral, justamente a coerção de *condições existenciais*, uma submissão à autoridade de relações, sob as quais um ser *prospera, cresce, conquista poder...*

Por outro lado, um sinal de uma força *não suficiente*, para também *estabelecer*, então, uma vez mais uma meta, um por quê?, uma crença.

Seu *máximo* de força relativa é alcançado por ele como força violenta da *destruição*: *como niilismo ativo*. Seu oposto seria o niilismo cansado, que não *ataca* mais: sua forma mais célebre, o budismo: como niilismo *passivo*.

O niilismo representa um *estado intermediário* patológico (patológica é a universalização descomunal, a conclusão *relativa à inexistência de sentido*): seja porque as forças produtivas ainda não são fortes o suficiente; seja porque a *décadence* ainda se mostra hesitante e seus recursos ainda não foram inventados.

B)) Niilismo como *declínio e retrocesso do poder do espírito*: o *niilismo passivo*:

como um sinal de fraqueza: a força do espírito pode se extenuar, pode estar *esgotada*, de tal modo que as metas e os valores *até aqui* se mostram como inapropriados e não encontram mais nenhuma crença –

o fato de a síntese dos valores e metas (nos quais se baseia toda cultura forte) se dissolver, de tal modo que os valores particulares declaram guerra uns aos outros: decomposição

o fato de tudo aquilo que refresca, cura, tranquiliza, anestesia, ganhar o primeiro plano sob *disfarces* diversos, religiosos, morais, políticos ou estéticos etc.

2. Pressuposto dessa hipótese

O fato de não haver nenhuma verdade: o fato de não haver nenhuma constituição absoluta das coisas, nenhuma "coisa em si"

– isso *é por si mesmo um niilismo, e, em verdade, o mais extremo*. Ele coloca o *valor* das coisas precisamente no fato de que não corresponde, nem correspondia a esse valor *nenhuma* realidade, mas apenas um sintoma de força por parte d*os que estabeleceram o valor*, uma simplificação com a *finalidade da vida*

9 (36)

a vontade de verdade como vontade de poder

9 (37)
    essência do juízo (estabelecendo o *sim*).

9 (38)
    (28) a *avaliação* "eu acredito que isto e aquilo é assim" como *essência* da "*verdade*"
    nas *avaliações* se expressam *condições de conservação e crescimento*
    todos os nossos *órgãos e sentidos do conhecimento* só são desenvolvidos com vistas às condições de conservação e crescimento
    a *confiança* na razão e em suas categorias, na dialética, ou seja, a *avaliação* da lógica demonstra apenas a *utilidade*, provada pela experiência, da lógica para a vida: *não* a sua "verdade".
    O fato de uma grande quantidade de *crença* precisar estar presente, de ser preciso *ter julgado*, de *faltar* a dúvida com vistas a todos os valores essenciais: –
    esse é o pressuposto de todo vivente e de sua vida. O fato de que algo precisa ser considerado como verdadeiro é necessário; *não* o fato de que algo *é verdadeiro*.
    "o mundo verdadeiro e o mundo *aparente*" – essa oposição é reconduzida por mim a *relações valorativas*
    nós projetamos *nossas* condições de conservação como *predicados do ser* em geral
    que nós precisamos ser estáveis em nossa crença, a fim de prosperar: daí retiramos que o mundo "verdadeiro" não é nenhum mundo mutável e deveniente, mas um *que é*.

9 (39)
    (29) os *valores* e *sua transformação* encontram-se em uma relação com o *crescimento do poder* daqueles *que estabelecem valores*
    a medida de *descrença* de uma "liberdade do espírito" admitida como *expressão do crescimento do poder*
    "Niilismo" como ideal da *mais elevada potencialidade* do espírito: em parte, destrutivo, em parte, irônico

9 (40)

(30) Que as coisas possuem uma *constituição em si*, abstraindo-se completamente da interpretação e da subjetividade, é *uma hipótese totalmente pachorrenta*: ela pressuporia que o *interpretar e o ser-subjetivo não* seriam essenciais, que uma coisa descolada de suas relações ainda seria uma coisa. Ao contrário, o caráter *objetivo* aparente das coisas: ele não poderia confluir meramente para uma *diferença de grau* no interior do subjetivo?

– que, por exemplo, o lentamente alternante, durando para nós como "objetivo", como sendo, se expõe como "em si"

– o fato de que o objetivo só seria um falso conceito de espécie e oposição *no interior do* subjetivo?

9 (41)

(31) Que é uma *crença*? Como ela surge? Toda crença é um *tomar-por-verdadeiro*.

A forma mais extrema do niilismo seria: o fato de que *toda* crença, todo tomar-por-verdadeiro é necessariamente falso: *porque um* mundo verdadeiro *absolutamente não há*. Ou seja: *uma aparência perspectivística*, cuja proveniência reside em nós (na medida em que *necessitamos* ininterruptamente de um mundo mais restrito, mais abreviado, simplificado)

– o fato de que a *medida da força* é quanto podemos admitir da necessidade da mentira, sem perecer.

Nessa medida, o niilismo poderia, como negação *de um mundo verdadeiro*, de um *ser, ser um modo de pensar divino*: – – –

9 (42)

(32) *Por volta de 1876*, assustei-me ao ver todo o meu querer até aqui *comprometido*, quando compreendi para onde tendia agora o caminho de Wagner: e eu estava muito firmemente ligado a ele, por meio de todos os laços da profunda unidade das necessidades, por meio da gratidão, por meio da insubstituibilidade e absoluta privação que vi diante de mim.

Por essa época, parecia estar como que indissoluvelmente *voltado para o interior* de minha filologia e de minha atividade do-

FRAGMENTOS PÓSTUMOS, 1885–1887 (Vol. VI)   293

cente – em um acaso e em um expediente de minha vida –: não sabia mais como podia sair daí e estava cansado, consumido, extenuado

Por essa época, compreendi que meu instinto apontava para a direção oposta à de Schopenhauer: para uma justificação da vida, mesmo em seu caráter mais terrível, mais ambíguo e mendaz: – para tanto, tinha nas mãos a fórmula do "dionisíaco" (– o fato de uma "coisa em si" precisar ser necessariamente boa, venturosa, verdadeira, una; em contrapartida, a interpretação schopenhaueriana do em si como vontade foi um passo essencial: ele só não soube *divinizar* essa vontade: ele permaneceu preso ao ideal moral cristão

Schopenhauer encontrava-se tão amplamente ainda sob o domínio dos valores cristãos que, mesmo depois de a coisa em si não se mostrar mais para ele como "Deus", ele a tomou necessariamente como ruim, estúpida, absolutamente reprovável. Ele não compreendeu que pode haver infinitos tipos do poder-ser--outro, mesmo do poder-ser-Deus

Maldição daquela dualidade limitada: bem e mal.

9 (43)

(33) A questão do niilismo "*para quê?*" parte do hábito até aqui, graças ao qual a meta parecia colocada, dada, exigida de fora – a saber, por meio de uma *autoridade supra-humana* qualquer. Depois que se desaprende a acreditar nesse hábito, busca-se, então, segundo o hábito antigo, uma *outra autoridade* que *soubesse falar incondicionadamente*, que *pudesse comandar* metas e tarefas. A autoridade da *consciência* entra agora em primeira linha (quanto mais emancipada da teologia, tanto mais imperativa se torna a *moral*); como indenização por uma autoridade *pessoal*. Ou a autoridade da *razão*. Ou o *instinto social* (o rebanho). Ou a *história* com um espírito imanente, que tem em si sua meta e que se *pode entregar a* si. Gostar-se-ia de *evitar* a vontade, o *querer* de uma meta, o risco de dar a si mesmo uma meta; gostar-se-ia de se desonerar da responsabilidade (– aceitar-se-ia o *fatalismo*). Finalmente: *felicidade*, e, com alguma fanfarronice, a *felicidade da maioria*

metas individuais e sua contenda
metas coletivas na luta com as individuais
Cada um transforma-se em um partido, mesmo os filósofos.
Diz-se 1) uma meta determinada não é de maneira alguma
necessária
2) não é de maneira alguma possível prever
Precisamente agora, quando a *vontade seria necessária em
sua mais elevada potência,* ela se mostra *da maneira mais fraca*
e *mais pusilânime.*
Desconfiança absoluta em relação à força organizatória
da vontade *para o todo.*

Tempo, no qual todas as "avaliações intuitivas" entram em
cena em termos sequenciais no primeiro plano, como se se pudessem *receber* delas as *diretrizes* que, de resto, não se tem mais.
– "para quê?" a resposta é exigida
1) Da consciência
2) Do impulso à felicidade
3) Do "instinto social" (Rebanho)
4) Da razão ("espírito")
– só para não precisar *querer,* para não precisar estabelecer para si mesmo o "para quê".
5) finalmente: *fatalismo, "não há nenhuma resposta",* mas
"se vai para algum lugar", "é impossível querer um
'para quê?'", com *resignação...* ou *revolta...* agnosticis-
mo com vistas à meta
6) finalmente: *negação como o para quê* da vida; vida
como algo que se *concebe* como desprovido de valor e
que finalmente se *suspende*

9 (44)
(Para o *terceiro* ensaio)
(34) *Ponto de vista principal*: o fato de não se ver a *tarefa*
da espécie mais elevada na *direção* da inferior (como o faz, por
exemplo, Comte –), mas de a inferior se mostrar como *base,* sobre a qual vive uma espécie superior de suas *próprias tarefas* –
sobre a qual ela *pode se encontrar* pela primeira vez.

FRAGMENTOS PÓSTUMOS, 1885–1887 (Vol. VI) 295

As condições sob as quais a espécie *forte e nobre* se mantém (com vistas ao cultivo espiritual) são opostas àquelas sob as quais as "massas industriais" dos mercadores *à la* Spencer se encontram.

Aquilo que só se encontra livre para as naturezas *mais fortes e mais fecundas*, para a possibilitação de *sua* existência – ócio, aventura, descrença, divergência mesma –, levaria, caso se encontrasse livre para as naturezas mais medianas, essas naturezas necessariamente ao perecimento – e as leva, também, ao perecimento. Aqui temos em jogo o caráter trabalhador, a regra, a moderação, a firme "convicção" – em suma, as virtudes do rebanho: entre elas, esse tipo mediano de homem chega à perfeição.

Causas do *niilismo*:

1) *falta a espécie superior*, isto é, a espécie, cuja fecundidade e o poder inesgotáveis mantêm a crença no homem. (Pensemos naquilo que se deve a Napoleão: quase todas as esperanças mais elevadas deste século)

2) a *espécie inferior*, o "rebanho", a "massa", a "sociedade", desaprende a modéstia e insufla suas necessidades até elas se tornarem valores *cósmicos* e *metafísicos*. Por meio daí, toda a existência é *vulgarizada*: na medida justamente em que a *massa* impera, ela tiraniza as *exceções*, de tal modo que essas perdem a crença em si e se tornam *niilistas*

Faltam todas as tentativas de *inventar tipos superiores* ("Romantismo", o artista, o filósofo, contra a tentativa de Carlyle de atribuir a eles os valores morais supremos).

Resistência em relação ao tipo mais elevado como resultado.

Declínio e *insegurança de todos os tipos superiores*; a luta contra o gênio ("poesia popular" etc.). Compaixão com os inferiores e sofredores como critério de medida para a *elevação da alma*.

falta o filósofo, o desvendador do ato, *não* apenas o reconfigurador

9 (45)

(35) Em geral, *cada coisa vale tanto quanto se pagou por ela*. Isso não é válido naturalmente, caso se considere o indivíduo

isoladamente; as grandes capacidades do particular encontram-se fora de toda relação com aquilo que ele mesmo fez, sacrificou, sofreu para tanto. No entanto, caso se considere a história prévia de sua linhagem, então se descobre aí a história de um acúmulo descomunal e de uma reunião de capital de força, por meio de todo tipo de privação, luta, trabalho e autoimposição. Porque o grande homem *custou* tanto e *não* porque ele se encontra aí como um milagre enquanto uma dádiva dos céus e do "acaso", ele se tornou grande. "Herança", um conceito falso. Para aquele que é alguém, seus antepassados pagaram o preço.

9 (46)

> (36) A vontade de verdade
> 1) como conquista e luta com a natureza
> o juízo feito por Descartes dos eruditos
> 2) como resistência em relação às autoridades *governantes*
> 3) como crítica ao que *nos* é nocivo

9 (47)

> *História do método científico*, compreendida por A. Comte

quase como a própria filosofia

9 (48)

> (37) a *constatação da diferença entre o "verdadeiro" e o "falso"*, a *constatação* em geral de estados de fato é fundamentalmente diversa do *posicionamento* criativo, da formação, da configuração, da dominação, do *querer*, tal como se encontra na essência da *filosofia*. *Inserir aí um sentido* – essa tarefa *resta* sempre ainda incondicionadamente, supondo que *nenhum sentido se acha aí*. É assim que as coisas se encontram em relação aos sons, mas também aos destinos dos povos: eles são *capazes* das mais diversas interpretações e direcionamento para *metas diversas*. O estágio ainda mais elevado é um *estabelecimento de metas* e, em seguida, a constituição de formas sobre o factual, ou seja, a *interpretação do fato*, e não meramente a *recriação poética* conceitual.

FRAGMENTOS PÓSTUMOS, 1885–1887 (Vol. VI) 297

9 (49)
(38) É-se muito mais o filho de seus quatro avós do que de seus dois pais: nisso se baseia o fato de que, no tempo em que somos gerados, os pais na maioria das vezes ainda não tinham se fixado; os germes do tipo do avô amadurecem em nós; em nossas crianças, os germes de nossos pais.

9 (50)
(39) Nada é menos inocente do que o Novo Testamento. Sabe-se sobre que solo ele cresceu. Esse povo, com uma vontade inexorável de si mesmo que, depois de ter perdido todo e qualquer apoio natural e de ter sido privado há muito tempo de seu direito à existência, soube, contudo, se impor e teve para tanto a necessidade de construir completamente sobre a base de pressupostos não naturais, puramente imaginários (como povo escolhido, como comunidade dos santos, como povo da promissão, como "Igreja"): esse povo manipulou a *pia fraus* com um acabamento, com um grau de "boa consciência" tal, <que> não se pode ser suficientemente cuidadoso quando se prega. Quando judeus entram em cena como a própria inocência, aí o perigo cresceu enormemente: deve-se ter sempre na mão o seu pequeno fundo de entendimento, de desconfiança, de maldade quando se lê o Novo Testamento.
Pessoas da mais baixa proveniência, em parte a canalha, os excluídos não apenas da boa, mas também da respeitável sociedade, criados ao largo até mesmo do *cheiro* da cultura, sem cultivo, sem saber, sem qualquer ideia em relação ao fato de que poderia haver consciência em coisas espirituais (a palavra "espírito" sempre presente apenas como incompreensão: aquilo que todo mundo chama de "espírito" continua sendo sempre para esse povo "carne"), mas – judeus: instintivamente inteligentes, a partir de todos os pressupostos supersticiosos, eles fazem da ignorância mesma um privilégio, uma *sedução*.

9 (51)
(40) Até que ponto a *vontade de poder* é o que resta como a única coisa absolutamente *não moral*: ver St<uart> Mill (sobre Comte)

298 FRIEDRICH NIETZSCHE

"nós consideramos a vida como não sendo tão rica em prazeres, para que ela pudesse prescindir do cuidado de todos aqueles que se ligam a inclinações egoístas. Ao contrário, acreditamos que uma satisfação suficiente dessas inclinações, não em excesso, mas com certeza até aquela medida *que confere o prazer mais pleno possível*, age quase sempre de maneira favorável sobre os impulsos benévolos. A moralização dos prazeres pessoais não consiste para nós no fato de se restringi-los à menor medida possível, mas na formação do desejo de compartilhá-los com os outros e com *todos os outros*, assim como no fato de se desprezar todo prazer, que não pode ser compartilhado com os outros. *Só há uma inclinação, ou paixão, que é duradouramente incompatível com essa condição, a saber, a busca de domínio* – uma aspiração que encerra em si e tem por pressuposto a humilhação dos outros".

9 (52)
(41) O mais corajoso dentre nós não tem a coragem suficiente para aquilo que ele propriamente *sabe*... É o grau, bem como a força, de sua bravura que decide onde é que alguém ficou para trás ou *ainda* não e onde é que alguém julga "aqui está a verdade"; mais, em todo caso, do que qualquer refinamento ou apatia do olho e do espírito.

9 (53)
(42) na esfera da arte, os judeus beiraram o gênio, com H. Heine e Offenbach, esse sátiro maximamente espirituoso e petulante, que se mantém em meio à grande tradição na música e que, para aquele que não tem apenas ouvidos, se mostra como uma verdadeira redenção em relação aos músicos do Romantismo alemão sentimentais e no fundo *degenerados*

9 (54)
– uma mulher, que quer sofrer junto àquilo que ama...

9 (55)
(43) Avaliar o *valor* de um homem segundo aquilo que ele *torna útil* ou *custa* ou *provoca em termos de danos para os ho-*

mens: isso significa tanto e tão pouco quanto avaliar uma obra de arte sempre de acordo com os *efeitos* que ela produz. Uma obra de arte, porém, quer ser comparada com obras de arte; e, *com isso*, *o valor* do homem em *comparação com outros homens* não é de maneira alguma tocado.

A "avaliação moral", até o ponto em que ela é uma avaliação *social*, mede inteiramente o homem segundo os seus efeitos. Um homem com o seu próprio gosto na ponta da língua, cercado e encoberto por sua solidão, imediato, incomunicável – um homem *incontabilizável*, ou seja, um homem de uma espécie mais elevada, em todo caso de *outra* espécie: como é que vós quereis depreciá-lo, uma vez que vós não podeis conhecê-lo, não podeis compará-lo?

Encontro a estupidez típica em relação a *esse* valor naquele *cabeça de vento característica*, no inglês J. St. Mill: ele diz, por exemplo, de A. Comte: "ele considerava em seus primeiros dias o nome e a memória de Napoleão com uma ira *que lhe prestava a mais elevada honraria*; mais tarde, ele declarou Napoleão, naturalmente, um ditador mais digno de ser objeto de prosa do que Luís Felipe – algo que torna possível mensurar a profundidade à qual desceu seu *critério de medida moral*".

A *depreciação moral* teve como consequência a maior estupidez em termos de julgamento: o valor de um homem é, em si, subestimado, quase *desconsiderado*, quase *negado*.

Resíduo da *teologia* ingênua: *o valor* do homem *só com vistas aos homens*

9 (56)

Historiadores e outros coveiros, tais que vivem entre sarcófagos e serragens –

9 (57)

(44) Filosofia como a arte de descobrir a verdade: assim segundo Aristóteles. *Em contrapartida*, os epicuristas, que se utilizaram da teoria sensualista do conhecimento de Aristóteles: contra a busca da verdade de maneira totalmente irônica e a recusando; "Filosofia como uma arte da *vida*".

9 (58)

as três grandes ingenuidades:
Conhecimento como meio para a felicidade (como se...
como meio para a virtude (como se...
como meio para a "negação da vida" – na
medida em que ele
é um meio para a ilusão – (como se...)

9 (59)

(45) – assim eles se encontram aí, os valores de tempos imemoriais: quem poderia subjugá-los, esses pesados gatos de granito?
– seu sentido, um disparate; sua piada, uma piada sem graça e uma loucura
– espíritos impacientes e ardentes, só acreditamos em verdades que são desvendadas: toda tentativa de apresentar uma demonstração nos deixa renitentes – nós fugimos ao vermos o erudito e o seu esgueirar-se de conclusão em conclusão
– espíritos tenazes, finos e mesquinhos
– aquilo que habita à vossa volta logo terá se alojado em vós
– almas arenosas e ressecadas, leitos de rio secos
– uma longa vontade, profunda em sua desconfiança e tomada pelo pântano da solidão
– em segredo queimada, não por sua crença, mas pelo fato de não ter mais a coragem de assumir nenhuma crença
– deitar de barriga para baixo diante de pequenos fatos redondos
– o que não se queria fazer no tempo próprio para tanto já é preciso que se queira depois; é "bom fazer" aquilo que não se quis fazer.

9 (60)

(46) *Automeditação* descomunal: conscientizar-se de si não como indivíduo, mas como humanidade. *Quando meditamos, pensamos retrospectivamente: pegamos os caminhos pequenos e grandes.*

A. O homem busca a "verdade": um mundo que não se contradiga, não iluda, não mude, um mundo *verdadeiro* – um mundo no qual não se sofre: contradição, ilusão, mudança – causas do sofrimento! Ele não duvida de que haja um mundo tal como deveria ser; ele gostaria de buscar um caminho até ele. (Crítica indiana: mesmo o "eu" como aparente, como *não* real) De onde o homem retira aqui o conceito da *realidade*? – Por que ele deduz precisamente o *sofrimento* da mudança, da ilusão, da contradição? E por que não muito mais a sua felicidade?... –

O desprezo, o ódio contra tudo aquilo que perece, muda, se transforma: – de onde provém essa avaliação do que permanece? Evidentemente, a vontade de verdade é, aqui, meramente a exigência de um *mundo do que permanece*.

Os sentidos enganam, a razão corrige os erros: *consequentemente*, concluiu-se, a razão é o caminho para o que permanece; as ideias *não sensíveis* precisam estar o mais próximo possível do "mundo verdadeiro". – Dos sentidos provém a maioria dos reveses – eles são enganadores, anestesiantes, aniquiladores:

A *felicidade* só pode ser garantida no ente: mudança e felicidade se excluem mutuamente. O desejo supremo tem em vista, por conseguinte, a unificação com o ente. Esse é o *caminho estranho* para a felicidade suprema.

Em suma: o mundo, tal como ele *deveria* ser, existe; esse mundo no qual vivemos é apenas erro – esse nosso mundo *não* deveria existir.

A *crença no ente* revela-se apenas <como> uma consequência: o *primum mobile* propriamente dito é a descrença no que devém, a desconfiança em relação ao deveniente, a depreciação de todo devir...

Que tipo de homem reflete assim? Um *tipo sofredor* e improdutivo; um tipo cansado da vida. Se pensarmos o tipo oposto de homem, então ele não teria a necessidade da crença no ente: mais ainda, ele a desprezaria, como a crença em algo morto, entediante, indiferente...

A crença no fato de que o mundo, que deveria ser, *é*, efetivamente existe, é uma crença dos improdutivos, *que não querem criar um mundo* tal como ele deve ser. Eles o estabelecem como por si subsistente, eles buscam meios e caminhos para chegar até ele – "*vontade de verdade*" – *como impotência da vontade de criar*

reconhecer que algo é de tal e tal modo   Antagonismo nos graus
fazer com que algo venha a ser   de força das naturezas
de tal e tal modo

Ficção de um mundo, que corresponde aos nossos desejos, artifícios e interpretações psicológicas, a fim de articular tudo aquilo que nós honramos e sentimos como agradável com esse *mundo verdadeiro*.

"Vontade de verdade" nesse nível é essencialmente *arte da interpretação*; ao que continua pertencendo sempre a força da interpretação.

A mesma espécie de homem, ainda um nível *mais pobre*, *não mais de posse da força* para interpretar, para criar as ficções, produz os *niilistas*. Um niilista é o homem que julga sobre o mundo, tal como ele é, que ele *não* deveria ser, e, do mundo, tal como ele deveria ser, ele julga que ele não existe. Por conseguinte, a existência não possui nenhum sentido (agir, sofrer, querer, sentir): o *páthos* do "em vão" é o *páthos* dos niilistas – ao mesmo tempo ainda como *páthos uma inconsequência* do niilista

Quem não consegue colocar sua vontade nas coisas, os desprovidos de vontade e de força, insere ao menos ainda um *sentido* aí: isto é, a crença no fato de que já estaria presente uma vontade, que quer ou deve querer nas coisas.

O medidor de grau da *força da vontade* é até que ponto se pode prescindir do *sentido* nas coisas, até que ponto se suporta viver em um mundo sem sentido: *porque se organiza por si mesma uma pequena parcela dele*

Com isso, *o olhar filosófico objetivo* pode ser um sinal de pobreza da vontade e da força. Pois a força organiza o mais próximo e o maximamente próximo; aquele "que conhece", que quer apenas *fixar à guisa de constatação* o que é, são aqueles que não conseguem firmar nada *como deveria ser.*

Os *artistas* são uma espécie intermediária: eles fixam ao menos uma alegoria daquilo que deve ser – eles são produtivos, na medida em que efetivamente *transformam* e reformam; não como os seres cognoscentes, que deixam tudo como está.

Conexão dos filósofos com as religiões pessimistas: a mesma espécie de homem (– eles atribuem o *grau mais elevado de realidade às coisas mais elevadamente avaliadas.*

Conexão dos filósofos com os homens morais e com seus critérios de medida valorativos. (A interpretação *moral* como *sentido*: depois do ocaso do sentido religioso –

Superação dos filósofos, por meio da *aniquilação* do mundo do ente: período intermediário: antes que se faça presente a força para converter os valores e para divinizar, aprovar o que devém, o mundo aparente como o *único*.

B. O niilismo como fenômeno normal pode ser um sintoma de uma *força* crescente ou de uma *fraqueza* crescente

Em parte o fato de ter crescido tanto a força *para criar, para querer*, que ela não necessita mais dessas interpretações conjuntas e dessas inserções *de sentido* ("tarefas mais próximas", Estado etc.)

Em parte o fato de a força criadora para criar *sentido* arrefecer e a desilusão <se tornar> o estado dominante. A incapacidade de *crer* em um "sentido", a "descrença"

O que significa a *ciência* com vistas às duas possibilidades?

1) Como sinal de força e autodominação, como *poder* prescindir de mundos de ilusões consoladoras e salvadoras

2) Como minando, seccionando, desiludindo, enfraquecendo

C. *a crença na verdade*, a necessidade de ter um apoio em algo que se acredita ser verdadeiro: redução psicológica para além de todos os sentimentos valorativos até aqui. O medo, a preguiça

– do mesmo modo, a *descrença*: redução. Em que medida ela recebe um *valor mais novo*, se não há de maneira alguma um mundo verdadeiro (por meio daí, os sentimentos valorativos se tornam livres uma vez mais, os sentimentos que tinham sido *dissipados* até aqui com o mundo essente

9 (61)

os grandes *metodologistas*: Aristóteles, Bacon, Descartes, A. Comte

9 (62)

<(47)> Em que medida as *posições fundamentais epistemológicas* (materialismo, sensualismo, idealismo) são consequências das avaliações: a fonte dos sentimentos de prazer mais elevados ("sentimentos valorativos") também como decidindo quanto ao problema da *realidade*.

– a medida do *saber positivo* é totalmente indiferente ou secundária: consideremos, por exemplo, o desenvolvimento indiano.

A *negação* budista da realidade em geral (aparência = sofrimento) é uma consequência perfeita: indemonstrabilidade, inacessibilidade, falta de categorias não apenas para um "mundo em si", mas *intelecção* dos *procedimentos equivocados*, graças aos quais todo esse conceito é conquistado. "Realidade absoluta", "ser em si": uma contradição. Em um mundo *deveniente*, "realidade" é sempre apenas uma *simplificação* para fins práticos ou uma *ilusão* com base em órgãos toscos, ou uma diversidade no *ritmo* do devir.

A negação lógica do mundo e o niilismo se seguem do fato de que precisamos contrapor o ser ao não ser e de que o conceito do "devir" é negado ("*algo vem a ser*") se o ser – – –

9 (63)

Ser e devir

A "*razão*" desenvolvida em uma base sensualista, sobre os *preconceitos dos sentidos*, isto é, sob a crença na verdade dos juízos sensíveis.

"Ser" como universalização do conceito "*vida*" (respirar), "ser animado", "querer, efetuar", "vir a ser"

O oposto é: "ser inanimado", "*não* vir a ser"; "*não* querendo". Ou seja: ao "ente" *não* se contrapõe o não ente, *não* o aparente, também não o morto (pois só pode estar morto aquilo que também pode viver)

FRAGMENTOS PÓSTUMOS, 1885-1887 (Vol. VI)

A "alma", o "eu" estabelecido como *fato originário*; e inserido por toda parte onde há um *devir*.

9 (64)

(48) Os *filósofos da colportagem*, que não constroem uma filosofia a partir de sua vida, mas a partir da coletânea de peças de demonstração para certas teses

Nunca querer ver *para* ver! Como psicólogo, precisa-se viver e esperar – até que o resultado *ultrafiltrado* de muitas vivências tire por si mesmo sua conclusão. Nunca se deve saber *de onde* se sabe algo

De outro modo, surgem uma má ótica e uma artificialidade – o *esquecimento* involuntário do caso particular é filosófico, *não* o *querer* esquecer, a abstração intencional: essa última abstração é característica muito mais da natureza *não* filosófica.

9 (65)

aquilo que <apreciei> em W<agner> foi a boa dose de Anticristo que ele defendeu com sua arte e com o seu tipo (ó, de maneira tão inteligente! –

sou o mais decepcionado de todos os wagnerianos; pois, no instante em que era mais decente do que nunca ser pagão, ele se tornou cristão... Nós, alemães, supondo que nós nos levemos algum dia a sério, somos, sim, ateístas alemães e trocistas todos juntos: W<agner> também o era.

9 (66)

(49) Transvalorar valores – o que seria isso? Todos os movimentos *espontâneos* precisam estar presentes, os movimentos novos, futuros, mais fortes: só que eles ainda se encontram sob falsos nomes e avaliações e ainda não se *conscientizaram* de si mesmos

uma conscientização corajosa e um *dizer sim* para aquilo que é *alcançado*

um libertar-se do desleixo de todas as avaliações antigas, que nos desonram no que há de melhor e mais forte que alcançamos.

9 (67)

(50) A ingenuidade involuntária de Larochefoucauld, que acredita estar dizendo algo mau, refinado, paradoxal – outrora, a "verdade" em coisas psicológicas era algo que espantava – por exemplo: "*les grandes âmes ne sont pas celles, qui ont moins de passions et plus de vertus que les âmes communes, mais seulement celles, qui ont de plus grands desseins*".[78] Naturalmente : J. Stuart Mill (que Chamfort denomina o Larochefoucauld *mais nobre* e mais filosófico do século XVIII –) vê nele apenas o observador arguto de tudo aquilo no peito humano que remonta a um "egoísmo conforme ao hábito" e acrescenta: "um espírito *nobre* não se superará para estabelecer sobre si a necessidade de uma consideração duradoura sobre a *vulgaridade* e a *baixeza*, a não ser que seja para mostrar contra que influências perniciosas um sentido e uma nobreza mais elevados do caráter conseguem se afirmar vitoriosamente".

9 (68)

O caráter complicado de Henrique VI: imperial e sério e, uma vez mais, com o humor de um bufão, ingrato e leal, magnânimo e astuto, cheio de espírito, heroísmo e absurdidade.

"nos escritos de Frederico, o Grande, encontram-se manchas de cerveja e tabaco em páginas de um Marco Aurélio"

O almirante de Coligny e o grande Condé são Montmorency por parte de suas mães. Os Montmorency masculinos são soldados hábeis e enérgicos, mas não *gênios*.

Do mesmo modo, os grandes marechais Moritz e Henrique de Nassau ressurgem uma vez mais em Turenne, no seu sobrinho, o filho de sua irmã Elizabeth.

A mãe do grande Condé, Charlotte de Montmorency, por quem Henrique IV estava enormemente apaixonado: ele disse sobre ela que ela <seria> única, não apenas em sua beleza, mas também em sua *coragem*.

78　**N.T.**: Em francês no original: "as grandes almas não são aquelas que têm menos paixões e mais virtudes que as almas comuns, mas somente aquelas que têm destinos maiores".

FRAGMENTOS PÓSTUMOS, 1885–1887 (Vol. VI)

O velho marquês de Mirabeau se queixando ao ver como seu filho possuía uma tendência *"vers la canaille plumière, écrivassière"*.[79] *"un certain génie fier, exubérant"*[80] – Mirabeau sobre sua família.

Napoleão: *"j'ai de nerfs fort intraitables; si mon coeur ne battait avec un continuelle lenteur, je courrais risque de devenir fou"*.[81]

Descartes comparou as descobertas de um erudito com uma sequência de batalhas que se empreendem contra a natureza.

Voltaire conta que ele escreveu o *Catilina* em oito dias. *"Ce tour de force me surprend et m'épouvante encore."*[82]

9 (69)

"Le génie n'est qu'une longue patience."[83] Bufão. Isso é válido na maioria das vezes, quando se pensa na história prévia do gênio, na paciência familiar com a qual um capital de força foi acumulado e mantido coeso –

9 (70)

Beethoven compõe *andando*. Todos os instantes geniais são acompanhados por um excesso de força muscular.

Ou seja, em todos os sentidos, seguir a razão. Toda excitação genial exige primeiro uma quantidade de energia muscular – ela *eleva* o sentimento de força por toda parte. Ao contrário, uma marca forte eleva a energia espiritual até as raias da embriaguez.

---

79 **N.T.:** Em francês no original: "para a canalha *dos pavoneadores e dos escrivinhadores*".

80 **N.T.:** Em francês no original: "certo gênio nobre e exuberante".

81 **N.T.:** Em francês no original: "tenho nervos deveras intratáveis; se meu coração não batesse com uma lentidão contínua, eu correria o risco de enlouquecer".

82 **N.T.:** Em francês no original: "essa prova de força me surpreende e me espanta ainda".

83 **N.T.:** Em francês no original: "O gênio não é senão uma longa paciência."

9 (71)
(51) N.B. O que significa útil é totalmente dependente da *intenção*, do para quê? A intenção, por sua vez, é totalmente dependente do grau do *poder*: por isso, o utilitarismo não pode <ser> nenhuma base, mas apenas uma doutrina das *consequências*, e não tem como se tornar absolutamente *nenhuma obrigação* para *todos*.

9 (72)
(52) Conhecimento como *meio para o poder*, para a "igualdade divina"
A lenda da antiga Bíblia acredita no *fato de que o homem está de posse do conhecimento*; de que a expulsão do paraíso só é uma consequência disso, na medida em que Deus passou a ter desde então medo do homem e o expulsou agora do local onde se encontra a árvore da vida, da imortalidade; se ele comesse agora também da árvore da vida, então ele o faria com vistas ao poder: abstraindo-se daí, toda a cultura aponta para o caráter terrível do homem, simbolizado na torre de Babel, com a sua finalidade de "tomar de assalto o céu". Deus cinde os homens: Ele os estilhaça; a multiplicidade de línguas é uma medida regular de emergência de Deus; com isso, Ele consegue dar conta melhor dos povos particulares, na medida em que eles se combatem e se destroem entre si.
No início do Antigo Testamento, encontra-se a célebre história do *temor de Deus*. O homem é apresentado como engano de Deus, assim como o animal; o homem, que se reconhece como rival de Deus, como o mais elevado perigo de Deus; trabalho, indigência, morte como legítima defesa de Deus, para manter oprimidos seus rivais:
O medo de Deus: o homem como um engano de Deus; o animal do mesmo modo
Moral:
Deus proíbe o conhecimento, *porque* o conhecimento conduz ao *poder*, à igualdade com Deus. Ele permitiria em si ao homem a imortalidade, pressupondo que ele permanecesse sempre imortalmente estúpido

FRAGMENTOS PÓSTUMOS, 1885–1887 (Vol. VI)

Ele cria para o homem animais, em seguida a mulher, para que ele tenha sociedade – para que ele tenha diversão (para que ele não tenha pensamentos ruins, para que ele não chegue a pensar, a conhecer

Mas o demônio (a serpente) revela para o homem o que havia de importante no conhecimento.

O perigo de Deus é descomunal: agora, ele precisa *expulsar* os homens da árvore da vida e *mantê-los oprimidos* pela indigência, pela morte, pelo trabalho. A vida realmente efetiva é apresentada como uma *legítima defesa de Deus*, como um estado *não natural*... A cultura, isto é, a obra do conhecimento, aspira, *apesar disso*, à igualdade em relação a Deus: ela ergue seus castelos para tomar de assalto o céu. Agora, a guerra é considerada necessária (linguagem como causa do "povo"). Os homens devem destruir a si mesmos. Por fim, toma-se a resolução pelo ocaso. –

Acreditou-se em um tal Deus!...

9 (73)

(53) A necessidade de *um mundo metafísico* é a consequência do fato de não se ter sabido deduzir nenhum *sentido*, nenhum *para quê?*, a partir do mundo presente. "Consequentemente, concluiu-se, que esse mundo só pode ser *aparente*."

Relação da "*aparência*" com a "*ausência de sentido*", com a "*ausência de finalidade*": interpretar psicologicamente: o que significa isso?

Irrealidade, *sonho* etc.

(por meio do que se distingue o efetivamente real do sonho? Por meio do nexo de *sentido*, por meio do não contingente, não arbitrário, causal. Em toda visão global para a totalidade da existência, porém, ela parecia sem sentido, arbitrária, desprovida de finalidades, os fins presentes só pareciam *tromperies*[84] etc.)

a causalidade mecanicista como tal seria capaz ainda de uma interpretação perfeita com vistas à *aparência*: sim, ela *exige que essa interpretação venha à tona*.

---

84 **N.T.:** Em francês no original: "enganações".

9 (74)

Período do *esclarecimento*
em seguida, o período da *sensibilidade*
em que medida Schopenhauer pertence à
"sensibilidade"
(Hegel, à espiritualidade)

9 (75)

(54) Um período no qual a antiga mascarada e o antigo adornamento moral dos afetos deparam com uma má vontade: a *natureza nua*, na qual as *quantidades de poder* são admitidas simplesmente como *decisivas* (como *determinantes da posição hierárquica*), na qual o *grande estilo* entra em cena uma vez mais, como consequência da *grande paixão*.

9 (76)

(55) Os *póstumos* (– dificuldade de sua compreensão; em certo sentido *nunca compreendidos*)
Epicuro?
Schopenhauer
Stendhal
Napoleão
Goethe?
Shakespeare?
Beethoven?
Maquiavel:
Os homens póstumos são mais mal compreendidos, mas mais bem ouvidos do que os contemporâneos. Ou, de maneira mais rigorosa: eles nunca são compreendidos: e <por isso> sua autoridade. (*comprendre c'est égaler*)[85]

9 (77)

(56) Toda doutrina, para a qual tudo já não se encontra preparado em termos de forças acumuladas, em termos de materiais

---

85   **N.T.:** Em francês no original: "compreender é igualar".

FRAGMENTOS PÓSTUMOS, 1885–1887 (Vol. VI)

explosivos, é supérflua. Uma transvaloração de todos os valores só é alcançada se uma tensão de novas necessidades, de novos necessitados se acha presente, daqueles que sofrem com a antiga valoração, sem chegar a ter consciência disso, – – –

9 (78)
(57) Quem sabe como toda *fama* surge também suspeitará da fama de que a virtude desfruta.

9 (79)
(58) Que *é o louvar?* –
Louvor e gratidão na colheita, no bom tempo, na vitória, no casamento, na paz – as festas precisam todas de um *sujeito* em direção ao qual o sentimento se descarrega. Quer-se que tudo aquilo que acontece de bom com alguém seja *infligido* a alguém, quer-se o autor. O mesmo se dá diante de uma obra de arte: as pessoas não se satisfazem com ela; louva-se o autor. – Que é, portanto, *louvar?* Uma espécie de *equilíbrio* em relação a *nosso* poder – pois aquele que louva afirma, julga, avalia, *condena*: ele se concede o direito de *poder* afirmar, de *poder* distribuir honras... O sentimento elevado de felicidade e de vida é, também, um elevado *sentimento de poder*: a partir do qual o homem *louva* (– a partir do qual ele inventa e busca um *autor*, um "sujeito" –)
A gratidão como a *boa vingança*: desafiada e exercitada da maneira mais rigorosa possível lá onde a igualdade e o orgulho devem ser mantidos ao mesmo tempo, lá onde a melhor vingança é exercitada.

9 (80)
"Inverno de meu *des*prazer".
"Eis aí um dos mais novos
ele vai se mostrar ilimitadamente atrevido"
"Nascimento sujo de escárnio e fogo"

9 (81)
Ouverture de Berliotz "carnaval romano" é de 1844 (Offenbach)

9 (82)

O *segundo budismo*

A catástrofe niilista, que põe um fim na cultura terrena.
Prenúncios disso:
o aumento excessivo da compaixão
a extenuação espiritual
a redução dos problemas a questões de prazer e desprazer
a glória de guerra, que evoca uma reação
assim como a demarcação nacional evoca um contramovimento, a mais cordial "fraternidade"
a impossibilidade de a religião poder continuar trabalhando com dogmas e fábulas

9 (83)

Para a genealogia da moral.
Segundo escrito polêmico
Por
Friedrich Nietzsche
Quarto ensaio: o instinto de rebanho na moral
Quinto ensaio: para a moral da desnaturalização
Sexto ensaio: entre moralistas e filósofos da moral
Posfácio. Um acerto de contas com a moral (como Circe dos filósofos). A moral – já disse uma vez – foi até aqui a Circe dos filósofos. Ela é a *causa do pessimismo e do niilismo...*
Dar formulação à sua *fórmula mais extrema.*
A *tarefa.*
Entrada na era trágica da Europa

9 (84)

(59) A grande falsificação niilista sob o domínio do abuso inteligente de valores morais
a) Amor como despersonalização; ao mesmo tempo compaixão.
b) Só o *intelecto despersonalizado* ("o filósofo") reconhece a *verdade*, o "ser verdadeiro e a essência das coisas"

FRAGMENTOS PÓSTUMOS, 1885–1887 (Vol. VI)   313

c) O gênio, os *grandes homens* são grandes, porque não buscam a si mesmos e às suas coisas: *o valor* do homem *cresce* em uma relação direta com a medida na qual ele nega a si mesmo. Schopenhauer II p. 440 e segs.

d) A arte como obra do "*puro sujeito volitivamente livre*", "incompreensão da objetividade".

e) *Felicidade* como meta da vida; *virtude* como meio para um fim

a condenação pessimista da vida em Schopenhauer é uma transposição *moral* dos critérios de medida do rebanho para o interior do elemento metafísico.

O "indivíduo", sem sentido; consequentemente, dando a ele uma origem no "em si" (e um significado de sua existência como aberração); pais apenas como "causa ocasional".

Ocorre uma vingança pelo fato de o indivíduo não ter sido concebido pela ciência: *ele é toda vida até aqui, e* não *o seu resultado.*

9 (85)
(60) Os estados e desejos *louvados*
pacífico, barato, comedido, modesto, venerável, atencioso, corajoso, casto, probo, fiel, crente, direto, confiável, fervoroso, compassivo, prestativo, consciencioso, simples, suave, justo, dadivoso, indulgente, obediente, desinteressado, sem inveja, bondoso, esforçado

N.B. para diferenciar: em que medida *tais propriedades* são condicionadas como *meios* para determinada vontade e *meta* (com frequência, para uma meta "*ruim*")

– ou como *consequências* naturais de um afeto dominante (por exemplo, *espiritualidade*)

– ou expressão de um situação de emergência, quer dizer: como *condição de existência* (por exemplo, burguês, escravo, mulher etc.)

Em suma: eles *não* são *experimentados* todos juntos *como bons em virtude deles mesmos*, todos não são em si e por si "bons", mas já sob o critério de medida da "sociedade", do

314 FRIEDRICH NIETZSCHE

"rebanho", como meio para seus fins, como necessários para a manutenção e o fomento, como consequência ao mesmo tempo de um *instinto de rebanho* propriamente dito no particular; com isso a serviço de um instinto, que é *fundamentalmente diverso* desses *estados virtuosos*: pois o rebanho é *hostil, egoísta, impiedoso* quando voltado para fora, cheio de despotismo e de desconfiança etc.

No *"pastor"*, o *antagonismo vem à tona*: ele precisa ter as propriedades *opostas*
Inimizade de morte do rebanho em relação à *ordem hierárquica*: seu instinto em favor da *igualação* (Cristo); contra os *particulares fortes* (*les souverains*), ele é hostil, irascível, desmedido, imodesto, petulante, brutal, mendaz, falso, impiedoso, insidioso, invejoso, vingativo.

9 (86)
(61) *naturalismo moralista*: recondução do valor moral aparentemente emancipado, supranatural, para a sua "natureza": isto é, para a *imoralidade natural*, para a "utilidade" natural etc.

Posso designar a tendência dessas considerações como *naturalismo moral*: minha tarefa é retraduzir os valores morais que se tornaram aparentemente emancipados e *desnaturados* para a sua natureza – isto é, para sua "imoralidade" natural
N.B. Comparação com a *"sacralidade"* judaica e com *sua base natural*: as coisas se encontram da mesma forma em relação à *lei moral feita soberana*, destacada de sua *natureza* (– até a *oposição* em relação à natureza –)
Passos da "desnaturalização da moral" (a assim chamada "idealização")
como caminho para a felicidade individual
como consequência do conhecimento
como imperativo categ<órico>, destacado da – – –
como caminho para a salvação
como negação da vontade de vida
a gradual *hostilidade à vida da moral*.

9 (87)

(62) A *heresia oprimida* e *dizimada na moral*
Conceitos: pagão
: moral de rebanho
: *virtù*

9 (88)

(63) No Novo Testamento, especialmente nos Evangelhos,
não ouço ninguém falando nada de "*divino*": ao contrário, uma
forma indireta da fúria mais abissal de caluniamento e de aniquilação – uma das formas mais insinceras do ódio:
– falta *todo* conhecimento das propriedades de uma natureza *mais* elevada
– abuso audacioso de todo tipo de pequena burguesia; todo
o tesouro de ditados é espoliado e apropriado; era necessário que um Deus chegasse para falar com aqueles
guardas palacianos etc.
nada é mais habitual do que essa luta contra os *fariseus*
com o auxílio de uma aparência de moral absurda e não prática –
o povo sempre teve seu prazer com tais *tour de force*
Acusação de "hipocrisia"! Vinda desta boca!
nada é mais habitual do que o tratamento do adversário –
um *indicium* do tipo mais fatídico da distinção ou *não...*
Se alguém tivesse dito apenas a centésima parte, então
<ele> mereceria, como anarquista, o declínio.
Pilatos, a única pessoa honesta, seu *dédain* diante desse falatório de judeus sobre a "verdade", como se um tal povo tivesse
o direito de tomar a palavra quando se trata da verdade, seu *ha ge-
grapha*, sua tentativa benevolente de libertar esse absurdo terrorista, no qual ele dificilmente podia ver algo mais do que um louco...
seu nojo em relação àquela expressão que nunca pode ser
suficientemente condenada "eu sou a verdade"

9 (89)

(64) a suposição *do ente* é necessária, a fim de poder pensar e concluir: a lógica manuseia apenas fórmulas para aquilo que
permanece igual

por isso, essa suposição seria ainda sem força demonstrativa para a realidade: "o ente" pertence à nossa ótica.

o "eu" como sendo (– por meio do devir e do desenvolvimento ele não é tocado)

o *mundo fictício* do sujeito, da substância, da "razão" etc.

é necessário –: há em nós um poder ordenador, simplificador, falsificador, artificial e seccionador. "Verdade" – vontade de se tornar senhor sobre a multiplicidade de sensações.

– *alinhar* os fenômenos com vistas a determinadas categorias
– nesse caso, partimos da crença no "em si" das coisas (nós tomamos os fenômenos como *efetivamente reais*)

O caráter do mundo que vem a ser como *informulável*, como "falso", como "autocontraditório".

Conhecimento e devir se excluem.

Consequentemente, o "conhecimento precisa ser algo diverso: precisa vir antes uma vontade de tornar cognoscível, uma espécie de devir mesmo precisa criar a *ilusão do ente*.

9 (90)
Nesses ensaios combativos, com os quais dou prosseguimento à minha batalha contra a *superestimação conjunta* tão afilosófica quanto fatídica da moral – – –

9 (91)
(65)   Para o combate do *determinismo*.
Do fato de que algo acontece regularmente e acontece de modo calculável só se obtém o fato de que ele acontece *necessariamente*. Que um *quantum* de força se defina e se comporte em cada caso determinado de uma única maneira não o transforma em uma "vontade desprovida de liberdade". A "necessidade mecânica" não é nenhum estado de fato: *nós* é que a inserimos interpretativamente pela primeira vez no acontecimento. Nós interpretamos a *formulabilidade* do acontecimento como consequência de uma necessidade que vigora sobre o acontecimento. Mas do fato de que faço algo determinado não

FRAGMENTOS PÓSTUMOS, 1885–1887 (Vol. VI)

se segue de maneira alguma que eu o faço obrigatoriamente. A *coerção* não é comprovável nas coisas: a regra demonstra apenas que um e o mesmo acontecimento não é também outro acontecimento. Somente por meio do fato de que inserimos interpretativamente sujeitos, "*autores*" nas coisas, é que surge a aparência de que todo acontecimento é a consequência de uma *coerção* exercida sobre o sujeito – exercida por quem? Uma vez mais por um "autor". Causa e efeito – um conceito perigoso, enquanto se pensar um *algo*, que é *causado*, e um algo, sobre o qual o *efeito incide*.

A) A necessidade não é nenhum estado de fato, mas uma interpretação.

B) Caso se tenha compreendido que o "sujeito" não é nada que *produz um efeito*, mas apenas uma ficção, então muitas coisas se seguem.

Nós só inventamos a *coisidade* segundo o modelo do sujeito e a inserimos interpretativamente na confusão das sensações. Caso não acreditemos mais no sujeito *atuante*, então também cai por terra a crença na coisa *atuante*, na ação recíproca, na causa e no efeito entre aqueles fenômenos que chamamos coisas.

Também cai por terra, naturalmente, o mundo dos átomos *atuantes*: sua suposição é sempre feita sob o pressuposto de que se precisa de sujeitos.

Também cai por terra, por fim, a "*coisa em si*": porque essa no fundo é a concepção de um "sujeito em si". Mas nós compreendemos que o sujeito é fictício. A oposição "coisa em si" e "fenômeno" é insustentável; com isso, porém, cai por terra, também, o conceito de "*fenômeno*".

C) Caso abdiquemos do *sujeito* atuante, então também abdicaremos do *objeto* sobre o qual ele atua. A duração, a igualdade consigo mesmo, o ser não são intrínsecos nem ao sujeito nem àquilo que é chamado objeto: trata-se de complexos do acontecimento, com vistas a outros complexos aparentemente duradouros – ou seja, por exemplo, por meio de uma diversidade no ritmo do acontecimento (repouso-movimento, rápido-tranquilo: todas essas são oposições que não existem em si e com as quais de fato só são expressas *diversidades de grau*, que se apresentam como oposições para certa medida de ótica.

Não há nenhuma oposição: é só a partir das oposições da lógica que temos o conceito de oposição – e o transportamos a partir delas de maneira falsa para as coisas.

D) Caso abdiquemos do conceito de "sujeito" e "objeto", então também abdicaremos do conceito de *"substância"* – e, consequentemente, também de suas diversas modificações, por exemplo, "matéria", "espírito" e outros seres hipotéticos. "Eternidade e imutabilidade da matéria" etc. Nós nos livramos da *materialidade*.

Expresso moralmente: *o mundo é falso*. Mas, na medida em que a própria moral é um pedaço do mundo, então a moral é falsa

A vontade de verdade é um *fixar*, um *tornar* duradouramente verdadeiro, um fazer com que aquele caráter *falso* desapareça da vista, uma reinterpretação desse caráter em meio ao *ente*.

A verdade, com isso, não é algo que existiria e que se precisaria encontrar, descobrir – mas algo *que é preciso criar* e que dá o nome para um *processo*, mais ainda, para uma vontade de dominação, que não tem em si nenhum fim: inserir a verdade, como um *processus in infinitum*, um *determinar ativo, não* um conscientizar-se de algo, <que> seria "em si" fixo e determinado. Essa é uma expressão para a "vontade de poder".

A vida está fundada no pressuposto de uma crença em algo duradouro e em algo que regularmente retorna; quanto mais poderosa a vida, tanto mais amplo precisa ser o mundo que por assim dizer *se transformou em essente*. Logicização, racionalização, sistematização como recursos da vida.

O homem projeta seu impulso à verdade, sua "meta" em certo sentido para além de si como um mundo *que é*, como mundo metafísico, como "coisa em si", como mundo já por si subsistente.

Sua necessidade como criador inventa já poeticamente o mundo no qual ele trabalha, o antecipa; essa antecipação ("essa crença" na verdade) é seu apoio.

Todo acontecimento, todo movimento, todo devir como uma fixação de relações de grau e de força, como uma *luta*...

O "bem-estar do indivíduo" é justamente tão imaginário quanto o "bem-estar da espécie": o primeiro *não* é sacrificado ao último, a espécie é, considerada à distância, algo tão fluido quanto um indivíduo. *"Conservação* da espécie" é apenas uma consequência do *crescimento* da espécie, isto é, da *superação da espécie* no caminho para um tipo mais forte

Logo que nos *imaginamos* alguém, que é responsável pelo fato de sermos de tal e tal modo (Deus, natureza), ou seja, logo que atribuímos a ele a nossa existência, a nossa felicidade e miséria como seu *intuito*, degradamos para nós a *inocência do devir*. Temos, então, alguém que quer alcançar algo por meio de nós e conosco.

O fato de a aparente *"consonância a fins"* (*"a* consonância a fins *que é infinitamente superior a toda arte humana"*) ser meramente uma consequência daquela *vontade de poder* que <se> transcorre em todo acontecimento.

o fato de que o *tornar-se mais forte* traz consigo ordens que parecem semelhantes a um projeto conforme a fins

o fato de as *finalidades* aparentes não serem intencionais, mas, logo que a preponderância sobre um poder inferior é alcançada e esse último poder passa a trabalhar como função do maior, precisar despertar uma ordem *hierárquica*, uma ordem organizatória, a aparência de uma ordem de meios e fins.

Contra a *"necessidade"* aparente

– essa apenas uma *expressão* para o fato de que uma força não é também algo diverso.

Contra a aparente *"conformidade a fins"*

– essa última apenas uma *expressão* para uma ordem de esferas de poder e sua conjunção

A determinação lógica chamada transparência como critério da verdade (*"omne illud verum est,* quod clare et distincte percipitur"*[86] Descartes): com isso, a hipótese mecânica do mundo é desejada e crível.

---

86 **N.T.:** Em latim no original: "tudo que é percebido clara e distintamente é verdadeiro".

320 FRIEDRICH NIETZSCHE

Mas isso é uma tosca confusão: como *simplex sigillum veri*.[87] De onde se pode saber que a constituição verdadeira das coisas se encontra *nessa* relação com nosso intelecto? Que a hipótese que dá a ele na maioria das vezes o sentimento de poder e segurança *é* por ele *privilegiada, apreciada e, consequentemente* designada como *verdadeira*? – O intelecto posiciona sua *faculdade e seu poder* mais livre e *mais forte* como critério do que há de mais valioso, consequentemente *verdadeiro*...
"verdadeiro": pelo lado do sentimento –: aquilo que dá ao pensamento o maior sentimento de força
pelo lado do tatear, do ver, do ouvir: junto àquilo em que se precisa realizar a mais forte resistência
Portanto, o *grau mais elevado na realização* desperta para o *objeto* a crença em sua "verdade", isto é, em sua *realidade efetiva*. O sentimento da força, da luta, da resistência convence quanto ao fato de que *há* algo ao que se resiste aqui.

9 (92)
Lieb<mann> p. 11
Dinâmica, "tendência real para ação", ainda obstruída, que busca se atualizar
– "Vontade de poder"   "tensão"
"Tendência para o movimento reunida e armazenada"

9 (93)
(66) Também quero *naturalizar* uma vez mais a *estética*; no lugar do intuito da negação, o intuito do *fortalecimento*; uma ginástica da vontade; uma privação e tempos de jejum de todo tipo embutidos, mesmo no que há de mais espiritual (*Dîner chez Magny*: puras guloseimas espirituais com um estômago estragado); uma casuística do ato em relação à nossa opinião, à opinião que temos sobre nossas forças: uma tentativa com aventuras e perigos arbitrários. – Dever-se-iam inventar, também, provas para a força no poder-manter-a-palavra.

---

87 **N.T.:** Em latim no original: "a simplicidade é o sinal da verdade".

FRAGMENTOS PÓSTUMOS, 1885–1887 (Vol. VI)

9 (94)

À grandeza pertence a fecundidade: não se deixar enganar por nada.

9 (95)

Ensaios.

A partir do que se construiu até aqui o "*mundo verdadeiro*".

A desnaturalização da moral também da consciência (mesmo da estética) (também da razão, da escolástica, do Estado
A conformidade a fins.
A necessidade.
O instinto de rebanho na moral.
A Circe dos filósofos.
Os fortes do futuro.
A era trágica: doutrina do eterno retorno.
A falsificação psicológica.
Lógica sob o domínio de juízos de valor.
A beleza. O niilismo como *arte*.
Há uma *metafísica?*...

9 (96)

As três aparências:
  a causalidade
  a conformidade a fins
  a necessidade
Desnaturalização dos valores
Oposições *no lugar da* ordem hierárquica
O mundo abjeto

9 (97)

(67) Não conseguimos afirmar e negar uma e mesma coisa: esse é um princípio empírico subjetivo, no qual não se expressa nenhuma "necessidade", *mas apenas uma in-capacidade*.

Se, segundo Aristóteles, o *princípio de não contradição* é o mais certo de todos os princípios, se ele é o último e o mais basilar, para o qual todas as demonstrações remontam, se nele reside o princípio de todos os outros axiomas: tanto mais rigorosamente se deveria ponderar o que ele já *pressupõe* no fundo em termos de afirmações. Ou bem se afirma com ele algo em relação ao efetivamente real, ao que é, como se ele já conhecesse o mesmo em algum outro lugar qualquer: a saber, que predicados opostos não *podem* ser atribuídos a ele. Ou bem o princípio quer dizer: que predicados opostos não *devem* ser atribuídos? Nesse caso, a lógica seria um imperativo, *não* para o conhecimento do verdadeiro, mas para o posicionamento e a retificação de um mundo *que deve se chamar verdadeiro para nós*.

Em suma, a questão se encontra aberta: os axiomas lógicos são adequados, ou eles são critérios e meios de *criar* para nós pela primeira vez algo efetivamente real, o conceito de "realidade efetiva"?... Para poder afirmar o primeiro, já seria preciso, porém, como dissemos, conhecer o ente; o que pura e simplesmente não é o caso. O princípio não contém, portanto, nenhum *critério de verdade*, mas um *imperativo* sobre aquilo *que* deve *viger como verdadeiro*.

Supondo que não houvesse de maneira alguma tal A idêntico a si mesmo, como o pressupõe todo princípio da lógica (mesmo da m<atemática>), o A já seria uma *aparência*, e, então, a lógica teria um mundo meramente *aparente* por pressuposto. De fato, acreditamos naquele princípio sob a impressão da empiria infinita, que parece *ratificá-lo* incessantemente. A "coisa" – este é o substrato propriamente dito de A: *nossa crença na coisa* é o pressuposto para a crença na lógica. O A da lógica é, tal como o átomo, uma reconstrução da "coisa"... Na medida em que não compreendemos isso e fazemos da lógica um critério do *ser verdadeiro*, já estamos a caminho de posicionar todas aquelas hipostasias, substância, predicado, objeto, sujeito, ação etc., como realidades: isto é, de conceber um mundo metafísico, ou seja, um "mundo verdadeiro" (– *esse mundo, porém, é o mundo aparente uma vez mais...*)

Os atos de pensamento mais originários, o afirmar e o negar, o tomar por verdadeiro e o não tomar por verdadeiro, já são, na medida em que não pressupõem apenas um hábito, mas tam-

FRAGMENTOS PÓSTUMOS, 1885–1887 (Vol. VI)   323

bém um *direito* de efetivamente tomar por verdadeiro ou por não verdadeiro, dominados por uma crença *de que há para nós conhecimento, de que o julgar* pode *alcançar efetivamente a verdade*: – em suma, a lógica não duvida de que pode dizer algo sobre o verdadeiro-em-si (a saber, que predicados opostos não *podem* ser atribuídos a ele)

Aqui *governa* o preconceito sensualista tosco de que as sensações nos ensinam *verdades* sobre as coisas – de que não posso dizer ao mesmo tempo sobre uma e mesma coisa que ela é *dura* e *mole* (a prova instintiva "eu não posso ter ao mesmo tempo duas sensações opostas" – *totalmente grosseira e falsa*). A proibição da contradição conceitual parte da crença no fato de que *podemos* formar conceitos, de que um conceito não apenas designa o verdadeiro de uma coisa, mas o *apreende*... De fato, a lógica (assim como a geometria e a aritmética) só é *válida para verdades fictícias, que nós criamos*. Lógica é a tentativa de, *a partir de um esquema ontológico posicionado por nós, conceber o mundo efetivamente real, de torná-lo mais correto, formulável para nós, calculável*...

9 (98)

    (68)   *Dedução psicológica de nossa*
                    crença na razão

O conceito "realidade", "ser" é retirado de nosso sentimento do "*sujeito*".

"Sujeito": interpretado a partir de nós, de tal modo que o eu é válido como sujeito, como causa de todo fazer, como *agente*.

Os postulados lógico-metafísicos, a crença na substância, no acidente, no atributo etc. têm sua força de convicção no hábito de considerar todo o nosso fazer como consequência de nossa vontade: – de tal modo que o eu, como substância, não se imiscui na pluralidade da transformação. – *Mas não há nenhuma vontade*. –

Não temos absolutamente nenhuma categoria para podermos cindir um "mundo em si" de um mundo como fenômeno. Todas as nossas *categorias racionais* são de proveniência sensualista: deduzidas do mundo empírico. "A alma", "o eu" – <a> história desse conceito mostra que mesmo aqui a mais antiga cisão ("respirar", "viver") – – –

Se não há nada material, também não há nada imaterial. O conceito não *contém* mais nada... Nenhum "átomo" subjetivo. A esfera de um sujeito *crescendo* ou se *reduzindo* constantemente – o ponto médio do sistema *transpondo-se* constantemente –; no caso de ele não poder organizar a massa apropriada, ele se decompõe em dois. Por outro lado, um sujeito mais fraco, sem aniquilá-lo, pode se converter em seu funcionário e formar juntamente com ele até certo grau uma nova unidade. Nenhuma "substância", muito mais algo, que aspira em si ao fortalecimento; e que só quer se "conservar" indiretamente (ele quer se *exceder* –)

9 (99)

N.B. Não querer ser inteligente, como psicólogo; nós não *temos* nem mesmo *o direito* de sermos inteligentes... Quem quer arrebatar a partir de seu saber, a partir de seu conhecimento do homem, pequenas vantagens (– ou grandes, como o político –) retorna do universal para o caso mais particular; mas esse tipo de ótica é oposto àquele outro, que é o único de que podemos precisar: nós *desviamos* o olhar do que há de mais particular –

9 (100)

<(69)> "Espécie" – – –

O progresso para um poder mais elevado: as espécies são *ralentamentos relativos do ritmo*, indícios de que as possibilidades, as condições prévias para o rápido fortalecimento começam a faltar (espécies *não* são metas: a última coisa que "a natureza" desejaria de coração seria a conservação das espécies!!)

9 (101)

N.B. Este tomou contato com os homens – ele quer desse modo arrebatar pequenas vantagens sobre eles (ou grandes, como o político). Aquele tomou contato com os homens – ele

FRAGMENTOS PÓSTUMOS, 1885–1887 (Vol. VI) 325

quer uma *vantagem ainda maior*, sentir-se superior a eles, ele quer desprezar.

9 (102)

(70)   *Estética*

Os estados nos quais estabelecemos nas coisas uma *transfiguração e uma plenitude* e trabalhamos poeticamente junto a elas, até que elas reflitam a nossa própria plenitude e prazer de viver:

o impulso sexual

a embriaguez

a refeição

a primavera

a vitória sobre o inimigo, o escárnio

a peça de bravura; a crueldade; o êxtase do sentimento religioso

Três elementos principalmente:

o impulso sexual, a embriaguez, a crueldade: todos pertencendo à *alegria* mais antiga do homem com a *festa*: todos preponderando do mesmo modo no "artista" principiante.

Inversamente, vêm ao nosso encontro coisas que mostram essa transfiguração e plenitude. Assim, a existência animal responde com uma *excitação daquela esfera* na qual aqueles estados de prazer possuem sua sede: – e o *estado estético* é uma mistura dessas nuanças muito frágeis de sentimentos animais de bem-estar e desejos. Esse estado só entra em cena junto a tais naturezas que são capazes daquela plenitude que entrega e transborda própria do vigor corporal em geral; nele, há sempre o *primum mobile*. O homem sóbrio, o cansado, o esgotado, o ressequido (por exemplo, um erudito) não pode receber absolutamente nada da arte, porque ele não possui a força artística originária, a coação da riqueza: quem não pode dar também não recebe nada.

"*Perfeição*": naqueles estados (no amor sexual em particular etc.), revela-se ingenuamente aquilo que o instinto mais profundo reconhece como o mais elevado, mais desejável, mais va-

326 FRIEDRICH NIETZSCHE

lioso em geral, o movimento ascensional de seu tipo; do mesmo modo *a que status* ele propriamente *aspira*. A perfeição: essa é a ampliação extraordinária de seu sentimento de poder, a riqueza, o transbordar espumante necessário sobre todas as bordas... A arte nos lembra de estados do vigor animal; ela é, por um lado, um excesso e uma emanação de corporeidade florescente para o interior do mundo das imagens e desejos; por outro, um estímulo da função animal por meio de imagens e desejos da vida mais alta – uma elevação do sentimento de vida, um estimulante desse sentimento. Em que medida mesmo o feio pode ter ainda essa violência? Na medida em que ele ainda comunica algo da energia vitoriosa do artista, que se tornou senhor sobre esse feio e esse terrível; ou na medida em que ele estimula silenciosamente em nós o prazer com a crueldade (sob certas circunstâncias mesmo o prazer de *nos* causarmos dor, a autoviolentação: e, com isso, o sentimento do poder sobre nós).

9 (103)
N.B. Quando se está doente, deve-se buscar esconderijo em uma "caverna" qualquer: assim, tem-se a razão para si, só assim se é animal.

9 (104)
"eu quero isto e aquilo"; "gostaria que isto e aquilo fossem assim"; "sei que isto e aquilo são assim". – o grau de força: o homem da *vontade*, o homem da *exigência*, o homem da *fé*

9 (105)
(71)   *Para o plano.*
N.B. 1) sobre todos os tempos, povos, homens e problemas
          essenciais uma palavra.
      2) cem boas *anedotas*, se possível históricas.
      3) guerreiro, *aventureiro, fatídico* –
      4) algumas passagens de uma *serenidade melancólica* –

5) o porta-voz do desconhecido e caluniado (– do *mal-afamado*...

6) lento, induzindo em erro, labirinto

7) *Minotauro, catástrofe* (o pensamento, ao qual seria preciso *sacrificar vidas humanas* – quanto mais, melhor!)

9 (106)

(71) Nossa ótica psicológica é determinada por meio daí

1) pelo fato de a *comunicação* ser necessária e pelo fato de precisar haver para a comunicação algo firme, simplificado, passível de precisão (sobretudo no caso *idêntico*...) Para que ele possa ser comunicável, porém, ele precisa ser sentido *como retificado*, como *"uma vez mais cognoscível"*. O material dos sentidos é retificado pelo entendimento, reduzido a traços principais toscos, tornado semelhante, subsumido ao aparentado. Portanto: a indistinção e o caos da impressão sensível são, por assim dizer, *logicizados*.

2) o mundo dos "fenômenos" é o mundo retificado, que nós *sentimos como real*. A "realidade" se encontra no retorno constante das mesmas coisas conhecidas, aparentadas, em seu *caráter lógico*, na crença em que podemos calcular, contar aqui.

3) o oposto desse mundo fenomenal *não* é "o mundo verdadeiro", mas o mundo amorfo-informulável do caos de sensações – ou seja, *outro tipo* de mundo fenomenal, um "incognoscível" para nós.

4) Questões sobre como as "coisas em si" poderiam ser, abstraindo-se completamente de nossa receptividade dos sentidos e de nossa atividade do entendimento, precisam ser rejeitadas com a questão: de onde podemos saber que *há coisas*? A "coisidade" é primeiro criada por nós. A questão é saber se não poderia haver ainda muitos modos de criar tal mundo *aparente* – e se esse criar, logicizar, retificar, falsificar não são a *realidade* melhor garantida: em suma, se aquilo que "posiciona a coisa" não é a única coisa real; e se o "efeito do mundo exterior sobre nós" também não é apenas a consequência de tais sujeitos volitivos...

328 FRIEDRICH NIETZSCHE

"Causa e efeito": falsa interpretação de uma *luta* e de uma *vitória* relativa

os outros "seres" agem sobre nós; nosso mundo aparente *retificado* é uma retificação e uma *dominação* de suas ações; um tipo de medida *defensiva*.

Só o sujeito é demonstrável: hipótese *de que só há sujeitos* – de que o "objeto" é apenas um tipo de efeito do sujeito sobre o sujeito... um *modo do sujeito*

9 (107)

(72)   Desenvolvimento do *pessimismo* no *niilismo*.

Desnaturalização dos *valores*. Escolástica dos valores. Os valores, liberados, idealistas, ao invés de dominar e conduzir o fazer, voltam-se de maneira condenadora *contra* o fazer.

Oposições inseridas no lugar dos graus e das ordens hierárquicas naturais. Ódio à ordem hierárquica. As oposições estão de acordo com uma era plebeia, porque são mais facilmente *concebíveis*

O mundo *abjeto*, em face de um mundo artificialmente edificado, "verdadeiro, valioso"

Finalmente: descobre-se a partir de que material se construiu o "mundo verdadeiro": e, então, só resta o mundo abjeto e se *coloca aquela desilusão suprema na conta de seu caráter abjeto*

Com isso, o *niilismo* se faz presente: mantiveram-se de resto os *valores retificadores* – e nada além disso!

Aqui surge o *problema da força e da fraqueza*:

1) os fracos se despedaçam aqui

2) os mais fortes destroem aquilo que não se despedaça

3) os mais fortes superam os valores retificadores.

– *isso conjuntamente constitui a* era trágica

Para a crítica do pessimismo

A "preponderância do *sofrimento sobre o prazer*" ou o inverso (o hedonismo): essas duas doutrinas já são elas mesmas indicadoras (3), *niilistas*...

pois não se estabelece aqui, por fim, nenhum outro *sentido* derradeiro senão o fenômeno do prazer e do desprazer.

FRAGMENTOS PÓSTUMOS, 1885–1887 (Vol. VI)   329

Mas é assim que fala um tipo de homem que não ousa mais estabelecer uma vontade, um intuito, um *sentido*: – para todo e qualquer tipo saudável de homem, o valor da vida não é pura e simplesmente medido a partir dos critérios dessas coisas secundárias. E seria possível uma *preponderância* de sofrimento e, *apesar disso*, uma vontade poderosa, um *dizer sim* à vida; um ter necessidade dessa preponderância "A vida não vale a pena"; "resignação", "pelo que são as lágrimas?..." – um modo de pensar tíbio e sentimental. *"un monstre gai vaut mieux qu'un sentimental ennuyeux".*[88]

O pessimismo dos homens vigorosamente ativos: o "para quê?" depois de uma luta terrível, mesmo depois de uma vitória. O fato de uma coisa qualquer ser cem vezes *mais importante* do que a questão de saber se nós nos encontramos bem ou mal: instinto fundamental de todas as naturezas fortes – e, consequentemente, também do que a questão de saber se os *outros* se sentem bem ou mal. Em suma, o fato de termos uma *meta*, em virtude da qual não hesitamos em *sacrificar vidas humanas*, em correr todo e qualquer risco, em tomar sobre si tudo o que há de ruim e pior: *a grande paixão*.

9 (108)
O "sujeito" é mesmo apenas uma ficção; não há de maneira alguma o ego do qual se fala quando se censura o egoísmo.

9 (109)
(73) N.B. Encorajar *o judeu* a conquistar *novas propriedades*, depois que eles entraram em novas condições existenciais: tal como se mostra unicamente conforme o meu instinto; e, por essa via, não me deixei equivocar por um contramovimento portador de um veneno, que está agora justamente em cima.

9 (110)
(74) O *descritivo*, o *pitoresco* como sintoma do *niilismo* (nas artes e na psicologia)

---

88 **N.T.:** Em francês no original: "um monstro alegre vale mais do que um entediante sentimental".

Não empreender nenhuma *psicologia de colportagem!* Nunca observar por observar! Há uma falsa ótica, um desviar os olhos, algo imposto e excessivo. *Vivenciar* como querer vivenciar; não funciona, quando não se olha para si mesmo aí; o psicólogo nato, assim como o pintor nato, toma cuidado com o ver pelo ver; ele nunca trabalha "segundo a natureza" – ele entrega a filtragem e a expressão do vivenciado, do "caso", da "natureza" ao seu instinto – o *universal* ganha a sua consciência como tal, *não* a abstração arbitrária de casos particulares. Quem o faz de maneira diferente, como os *romanciers* ávidos por despojos em Paris, que ficam à espreita por assim dizer da realidade efetiva e trazem para casa todo dia uma mão cheia de curiosidades – o que surge finalmente a partir daí? Um mosaico na melhor das hipóteses, algo *reunido pela soma*, cores gritantes, inquietude (como os Frères de Goncourt). *A "natureza"*, dita no sentido artístico, não é nunca "verdadeira"; ela excede, ela consome, ela deixa lacunas. O "estudo segundo a natureza" é um sinal de submissão, de fraqueza, uma espécie de fatalismo que é indigno de um artista. *Ver o que é* – isso é constitutivo de um tipo especificamente diverso de espírito, isso é próprio dos factuais, dos constatadores: caso se tenha desenvolvido esse sentido em toda a sua força, então ele é *antiartístico em si.*

A *música descritiva*; deixar à realidade efetiva a possibilidade de *atuar...*

Todos esses tipos de arte são *mais simples, mais imitáveis*; delas lançam mão os menos dotados. Apelo aos instintos; arte *sugestiva.*

9 (111)

Wagner, que já apresentava uma parcela de superstição durante o seu tempo de vida, se enredou entrementes de maneira tão intensa nas nuvens do improvável que, em relação a ele, só o paradoxo ainda encontra crença

9 (112)

(75) Será que a oposição entre o *ativo* e o *reativo* não se encontra veladamente presente por detrás daquela oposição entre *clássico* e *romântico?...*

FRAGMENTOS PÓSTUMOS, 1885–1887 (Vol. VI) 331

9 (113)
N.B. Alguns destinos precisam ser sorvidos sem ser considerados: isso *aprimora*, como quando bebemos mate, o seu gosto.

9 (114)
N.B. Uma *espécie do egoísmo* que nos impele a fazer algo e deixar de fazer algo em virtude do próximo.

9 (115)
(76) *Para ponderar*:
    O livro perfeito. –
1) a forma, o estilo
Um *monólogo ideal*. Tudo o que é próprio dos eruditos é sugado para a profundidade
    todos os acentos da profunda paixão, cuidado, mesmo das fraquezas, amenizações, posições *do Sol* – a breve felicidade, a sublime serenidade –
    Superação da demonstração; absolutamente *pessoal*. Nenhum "eu"...
    uma espécie de *mémoires*; as coisas naus abstratas da maneira mais corpórea e sanguínea
    toda a história como que *pessoalmente vivenciada e sofrida* (– só assim se torna *verdadeira*)
    por assim dizer uma conversa entre fantasmas; uma exigência prévia, desafio, conjuração dos mortos
    a maior quantidade possível de coisas visíveis, determinadas, exemplares, precaução diante do atual.
    tudo tempestivo
    Evitar a palavra "distinto" e em geral todas as palavras nas quais poderia residir uma autoencenação.
    Não "descrição"; todos os problemas traduzidos em termos *sentimentais*, até as raias da paixão –
    2) Reunião de palavras *expressivas*. Primado de palavras militares
    Palavras substitutivas para os termos filosóficos: se possível alemães e cunhadas em fórmulas

apresentar *estados* conjuntos *dos homens mais espirituais*; de tal modo que sua série seja abarcada em toda a obra.

    (– estados do legislador
        do tentador
        do obrigado ao sacrifício, hesitante –
        da grande responsabilidade
        do sofrimento com a incognoscibilidade
        do sofrimento com o precisar *parecer*
        do sofrimento com o precisar causar dor,
        da volúpia com a destruição
    3) Construir a obra com vistas a uma *catástrofe*

Retirar a introdução da *vontade* do pessimismo. *Não* falar como sofredor, desiludido. "Nós, que não acreditamos na virtude e nos belos inchaços."

                Sátira
                no fim

Misturar: breves diálogos entre Teseu, Dioniso e Ariadne.

– Teseu torna-se absurdo, disse Ariadne, Teseu torna-se virtuoso –

Ciúme de Teseu em relação ao sonho de Ariadne.

O herói admirando a si mesmo, tornando-se absurdo. Queixa de Ariadne

Dioniso sem ciúme: "O que amo em ti, como é que um Teseu poderia amar?"...

Último ato. Casamento de Dioniso e de Ariadne

"não se é ciumento quando se é um deus, disse Dioniso: a não ser dos deuses".

"Ariadne", disse Dioniso, "tu és um labirinto: Teseu se perdeu em ti, ele não tem mais nenhum fio; de que lhe serve agora o fato de ele não ter sido devorado pelo Minotauro? O que o devora é pior do que um Minotauro." "Tu me adulas", respondeu Ariadne, "mas estou cansada de minha compaixão, em mim todos os heróis devem perecer: este é o meu derradeiro amor a Teseu: "eu o arruinarei"."

9 (116)

(77) Rousseau, esse típico "homem moderno", idealista e canalha em uma única pessoa, e o primeiro em virtude do segun-

FRAGMENTOS PÓSTUMOS, 1885–1887 (Vol. VI) 333

do; um ser que *tinha a necessidade* da "dignidade moral" e de sua *atitude* para se manter doente ao mesmo tempo diante de uma vaidade sem freios e de um desprezo por si sem freios: esse aborto, que se alocou no umbral de nosso tempo moderno, pregou o "retorno à natureza" – para onde ele queria propriamente *voltar*?

Também eu falo de um "retorno à natureza": apesar de não ser propriamente um "voltar", mas um "ascender" – para o interior da natureza e da naturalidade fortes, puras como o Sol e terríveis do homem, que têm o direito de jogar com grandes tarefas, porque ficariam cansadas junto à pequena tarefa e sentiriam nojo. – Napoleão foi um "retorno à natureza" *in rebus tacticis*[89] e, sobretudo, no elemento estratégico

O século XVIII, ao qual se deve tudo aquilo com o que o século XIX trabalhou e de que ele sofreu: o fanatismo moral, o amolecimento do sentimento em favor do fraco, do oprimido, do sofredor, o rancor contra todo tipo de privilegiado, a crença no "progresso", a crença no fetiche "humanidade", o absurdo orgulho plebeu e o desejo da plena paixão – as duas coisas são românticas –

Nossa inimizade em relação à *révolution* não se refere à *farce* sangrenta, à sua "imoralidade", com a qual ela se realizou; mas à sua *moralidade* de rebanho, às suas "verdades", com as quais ela continua sempre ainda produzindo efeitos, à sua representação contagiosa da "justiça, da liberdade", com a qual ela encanta todas as almas medíocres, à sua submissão a autoridades de *classes mais elevadas*. O fato de as coisas à sua volta terem ocorrido de maneira tão terrível e sangrenta deu a essa orgia da *mediocridade* uma *aparência* de *grandeza*, de tal modo que ela também seduziu como espetáculo os espíritos mais orgulhosos.

9 (117)

cede-se onde o ceder é um perdoar: portanto, quando se é rico o suficiente para não precisar tomar.

---

89 **N.T.:** Em latim no original: "em questões ligadas à tática".

334 FRIEDRICH NIETZSCHE

9 (118)

Ele adorava continuar tendo razão por tanto tempo quanto um acaso viesse ao seu auxílio – e até que ele *tinha* razão

9 (119)

(78) A *"purificação do gosto"* não pode ser senão a consequência de um *fortalecimento* do tipo. Nossa sociedade de hoje *representa* apenas a cultura; *falta* o culturalmente formado. Falta o grande *homem sintético*: no qual as forças diversas se encontram tensionadas sem reservas em um jugo, formando uma meta. O que temos é o homem *multifacetado*, o caos maximamente interessante, que talvez tenha havido até aqui: mas *não* o caos antes da criação, senão o caos por detrás dela, o homem multifacetado – *Goethe* como a mais bela expressão do tipo (– de maneira alguma um olímpico!)

O direito ao grande *afeto* – reconquistar uma vez mais para o cognoscente! Depois que a despersonalização e o culto do "objetivo" criaram uma ordem hierárquica falsa também nessa esfera. O erro chegou ao seu ápice quando Schopenhauer ensinou: *justamente na libertação em relação ao afeto*, à vontade residiria o único acesso ao "verdadeiro", ao conhecimento; o intelecto marcado por uma vontade livre *não pode fazer outra coisa* senão ver a essência verdadeira propriamente dita das coisas.

O mesmo erro na arte: como se tudo fosse *belo*, logo que ele fosse intuído sem vontade.

A luta contra a "meta" na *arte* é sempre a luta contra a tendência moralizante da arte, contra a sua subordinação à *moral*: *l'art pour l'art* significa: "que o diabo carregue a moral!" – Mas mesmo ainda essa inimizade revela a ultraviolência do preconceito; se se exclui o *afeto da pregação moral* e o "aprimoramento do homem" da arte, então ainda se está longe de se poder deduzir daí que a arte em geral é possível sem "afeto", sem "meta", sem uma necessidade extraestética. "Refletir", "imitar": bem, mas como? Toda arte louva, diviniza, extrai, transfigura – ela *fortalece* avaliações quaisquer: dever-se-ia tomar isso apenas como algo secundário, como um acaso do efeito? *Ou ele se encontra*

FRAGMENTOS PÓSTUMOS, 1885–1887 (Vol. VI) 335

já à base do "poder" do artista? O afeto do artista se refere à própria arte? Ou será que ele se refere muito mais à vida? *A algo passível de ser desejado da vida?* E a quantidade de coisas feias, duras, terríveis, que a arte apresenta? Ela quer com isso *deixar de sofrer* com a vida? Concordar com a resignação, como pensa Schopenhauer? – Mas o artista compartilha, sobretudo, o seu *estado* em relação a esse elemento terrível da vida: esse estado mesmo é algo *desejável* – quem o vivenciou o mantém em alta honra e o compartilha, supondo que ele seja um ser comunicativo, isto é, um artista. A *coragem* diante de um inimigo poderoso, de aflições sublimes, de um problema horrível – ela mesma é o *estado mais elevado* da vida, que toda arte do sublime diviniza. A alma guerreira festeja suas saturnálias na tragédia; a felicidade do guerreiro e da vitória, a crueldade seca em face do homem que sofre e luta, tal como tudo isso é próprio do homem acostumado com o sofrimento e que *busca o sofrimento.*

9 (120)

(79) Nós quase só aprendemos em nosso mundo civilizado a tomar contato com os criminosos raquíticos, oprimidos pela maldição e pelo desprezo da sociedade, desconfiando de si mesmos, com frequência apequenando e caluniando seu ato, um *tipo malfadado de criminoso*; e nos repugna a representação de que *todos os grandes homens tenham sido criminosos*, só que no grande estilo, e não no sentido deplorável, mas no sentido de que o crime pertence à grandeza (– dito assim justamente a partir da consciência dos nefrologistas e de todos aqueles que *desceram* até o ponto mais profundo das grandes almas). A "liberdade de pássaro"[90] em relação à tradição, à consciência, ao dever – todo

---

90 **N.T.:** Há um jogo de palavras que não tem como ser restituído sem encurtamentos na tradução. Na verdade, *vogelfrei* é um adjetivo em alemão para designar o fora da lei. Ao mesmo tempo, em seu sentido originário e etimológico, a palavra significa simplesmente "livre como um pássaro". Paradoxalmente, a língua alemã associou a liberdade de um pássaro à liberdade daquele que foge da lei. Como Nietzsche fala acima sobre a relação entre crime e liberdade, essa conexão é repensada e reinterpretada

336 FRIEDRICH NIETZSCHE

grande homem conhece esse seu perigo. Mas ele também o quer: ele *quer* a grande meta e, por isso, também seus meios.

9 (121)

(80) Que se restitua ao homem a *coragem* para os seus impulsos naturais

Que se dirija a sua *autossubestimação* (*não* aquela do homem como indivíduo mas a do homem como *natureza*...)

Que se extraiam as *oposições* das coisas, depois de se ter compreendido que nós as inserimos.

Que se extraia a *idiossincrasia social* da existência em geral (culpa, punição, justiça, sinceridade, liberdade, amor etc.) Expor o problema da *civilização*.

Progresso para a "*naturalidade*": em todas as questões políticas, mesmo em relação entre partidos, mesmo entre partidos mercantis ou de trabalhadores e empreendedores, o que se trata é de questões de *poder* – "o que se *pode?*", e, só em seguida, "o que se *deve?*"

Que aí, em meio ao domínio da mecânica da grande política, a fanfarra cristã (por exemplo, em boletins de vitória ou em discursos imperiais ao povo) pertence cada vez mais àquilo que é impossível: porque vai contra o gosto. "A garganta do príncipe herdeiro" não é nenhuma questão de Deus.

Progresso do século XIX em relação ao século XVIII.

– *no fundo, nós*, bons europeus, *realizamos uma guerra contra o século XVIII.* –

1) "Retorno à natureza" cada vez mais decididamente compreendido no sentido inverso ao de Rousseau. *Para longe do idílio e da ópera!*

2) cada vez mais decididamente anti-idealista, mais objetivo, mais destemido, mais trabalhador, mais comedido, mais

---

de maneira radical. O "livre como um pássaro" é aquele espírito livre que se encontra para além de bem e mal, um criminoso no grande estilo. Não há como esquecer, ao mesmo tempo, o título do anexo à *Gaia ciência*: "Canções do Príncipe Vogelfrei".

FRAGMENTOS PÓSTUMOS, 1885–1887 (Vol. VI) 337

desconfiado em relação às transformações repentinas, *antirre-volucionário*
    3) colocando cada vez mais decididamente em primeiro lugar a questão da *saúde do corpo* em relação à da saúde da alma: concebendo a saúde da alma como um estado em consequência da saúde do corpo, ao menos como a condição prévia – – –

9 (122)
    (80)   Para a *genealogia do cristianismo*
    – o fanatismo dos tímidos, que não ousam retornar uma vez mais depois que deixaram uma vez sua terra: até que eles, por medo e por martírio do medo, chegam ao ponto de *aniquilá*-la.
    – é necessário mais coragem e *força* de caráter para se deter ou mesmo para dar meia-volta do que para seguir em frente. *Dar meia-volta sem covardia é mais difícil do que seguir em frente sem covardia.*

9 (123)
    (81)   *Para a gênese do niilista.*
    Só se tem mais tarde a coragem para aquilo que se *sabe* propriamente. O fato de ter sido até aqui niilista de maneira fundamental foi algo que só admiti há pouco tempo: a energia, a indiferença com a qual segui em frente como niilista me iludiu em relação a esse estado de fato fundamental. Quando se vai ao encontro de uma meta, parece impossível que a "ausência de metas em si" seja a nossa crença fundamental.

9 (124)
    (82)   *Moral como meio de sedução*
    "A natureza é boa, pois um Deus sábio e bom é a sua causa. A quem cabe, portanto, a responsabilidade pela 'perdição do homem'? A seus tiranos e sedutores, às camadas dominantes – é preciso aniquilá-las."
    : a lógica de *Rousseau* (cf. a lógica de *Pascal*, que conclui com vistas ao pecado original)
    Compare-se a lógica congênere em *Lutero*

338 FRIEDRICH NIETZSCHE

: nos dois casos, busca-se introduzir uma desculpa, uma necessidade insaciável de vingança como *dever moral religioso*. O ódio contra a camada dirigente procura se *santificar*...
(o "caráter pecaminoso de Israel": base para a posição de poder dos padres)
Compare-se a lógica congênere de *Paulo*
: é sempre sob a questão de Deus que essas reações aparecem, a questão do direito, da humanidade etc.
(em *Cristo*, o júbilo do povo aparece como causa de sua execução; um movimento antissacerdotal desde o princípio)
(– mesmo junto aos *antissemitas* trata-se sempre do mesmo artifício: visitar o inimigo com juízos morais de repúdio e reservar para si o papel da *justiça punitiva*.)
N.B. A condenação moral como *meio para o poder*.
A. "o estímulo da *má* consciência", para tornar necessário o salvador, o padre e outros homens do gênero ou:
B. o estímulo da *boa* consciência: para poder tratar e derrubar seus adversários como os ruins

9 (125)
(83) contra Rousseau: o estado da natureza é terrível, o homem é um predador, nossa civilização é um *triunfo* inaudito sobre essa natureza predatória: – *assim concluiu Voltaire*. Ele sentiu a atenuação, o refinamento, os amigos espirituais do Estado civilizado; ele desprezou a limitação, mesmo sob a forma da virtude; a falta de delicadeza também entre os ascetas e os monges.

O *caráter moral reprovável* do homem parecia preocupar Rousseau; é com as palavras "injusto", "cruel", que se consegue atiçar ao máximo os instintos dos oprimidos, que se encontram de resto sob o encanto do *vetitum*[91] e da desgraça: *de tal modo que sua consciência lhes desaconselha os desejos rebeldes*. Esses emancipadores buscam, antes de tudo, *uma coisa*: dar ao seu partido o maior acento e os maiores atributos da *natureza mais elevada*.

---

91 **N.T.**: Em latim no original: "proibido".

FRAGMENTOS PÓSTUMOS, 1885–1887 (Vol. VI) 339

9 (126)
    (84)   *Sintoma principal do pessimismo.*
    os *dîners chez Magny.*
    o pessimismo russo. Tolstoi, Dostoiévski
    o pessimismo estético, *l'art pour l'art*, "descrição do pessimismo romântico e do pessimismo antirromântico
    o pessimismo epistemológico
        Schopenhauer. O "fenomenalismo"
    o pessimismo anárquico
    a "religião da compaixão", movimento budista prévio
    o pessimismo cultural (Exotismo. Cosmopolitismo)
    o pessimismo moral; eu mesmo
    as *distrações*, as *redenções* esporádicas do pessimismo
    as grandes guerras, as organizações militares fortes, o nacionalismo
    a concorrência industrial
    a ciência
    a diversão
    Distingamos aqui:
    o *pessimismo como força – em quê?* Na energia de sua lógica, como anarquismo e niilismo, como analítica.
    Pessimismo como declínio – em quê? Como amolecimento, como sentimentalismo cosmopolita, como "*tout comprendre*" e historicismo.

9 (127)
    A ascensão do niilismo.
    A lógica do niilismo.
    A autossuperação
    do niilismo
    Superadores e superados

9 (128)
    (85) a *tensão crítica*: os extremos vêm à tona e passam a preponderar.

340 FRIEDRICH NIETZSCHE

9 (129)

Declínio do *protestantismo*: concebido teórica e historicamente como imperfeição. Preponderância factual do catolicismo; o sentimento do protestantismo é tão extinto que os movimentos *antiprotestantes* mais fortes não são mais sentidos como tais (por exemplo, o Parsifal de Wagner). Toda a espiritualidade elevada na França é *católica* por instinto; Bismarck compreendeu que não há mais de maneira alguma um protestantismo.

9 (130)

<(86)> Crítica do *homem moderno*
(sua mendacidade moralista)
"o homem bom", só degradado e seduzido pelas instituições ruins (tiranos e padres)
a razão como autoridade; a história como superação de equívocos; o futuro como progresso
o Estado cristão "o Deus dos rebanhos"
o impulso sexual cristão ou o casamento
o reino da "justiça", o culto da humanidade
a "liberdade"
as atitudes *românticas* do homem moderno:
o homem nobre (Byron, V. Hugo, G. Sand
a nobre indignação
a cura pela paixão (como "natureza" verdadeira
a tomada de partido dos oprimidos e desvalidos: lema dos historiadores e *romanciers*
os estoicos do dever
o "altruísmo" como arte e conhecimento
o altruísmo (como a forma mais mendaz do egoísmo (utilitarismo) a forma mais sensível

9 (131)

(87) tudo isso é o século XVIII. O que, em contrapartida, *não* é transmitido a partir dele: a *insouciance*, a serenidade, a elegância, a serenidade espiritual; o ritmo do espírito se alterou; o prazer com o refinamento e com a clareza espirituais cedeu lugar ao prazer

FRAGMENTOS PÓSTUMOS, 1885–1887 (Vol. VI)   341

com as cores, com a harmonia, a massa, a realidade etc. Sensualismo no espírito. Em suma, é o século XVIII de *Rousseau*.

9 (132)
    os *virtuosi* e os *virtuosos*

9 (133)
    Ciência sem consciência *n'est que ruine de l'âme*. Rabelais. *Conscience sans science c'est le salut*[92] –

9 (134)
    (88) Augustin Thierry leu, em 1814, aquilo que de Montolosier tinha dito em sua obra *De la monarchie française*: ele respondeu com um grito de indignação e pôs-se em sua obra. Aquele imigrante tinha dito: *Race d'affranchis, race d'esclaves arrachés de nos mains, peuple tributaire, peuple nouveau, licence vous fut octroyée d'être libres, et non pas à nous d'être nobles; pour nous tout est de droit, pour vous tout est de grâce, nous ne sommes point de votre communauté; nous sommes un tout par nous mêmes.*[93]

9 (135)
    (90) a "liberdade evangélica", "responsabilidade da própria consciência moral", essa bela fanfarronice de *Lutero*: no fundo, a "vontade de poder" em sua forma mais tímida. Pois estes são os três graus: a) liberdade, b) justiça, c) amor

9 (136)
    a crença é uma "doença sagrada", *hiera nósos*: Heráclito já sabia disto: a crença, uma obrigação interna que deixa bobo: *que algo deve ser verdadeiro...*

---

92   **N.T.:** Em francês no original: "não é senão a ruína da alma. Rabelais. Consciência sem ciência é a saúde".

93   **N.T.:** Em francês no original: "Raça de libertos, raça de escravos arrancados de nossas mãos, vos foi outorgada a licença para serdes livres, mas não para serdes nobres; para nós, tudo é de direito, para vós, tudo é por graça, nós não somos de maneira alguma de vossa comunidade; nós somos um todo por nós mesmos."

342 FRIEDRICH NIETZSCHE

9 (137)

(91) a luta contra os *grandes* homens, justificada por razões econômicas. Esses homens são perigosos, acasos, exceções, tempestades, fortes o suficiente para colocar em questão algo lentamente construído e fundado. Não apenas descarregar o explosivo de maneira inofensiva, mas se possível *se curvar* diante do seu surgimento... Instinto fundamental da sociedade civilizada.

9 (138)

(92) N.B. *Valer-se dos serviços* de tudo aquilo que é terrível, de maneira particular, gradual, experimental: é assim que o quer a tarefa da cultura; mas, até que ela seja *forte o suficiente* para tanto, ela precisa combatê-lo, torná-lo comedido, velá-lo, mesmo amaldiçoá-lo...

– por toda parte onde uma cultura *estabelece o mal*, ela expressa, com isso, uma relação de *medo*, ou seja, uma *fraqueza*...

Tese: todo bem é um mal de outrora que se tornou útil.

Critério de medida: quanto mais terríveis e maiores são as paixões, que um tempo, um povo, um particular pode se permitir, por estar em condições de se valer delas como *meios*, tanto *mais elevada se encontra a sua cultura*. (– o reino do mal se torna cada vez *menor*...)

– quanto mais mediano, mais fraco, mais submisso e covarde é um homem, tanto mais coisas ele estipulará como *más*: para ele, o reino do mal é o mais abrangente. O homem mais baixo verá o reino do mal (isto é, do que lhe é proibido e hostil) por toda parte.

9 (139)

(89) *Suma*: o domínio sobre as paixões, *não* o seu enfraquecimento ou eliminação.

quanto maior é a força senhorial da vontade, tanto mais liberdade deve ser dada às paixões.

o "grande homem" é grande por meio do espectro de liberdade de seus desejos e por meio do poder ainda maior que esses monstros luxuosos sabem colocar a seu serviço.

FRAGMENTOS PÓSTUMOS, 1885–1887 (Vol. VI) 343

– o "homem bom" é em cada nível da civilização o homem *não perigoso e útil ao mesmo tempo*: uma espécie de *ponto médio*; a expressão na consciência comum daquilo *diante do que não se tem que temer e que, apesar disso, não se tem o direito de desprezar*... Educação: essencialmente um meio de *arruinar* a exceção, uma distração, uma sedução, um adoecimento em favor da regra. Isso é duro: mas, considerado economicamente, completamente racional. Ao menos durante aquele longo tempo – – – Formação cultural: essencialmente o meio de dirigir o gosto contra a exceção em favor dos medíocres.

Uma cultura da exceção, da tentativa, do perigo, da nuança como consequência de uma grande *riqueza de forças*: toda cultura aristocrática tende *para aí*.

Somente quando uma cultura tem de oferecer um excedente de forças pode se encontrar sobre o seu solo também uma estufa do luxo cultural – – –

9 (140)

(93) Tentativa de minha parte de conceber a *absoluta racionalidade* do juízo e da avaliação social: naturalmente livre da vontade de extrair por meio do cálculo resultados morais.

: o grau de *falsidade* e de falta de transparência *psicológicas*, para *divinizar* os afetos essenciais para a conservação e a elevação do poder (a fim de criar a *boa consciência* para eles)

: o grau de *estupidez*, para que uma regulação e uma valoração conjuntas continuem possível (para tanto, educação, vigilância dos elementos culturais, adestramento)

: o grau de *inquisição, desconfiança e intolerância*, a fim de tratar e oprimir as exceções como criminosas – para dar a elas mesmas a má consciência, de tal modo que elas fiquem internamente doentes em seu caráter de exceção.

Moral essencialmente como *valor*, como meio de defesa: nessa medida, um sinal do homem imaturo.

(encouraçado; estoico;

o homem maduro tem, sobretudo, armas, ele se põe ao *ataque*

Instrumentos de guerra convertidos em instrumentos de paz (a partir de escamas e placas, penas e pelos)
Suma: a moral é exatamente tão "amoral" quanto todas as outras coisas sobre a Terra; a moralidade mesma é uma forma da amoralidade.
Grande *libertação*, que porta essa intelecção, a oposição se afastou das coisas, a unicidade está *salva* em todo acontecimento
– –

9 (141)
(94) Reelaboração, curiosidade e compaixão – nossos *vícios modernos*

9 (142)
(95) O ápice da cultura e o da civilização encontram-se *separados um do outro*, não se deve se deixar induzir em erro quanto aos antagonismos desses dois conceitos.
Moralmente expresso, os grandes momentos da *cultura* são os tempos de *corrupção*; as épocas da *domesticação* desejada e imposta ("civilização") do homem são os tempos da intolerância em relação às naturezas espirituais e mais ousadas e aos seus adversários mais profundos.

9 (143)
(96) O quão pouco o que está em questão é o objeto! É o espírito que vivifica! Que ar doentio e obstinado não se faz presente em meio ao discurso excitado sobre a "redenção", o amor e a "bem-aventurança", sobre a crença, a verdade, a "vida eterna"! Tomemos, em contrapartida, um livro propriamente *pagão* nas mãos, por exemplo, Petrônio, no qual no fundo nada é feito, dito, querido e apreciado, que não seja, de acordo com um critério de medida sórdido cristão, pecado, mesmo pecado mortal. E, apesar disto: que bem-estar não é provocado pelo ar mais puro, pela espiritualidade superior do passo mais rápido, da força segura do futuro que se tornou livre e excedente! Em todo o Antigo Testamento não ocorre nem uma única fanfarronice: com isso, porém, um li-

FRAGMENTOS PÓSTUMOS, 1885–1887 (Vol. VI)

vro é refutado... Comparado com ele, o Novo Testamento é um sintoma da cultura da decadência e da *corrupção* – e foi como tal que exerceu influência, como fermento da degenerescência

9 (144)
(97) Para a "*aparência lógica*".
O conceito de "indivíduo" e o de "espécie" são igualmente falsos e meramente aparentes. "*Espécie*" expressa apenas o fato de que uma profusão de seres semelhantes vem à tona ao mesmo tempo e de que o ritmo do continuar crescendo e da autotransformação é durante muito tempo retardado: de tal modo que as pequenas continuações e crescimentos casuais não são tão levados em consideração (– uma fase de desenvolvimento, na qual o desenvolver-se não chega a ser visto, de tal modo que um equilíbrio *parece* alcançado, e é possibilitada a falsa representação de que *aqui uma meta seria alcançada* – e de que haveria uma meta no desenvolvimento...)

A forma é considerada como algo duradouro e, por isso, mais valioso; mas a forma é meramente inventada por nós; e, se "a mesma forma é alcançada" ainda tão frequentemente, *então* isso não significa que *se trata da mesma forma* – *mas algo novo sempre aparece* – e nós apenas é que comparamos, calculamos esse novo, na medida em que ele se parece com o antigo, conjuntamente na unidade da "forma". Como se um *tipo* devesse ser alcançado e, por assim dizer, pairasse diante de nós e fosse inerente.

A forma, a espécie, a lei, a ideia, a finalidade – aqui se comete por toda parte o mesmo erro de se imputar sub-repticiamente uma realidade falsa a uma ficção: como se o que acontece portasse em si alguma obediência – uma cisão artificial no acontecimento é produzida aí entre aquilo *que* faz e aquilo *pelo que* o fazer se orienta (mas o *quid* e o *pelo quê* são estabelecidos apenas por nós por obediência em relação à nossa dogmática lógico-metafísica: não são nenhum "estado de fato")

Deve-se compreender essa *obrigação* de forjar conceitos, espécies, formas, finalidades e lei – "*um mundo dos casos idênticos*" – não tanto como se estivéssemos em condições, com isso,

346 FRIEDRICH NIETZSCHE

de fixar o *mundo verdadeiro*; mas como a obrigação de prepararmos um mundo no qual *nossa existência* seja possível – nós criamos, para que um mundo, que é calculável, simplificado, compreensível etc., seja para nós.

A mesma obrigação existe na *atividade dos sentidos* que é apoiada pelo entendimento – essa simplificação, banalização, acentuação e sedimentação, nas quais se baseia todo "reconhecimento", todo poder tornar-se-compreensível. Nossas *necessidades* tornaram nossos sentidos tão precisos que o "mesmo mundo fenomênico" sempre retorna uma vez mais e, por meio daí, acaba adquirindo a aparência da *realidade efetiva*.

Nossa obrigação subjetiva de acreditar na lógica só expressa o fato de, muito antes de nos conscientizarmos da própria lógica, não termos feito outra coisa senão *inserir seus postulados no acontecimento*: agora nós deparamos com eles no acontecimento – não podemos fazer mais outra coisa – e apenas achamos equivocadamente que essa obrigação garantiria algo sobre a "verdade". Fomos nós que criamos a "coisa", a "mesma coisa", o sujeito, o predicado, o fazer, o objeto, a substância, a forma, depois de termos empreendido pelo tempo mais longo possível a *igualação*, a simplificação e a *trivialização*.

O mundo *aparece* para nós como lógico porque nós o *logicizamos* primeiro

9 (145)
    (98)   Sobre o "maquiavelismo" do poder.
           (*maquiavelismo* inconsciente)
    A *vontade de poder* aparece
    a) junto aos oprimidos, junto aos escravos de todo tipo como vontade de "*liberdade*": só o *libertar-se* parece se mostrar como a meta (em termos morais e religiosos: "responsável diante de sua consciência", "liberdade evangélica" etc.)
    b) junto a um tipo mais forte que cresceu para o poder como vontade de superpotência; se de início sem sucesso, então se restringindo à vontade de "*justiça*", isto é, *à mesma medida de direitos*, como o outro tipo dominante os possui (luta pelos direitos...)

c) junto aos mais fortes de todos, aos mais ricos, mais independentes, mais corajosos como *"amor* à humanidade", ao "povo", ao Evangelho, à verdade, a Deus; como compaixão; "autossacrifício" etc. como dominação, arrastar-consigo, colocar-a-seu-serviço; em um ponto contar com um grande *quantum* de poder, ao qual se *consegue dar direção*: o herói, o profeta, o César, o salvador, o pastor (– mesmo o amor sexual pertence a esse contexto: ele *quer* a dominação, o tomar posse de, e ele *aparece* como um entregar--se...) no fundo apenas o amor em relação ao seu "instrumento", em relação ao seu "cavalo... sua convicção de que isto e aquilo lhe *pertencem*, como alguém que está em condições de *utilizá*-lo.
"Liberdade", "justiça" e "amor"!!!

A *incapacidade para o poder*: sua *hipocrisia* e *inteligência*: como obediência (classificação, orgulho do dever, eticidade...)

como submissão, entrega, amor (idealização, divinização daquele que comanda como consolo pelo dano e como autotransfiguração indireta

como fatalismo, resignação

como "objetividade"

como autotiranização (estoicismo, ascese, "despersonalização", "cura")

(– por toda parte expressa-se a necessidade de continuar exercendo de qualquer modo um poder qualquer ou de criar vez por outra para si mesmo a *aparência* de um poder (como *embriaguez*)

como crítica, pessimismo, indignação, importunação

como "bela alma", "virtude", "autodivinização", "à margem", "pureza em relação ao mundo" etc. (– a intelecção da incapacidade do poder se travestindo de *dédain*[94])

Os homens, que querem o poder em virtude das *vantagens* da felicidade que o poder concede (partidos políticos)

outros homens, que querem o poder mesmo com *desvantagens* visíveis e com o *sacrifício* da felicidade e do bem-estar: os *ambitiosi*.

---

94   **N.T.:** Em francês no original: "desdém".

outros homens, que querem o poder, meramente porque de outro modo esse poder cairia em outras mãos, das quais eles não querem depender

Quanto ao problema: será que o poder na "vontade de poder" é meramente um *meio*: o protoplasma se apropriando de algo e o *organizando*, ou seja, se fortalecendo e exercendo poder para se fortalecer?

Em que medida o comportamento do protoplasma em meio à apropriação e à análise fornece a chave para o comportamento químico daqueles materiais uns em relação aos outros (luta e constatação de poder)

9 (146)

(99) *Contra Rousseau*: o homem não é mais *infelizmente* mal o suficiente; os adversários de Rousseau que dizem: "o homem é um predador" não têm infelizmente razão: não a perdição do homem, mas o seu amolecimento e ultramoralização é que é a maldição; na esfera que foi combatida da maneira mais intensa possível por Rousseau, reina precisamente o tipo de homem ainda *relativamente* forte e bem-constituído (– aqueles que ainda tinham os grandes afetos de maneira intacta, vontade de poder, vontade de prazer, vontade e capacidade de comandar). É preciso comparar o homem do século XVIII com o homem do Renascimento (mesmo com o homem do século XVII na França), a fim de pressentir o que estava aí em questão: Rousseau é um sintoma do desprezo de si e da vaidade atiçada – os dois são sinais de que falta a vontade dominante: ele moraliza e busca a *causa* de sua miserabilidade, como homem do rancor, nas camadas *dominantes*.

9 (147)

(100)   *Com que meio uma virtude*
                 chega ao poder?

Exatamente com os meios de um partido político: caluniando, colocando sob suspeita, minando as virtudes opostas, que já

FRAGMENTOS PÓSTUMOS, 1885–1887 (Vol. VI)

estão no poder, rebatizando seu nome, seguindo e escarnecendo sistematicamente: ou seja, *por meio de puras "imoralidades".* O que um *desejo* faz consigo mesmo para se tornar uma *virtude?* O rebatizar; a negação principial de seus intuitos; o exercício no compreender-se mal; a aliança com as virtudes existentes e reconhecidas; a inimizade liberada contra os seus adversários. Se possível comprar a proteção de poderes santificadores; embriagar, entusiasmar, a fanfarronice do idealismo; conquistar um partido, que *ou bem* chega com ela ao poder, *ou* bem perece com ela..., tornar-se *inconsciente, ingênuo.*

9 (148)

<(101)>   Doutrina das metamorfoses:
Metamorfoses da sexualidade
   ” da crueldade
   ” da covardia
   ” da sede de vingança, fúria
   ” da preguiça
   ” do despotismo
   ” do desvario
   ” da mentira, da inveja
   ” da calúnia
   ” da cobiça
   ” do ódio

Aquilo que um tempo despreza ou odeia como as virtudes *rudimentares*, como resíduo do ideal de um tempo anterior, mas sob a forma do estiolamento ("o criminoso"...)

9 (149)

(102) Como é que se faz para chegar a honrar tendências *hostis à vida?*
Por exemplo, a castidade
   a pobreza e a mendicância
   a burrice e a falta de cultura
   o desprezo de si
   o desprezo da existência

9 (150)

(103) *Para a ótica da avaliação:*
Influência da *quantidade* (grande, pequeno) da *meta*
Influência da *espiritualidade* nos meios
Influência das *maneiras* na *ação*
Influência do *sucesso* ou fracasso
Influência do *permitido e proibido*
A *quantidade* na *meta* em seu efeito sobre a ótica da avaliação: o *grande* criminoso e o *pequeno*. A quantidade na *meta* daquilo que é querido decide também junto àquele mesmo que quer, se ele tem respeito aí diante de si ou se ele sente de maneira pusilânime e miserável. –
Assim, o grau da *espiritualidade* nos meios em seu efeito sobre a ótica da avaliação. De que outro modo o renovador filosófico se assemelharia aos tentadores e aos homens violentos e não aos ladrões, bárbaros e aventureiros! – Aparência do que "não possui utilidade para si próprio".
Finalmente, maneiras, postura, coragem, confiança em si nobres – como elas alteram a valoração daquilo que é alcançado desse modo!
Efeito da *proibição*: todo poder pautado pela proibição, todo poder que sabe atiçar o medo junto àquele para o qual algo é proibido, gera a "má consciência" (isto é, os desejos de algo com a consciência da *periculosidade* de sua satisfação, com a obrigação do segredo, do silêncio, da cautela; toda proibição torna pior o caráter junto àqueles que não se submetem a ela voluntariamente, mas apenas obrigados)

9 (151)

(104) A vontade de poder só pode se manifestar junto a *resistências*; ela procura aquilo que lhe apresenta resistência – essa é a tendência originária do protoplasma, quando estende os pseudópodes e tateia à sua volta. A apropriação e a incorporação são antes de tudo um querer-dominar, um formar, um desempenho e uma transformação, até que finalmente o dominado tenha passado completamente para o poder do agressor e esse agressor tenha

se ampliado. – Caso essa incorporação não tenha sucesso, então o constructo certamente se decompõe; e a *duplicidade* aparece como consequência da vontade de poder; para não deixar passar aquilo que é conquistado, a vontade de poder se divide em duas vontades (sob certas circunstâncias, sem abdicar completamente de sua ligação mútua)

"Fome" é apenas uma adaptação mais estreita, depois que o impulso fundamental por poder conquistou uma figura mais espiritual.

9 (152)

A *preocupação moral* coloca um espírito profundamente na ordem hierárquica: com isso, falta-lhe o instinto do privilégio, do à parte, o sentimento de liberdade das naturezas criadoras, dos "filhos de Deus" (ou do diabo –). E, independentemente de se ele prega uma moral dominante ou de se ele estabelece seu ideal para a *crítica* da moral dominante: ele pertence, com isso, ao rebanho – ainda que seja apenas como a sua necessidade mínima extrema, como "pastor"...

9 (153)

(105) *Os fortes do futuro.*

Aquilo que em parte a necessidade, em parte o acaso alcançou aqui e acolá, as condições para a produção de um tipo *mais forte*: isso é algo que podemos compreender agora e *querer* conscientemente: nós podemos criar as condições sob as quais tal elevação é possível.

Até agora, a "educação" teve em vista a utilidade da sociedade: *não* a maior utilidade possível do futuro, mas a utilidade da sociedade agora subsistente. Queriam-se "instrumentos" para ela. Supondo que *a riqueza em termos de força fosse maior*, então seria possível pensar em uma *descarga de forças*, cuja meta *não* estaria devotada para a utilidade da sociedade, mas para uma utilidade futura –

Seria preciso apresentar tal tarefa quanto mais se concebesse em que medida a forma atual da sociedade está em meio a uma forte transformação, para algum dia *não poder mais existir em virtude de si mesma*: mas apenas ainda como *meio* nas mãos de uma raça mais forte.

O apequenamento crescente do homem é precisamente a força impulsionadora para pensar no cultivo de uma *raça mais forte*: que teria seu excedente precisamente aí onde a espécie apequenada seria fraca e mais fraca (vontade, responsabilidade, certeza de si mesmo, poder estabelecer metas para si)

Os *meios* seriam aqueles que a história ensina: o *isolamento* por intermédio de interesses inversos de conservação em relação aos interesses medianos de hoje; o exercício em avaliações inversas; a distância como *páthos*; a consciência livre naquilo que é hoje mais subestimado e proibido.

O *equilíbrio* do homem europeu é o grande processo que não tem como ser detido: dever-se-ia, ainda, acelerá-lo.

A necessidade da *abertura de um fosso, de uma distância, de uma ordem hierárquica* é dada com isto: *não* a necessidade de retardar aquele processo

Essa espécie *equilibrada* carece de uma *justificação* logo que ela é alcançada: ela encontra-se a serviço de um tipo mais elevado, soberano, que se acha sobre ela e que somente sobre ela pode se elevar até o nível de sua tarefa.

Não apenas uma raça de senhores, cuja tarefa se esgotaria em governar; mas uma raça com *uma esfera vital própria*, com um excedente de força para a beleza, a coragem, a cultura, as maneiras até o cerne do que há de mais espiritual; uma raça *afirmativa*, que pode se permitir qualquer grande luxo... forte o suficiente para não ter necessidade da tirania do imperativo da virtude; rica o suficiente para não ter a necessidade de economia e de pedanteria; para além de bem e mal; uma estufa para plantas especiais e seletas.

9 (154)

(106) O homem é o *animal monstruoso* e o *além-do-animal*; o homem mais elevado é o bárbaro desumano e o além-do-homem: é assim que as coisas se complicam. Com todo crescimento do homem em grandeza e altura, ele cresce também em profundidade

e em caráter terrível: não se deve querer uma coisa sem a outra –
ou, muito mais: quanto mais fundamentalmente se quer uma, tanto
mais fundamentalmente se atinge precisamente a outra.

9 (155)
(107) A *virtude* não encontra mais agora nenhuma crença,
sua força de atração se perdeu; seria preciso saber levá-la uma
vez mais ao mercado, por exemplo, como uma forma inabitual
de aventura e de digressão. Ela exige extravagância e bitolação
demais de seus crentes para que não tivesse hoje a consciência
contra si. Naturalmente, para seres desprovidos de consciência e
totalmente marcados pela ausência de hesitação, é possível que
essa seja a sua nova magia – a partir de agora, ela se mostra como
aquilo que ela até aqui jamais tinha sido, um *vício*.

9 (156)
(108)   *Falsificação na psicologia*
Os grandes *crimes* na *psicologia*:
1) o fato de todo *desprazer, de toda infelicidade* terem
sido falsificados com a injustiça (a culpa) (retirou-se da dor a
inocência).
2) o fato de todos *os fortes sentimentos de prazer* (petulância, volúpia, triunfo, orgulho, temeridade, conhecimento, certeza
de si e felicidade em si) terem sido estigmatizados como pecami-
nosos, como sedução, como suspeitos.
3) o fato de os *sentimentos de fraqueza*, as covardias mais
íntimas, a falta de coragem para si mesmo terem sido cobertos
com nomes sagrados e ensinados como desejáveis no sentido
mais elevado possível.
4) o fato de tudo o que é *grande* no homem ter sido reinter-
pretado como altruísmo, como autossacrifício para algo diverso,
para os outros; o fato de mesmo naquele que conhece, mesmo no
artista a *despersonalização* ter sido projetada como a *causa* de
seu conhecimento e de seu poder supremos.
5) o fato de o *amor* ter sido falsificado como entrega (como
altruísmo), enquanto ele é, em verdade, um a-nexar ou um dar

354 · FRIEDRICH NIETZSCHE

como consequência de uma riqueza excessiva da personalidade.
Só as pessoas *mais totais* podem amar; os despersonalizados, os
"objetivos" são os piores amantes (– perguntem às mulheres!).
Isso também é válido para o amor a Deus, ou à "pátria": é preciso
se sentar firmemente sobre si mesmo,
O egoísmo como a ego-icização, o altruísmo como a *alteração*
6) a vida como punição, a felicidade como tentação; as paixões como diabólicas, a confiança em relação a si como ateia
N.B. *Toda essa psicologia é uma psicologia* do impedimento, uma espécie de *construção de um muro* por medo; por um
lado, a grande massa (os desvalidos e medianos) procura, com
isso, se defender contra os mais fortes (– e *destruí-los* em meio
ao desenvolvimento...); por outro, ela procura divinizar todos os
impulsos, com os quais ela mesma melhor cresce, mantendo-os
como os únicos honráveis. Cf. a classe sacerdotal judaica.

9 (157)
(109) I. A *falsificação* principial da *história*, para que ela
forneça a prova da valoração moral.
a) declínio de um povo e a corrupção
b) ascensão de um povo e a virtude
c) ápice de um povo ("sua cultura") como consequência da
elevação moral
II. A falsificação principial dos *grandes homens, dos grandes criadores, dos grandes tempos*
a) quer-se que a *crença* seja o elemento distintivo dos grandes: mas a ausência de hesitação, o ceticismo, a permissão para
poder se livrar de uma crença, a "imoralidade" pertencem à grandeza (César, Frederico, o Grande, Napoleão, mas também Homero, Aristófanes, Leonardo, Goethe – omite-se sempre o principal,
sua "liberdade da vontade" –)

9 (158)
Contra o que *eu* luto: contra o fato de um tipo excepcional
combater a regra, ao invés de compreender que a subsistência

FRAGMENTOS PÓSTUMOS, 1885–1887 (Vol. VI)   355

da regra é o pressuposto para o valor da exceção. Por exemplo, os quartos das mulheres que, ao invés de experimentarem a distinção de suas necessidades anormais, gostariam de remover a posição da mulher em geral...

9 (159)
(110) De que *vontade de poder é a moral*?

O *comum* na história da Europa desde *Sócrates* é a tentativa de levar os *valores morais* ao domínio sobre todos os outros valores: de tal modo que eles não devem ser apenas líderes e juízes da vida, mas também
1) do conhecimento
2) das artes
3) das aspirações políticas e sociais por "se tornar melhor"
como a única tarefa, todo o resto é um *meio* para tanto (ou uma perturbação, um obstáculo, um perigo: consequentemente, precisa ser combatido até a aniquilação...)
Um movimento semelhante na *China*.
Um movimento semelhante na *Índia*.
O que significa essa *vontade de poder por parte dos poderes morais*, que se desenrolaram até aqui em desenvolvimentos descomunais sobre a Terra?
Resposta: – *três poderes estão escondidos atrás dela:* 1) o instinto dos *rebanhos* contra os fortes, independentes, 2) o instinto dos *sofredores* e dos desvalidos contra os felizes, 3) o instinto dos *medianos* contra as exceções. – *Vantagem descomunal desse movimento*, o quanto de crueldade, falsidade e bitolação o auxiliaram concomitantemente: (pois a história da *luta da moral com os instintos fundamentais da vida* é ela mesma a maior imoralidade que existiu até aqui sobre a Terra...)

9 (160)
(111) *Os valores morais na própria teoria do conhecimento*
a confiança na razão – por que não desconfiança?
o "mundo verdadeiro" deve ser o mundo bom – por quê?

356 FRIEDRICH NIETZSCHE

a aparência, a mudança, a contradição, a luta depreciada como amoral: exigência de um mundo no qual *falte* tudo isso.

o mundo transcendente é inventado *para que* reste um lugar para a "liberdade moral" (em Kant)

a dialética como o caminho para a virtude (em Platão e em Sócrates: aparentemente, porque a sofística era considerada como caminho para a amoralidade

tempo e espaço ideais: consequentemente, "unidade" na essência das coisas; consequentemente, nenhum "pecado", nenhum mal, nenhuma imperfeição – uma *justificação de Deus*.

Epicuro *nega* a possibilidade do conhecimento: a fim de manter os valores morais (respectivamente hedonistas) como os superiores. O mesmo faz Agostinho; mais tarde Pascal ("a razão degradada") em favor dos valores cristãos.

o desprezo de Descartes em relação a tudo aquilo que muda; do mesmo modo, o de Spinoza.

9 (161)

(112) *os valores morais em seu domínio sobre os estéticos* (ou o *primado* ou oposição e *inimizade de morte* em relação a eles)

9 (162)

(113) Causas para a *ascensão do pessimismo*

1) o fato de os impulsos da vida mais poderosos e mais cheios de futuro terem sido até aqui *caluniados*, de tal modo que a vida possui uma maldição sobre si

2) o fato de a coragem e a probidade crescentes, assim como a desconfiança mais ousada do homem, conceberem a *indissociabilidade desses instintos* em relação à vida e irem ao encontro do corpo

3) o fato de só os *mais medianos*, que não *sentem* de maneira alguma aquele conflito, prosperarem – o tipo mais elevado fracassa e, como um constructo da degradação, se mostra antipático em relação a si – o fato de, por outro lado, o mediano, arrogando-se como meta e sentido, *se indignar* (– o fato de a *atualização* de todo impelir e da assim chamada "civilização"

FRAGMENTOS PÓSTUMOS, 1885–1887 (Vol. VI) 357

se tornar cada vez mais simples e de o particular, em face dessa maquinaria descomunal, *desanimar* e se *submeter*.

9 (163)
(114) As grandes *Falsificações* sob o domínio dos *valores morais*
1) na história (inclusive a política)
2) na teoria do conhecimento
3) no julgamento da arte e dos artistas
4) na apreciação do valor do homem e da ação (de *povo* e *raça*)
5) na psicologia
6) na construção das filosofias ("ordem moral do mundo" e coisas do gênero)
7) na psicologia, na doutrina do desenvolvimento ("aperfeiçoamento", "socialização", "seleção")

9 (164)
A vontade de poder.
Tentativa de uma transvaloração de todos os valores.
Primeiro livro:
o niilismo
como consequência dos valores supremos até aqui.
Segundo livro:
Crítica dos valores supremos até aqui,
intelecção daquilo que disse sim e não por meio deles.
Terceiro livro:
A autossuperação do niilismo,
tentativa de dizer sim a tudo aquilo que até aqui foi negado.
Quarto livro:
A superação e os superados.
Uma previsão.

9 (165)
(115) A *ausência de cultivo do espírito moderno* sob todos os tipos de adorno moral:

FRIEDRICH NIETZSCHE

As palavras pomposas são:

a tolerância (para a "incapacidade de dizer sim e não")

la largeur de sympathie[95] = um terço de indiferença, um terço de curiosidade, um terço de excitabilidade doentia.

a objetividade = falta de personalidade, falta de vontade, incapacidade para o amor.

a "liberdade" em relação às regras (Romantismo)

a "verdade" contra a falsificação e a mentira *(naturalisme)*

a "cientificidade" (o *"document humain"*), em alemão o romance de colportagem e a adição ao invés da composição

a "paixão" no lugar da desordem e da imoderação

a "profundidade" no lugar da confusão, da zona simbólica

Para a "modernidade"

a) a ausência de cultivo do espírito

b) a teatralidade

c) a irritabilidade doentia (o *milieu* como "fato")

d) o caráter multicor

e) a reelaboração

Os obstáculos mais favoráveis e os remendos da "Modernidade"

1) O *serviço militar obrigatório* geral em guerras reais, nas quais a diversão cessa

2) A bitolação *nacional* (simplificando, concentrando, expressando e esgotando também com certeza, por vezes, por meio de reelaboração)

3) A *alimentação* aprimorada (carne)

4) A *pureza* crescente e a saúde dos domicílios

5) O predomínio da *fisiologia* sobre a teologia, a moralística, a economia e a política

6) O rigor militar na exigência e na manipulação de sua "culpabilidade" (não se *louva* mais...)

9 (166)

(116)   *Estética*

Para ser *clássico*, é preciso

---

95 **N.T.**: Em francês no original: "a amplitude da simpatia".

FRAGMENTOS PÓSTUMOS, 1885–1887 (Vol. VI)

ter *todos* os dons e desejos fortes, aparentemente mais contraditórios: mas de tal modo que eles seguem uns com os outros sob um jugo
chegar no tempo *certo*, para levar um *gênero* de literatura ou de arte à sua altura e ao seu ápice (: não *depois de* já ter acontecido isso...)
refletir um *estado conjunto* (seja o povo, seja uma cultura) em sua alma mais profunda e mais íntima, em um tempo no qual ainda existe, mas ainda não se acha ultramatizado pela imitação do alheio (ou onde ele ainda é dependente...)
nenhum espírito reativo, mas um espírito *conclusivo* que leva adiante, dizendo sim em todos os casos, mesmo com o seu ódio
"*Não* pertence a isto o mais elevado valor pessoal?"... Talvez seja preciso ponderar se os preconceitos morais não desenrolam aqui o seu jogo e se uma grande elevação *moral* talvez não seja em si uma contradição em relação ao clássico...
"*mediterranizar*" a música: essa é a *minha* solução...
Será que a *monstrenga* moral não precisaria ser necessariamente *romântica*, em palavras e ações?... Uma tal preponderância de um traço sobre os outros (como acontece junto ao monstro moral) se encontra contraposta justamente ao poder clássico em um equilíbrio hostil: supondo que se tivesse essa altura e se fosse apesar disso clássico, então se poderia concluir de maneira ousada que se possuiria mesmo a imoralidade de uma mesma altura: esse talvez tenha sido o caso de Shakespeare (supondo que ele realmente é Lorde Bacon: – – –

9 (167)
(117) A preponderância dos *comerciantes* e *pessoas intermediárias*, mesmo no que há de mais espiritual
o literato
o "representante"
o historiador (como aquele que mistura o passado e o presente)
os exotéricos e os cosmopolitas
as pessoas intermediárias entre a ciência natural e a filosofia
os semiteólogos

9 (168)

(118)   Para a caracterização da "Modernidade"
desenvolvimento extremamente rico das figuras interme-diárias
estiolamento dos tipos
ruptura das tradições, escolas
o predomínio dos instintos (depois da entrada em cena do
enfraquecimento da força da vontade, do querer da finalidade
e dos meios...) (filosoficamente preparado: o inconsciente tem
mais valor)

9 (169)

(119) *Schopenhauer como* escuma: *estado anterior à revolução*
... Compaixão, sensibilidade, arte, fraqueza da vontade, catolicismo dos desejos espirituais – esse é o bom século XVIII *au
fond*.[96] A incompreensão fundamental da *vontade* (como se desejos, instinto, *impulso* fossem o *essencial* na vontade) é típica:
rebaixamento do valor da vontade até o estiolamento. Do mesmo
modo, ódio em relação ao querer; tentativa de ver no não-mais-
-querer, no "ser sujeito *sem* meta e intuito" ("no puro sujeito livre
da vontade") algo superior, sim, *o* mais elevado, valoroso. Grande
sintoma do *cansaço* ou da *fraqueza* da *vontade*: pois essa é de
maneira totalmente própria aquilo que trata dos desejos como
senhor, indicando seu caminho e medida...

9 (170)

(120)   *Estética.*
a moderna *falsificação* nas artes: concebida como *necessária*, a saber, como consonante com a *carência mais propriamente
dita da alma moderna*
preenchem-se as lacunas do *talento*, mais ainda as lacunas
da *educação*, da tradição, da *instrução*

---

96 **N.T.**: Em francês no original: "no fundo".

FRAGMENTOS PÓSTUMOS, 1885–1887 (Vol. VI)

em primeiro lugar: busca-se um público *menos artístico*, que seja incondicional em seu amor (– e que logo se ajoelhe diante da *pessoa*...). Serve, para tanto, a superstição de nosso século, a fantasiado *gênio*...

em segundo lugar: arengam-se os instintos obscuros dos insatisfeitos, dos ambiciosos, dos encobertos para si mesmos de uma era democrática: importância da *atitude*.

em terceiro lugar: inserem-se os procedimentos de uma arte na outra, misturam-se as intenções da arte com as do conhecimento, da Igreja, do interesse racial (nacionalismo) ou da filosofia – batem-se em todos os sinos de uma vez e desperta-se a obscura suspeita de que se seria um "deus"

em quarto lugar: adulam-se a mulher, o sofredor, o indignado; inserem-se mesmo na arte narcóticos e ópios em excesso. Lisonjeiam-se os "homens cultos", os leitores de poemas e de velhas histórias

9 (171)

(121) N.B. A cisão entre o "público" e a "sala de refeição": no primeiro caso, é preciso que se seja hoje charlatão; no segundo, quer-se ser virtuosista e nada mais! Abrangentes para essa cisão são os nossos "gênios" específicos do século, grandes nos dois casos; grande charlatanice de Victor Hugo e de R. Wagner, mas acompanhada por tanto *virtuosismo* autêntico que eles mesmos também fizeram o que há de mais refinado no sentido da arte

Por isso, a *falta de grandeza* 1) eles possuem uma ótica alternante, ora com vistas às necessidades mais toscas, ora com vistas às mais refinadas

9 (172)

(122) Em *Fort Gonzaga*, fora de Messina. *Para o prefácio*. Estado da mais profunda meditação. Tudo feito para me distanciar; não ligado mais nem por meio do amor nem por meio do ódio. Como em um antigo forte. Rastros de guerra: também de terremotos. Esquecimento

9 (173)

(123)　　　*A moral na valoração*
　　　　　de raças e estirpes.

Levando em consideração o fato de que *afetos e impulsos fundamentais* em toda raça e em toda estirpe expressam algo de suas condições existenciais (– ao menos das condições sob as quais elas se impuseram durante o período mais longo:)
　: significa exigir que elas sejam "virtuosas": que elas mudem seu caráter, saiam de sua pele e apaguem seu passado
　: significa que elas devem deixar de se distinguir
　: significa que elas devem se assemelhar em suas carências e pretensões – dito mais claramente: *que elas devem perecer*...

A vontade de *uma* moral revela-se, com isso, como a *tirania* daquele tipo, para o qual essa moral una se acha talhada sobre outros tip<os>: trata-se da aniquilação ou da uniformização em favor dos dominantes (seja para não se mostrar mais como terrível para ela, seja para ser usado por ela)

"Suspensão da escravidão" – supostamente um tributo à "dignidade humana", em verdade, uma *aniquilação* de uma espécie fundamentalmente diversa (– minar seus valores e sua felicidade –)

Aquilo em que uma raça *adversária* ou uma estirpe adversária têm sua força é interpretado por elas como aquilo que lhe há de *mais malévolo*, como o que há de pior: pois, com isso, elas nos causam um dano (– suas "virtudes" são caluniadas e rebatizadas)

Isso vale como *objeção* contra o homem e o povo, quando eles nos *causam um dano*: mas, a partir de seu ponto de vista, nós somos desejáveis para eles, porque somos aqueles dos quais se pode retirar uma utilidade.

A exigência da "humanização" (que de maneira totalmente ingênua se acredita de posse da fórmula "o que é humano?") é uma fanfarronice, sob a qual um tipo totalmente determinado de homem busca se tornar dominante: mais exatamente, um instinto totalmente determinado, o *instinto de rebanho*.

"Igualdade dos homens": o que se *esconde* sob a tendência de se *igualar* cada vez mais homens como homens.

FRAGMENTOS PÓSTUMOS, 1885–1887 (Vol. VI)   363

O "caráter interessado" com vistas à moral comum *(artifício*: tornar os grandes desejos de despotismo e avidez os protetores da virtude)
Em que medida todo tipo de *homens de negócio* e de homens cobiçosos, tudo aquilo que precisa dar crédito e requisitar crédito, tem *necessidade* de penetrar no que possui o mesmo caráter e o mesmo conceito de valor: o *comércio do mundo* e a *troca mundial* de todos os tipos impõe e *compra* para si, por assim dizer, a virtude.
Do mesmo modo, o *Estado* e todo tipo de despotismo com vistas a funcionários e soldados; do mesmo modo, a ciência, para trabalhar com confiança e economia das forças.
Do mesmo modo, a *classe sacerdotal*.
– Aqui, a moral comum é, portanto, imposta, porque uma vantagem é alcançada com ela; e, para levá-la à vitória, exercem-se a guerra e a violência contra a imoralidade – segundo que "direito"? Segundo direito algum: mas de acordo com o instinto de autoconservação. As mesmas classes se servem da *imoralidade*, onde esta lhes é útil.

9 (174)
(124) a *ampliação da força* apesar do rebaixamento temporário do indivíduo
– fundamentar um *novo nível*
– uma metodologia da reunião de forças, para a conservação de pequenas realizações, em oposição à dissipação não econômica
– a natureza destrutiva por vezes subjugada ao *instrumento* dessa economia do futuro
– a conservação dos fracos, porque uma massa descomunal *de trabalho miúdo* precisa ser feita
– a conservação de uma atitude, junto à qual ainda é *possível* a existência para os fracos e os sofredores
– plantar a *solidariedade* como instinto contra o instinto do medo e do servilismo
– a luta com o acaso, mesmo com o acaso do "grande homem"

364 FRIEDRICH NIETZSCHE

9 (175)
(125)   *O patronato da virtude.*
Cobiça
Despotismo
Preguiça   Todos têm um interesse na questão da virtude:
Tolice   por isso é que ela se encontra tão firme.
Medo

9 (176)
<(126)> Espinoza, do qual Goethe disse: "sinto-me bem próximo
dele, apesar de seu espírito ser muito mais profundo e mais
puro do que o meu" – que ele com frequência chamava de
seu santo.

9 (177)
(127) Percorrer toda a esfera da alma moderna, ter sentado
em cada um de seus recantos – minha ambição, minha tortura e
minha felicidade
        Superar efetivamente o pessimismo –; uma visão goethia-
na cheia de amor e boa vontade como resultado.
        N.B. Minha obra deve conter uma *visão conjunta* do nosso
século, de toda a modernidade, da "civilização" *alcançada*

9 (178)
(128)   *Os três séculos.*
        Sua sensibilidade diversa expressa-se da melhor forma
possível assim:
        Aristocratismo   Descartes, domínio da *razão*, testemu-
                            nho da soberania da *vontade*
        Feminismo   Rousseau, domínio do *sentimento*, tes-
                            temunho da soberania dos sentidos
                            (mendazes)
        Animalismo   Schopenhauer, domínio dos *desejos*,
                            testemunho da soberania da anima-
                            lidade (probo, mas sombrio)

FRAGMENTOS PÓSTUMOS, 1885–1887 (Vol. VI)   365

O século XVII é *aristocrático*, ordenador, petulante em relação ao animal, rigorosamente contra o coração, "desagradável", até mesmo sem ânimo, "não alemão", adverso em relação ao burlesco e ao natural, generalizante e soberano em relação ao passado: pois ele acredita em si. Em muito predador *au fond*, em muito com um hábito ascético, para continuar sendo senhor. O século da *vontade forte*; também da paixão forte.

O século XVIII é dominado pela *mulher*, fanático, engenhoso, raso, mas com um espírito a serviço do desejável, do coração, libertino no desfrute do que há de mais espiritual, minando todas as autoridades; embriagado, sereno, claro, humano, falso diante de si, muita canalha *au fond*, social...

O século XIX é *mais animal*, mais subterrâneo, *mais feio*, mais realista, mais plebeu, e, justamente por isso, "melhor", "mais sincero", mais submisso diante da "realidade efetiva" de todo e qualquer tipo, *mais verdadeiro*, não há dúvida: *mais natural*; mas fraco de vontade, triste e obscuramente cobiçoso, mas fatalista. Nem diante da "razão" nem diante do "coração" em vergonha e alta estima; profundamente convencido do domínio dos desejos (Schopenhauer disse "vontade"; mas nada é mais característico de sua filosofia do que o fato de lhe faltar a vontade, do que a absoluta negação do *querer* propriamente dito). Mesmo a moral é reduzida a um instinto ("compaixão")

A. Comte é um prosseguimento do século XVIII (domínio do *coeur* sobre la *tête*, sensualismo na teoria do conhecimento, fanatismo altruísta)

O fato de a *ciência* ter se tornado nesse nível soberana demonstra como o século XIX se *libertou* da dominação dos *ideais*. Certa "ausência de necessidade" no desejar nos possibilita pela primeira vez a nossa curiosidade e o nosso rigor científicos – esse nosso tipo de *virtude*...

O romantismo é *escuma* do século XVIII; uma espécie de exigência empilhada segundo o seu fanatismo de grande estilo (– de fato, uma boa dose de teatralidade e de autoengodo: queria-se representar a *natureza forte, a grande paixão*)

O século XIX busca instintivamente *teorias* com as quais ele sente a sua *submissão fatalista* justificada *ao factual*. Já o sucesso de *Hegel* contra a "sensibilidade" e contra o idealismo romântico residia no elemento fatalista de seu modo de pensamento, em sua crença na razão maior do lado do vitorioso, em sua justificação do "Estado" realmente efetivo (no lugar da "humanidade" etc.). Schopenhauer: nós somos algo estúpidos e, na melhor das hipóteses, até mesmo algo que suspende-a-si-mesmo.

Sucesso do determinismo, da dedução analógica das *obrigações* que vigoravam anteriormente como absolutas, a doutrina do *milieu* e da adaptação, a redução da vontade aos movimentos reflexos, a negação da vontade como "causa atuante"; finalmente – um verdadeiro rebatizado: vê-se tão pouco vontade que a palavra *livre* surge para designar algo diverso.

Outras teorias: a doutrina da consideração *objetiva*, "abúlica", como o único caminho para a verdade; *também para a beleza*; o mecanismo, a rigidez computável do processo mecânico; o suposto "*naturalisme*". Eliminação do sujeito seletivo, judicador, interpretador como princípio – também a crença no "*gênio*", para ter um direito à *submissão*.

Kant, com a sua "razão prática", com o seu *fanatismo moral*, é totalmente século XVIII; ainda completamente fora do movimento histórico; sem qualquer visão para a realidade efetiva de seu tempo, por exemplo, para a Revolução; intocado pela filosofia grega; sonhador do conceito de dever; sensualista com o batelão de carga do mimo dogmático – o *movimento de volta a Kant* em nosso século é um *movimento de volta ao século XVIII*: quer-se criar para si uma vez mais um direito aos *velhos ideais* e ao velho fanatismo – por isso, uma teoria do conhecimento que "estabelece limites", isto é, que permite *instituir arbitrariamente um além da razão...*

O modo de pensar *de Hegel* não está muito distante do *de Goethe*: para ver isso, basta escutar Goethe falando sobre *Spinoza*. Vontade de divinização do todo e da vida, a fim de encontrar *paz e felicidade* em sua intuição e sondagem; Hegel vê razão por toda parte – é preciso *se render à e se conformar com* a razão.

FRAGMENTOS PÓSTUMOS, 1885–1887 (Vol. VI)

Em Goethe, uma espécie de *fatalismo quase alegre e confiante*, que não se revolta, que não esmorece, que procura formar a partir de si uma totalidade, uma crença em que só na totalidade tudo se redime, tudo aparece como bom e justificado.

Goethe fomentando e *combatendo* o seu século XVIII: a sensibilidade, o fanatismo pela natureza, o a-histórico, o idealista, o não prático e irreal do revolucionário; ele toma a história, a ciência da natureza, a Antiguidade em auxílio, tal como Spinoza (como realistas supremos); sobretudo a atividade prática com puros horizontes totalmente firmes; ele não se separa da vida; ele não é tímido e toma o máximo possível em suas costas, sobre suas costas, em si – ele quer *totalidade*, ele combate a divergência de razão, sensibilidade, sentimento, vontade, ele se disciplina, ele se *forma*... ele diz sim a todos os grandes realistas (Napoleão – a vivência mais elevada de Goethe)

9 (179)

(129) *Goethe*: uma tentativa grandiosa de *superar o século XVIII* (retorno a um *tipo de homem do Renascimento*), uma espécie de autossuperação por parte desse século: ele desencadeou os seus mais fortes impulsos e os impeliu à consequência. No entanto, o que ele alcançou para a sua pessoa *não* foi o nosso século XIX...

– ele concebeu um homem extremamente culto, que se manteria por si mesmo cercado, venerável para si mesmo, que tinha o direito de ousar se permitir *toda a riqueza da alma e da naturalidade* (até o cerne do burlesco e do bufão), porque ele era forte o suficiente para isso; o homem da tolerância não por fraqueza, mas por força, porque sabia utilizar para o seu fomento aquilo junto ao que a natureza mediana perece, o *homem mais abrangente, mas não por isso caótico*. Seu complemento é *Napoleão* (em uma medida menor, Frederico, o Grande), que também assume para si do mesmo modo o combate *contra o século XVIII*.

N.B. Em certo sentido, o século XIX também aspirou a tudo isso que *Goethe fez para si*: uma universalidade da compreensão, da aprovação, do deixar se aproximar de si lhe é própria; um realismo

368 FRIEDRICH NIETZSCHE

temerário, uma veneração diante dos fatos – como é que se chegou, então, ao fato de o resultado conjunto não ser nenhum Goethe, mas um *caos*, *um niilismo*, um *fracasso*, *que* deixa recorrer *incessantemente uma vez mais* ao século XVIII (por exemplo, como romantismo, como altruísmo, como feminismo, como naturalismo)

9 (180)
(130) Händel, Leibniz, Goethe, Bismarck – característicos do tipo forte alemão. Vivendo sem hesitação entre opostos, cheios daquela força flexível, que toma cuidado diante de convicções e doutrinas, na medida em que utiliza umas contra as outras e reserva para si mesma a liberdade

9 (181)
(131) um *sistemático*, um filósofo, que não quer conceder por mais tempo ao seu espírito que ele *viva*, que ele se agarre à sua volta como uma árvore poderosa em sua largura e insaciável, que não conhece pura e simplesmente nenhuma tranquilidade, até ter esculpido a partir de si algo inanimado, algo de madeira, uma aridez quadrada, um "sistema". –

9 (182)
(132) "*sem a fé cristã*", achava Pascal, "vós mesmos vos tornareis, do mesmo modo que a natureza e a história, *un monstre et un chaos*". Nós *concretizamos* essa profecia: depois que o século XVIII tíbio e otimista tinha *embelezado e racionalizado ao extremo* o homem
Schopenhauer e Pascal: em um sentido essencial, *Schopenhauer* é o primeiro a *acolher* uma vez mais o movimento de *Pascal*: *un monstre et un chaos*, consequentemente, algo que é preciso *negar*... História, natureza, o próprio homem!
nossa incapacidade de conhecer a verdade é a consequência de nossa *perdição*, de nossa *decadência* moral: é o que nos diz Pascal. E, no fundo, do mesmo modo Schopenhauer. "Quanto mais profunda a perdição da razão, tanto mais necessária a doutrina da salvação" – ou, dito em termos schopenhauerianos, a negação

FRAGMENTOS PÓSTUMOS, 1885–1887 (Vol. VI)   369

9 (183)

(133) o século XVII *sofre* do *homem* como de uma *soma de contradições*, "*l'amas de contradictions*", que nós somos. Ele procura descobrir o homem, *ordená-lo*, escavá-lo: enquanto o século XVIII procura esquecer aquilo que se sabe da natureza do homem, a fim de ajustá-lo à sua utopia. "superficial, brando, humano" – ele se entusiasma com "o homem" –

O século XVII busca apagar os rastros do indivíduo, para que a obra se pareça tanto quanto possível com a vida. O século XVIII procura *se interessar pelo autor* por meio da obra.

O século XVII busca na arte a arte, um pedaço de cultura; o século XVIII faz propaganda com a arte em nome das reformas sociais e da natureza política.

A "utopia", o "homem ideal", a divinização da natureza, a vaidade do se colocar em cena, a subordinação à propaganda de metas *sociais*, a charlatanice – isso temos do século XVIII.

O estilo do século XVII: *propre*, *exact* e *libre*

o indivíduo forte, que satisfaz a si mesmo ou que se encontra diante de Deus em um empenho ardente – e toda aquela urgência e aquele arrebatamento dos autores modernos – essas são *oposições* –, é preciso comparar com isso os eruditos de Port-Royal.

Alfieri tinha um sentido para o *grande estilo*

o ódio contra o *burlesco* (indigno), a *falta de sentido natural* pertence ao século XVII.

9 (184)

(134) Rousseau: as regras se fundando no sentimento

a natureza como fonte da justiça

o homem aperfeiçoa-se na medida em que se *aproxima* da natureza

(segundo Voltaire, na medida em que ele se *distancia da natureza*

as mesmas épocas para um são as épocas de progresso, da *humanidade*, para o outro, tempos de piora em relação à injustiça e à desigualdade

Voltaire concebendo a *humanità* ainda no sentido do Renascimento, assim como a *virtù* (como "cultura elevada"), ele luta pelas questões das *honnêtes gens et de la bonne compagnie*,[97] a questão do gosto, da ciência, das artes, a questão do progresso mesmo e da civilização. *A luta contra 1760 atiçada*: o cidadão de *Genebrae le seigneur de Tourney*. Somente a partir daí Voltaire se mostra como o homem de seu século, o filósofo, o representante da tolerância e o apupador da descrença (até aí apenas un *bel esprit*). A inveja e o ódio ao sucesso de Rousseau o impeliram para frente, "para o alto" –

– *Pour "la canaille", un dieu rémunérateur et vengeur* – Voltaire.[98]

Crítica dos dois pontos de vista com relação ao valor da *civilização*.

a invenção social é, para Voltaire, a mais bela que existe, não há nenhuma meta mais elevada para ele do que mantê-la e aperfeiçoá-la; justamente isto é a *honnêteté*:[99] atentar para os usos sociais; virtude, uma obediência em relação a certos "preconceitos" necessários em favor da conservação da "sociedade".

Missionário cultural, aristocrata, representante de camadas dominantes vitoriosas e de suas valorações. Mas Rousseau permanece *plebeu*; também como *homme de lettres*, isso era *inaudito*; seu desprezo desfaçado em relação a tudo aquilo que não era ele mesmo.

O *elemento doentio* em Rousseau na maioria das vezes admirado e imitado. (Aparentado com Lorde Byron: ligado como que por parafusos a atitudes por demais sublimes mesmo para si, a um rancor azedo; sinais da "vulgaridade"; mais tarde, equilibrado por *Veneza*, ele compreendeu aquilo que *mais alivia e faz bem... l'insouciance*.[100])

---

97 **N.T.**: Em francês no original: "das pessoas honestas e da boa companhia".
98 **N.T.**: Em francês no original: "Para a canalha, um deus remunerador e vingativo."
99 **N.T.**: Em francês no original: "honestidade".
100 **N.T.**: Em francês no original: "a imprudência".

FRAGMENTOS PÓSTUMOS, 1885–1887 (Vol. VI) 371

ele é orgulhoso em relação àquilo que ele é, apesar de sua proveniência; mas fica fora de si quando as pessoas o lembram dela... Em Rousseau, sem dúvida alguma, a *perturbação mental*; em Voltaire, uma saúde e uma simplicidade incomuns. *O rancor dos doentes*; os tempos de sua loucura também são os de seu desprezo pelos homens e de sua desconfiança.

A defesa da *providência* por meio de Rousseau (contra o pessimismo de Voltaire): ele *precisava* de Deus, para poder lançar uma maldição sobre a sociedade e a civilização; tudo precisa ser bom em si, uma vez que Deus o criou; *só o homem degradou o homem*. O "homem bom" como homem natural era uma pura fantasia; mas, com o dogma da autoria de Deus, algo provável e fundamentado.

Efeito de Rousseau:
a loucura computada na grandeza, romantismo (primeiro exemplo, *não o mais forte*)
"o direito soberano da paixão"
"a ampliação monstruosa do 'eu'"
"o sentimento natural"
"na política, faz 100 anos que as pessoas tomaram um doente como líder"

Romantismo à la Rousseau
a paixão
a "naturalidade"
a fascinação da loucura
o rancor da plebe como *juíza*
a vaidade desvairada do fraco

9 (185)
(135) Os problemas não resolvidos que eu coloco novamente:

o *problema da civilização*, a luta entre Rousseau e Voltaire por volta de 1760.

o homem torna-se mais profundo, mais desconfiado, mais "imoral", mais forte, confiante em si mesmo – e, nessa medida, "*mais natural*" – esse é o "progresso"

372 FRIEDRICH NIETZSCHE

(nesse caso, por meio de uma espécie de divisão de trabalho, as camadas que se tornaram más e aquelas suavizadas, domesticadas se dissociam: de tal modo que o *fato conjunto* não salta simplesmente aos olhos.)... Faz parte da *força* do domínio de si e da fascinação da força que essas camadas mais fortes possuam a arte de fazer com que as pessoas experimentem a sua maldade como algo *superior*. A cada "progresso" pertence uma reinterpretação e tradução dos elementos mais fortes no "bem" (isto é, – – –

9 (186)
(136) O *problema do século XIX*. Saber se o seu lado forte e o seu lado fraco se compertencem. Se eles são feitos da mesma madeira. Se a diversidade de seus ideais, cuja contradição está condicionada em uma finalidade mais elevada, se mostra como algo mais elevado. – Pois poderia ser a *predeterminação para a grandeza* crescer nessa medida, em uma violenta tensão. A insatisfação, o niilismo *poderia ser um bom sinal*.

9 (187)
Beyle, nascido em 23 de janeiro de 1783

9 (188)
Um livro para pensar, nada além disso: ele pertence àqueles para os quais o pensamento *dá prazer*, nada além disso...

O fato de ele ter sido escrito em alemão é ao menos extemporâneo: eu gostaria de tê-lo escrito em francês, para que ele não parecesse como um referendo a aspirações puramente alemães quaisquer.

Livros para pensar – eles pertencem àqueles para os quais o pensamento dá prazer, nada além disso... Os alemães de hoje não são mais pensadores: algo diverso lhes dá prazer e consideração. A vontade de poder como princípio seria dificilmente compreensível para eles... Justamente por isso, não desejaria ter escrito meu Zaratustra em alemão

Desconfio de todos os sistemas e sistemáticos e fujo de seu caminho: talvez ainda se descubra por detrás desse livro o sistema do qual *me desviei*...

FRAGMENTOS PÓSTUMOS, 1885-1887 (Vol. VI)

A vontade de sistema: em um filósofo, expresso moralmente, uma degradação mais fina, uma doença de caráter, expresso amoralmente, sua vontade de se apresentar como mais burro do que é – mais burro, ou seja: mais forte, mais simples, ordenando mais, mais inculto, mais capaz de comando, mais tirano...
Não presto mais atenção no leitor: como poderia escrever para o leitor?... Mas eu me anoto, para mim.

9 (189)
é precisamente entre alemães que menos se pensa hoje. Mas, quem sabe! Já daqui a duas gerações não se terá mais a necessidade do sacrifício do desperdício nacional do poder, do emburrecimento.

9 (190)
Leio o Zaratustra: mas como pude jogar desse modo minhas pérolas aos alemães!

[10 = W II 2. Outono de 1887]

10 (1)

Alcione.
As tardes de alguém feliz.
Por
Friedrich Nietzsche

10 (2)
(137)   *Meus cinco "nãos"*
1) Minha luta contra o *sentimento de culpa* e contra a imiscuição do conceito de *pena* no mundo físico e metafísico, assim como na psicologia, na interpretação da história. Intelecção da *moralização excessiva* de toda filosofia e de toda avaliação até aqui.

2) Meu reconhecimento e minha extração do ideal *tradicional*, do ideal cristão, mesmo onde se chegou à ruína com a forma dogmática do cristianismo. A *periculosidade do ideal cristão* encontra-se em seus sentimentos valorativos, naquilo que pode prescindir da expressão conceitual: minha luta contra o *cristianismo latente* (por exemplo, na música, no socialismo).

3) Minha luta contra o século XVIII de *Rousseau*, contra a sua "natureza", contra o seu "homem bom", contra a sua crença no domínio do sentimento – contra o amolecimento, o enfraquecimento, a moralização do homem: um ideal que nasceu do *ódio contra a cultura aristocrática* e que, na prática, se mostra como o domínio dos sentimentos desenfreados do ressentimento, inventado como estandarte para a luta.

– a moralidade do sentimento de culpa do cristão
a moralidade do ressentimento (uma atitude da plebe)

4) Minha luta contra o *Romantismo*, no qual ideais cristãos e ideais de Rousseau coincidem, mas ao mesmo tempo com uma nostalgia dos *tempos antigos* da cultura sacerdotal aristocrática, da <*virtù*>, do "homem forte" – algo extremamente híbrido; um tipo falso e imitado de domínio do homem *mais forte*, que apre-

FRAGMENTOS PÓSTUMOS, 1885–1887 (Vol. VI) 375

cia os estados extremos em geral e vê neles o sintoma da força
("Culto da paixão")
— a exigência de um homem mais forte, estados extremos
uma imitação das formas expressivas, *furor expressivo*
não por plenitude, mas por *falta*.
(entre poetas, B. Stifter e G. Keller, por exemplo, são sinais
de mais força, de um maior estar interior, do que – – –
5) Minha luta contra a *supremacia dos instintos de rebanho*, depois que a ciência passa a trabalhar em uma causa comum
com eles; contra o ódio interior, com o qual todo tipo de ordem
hierárquica e de distância é tratado.
— o que nasceu relativamente da plenitude no século XIX,
com *conforto*...

Técnica, música serena etc. a	testemunhos relativos
grande técnica e a inventividade	da força, da confiança em
as ciências naturais	si do século XIX.
a história?	

10 (3)
(138)   *Meu novo caminho para o "sim"*
        Minha nova concepção do *pessimismo* como uma busca
voluntária dos lados mais terríveis e mais questionáveis da existência: com o que aparições congêneres do passado ficaram claras
para mim. "O quanto de 'verdade' suporta e ousa um espírito?"
Questão de sua força. Um tal pessimismo *poderia desembocar*
naquela forma de um *dizer sim* dionisíaco ao mundo, tal como
ele é: até o desejo de seu absoluto retorno e eternidade: com isso
seria dado um novo ideal de filosofia e sensibilidade.
        Não conceber os lados até aqui *negados* da existência apenas
como necessários, mas também como desejáveis; e não apenas desejáveis com vista aos lados até aqui afirmados (por exemplo, como seu
complemento e condições prévias), mas em virtude deles mesmos,
como os lados mais poderosos, mais fecundos, mais verdadeiros da
existência, nos quais se enuncia mais claramente sua vontade.
        Avaliar os únicos lados até aqui *afirmados* da existência;
extrair aquilo que diz propriamente sim aqui (o instinto dos so-

376 FRIEDRICH NIETZSCHE

fredores, por um lado, e, por outro, o instinto de rebanho e aquele terceiro instinto: o instinto da maioria contra a exceção) Concepção de um tipo *mais elevado* de ser como um tipo "amoral" segundo os conceitos até aqui: os princípios para tanto na história (os deuses pagãos, os ideais do Renascimento)

10 (4)
(139) Como é que as pessoas se assenhorearam do *ideal do Renascimento*? O homem do século XVII, o homem do século XVIII e o homem do século XIX. *Recrudescimento* do cristianismo (= Reforma) o *jesuitismo* e a *monarquia* em aliança

10 (5)
(140) Ao invés do "homem natural" de Rousseau, o século XIX *descobriu* uma *imagem verdadeira* do "homem" – ele teve a *coragem* para tanto. Com isso, participou-se da reprodução do conceito cristão de "homem". *Não* se teve a coragem de aprovar precisamente *esse* "homem em si" e de ver garantido nele o futuro do homem. Do mesmo modo, também *não* se ousou conceber o *crescimento do caráter terrível* do homem como fenômeno concomitante de todo crescimento da cultura; está-se submetido, com isso, ainda ao ideal cristão e toma-se o *seu* partido contra o paganismo, assim como contra o conceito renascentista da *virtù*. Por meio daí, porém, não se conquista a chave para a cultura: e, na prática, permanece-se junto à falsificação da história em favor do "homem bom" (como se só ele representasse o *progresso* do homem) e junto ao *ideal socialista* (isto é, junto ao resíduo do cristianismo e de Rousseau no mundo descristianizado)

A luta contra o século XVIII: sua *mais elevada superação por meio de Goethe* e de *Napoleão. Schopenhauer* também combate esse mesmo século; involuntariamente, porém, ele retrocede ao século XVII – ele é um Pascal moderno, com juízos de valor pascalinos, mas *sem* cristianismo... Schopenhauer não foi forte o bastante para um novo sim.

Napoleão: a copertinência necessária entre o homem mais elevado e o homem terrível foi aí concebida. O "homem"

FRAGMENTOS PÓSTUMOS, 1885–1887 (Vol. VI)

reproduzido; o tributo devido de desprezo e de medo foi re-
conquistado para a mulher. A "totalidade" como saúde e como
atividade suprema; a linha reta, o grande estilo redescoberto
no agir; afirma-se o mais poderoso instinto, o instinto da vida
mesma, o despotismo.

10 (6)
(141) N.B. Não se é um dos nossos enquanto não se sente
vergonha ao ser pego em qualquer cristandade residual do sentimento: *em nós, o antigo ideal tem a consciência contra si*...

10 (7)
(142) *Para refletir*: em que medida continua existindo
sempre a crença fatídica na *providência divina* – essa crença
de todas *a mais paralisante* para as mãos e para a razão? Em
que medida sob as fórmulas "natureza", "progresso", "aperfeiçoamento", "darwinismo", sob a superstição de certa copertinência entre felicidade e virtude, entre infelicidade e culpa, o
pressuposto e a interpretação cristãos continuam sobrevivendo?
Aquela absurda *confiança* no curso das coisas, na "vida", no
"instinto da vida", aquela *resignação* pequeno-burguesa, que
acredita que cada um só precisa cumprir o seu dever para que
tudo corra bem – algo desse gênero só faz sentido sob a suposição de uma direção das coisas *sub specie boni*. Mesmo ainda o
fatalismo, nossa forma atual da sensibilidade filosófica, é uma
consequência daquela crença *de todas a mais longa* no destino
divino, uma consequência inconsciente: a saber, como se não
dependesse de *nós* como tudo está (– como se *pudéssemos* deixar rolar tal como rola: todo *particular* apenas um *modus* da
realidade absoluta –)
Deve-se ao cristianismo:
a inserção do conceito de culpa e de pena em todos os conceitos
a covardia diante da moral
a *burra* confiança no curso das coisas (para o "melhor")
a falsidade psicológica em relação a si

378 FRIEDRICH NIETZSCHE

10 (8)

(143) Uma *divisão do trabalho* dos *afetos* no interior da sociedade: de tal modo que os particulares e as castas cultivam o tipo *incompleto*, mas justamente com isso *mais útil* de alma. Em que medida em todo e qualquer tipo no interior da sociedade alguns afetos se tornaram quase *rudimentares* (com vistas à formação mais forte de outro afeto).

Para a justificação da moral:

a justificação moral (o intuito da maior exploração possível de uma força individual contra a dissipação de todos os modos excepcionais)

a justificação estética (a configuração de tipos fixos juntamente com o prazer junto ao próprio tipo)

a justificação política (como a arte de manter as pesadas relações de tensão entre os diversos graus de poder –

a justificação fisiológica (como preponderância imaginária da avaliação em favor daqueles que se mostram como desvalidos ou daqueles que se saíram medianamente – para a conservação dos fracos

10 (9)

(144) Todo ideal pressupõe *amor* e *ódio*, *veneração* e *desprezo*. Ou bem o sentimento positivo é o *primum mobile*, ou bem o sentimento negativo. *Ódio* e *desprezo* são, por exemplo, o *primum mobile* em todos os ideais do ressentimento.

10 (10)

(145) A avaliação *econômica* dos ideais até aqui

O legislador (ou o instinto da sociedade) escolhe uma quantidade de estados e afetos com cuja atividade é garantida uma realização regular (um maquinalismo como consequência das necessidades regulares daqueles afetos e estados)

Supondo que esses estados e afetos toquem em ingredientes do ridículo, então precisa ser encontrado um meio para superar esse ridículo através de uma representação valorativa, fazer com que se sinta o desprazer como valioso, ou seja, em um sentido

FRAGMENTOS PÓSTUMOS, 1885–1887 (Vol. VI)   379

mais elevado, como plenamente prazeroso. Concebido com uma fórmula: "*como é que algo desagradável se torna agradável?*" Por exemplo, quando ele pode servir como prova de força, de poder, de autossuperação. Ou quando nele se honra nossa obediência, nossa inserção na ordem da lei. Do mesmo modo, como prova do sentido comum, do sentido do próximo, do sentido da pátria, para a nossa "humanização", "altruísmo", "heroísmo"
O fato de se gostar de fazer as coisas desagradáveis – *intuito dos ideais*.

10 (11)
(146) Busco uma justificação econômica da virtude. – A tarefa é tornar o homem o máximo possível útil e aproximá-lo, até onde for de algum modo possível, da máquina infalível: para esse fim, ele precisa ser dotado com as *virtudes da máquina* (– ele precisa aprender a sentir os estados, nos quais trabalha de maneira maquinal e útil, como os mais elevadamente valiosos: para tanto, é preciso que *os outros estados* percam o máximo possível o gosto para ele, que eles se tornem o máximo possível perigosos e mal-afamados...)
Aqui está a primeira pedra do impulso, *o tédio, a uniformidade*, que toda atividade maquinal traz consigo. Aprender a suportá-las, e não apenas suportá-las, mas aprender a ver o tédio como sendo sempre acompanhado por um estímulo mais elevado: essa foi até aqui a tarefa de todo sistema escolar mais elevado. Aprender algo que não nos diz respeito; e justamente aí, nesse ser ativo objetivo, sentir o seu "dever"; aprender a avaliar separadamente um do outro o prazer e o dever – essa é a tarefa inestimável e a realização do sistema escolar mais elevado. Por isso, o filólogo foi até aqui o educador *em si*: porque sua atividade mesma forneceu o padrão de uma monotonia da atividade que seguia até as raias do grandioso: sob a sua bandeira, o jovem discípulo aprende a "marrar": primeira condição prévia para a capacidade expressa do cumprimento maquinal do dever (como funcionário público, esposo, escrivão, leitor de jornais e soldado). Uma tal existência talvez necessite de uma justificação e de

uma transfiguração filosóficas mais ainda do que qualquer outra: os sentimentos *agradáveis* precisam ser depreciados a partir de uma instância infalível qualquer em geral como oriundos de uma posição hierárquica inferior; o "dever em si", talvez até mesmo o *páthos* da veneração com vistas a tudo aquilo que é desagradável – e essa exigência como para além de toda utilidade, divertimento, falando em conformidade a fins, de maneira imperativa... A forma de existência maquinal como a mais elevada e mais venerável forma de existência, louvando a si mesmo. (– Tipo: Kant como fanático do conceito formal "tu deves")

10 (12)
Os filósofos e outras amas mais elevadas, em cujos seios a juventude bebe o leite da sabedoria

10 (13)
(147) Escárnio sobre o falso *"altruísmo"* junto aos biólogos: a procriação junto às amebas se mostra como uma descarga do lastro, como pura vantagem. A eliminação da matéria inútil.

10 (14)
Como se auxilia a virtude a alcançar a dominação
Um *tractatus politicus*
Por
Friedrich Nietzsche

10 (15)
(148) O *continuum*: "Casamento, propriedade, língua, tradição, estirpe, família, povo, Estado" são continuidades de uma ordem inferior e superior. A sua economia consiste no *excedente* das vantagens do trabalho ininterrupto, assim como da sua multiplicação acima das *desvantagens*: os maiores custos provêm da troca das partes ou do torná-las duráveis. (Multiplicação das partes atuantes que, de qualquer modo, permanecem multiplamente desocupadas, ou seja, custos maiores de aquisição e custos não insignificantes para a conservação.) A vantagem consiste no fato

FRAGMENTOS PÓSTUMOS, 1885–1887 (Vol. VI) 381

de as interrupções serem evitadas e de as perdas emergentes deles serem poupadas. *Nada é mais dispendioso do que novos inícios.* "Quanto maiores são as vantagens da existência, tanto maiores são também os custos de conservação e de criação (alimento e procriação); tanto maiores também os perigos e a probabilidade de perecer diante da altura alcançada da vida."

10 (16)
   (149) "A distinção entre uma existência inferior e uma superior é *tecnicamente* insustentável, pois cada animal, cada planta corresponde à sua tarefa da maneira mais perfeita possível; o voo do besouro pesado não é menos perfeito do que o pairar da borboleta para tarefas da borboleta. A distinção é uma distinção econômica; pois os organismos complicados conseguem realizar mais trabalho e um trabalho mais perfeito, e as *vantagens* dessas realizações são tão grandes que, com isso, os custos para a conservação e para a criação essencialmente elevadas são excedidos."

10 (17)
   (150) Comprovar a *necessidade* de que *pertença* a um consumo cada vez mais econômico do homem e da humanidade, a uma "maquinaria" cada vez mais firmemente entrelaçada dos interesses e das realizações *um contramovimento*. Designo esse contramovimento como o *isolamento de um excedente do luxo da humanidade*: nele deve vir à luz um tipo *mais forte*, um tipo mais elevado, que tem outras condições de surgimento e de conservação do que o homem mediano. Meu conceito, minha *alegoria* para esse tipo é, como se sabe, a palavra "além-do-homem".
   Naquele primeiro caminho, que se encontra agora completamente abrangido com o olhar, surgem a adaptação, o nivelamento, a chinesice mais elevada, a modéstia instintiva, a satisfação no apequenamento do homem – uma espécie de *inércia no nível do homem*. Se tivermos alcançado primeiro aquela administração conjunta da Terra que se acha inexoravelmente iminente, então a humanidade *pode* encontrar o seu melhor sentido em seus serviços: como uma engrenagem descomunal de rodas cada vez menores,

cada vez mais refinadamente "adaptadas"; como um tornar-se supérfluo que cresce cada vez mais de todos os elementos dominantes e comandantes; como um todo de uma força descomunal, cujos fatores particulares representam *forças mínimas, valores mínimos*. Ao contrário desse apequenamento e dessa adaptação dos homens a uma utilidade especializada, carece-se do movimento inverso – da geração do homem *sintético*, do homem *acumulativo*, do homem *justificado*, para o qual aquela maquinalização da humanidade é uma condição prévia da existência, como uma subestrutura, sobre a qual ele pode inventar para si a sua *forma superior de ser*...

Ele precisa, do mesmo modo, da *inimizade* da massa, dos "nivelados", do sentimento de distância na comparação com eles; ele se encontra sobre eles, ele vive deles. Essa forma mais elevada do *aristocratismo* é a forma do futuro. – Dito em termos morais, aquela maquinaria conjunta, a solidariedade de todas as engrenagens, representa um máximo na *exploração do homem*: mas ela já pressupõe aqueles por causa dos quais essa exploração tem *sentido*. De outro modo, ela seria de fato meramente a diminuição conjunta, uma diminuição do valor *do tipo* homem – *um fenômeno do retrocesso* no maior estilo.

– Vê-se que aquilo que combato é o otimismo *econômico*: como se, com as despesas crescentes *de todos*, também precisasse crescer necessariamente a vantagem de todos. O contrário me parece o caso: *as despesas de todos somam-se em uma perda conjunta*: o homem torna-se *menor*: – de tal modo que não se sabe mais *para que* em geral estse processo descomunal serviu. Um para quê? Um *novo* "para quê"? – é disso que a humanidade necessita...

10 (18)

(151) A "*modernidade*" sob a alegoria da alimentação e da digestão

A sensibilidade indizivelmente mais excitável (– sob o adorno moralista como a ampliação da *compaixão* –), a plenitude de impressões disparadas é maior do que nunca: – o *cosmopolitismo* dos pratos, dos literatos, dos jornais, das formas, gostos, mesmo paisagens etc.

FRAGMENTOS PÓSTUMOS, 1885–1887 (Vol. VI)

o *ritmo* dessa afluência um *prestissimo*; as impressões se apagam; evita-se instintivamente acolher algo, tomar *profundamente*, "digerir" algo.
– *Enfraquecimento* da força de digestão resulta daí. Uma *espécie de adaptação* a esse acúmulo com impressões entra em cena: o homem desaprende a *agir*; *ele só continua reagindo* a estímulos de fora. *Ele gasta sua força* em parte na *apropriação*, em parte na *defesa*, em parte na *réplica*.
Profundo enfraquecimento da espontaneidade: – o historiador, o crítico, o analítico, o intérprete, o observador, o colecionador, o leitor – todos talentos reativos: *tudo* ciência!
Retificação artificial de sua natureza como "espelho"; interessada, mas por assim dizer interessada de maneira meramente epidérmica; uma frieza fundamental, um equilíbrio, uma temperatura *inferior* retida espessamente sob a camada fina, sobre a qual há calor, movimento, "tempestade", movimento das ondas
Oposição da *mobilidade* externa em relação a certo *peso e cansaço profundos*.

10 (19)
(152) O conceito de *substância* é uma consequência do conceito de *sujeito*: *não* o inverso! Caso abandonemos a alma, "o sujeito", então falta o pressuposto para uma "substância" em geral. Alcançam-se *graus do ente*, perde-se *o* ente.
Crítica da "*realidade efetiva*": para onde conduz o "*mais ou menos realidade efetiva*", a gradação do ser, na qual acreditamos?
Nosso grau de *sentimento de vida e de sentimento de poder* (lógica e nexo do vivenciado) nos dá a medida de "ser", "realidade", não ser.
Sujeito: esta é a terminologia de nossa crença em uma *unidade* sob todos os momentos diversos de um sentimento extremo de realidade: compreendemos essa crença como *efeito* de uma causa – acreditamos em nossa crença até o ponto em que nós imaginamos por sua causa em geral a "verdade", a "realidade efetiva", a "substancialidade".
"Sujeito" é a ficção, como se muitos estados *iguais* em nós fossem o efeito de um substrato: mas *nós* criamos primeiro

a "igualdade" desses estados; o igual*ar* e o retific*ar* desses estados é o *estado de fato*, *não* a igualdade (– esta precisa ser muito mais *negada*)

10 (20)

(153) Há casos, nos quais uma simpatia comprovada em relação a nós nos *indigna*: por exemplo, imediatamente depois de uma ação extraordinária, que tem seu valor em si. Mas as pessoas nos parabenizam pelo fato de "termos levado a termo essa ação" etc.

Junto a meus críticos, tive muitas vezes a impressão da canalha: não aquilo que se diz, mas o fato de *eu dizê-lo* e em que medida precisamente *eu* posso ter chegado até o ponto de dizer isto: esse parece ser seu interesse propriamente dito, uma impertinência de judeus, contra a qual se tem na prática como resposta o pé na bunda. As pessoas me julgam, a fim de não ter nada a ver com minha obra: explica-se a sua gênese – com isso, ela é considerada como suficientemente – *alijada*.

10 (21)

(154)   *Religião*

Na administração doméstica interior das almas do homem *primitivo* prepondera o *temor* diante do *mal*. Que é o *mal*? Três coisas: o acaso, o incerto, o repentino. Como é que o homem primitivo combate o mal? – Ele o concebe como razão, como poder, como a própria pessoa. Por meio daí, ele conquista a possibilidade de firmar com eles uma espécie de contrato e de exercer uma influência sobre eles – de se prevenir.

– Outro expediente é afirmar a mera aparência de sua maldade e nocividade: interpretam-se as consequências do acaso, do incerto, do repentino como *bem-intencionadas*, como plenamente dotadas de sentido...

– Em suma: *nós nos submetemos a ele*: toda a interpretação moral-religiosa é apenas uma forma de submissão ao mal.

– a crença em que, no mal, haveria um bom sentido significa uma recusa a combatê-lo.

FRAGMENTOS PÓSTUMOS, 1885–1887 (Vol. VI)   385

Pois bem, toda a história da cultura representa uma atenuação daquele *medo diante do acaso*, diante do incerto, diante do repentino. Cultura significa justamente aprender a *calcular*, aprender a pensar de maneira causal, aprender a se prevenir, aprender a acreditar na necessidade. Com o crescimento da cultura, aquela forma *primitiva* de submissão ao mal (chamada religião ou moral), aquela "justificação do mal" se torna prescindível para o homem. Agora, ele declara guerra ao "mal" – ele o suprime. Sim, é possível um estado de sentimento de segurança, de crença na lei e na calculabilidade, lá onde esse estado ganha a consciência como *enfado* – lá onde o *prazer com o acaso, com o incerto e com o repentino* emerge como uma comichão...

Permaneçamos por um instante junto a esse sintoma da *mais elevada* cultura – eu o denomino o *pessimismo da força*.

O homem *não* precisa *mais agora* de uma "justificação do mal", ele rejeita horrorizado precisamente o "justificar": ele se deleita com o mal puro, cru, ele acha que o *mal mais sem sentido* é o mal mais interessante de todos. Se ele teve outrora a necessidade de um Deus, então o encanta agora uma desordem do mundo sem Deus, um mundo do acaso, no qual o terrível, o ambíguo, o sedutor fazem parte da essência...

Em um tal estado é precisamente o *bem* que precisa de uma "justificação", isto é, ele precisa ter um subsolo mau e perigoso ou encerrar em si uma grande estupidez: *nesse caso, ele ainda agrada*.

Em tais tempos, a animalidade não desperta mais agora horror; uma petulância engenhosa e feliz em favor do animal no homem é a forma mais triunfante da espiritualidade.

O homem acha-se, a partir de agora, forte o suficiente para tanto, para poder se envergonhar de uma *crença em Deus*: – ele deve desempenhar agora novamente o papel do *advocatus diaboli*.

Se ele valida na práxis a manutenção da virtude, então ele o faz em função das razões que tornam possível conhecer na virtude um refinamento, uma esperteza, uma forma de ganância e de despotismo.

Também esse *pessimismo da força* termina com uma teodiceia, isto é, com um absoluto dizer sim ao mundo, mas pelas

386 FRIEDRICH NIETZSCHE

razões com vistas às quais se disse outrora não a ele: e, desse modo, com um dizer sim à concepção desse mundo como o *ideal de fato alcançado da maneira mais elevada possível*...

10 (22)
(155)   *Visão de conjunto*
De fato, todo grande crescimento também traz consigo um *desmoronamento e um perecimento* descomunais: O sofrimento, os sintomas do declínio *pertencem* aos tempos de um avanço descomunal.
Todo movimento fecundo e poderoso da humanidade *criou ao mesmo tempo* um movimento niilista.
Sob certas circunstâncias, o fato de a forma *mais extrema* do pessimismo, o *niilismo* propriamente dito, ter vindo ao mundo seria o sinal de um crescimento incisivo e de todos o mais essencial, de uma transição para o interior de novas condições existenciais. *Foi isso que compreendi.*

10 (23)
(156) *Intelecção conjunta: o caráter ambíguo* de nosso *mundo moderno* – justamente os mesmos sintomas poderiam apontar para o *declínio* e para a *força*. E os sinais da força, da maioridade conquistada, poderiam ser *mal compreendidos* com base na avaliação tradicional dos sentimentos (*avaliação essa que ficou para trás*) como *fraqueza. Em suma, o sentimento, o sentimento valorativo, não está à altura do tempo.*
Generalizando: o sentimento valorativo é sempre caduco, ele expressa condições de conservação e de crescimento de um tempo muito anterior: ele luta contra novas condições existenciais, das quais ele não surgiu e que necessariamente compreende mal, que ensina a considerar com desconfiança etc.: ele obstrui, ele desperta suspeita em relação ao novo.

10 (24)
(157) *A moralização das artes.* Arte como liberdade em relação ao estreitamento moral e à ótica moral dos cantos; ou

como escárnio em relação a eles. A fuga para a natureza, onde sua *beleza* tem como paralelo o *caráter terrível*. Concepção do *grande* homem.

– almas luxuosas frágeis, inúteis, que um sopro já embaça, "*as belas almas*"

– um gozo distenso da intelecção psicológica da sinuosidade e da teatralidade contra o saber junto a todos os artistas moralizados.

– a *falsidade* da arte – trazer à luz a sua imoralidade

– os "poderes fundamentais idealizadores" (sensibilidade, embriaguez, animalidade profusa)

10 (25)

(158)   O falso "*fortalecimento*"
no *romantisme*: o elemento *expressivo* constante não é nenhum sinal de força, mas de um sentimento de falta

a música *pitoresca*, a assim chamada música dramática, é sobretudo *mais simples* (assim como a colportagem e a justaposição brutais de *faits* e *traits* no romance do *naturalisme*)

A "*paixão*" é uma coisa dos nervos e das almas cansadas; assim como o prazer com as altas montanhas, os desertos, as tempestades, as orgias e as atrocidades – com o que é próprio às massas e com o maciço (nos historiadores, por exemplo

De fato, há um culto da digressão do sentimento. Como é que se chega ao fato de que os tempos fortes possuem uma necessidade inversa na arte – a necessidade de algo para além da paixão<?>

as cores, a harmonia, a brutalidade nervosa do som da orquestra; as cores gritantes no romance

o privilégio da matéria *excitante* (erótica, socialista ou patológica: tudo isso é um sinal de para quem se trabalha hoje, para o *retocado* e *disperso* ou enfraquecido.

– *é preciso tiranizar para ter em geral um efeito.*

10 (26)

(159) Conclusão. – Finalmente ousamos justificar a *regra*!

388 FRIEDRICH NIETZSCHE

10 (27)
(160) A *ciência*, seus dois lados:
com vistas ao indivíduo
com vistas ao complexo cultural ("nível")
– valoração oposta segundo este e segundo aquele lado.

10 (28)
(161) no lugar da "sociedade", o *complexo cultural* como
meu interesse privilegiado (por assim dizer, como um todo, relativo às suas partes)

10 (29)
(162) Com que tipo de meios é preciso tratar povos brutos
e o fato de que a "barbárie" dos meios não é nada arbitrária e
aleatória, isso é algo que se torna palpável na práxis, quando se é
transposto com todos os seus mimos europeus para a necessidade
de permanecer no Congo ou em algum outro lugar como senhor
de bárbaros.

10 (30)
(163) Intelecção do incremento do *poder conjunto*: contabilizar em que medida a dignificação dos particulares é *incluída*
pelas estirpes, pelos tempos, pelos povos nesse crescimento.
Transposição do *fiel da balança* de uma cultura.
As *despesas* de todo grande crescimento: quem as porta!
Em que medida eles precisam ser agora descomunais.

10 (31)
A Revolução possibilitou Napoleão: essa é sua justificação. Precisar-se-ia desejar a um preço semelhante a derrocada
anárquica de toda a nossa civilização. Napoleão possibilitou o
nacionalismo: essa é a sua restrição.
Abstraindo-se simplesmente da moralidade e da amoralidade: pois, com esses conceitos, o *valor* de um homem não é nem
mesmo tocado.
Começa-se – – –

FRAGMENTOS PÓSTUMOS, 1885–1887 (Vol. VI)   389

O valor de um homem não reside em sua utilidade: pois ele continuaria existindo mesmo se não houvesse ninguém para quem ele soubesse ser útil. E por que precisamente o homem, do qual partiram os efeitos mais perniciosos, não poderia ser o ápice de toda a espécie humana: tão elevado, tão superior, que tudo pereceria de inveja diante dele?

10 (32)
(164) A. *Os caminhos para o poder*: introduzir a nova virtude sob o nome de uma *antiga*
: estimular o "interesse" por eles ("felicidade" como sua consequência e vice-versa)
: a arte da calúnia em relação a suas resistências
: explorar as vantagens e acasos para a sua divinização
: transformar seus adeptos em fanáticos por meio de sacrifícios, separação
: *o grande simbolismo*
B. O poder *alcançado*
1) Meio de coerção da virtude
2) Meio de sedução da virtude
3) A etiqueta (o tribunal) da virtude

10 (33)
(165) – Aristas *não* são os homens da *grande* paixão, não importa o que eles possam fazer para tentar convencer a nós e a si mesmos disso. E isso por duas razões: falta-lhes a vergonha diante de si mesmos (eles olham para si, *enquanto vivem*; eles ficam à espreita de si, eles são curiosos demais...) e falta-lhes a vergonha diante da grande paixão (eles a exploram como artistas, cobiça de seu talento...)
Em segundo lugar, porém: 1) seu vampiro, seu talento, lhes inveja na maioria das vezes tal dissipação de força, que se chama paixão 2) sua *ambição* de artistas os protege da paixão.
Com um talento, também se é a vítima de um talento: vive-se entre o vampirismo de seu talento – vive-se – – –
Não se faz frente às suas paixões, na medida em que se as apresenta: ao contrário, se faz frente a elas *quando* se as apresen-

ta. (Goethe o ensina de maneira diversa: ele *quis* se compreender mal aqui: um G<oethe> experimentou a indelicadeza

10 (34)
— um hiato entre dois nadas –

10 (35)
(166) – articular o vício com algo decididamente ridículo, de tal modo que, por fim, se fuja dos vícios, a fim de escapar daquilo que com eles está ligado. Esse é o caso célebre do Tannhäuser. Tannhäuser, que perdeu a paciência em meio à música wagneriana, não suporta mais nem mesmo a senhora Vênus: como por um passe de mágica, a virtude ganha brilho; uma virgem turíngia tem seu preço elevado; e, para dizer o que há de mais forte, ele passa a degustar até mesmo o modo de ser de Wolfram von Eschenbach...

10 (36)
(167) – para nós, fatalistas de hoje, a melancolia lasciva de uma dança moura poderia tocar ainda antes os nossos corações do que a sensibilidade vienense da valsa alemã – uma sensibilidade loura demais, estúpida demais.

10 (37)
(168) A arte moderna como uma arte de *tiranizar*. – Uma *lógica do lineamento* tosca e fortemente exposta; o tema é simplificado até as raias da fórmula – a fórmula é tiranizada. No interior das linhas, uma selvagem pluralidade, uma massa imponente, diante da qual os sentidos se confundem; a brutalidade das cores, da matéria, dos desejos. Exemplo: Zola, Wagner; em uma ordem mais espiritual, Taine. Como *lógica, massa e brutalidade*...

10 (38)
(169) Os homens avaliam uma coisa segundo o dispêndio de energia que eles tiveram por causa dela. Para tornar uma virtude apreciável para eles, é preciso coagi-los – ou seduzi-los – a empregar muito esforço por ela.

O quanto estraga o homem um vício agradável? Não menos do que quando se transforma esse vício em desagradável. Como é que se convence o beberrão de que o álcool é repulsivo? Faz-se com que *ele* se torne repulsivo, mistura-se nele genciana. É preciso misturar o vício com –: primeiro artifício do moralista.

10 (39)

(170) O instinto do rebanho aprecia o *meio* e o *mais mediano* como o supremo e o mais valioso: a posição, na qual a maioria se encontra; com isso, ele se mostra como adversário de toda ordem hierárquica, que considera uma ascensão de baixo para cima como uma saída da maioria para o menor dos grupos. O rebanho sente a *exceção*, tanto o abaixo dele quanto o acima dele, como algo que se comporta de maneira hostil e nociva a ele. Seu artifício com vistas às exceções para cima, com vistas aos mais fortes, aos mais poderosos, aos mais sábios, mais fecundos é convencê-los a assumir o papel dos guardiões, dos pastores, dos vigias – dos seus *primeiros servos*: com isso, ele transforma um perigo em uma vantagem. No meio, cessa o medo; aqui, não se está sozinho com nada; aqui, há pouco espaço para a incompreensão; aqui, há igualdade; aqui, o próprio ser não é sentido como censura, mas como o ser *correto*; aqui, impera a satisfação. A desconfiança é válida para as exceções; ser uma exceção é considerado como culpa.

10 (40)

(171) Faltaria algum elo em toda a cadeia da arte e da ciência, se a mulher, se a *obra da mulher* faltasse aí? Admitamos a exceção – ela comprova a regra: a mulher leva à perfeição tudo aquilo que não é uma obra; ela leva à perfeição uma carta, mesmo memórias escritas no mais delicado trabalho manual que há, em suma, tudo aquilo que não é uma profissão; e exatamente porque ela consuma aí a si mesma, porque ela obedece com isso àquele único impulso artístico que ela possui – ela quer *agradar*... Mas o que é que a mulher tem em comum com a indiferença apaixonada do autêntico artista, que atribui mais importância

392 FRIEDRICH NIETZSCHE

a um som, a um sopro, a um trá-lá-lá do que a si mesmo? Do artista que pega com os seus cinco dedos o que há em si de mais secreto e íntimo? Que não atribui nenhum valor a uma coisa, a não ser que ela saiba se tornar forma (– a não ser que ela se entregue, que se torne pública –)? A arte, tal como o artista a exercita, *vós* não compreendeis o que ela é: um atentado a todos os *pudeurs*?... Somente com este século a mulher ousou aquela volta para a literatura (– *vers la canaille plumière écrivassière*, como dizia o velho Mirabeau): ela posa de escritora, assume ares de artista, perde seu instinto. *Para quê*, de qualquer modo?, se é que se pode perguntar.

10 (41)
O ápice da lírica moderna, surgido a partir dos dois irmãos gênios, Heinrich Heine e Aldred de Musset
Nossos imortais – não temos muitos: Alfred de Musset, Heinrich Heine, p. 267.
Schiller foi um maestro de teatro: mas o que nos importa o teatro!

10 (42)
(172) *Sentença principal*. Em que medida o *niilismo perfeito* não é senão a consequência necessária dos ideais até aqui.
– o niilismo *imperfeito*, suas formas: nós vivemos em meio a elas.
– as *tentativas de escapar do n<iilismo>* sem transvalorar aqueles valores: produzem o contrário, intensificam o problema.

10 (43)
(173) O *niilista perfeito* – o olhar do n<iilista>, que *idealiza no feio*, que se mostra infiel às suas lembranças (– ele as deixa cair, as desfolha; ele não as protege contra matizes pálidos como um cadáver, assim como asperge sobre elas a fraqueza em relação ao longínquo e passado; e, aquilo que ele não impetra contra elas, ele também não impetra contra todo o passado do h<omem> – ele o deixa cair.

FRAGMENTOS PÓSTUMOS, 1885–1887 (Vol. VI)   393

10 (44)

(174) O que será do homem que não tem mais nenhuma razão para se defender e atacar? O que resta de seus afetos quando desaparecem, para ele, aqueles afetos nos quais ele tem sua defesa e suas armas?

10 (45)

(175) Deve-se diminuir e limitar passo a passo o reino da moralidade; devem-se trazer à luz os nomes para os instintos propriamente ditos que trabalham aqui e honrá-los, depois que eles foram escondidos durante a maior parte do tempo sob os nomes de virtudes hipócritas; por vergonha diante de sua "probidade" que sempre fala de maneira imperiosa, deve-se desaprender a vergonha, que os instintos naturais gostariam de negar e eliminar de maneira mendaz. Trata-se de uma medida de força saber até que ponto se consegue se livrar da virtude; e se teria chegado a pensar algo elevado, lá onde o conceito de virtude fosse sentido de maneira tão radicalmente diversa que ele soasse como *virtù*, virtude para o Renascimento, virtude livre da moral. Por enquanto, porém – o quão distantes ainda estamos desse ideal!

A diminuição do campo da moral: um sinal de seu progresso. Por toda parte, onde ainda não se tinha conseguido pensar de maneira *causal*, se estava pensando *moralmente*.

10 (46)

(176) *Para a desnaturalização da moral*. O fato de se *cindir* a ação do homem; o fato de se voltar o ódio e o desprezo contra o "pecado"; o fato de se acreditar que há ações que são em si boas ou ruins.

10 (47)

(177) *Reprodução da "natureza"*: uma ação em si é completamente vazia em termos de valor: tudo depende de quem a realiza. Um e o mesmo "crime" pode em um caso ser o mais elevado privilégio; no outro, o estigma. De fato, é o egoísmo dos que julgam que interpreta uma ação e, *respectivamente*, seu

394 FRIEDRICH NIETZSCHE

agente na relação com sua própria utilidade ou dano (– ou na relação com a semelhança ou não parentesco consigo.)

10 (48)
Que tempo, no qual se exige da divindade a chuva, no qual se acredita na possibilidade de atuar sobre ela por meio da oração como uma espécie de meio *diurético*!

10 (49)
(178) *Para o idealismo dos desprezadores de si.*
"Fë" ou *"obras"* – Mas o fato de que se gera como acréscimo em relação a "obras", em relação ao hábito de determinadas obras uma determinada avaliação e, finalmente, uma *atitude* é tão natural quanto é antinatural que "obras provenham" de uma mera avaliação. É preciso se exercitar, *não* no fortalecimento do sentimento valorativo, mas no fazer; é preciso *poder* primeiro algo... O *diletantismo* cristão de Lutero. A fé é a ponte para um asno. O pano de fundo é uma convicção profunda, assim como a consciência instintiva de Lutero e de seus iguais de sua incapacidade em relação às obras cristãs, um fato pessoal, encoberto sob uma desconfiança extrema quanto a se *toda e qualquer* ação não seria em geral pecado e obra do diabo: de tal modo que o valor da existência recai sobre estados particulares extremamente tensos da *inatividade* (oração, efusão etc.) – Por fim, ele teria razão: os instintos, que se expressam em todo o fazer dos reformadores, são os mais brutais que existem. É somente *se afastando* absolutamente de si, no mergulho no *oposto*, é somente como *ilusão* ("fé") que a existência para eles era sustentável.

10 (50)
(179) *O crime* pertence ao conceito: "rebelião contra a ordem social". Não se "pune" um rebelde: *reprime*-se-o. Um rebelde pode ser um homem deplorável e desprezível: não há nada em uma rebelião que se possa desprezar – e ser rebelde com vistas ao nosso tipo de sociedade ainda não é algo capaz de rebaixar em si o valor de um homem. Há casos nos quais se

FRAGMENTOS PÓSTUMOS, 1885–1887 (Vol. VI)

teria de honrar um tal rebelde, mesmo porque ele sente algo em nossa sociedade que precisa ser combatido: casos nos quais ele nos desperta do esconderijo.

Com isso, não se refuta o fato de que o criminoso faz algo particular com um particular, de que todo o seu instinto está em um estado de guerra contra toda a ordem: o ato como mero sintoma. Deve-se reduzir o conceito da punição ao conceito: repressão de uma rebelião, medidas de segurança contra os reprimidos (prisão total ou parcial). Mas não se deve expressar *desprezo* por meio da punição: um criminoso é em todo caso um homem que arrisca sua vida, sua honra, sua liberdade – um homem de coragem. Não se deve tomar do mesmo modo a punição como penitência; ou como um pagamento, como se houvesse uma relação de troca entre culpa e punição – a punição não purifica, *pois* o crime não enlameia.

Não se deve afastar a possibilidade de o criminoso firmar a sua paz com a sociedade: supondo que ele não pertença à *raça do criminalismo*. No último caso, deve-se declarar guerra a ele, ainda antes de ele ter feito algo hostil (primeira operação, logo que se o tem em poder: castrá-lo).

Não se deve colocar na conta do criminoso suas más maneiras, nem o estado inferior de sua inteligência. Isso não é mais habitual do que ele compreender mal a si mesmo: a saber, seu instinto revoltado, *la rancune de déclassé*[101] não alcançou com frequência a consciência, *faute de lecture*;[102] não é mais habitual do que ele caluniar e desonrar seu ato sob a impressão do temor, do fracasso: abstraindo-se ainda completamente daqueles casos, nos quais, computado psicologicamente, o criminoso cede a um impulso incompreendido e imputa sub-repticiamente um motivo falso por meio de uma ação secundária (por exemplo, por meio de uma privação, enquanto o crime estava em seu sangue..)

É preciso tomar cuidado para não tratar o valor de um homem segundo um ato particular. Napoleão nos advertiu dis-

---

101 **N.T.:** Em francês no original: "o rancor do desclassificado".
102 **N.T.:** Em francês no original: "falta de leitura".

so. Por exemplo, os atos em alto-relevo são insignificantes de uma maneira totalmente particular. Se um dos nossos não tem na consciência nenhum crime, por exemplo, nenhum assassinato – por que isso aconteceu? Porque um par de circunstâncias favoráveis nos faltou. E, se o tivéssemos feito, que seria designado com isso em termos de nosso valor? Nosso valor seria reduzido se cometêssemos alguns crimes? Ao contrário: nem todos estão em condições de cometer um par de crimes. Em si, as pessoas nos desprezariam, caso elas não nos atribuíssem a força para matar um homem sob certas circunstâncias. Quase em todos os crimes se expressam ao mesmo tempo propriedades que não devem faltar a um homem. Não com injustiça, Dostoiévski disse sobre os internos daquela penitenciária siberiana que eles formavam a parte mais forte e mais valiosa do povo russo. Se, entre nós, o criminoso é uma planta tíbia e mal-alimentada, então essa nossa relação social é desonrada; no tempo do Renascimento, o crime prosperou e adquiriu para si o seu próprio tipo de virtude – virtude naturalmente no estilo do Renascimento, *virtù*, virtude livre da moral.

Só se consegue levar à altura aqueles homens que não se tratam com desprezo; o desprezo moral é um aviltamento e um dano maiores do que qualquer crime.

10 (51)

(180) os grandes eróticos do ideal, os santos da sensibilidade transfigurada e incompreendida, aqueles típicos apóstolos do "amor" (como Jesus de Nazaré, o santo Francisco de Assis, o santo François de Paule): neles, o impulso sexual equivocado erra por assim dizer por ignorância, até que ele acaba finalmente precisando se satisfazer com fantasmas: com "Deus", com o "homem", com a "natureza". (Essa satisfação mesma não é meramente uma satisfação aparente: ela se realiza junto aos extáticos da "*unio mystica*", como quer que isso venha a se dar fora de seu querer e de seu "compreender", não sem os sintomas concomitantes fisiológicos da satisfação sexual mais sensível e mais conforme à natureza.)

10 (52)

(181)   *O niilismo dos artistas*
A natureza cruel por meio de sua serenidade; cínica ante os seus nasceres do sol
Nós somos hostis às *comoções*.
Foge-se para lá onde a natureza movimenta nossos sentidos e nossa imaginação, onde não temos nada a amar, onde não somos lembrados das aparências e delicadezas morais dessa natureza nórdica – e assim também nas artes. Nós preferimos aquilo que nos lembra "do bem e do mal". Nossa excitabilidade moral e nossa capacidade de sofrer moral são como que redimidas em uma natureza terrível e feliz, no fatalismo dos sentidos e das forças. A vida sem bondade.
A boa ação se confirma em face da *indiferença* grandiosa da natureza em relação a bem e mal
Nenhuma justiça na história, nenhuma bondade na natureza: por isso, o pessimista, caso ele seja um artista, segue *in historicis* para lá onde a ausência da justiça mesma se mostra ainda com uma ingenuidade grandiosa, onde precisamente a *perfeição* se expressa...
E, do mesmo modo, na *natureza* para lá onde o caráter mal e indiferente não se dissimula, lá onde ela apresenta o caráter da *perfeição*...
O artista niilista revela-se na vontade e no primado da história cínica, da natureza cínica.

10 (53)

(182)   *A naturalização do homem*
          no século XIX
(o século XVIII é o século da elegância, do refinamento e dos *généreux sentiments*)
Não "retorno à natureza": pois nunca houve uma humanidade natural. A escolástica de valores não naturais e antinaturais é a regra, é o início; o homem chega à natureza depois de uma longa luta – ele nunca "retorna"... A natureza: isto é, ousar ser amoral como a natureza.

398 FRIEDRICH NIETZSCHE

Somos marcados por uma ironia tosca, direta, plena em relação a sentimentos generosos, mesmo quando nos submetemos a eles.

Mais natural é a nossa primeira *sociedade*, a sociedade dos ricos, dos ociosos: as pessoas caçam umas às outras, o amor sexual é uma espécie de esporte, no qual o casamento oferece um obstáculo e um estímulo; as pessoas se divertem e vivem em virtude do prazer; elas apreciam os privilégios corporais em primeira linha, elas são curiosas e ousadas

Mais natural é a nossa posição em relação ao *conhecimento*: temos a libertinagem do espírito com toda inocência, odiamos as maneiras patéticas e hieráticas, deleitamo-nos com o que há de mais proibido, quase não saberíamos ver mais um interesse do conhecimento se tivéssemos de nos entediar no caminho até ele.

Mais natural é nossa posição em relação à *moral*. Princípios se tornaram ridículos; ninguém se permite mais sem ironia falar de seu "dever". Mas se aprecia uma meditação benevolente e prestimosa (– vê-se no *instinto* a moral e se desdenha o resto –) Além disso, um par de conceitos de pontos de honra.

Mais natural é nossa posição *in politicis*: vemos problemas do poder, do *quantum* de poder em relação a outro *quantum*. Não acreditamos em um direito que não se baseia mais no poder de se impor: sentimos todos os direitos como conquistas.

Mais natural é nossa avaliação de *grandes homens e coisas*: nós contamos a paixão como um privilégio, não achamos nada grande, lá onde não está contido um grande crime; nós concebemos todo ser-grande como colocar-se-fora em relação à moral.

Mais natural é nossa posição em relação à *natureza*: nós não a amamos mais em virtude de sua "inocência", "razão", "beleza", nós a "diabolizamos" e "embrutecemos" de uma maneira linda. Mas, ao invés de a desprezarmos por isso, nós nos sentimos desde então mais aparentados com ela e mais em casa nela. Ela *não* aspira à virtude: nós a respeitamos por isso.

Mais natural é nossa posição em relação à *arte*: não exigimos dela as belas mentiras aparentes etc.; impera o positivismo brutal, que constata sem se excitar.

FRAGMENTOS PÓSTUMOS, 1885–1887 (Vol. VI)   399

Em suma: há indícios de que o europeu do século XIX se envergonha menos de seus instintos; ele deu um bom passo em direção a assumir algum dia a sua naturalidade incondicionada e a sua amoralidade, *sem exasperação*: ao contrário, ele é forte o bastante para suportar sozinho essa visão.

Isso soa em certos ouvidos como se a *corrupção* tivesse progredido: e certo é que o homem não se aproximou da "*natureza*", da qual fala Rousseau, mas <deu> um passo além na civilização, que ele *rejeitou com horror*. Nós nos *fortalecemos*: nós nos aproximamos uma vez mais do século XVII, do gosto de seu fim, a saber (Dancourt Le Sage Regnard).

10 (54)

(183) O protestantismo, aquela forma impura e entediante da *décadence*, na qual o cristianismo soube se conservar até aqui no medíocre Norte: como algo parcial e complexo, valioso para o conhecimento, na medida em que reuniu experiências de uma ordem e de uma proveniência diversas nas mesmas cabeças.

Valor dos *constructos complexos*, do mosaico psíquico, mesmo da administração doméstica desorganizada e desleixada da inteligência

O *cristianismo homeopático*, aquele dos pastores protestantes do interior

O *protestantismo imodesto*, aquele dos capelães e dos especuladores antissemitas.

10 (55)

(184) – Pode ser a *elevação* da alma, quando um filósofo silencia; pode ser amor, quando ele mesmo se contradiz; é possível uma *divindade* do cognoscente que mente...

Disse-se certa vez não sem refinamento: "*il est indigne de grands coeurs de répandre le trouble, qu'il ressentent*":[103] só é preciso acrescentar que *não temer a presença dos mais indignos* tam-

---

103 **N.T.**: Em francês no original: "é indigno dos grandes corações espalhar a desordem da qual eles se ressentem".

bém pode ser do mesmo modo grandeza do coração... Uma mulher que ama sacrifica sua honra...; um homem do conhecimento que "ama" sacrifica sua retidão; um Deus que ama se torna judeu...

10 (56)
O quanto de peso aborrecido, de paralisia, de humildade, de camisola de dormir, o quanto de "cerveja" não há na inteligência alemã! O alcoolismo da juventude erudita alemã é quase uma profanação e, em todo caso, um ponto de interrogação fundamental com vistas à espiritualidade: certa vez, em um caso que se tornou célebre e famigerado, coloquei o dedo aí (a degradação de Strauss e a sua transformação no autor "da velha e da nova crença"). Sempre se pôde contar nos dedos os eruditos alemães que têm "espírito" (– e não é suficiente tê-lo, ainda é preciso tomá-lo para si, *extrair* espírito de si...): os outros eruditos possuem entendimento e alguns deles, de maneira feliz, aquele célebre "ânimo infantil", que *pressente*... É nosso privilégio: com o "pressentimento", a ciência alemã descobriu coisas que são difíceis de captar e que em geral talvez não existam. É preciso quase ser judeu para não *pressentir* como alemão.

10 (57)
(185)   *História da ultramoralização*
               e da desmoralização
     Primeira sentença: *não há nenhuma ação moral*: elas são completamente imaginadas.
     Não apenas que elas *não são comprováveis* (o que, por exemplo, Kant admitia, assim como o cristianismo) – mas elas *não são de modo algum possíveis*. Inventou-se uma *oposição* às forças impulsionadoras, por meio de uma incompreensão psicológica, e acredita ter designado outra espécie delas; imaginou-se um *primum mobile*, que não existe de modo algum. Segundo a avaliação, que expôs em geral a oposição entre "moral" e "amoral", precisa-se dizer:
     Só há intenções e ações amorais.
     Segunda sentença. Toda essa distinção entre "moral" e "amoral" parte do fato de que tanto as ações morais quanto as

FRAGMENTOS PÓSTUMOS, 1885-1887 (Vol. VI) 401

amorais são atos da espontaneidade livre – em suma, do fato de haver uma tal espontaneidade, ou, expresso de outro modo: do fato de o julgamento moral em geral só se relacionar com um gênero de intenções e ações, *as livres*.

Mas todo esse gênero de intenções e ações é puramente imaginário; o único mundo no qual é possível o estabelecimento do critério de medida moral não existe de maneira alguma *Não há nem ações morais nem ações amorais*.

O erro psicológico, a partir do qual surgiu o *conceito da oposição* entre "moral" e "amoral".

"altruísta", "não egoísta", "autonegador" – tudo *irreal*, imaginado.

Dogmatismo equivocado no conceito do "ego": o mesmo tomado como atomista, em uma falsa oposição em relação ao "não eu"; do mesmo modo, destacado do devir, como algo que é.

A substancialização do eu: essa substancialização (na crença na imortalidade individual), em particular sob a pressão de um *cultivo religioso e moral*, é transformada em artigo de fé. De acordo com esse desencadeamento artificial e com essa explicação em si e por si do ego, tinha-se diante de si uma oposição valorativa e o descomunal *não eu*. Parecia palpável o fato de que o valor do ego particular só poderia residir em se referir ao "não eu" descomunal, e, respectivamente, em se submeter a ele, existindo em virtude *dele*. – Aqui, os *instintos de rebanho* foram determinantes: nada se remete tão intensamente contra esses instintos como a soberania do particular. Supondo, porém, que o ego é concebido como um em-si-e-por-si, então seu valor precisa residir na *autonegação*.

Portanto: 1) a autonomização falsa do "indivíduo" como *átomo*

2) a dignificação dos rebanhos, que rejeitam veementemente o querer-permanecer-átomo e que o sentem como hostil

3) como consequência: superação do indivíduo por meio da negação de sua meta

4) agora, parece haver ações que eram *autonegadoras*: criaram-se fantasias em torno delas ligadas a toda uma esfera de oposições

5) perguntou-se: em que ações o homem *se afirma* da maneira mais intensa possível? Em torno dessas ações (sexualidade, cobiça, despotismo, crueldade etc.) acumularam-se o encanto, o ódio, o desprezo: *acreditava*-se que há impulsos não autônomos, *rejeitou-se* tudo o que é egoísta, *exigiram-se* os impulsos altruístas 6) Consequência disso: o que se tinha feito? Tinham-se enfeitiçado os impulsos mais intensos e mais naturais, e, mais ainda, os impulsos *unicamente reais* – precisava-se, para encontrar uma ação doravante louvável, *negar* nela a presença de tais impulsos *falsificações descomunais in psychologicis*. Mesmo todo e qualquer tipo de "autocomplacência" só se tornou pela primeira vez possível por meio do fato de elas serem incompreendidas e retificadas *sub specie boni.*

Ao contrário: aquela espécie, que tinha sua vantagem em retirar do homem a sua autocomplacência (os representantes do instinto de rebanho, por exemplo, os padres e os filósofos), foi refinada e psicologicamente astuta para mostrar como é que imperava por toda parte o egoísmo. Conclusão cristã: *"Tudo* é pecado; mesmo nossas virtudes. Caráter absolutamente abjeto do homem. A ação altruísta *não é possível."* Pecado original. Em suma: depois que o homem tinha colocado o seu instinto em oposição a um mundo puramente imaginado do bem, ele terminou com o desprezo por si, como *incapaz* de realizar ações que são "boas".

N.B. O cristianismo designa, com isso, um *progresso* no estabelecimento psicológico do olhar: La Rochefoucauld e Pascal. Ele *concebeu* a *igualdade essencial das ações humanas* e sua igualdade valorativa na questão principal (– tudo *amoral*)

Agora se levou a *sério* formar homens nos quais o egoísmo estava morto – os *padres, os santos.* E quando se duvida da possibilidade de se tornar "perfeito", *não* se duvida de que se saiba aquilo que é perfeito.

A psicologia do santo, do padre, do "homem bom" precisou naturalmente ficar de fora de maneira puramente fantasmagórica. Tinham-se declarado ruins os motivos *reais e efetivos* do agir: precisava-se, para poder agir ainda em geral, poder prescrever ações, ações que não são de maneira alguma possíveis senão

FRAGMENTOS PÓSTUMOS, 1885–1887 (Vol. VI)   403

como ações passíveis de serem descritas e *divinizadas*. Com a mesma *falsidade* com que se tinha caluniado, passou-se a venerar e a idealizar a partir de então. O *irar-se* contra os instintos da vida como "sagrado", como venerável. A castidade absoluta, a obediência absoluta, a pobreza absoluta: ideal sacerdotal.

Esmolas, compaixão; sacrifício, cavalaria; negação do belo, da razão, da sensibilidade; visão moral para todas as qualidades fortes que se têm: ideal do leigo.

Segue-se em frente: os *instintos caluniados* buscam se comprovar como *necessários*, para que os *virtuosos* em geral sejam possíveis: é preciso viver para viver para o outro. Egoísmo como *meio* para um fim...

: segue-se adiante, busca-se dar um direito de existência tanto às emoções egoístas quanto às altruístas: *igualdade* dos direitos para umas tanto quanto para as outras (a partir do ponto de vista da utilidade)

: segue-se adiante, busca-se a *mais elevada utilidade*, privilegiando o ponto de vista egoísta em <contra>posição ao altruísta, ao inútil que se estabelece com vistas à felicidade da maioria, ou ao fomento da humanidade etc. Portanto: uma preponderância dos direitos do ego, mas sob uma perspectiva extremamente altruísta ("utilidade conjunta da humanidade")

: busca-se reconciliar o modo de ação *altruísta* com a *naturalidade*, busca-se o altruístico com base na vida; busca-se o elemento egoísta tanto quanto o altruísta como igualmente fundamentados na essência da vida e da natureza.

: sonha-se com um desaparecimento do oposto em um futuro qualquer, no qual, por meio da adaptação contínua, o egoísta também se mostre ao mesmo tempo como o altruísta...

: finalmente se compreende que as ações altruístas só são uma *espécie* das ações egoístas – e que o grau, no qual se ama, no qual se dissipa, é uma demonstração do grau de um *poder* e de uma *personalidade* individuais. Em suma, *que, na medida em que se torna o homem pior, se o torna melhor* – e que não se é

uma coisa sem a outra... Com isso, sobe a cortina diante da *falsificação* descomunal *da psicologia* das m<orais> *até aqui.*
    Conclusões: *só* há intenções e ações amorais
    As assim chamadas ações morais precisam ser comprovadas como *amorais.*
    (– essa é a tarefa do *Tractatus politicus*)
    (– a dedução de todos os afetos a partir de uma vontade de poder: essencialmente iguais
    (– o conceito da vida – expressam-se na oposição aparente (entre "bem" e "mal") *graus de poder entre os instintos*, uma ordem hierárquica temporária, sob a qual certos instintos são mantidos cerceados ou são colocados a serviço
    (– *justificação* da moral: economicamente etc.
    Contra a segunda sentença. O determinismo: a tentativa de *salvar* os valores morais por meio de um *translado* desses valores – para o cerne do desconhecido. O determinismo é apenas um modo de poder escamotear as nossas avaliações, depois que elas não possuem nenhum lugar no mundo pensado de maneira mecanicista. Por isso, é preciso *atacar* o determinismo e *miná-lo*: do mesmo modo, *contestar* o nosso direito a uma cisão entre um mundo em si e um mundo fenomenal.

10 (58)
    (186) No *primeiro livro*: o *niilismo* como consequência dos valores ideais. Problema da *civilização*. O século XIX, sua *ambiguidade*:
    Falta até aqui a *liberdade* em relação à moral. Pessimistas são *revoltados do* páthos *moral*
    A moral como causa do pessimismo
    o pessimismo como forma prévia do niilismo
    No segundo livro: história da moralização, como se leva a virtude ao domínio
                            Moral como a Circe do filósofo
    No terceiro livro: *O problema da verdade*
    No quarto livro: história dos *tipos mais elevados*, depois que desdivinizamos o mundo

FRAGMENTOS PÓSTUMOS, 1885–1887 (Vol. VI)   405

os *meios* para abrir um fosso: *ordem hierárquica*
ideal da doutrina mais afirmativa do mundo
a era trágica
a ingenuidade psicológica no ideal *Deus*

10 (59)
(187) *A ordem hierárquica dos valores humanos*
a) não se deve apreciar um homem segundo suas obras particulares. *Ações epidérmicas*. Nada é mais raro do que uma ação
pessoal. Um estado, uma posição hierárquica, uma raça popular,
um entorno, um acaso – Tudo se expressa antes ainda em uma
obra ou em um fazer, como uma "pessoa".
b) não se deve em geral pressupor que muitos homens são
"pessoas". E, então, alguns também são *muitas pessoas*, a maioria não é *nenhuma*. Por toda parte onde preponderam as propriedades medianas, com vistas às quais o que está em questão é a
subsistência de um tipo, o ser pessoa se mostra como um desperdício, um luxo: não faria nenhum sentido exigir aí uma "pessoa".
Trata-se de portadores, de instrumentos de transmissão.
c) a "pessoa" é um fato relativamente *isolado*; com vistas à
importância muito maior do prosseguir fluindo e da mediania, quase algo *antinatural*. Do surgimento da pessoa faz parte um isolamento temporário, uma compulsão para uma existência de defesa
e de armas, algo como um enclausuramento, uma força maior de
exclusão; e, antes de tudo, uma *impressionabilidade muito menor*
do que a possui o homem médio, cuja humanidade é *contagiosa*.
Primeira questão no que concerne à *ordem hierárquica*: o
quão *solitário* é ou o quanto de *rebanho* há em alguém
(no último caso, seu valor reside nas propriedades que asse-
guram a subsistência de seu rebanho, de seu tipo; no outro caso,
naquilo que o destaca, isola, defende e *solitariamente possibilita*.
Consequência: *não* se deve avaliar o tipo solitário de acordo com o tipo de rebanho, e o tipo de rebanho *não* de acordo com
o solitário
Considerado do alto: os dois são necessários; do mesmo
modo, seu antagonismo também é necessário – e nada precisa

ser mais banido do que aquele "desejo" de que algo *terceiro* se desenvolva a partir dos dois ("virtude" como hermafroditismo). Isso é tão pouco "desejável" quanto a aproximação e a reconciliação dos sexos. *Prosseguir desenvolvendo o típico, abrir de maneira cada vez mais profunda* o fosso... Conceito da *degradação* nos dois casos: quando o rebanho se aproxima das propriedades do ser solitário e quando essas propriedades do ser solitário se aproximam das propriedades do rebanho – em suma, quando eles se *aproximam*. Esse conceito da degradação está para além do julgamento moral.

10 (60)
(188) Em *relação à música*, toda comunicação por meio de *palavras* é de um tipo desfaçado; a palavra dilui e emburrece; a palavra despersonaliza: a palavra torna o incomum comum.

10 (61)
(189) *Onde se tem de buscar as* naturezas mais fortes
O perecer e o degradar-se das espécies *solitárias* é muito *maior* e mais terrível: eles têm o instinto do rebanho, a tradição dos valores contra si; seus instrumentos para a defesa, seus instintos de proteção não são desde o princípio fortes o suficiente, seguros o suficiente – é necessário muitos auxílios do acaso para que eles *cresçam*. (– eles crescem o mais frequentemente nos elementos mais inferiores e socialmente mais abandonados: quando se busca uma *pessoa*, é lá que se a encontra, de maneira muito mais segura do que nas classes médias!)
A luta das castas e das classes, luta essa que tem por vista a "igualdade dos direitos". Se ela for mais ou menos resolvida, então a *luta* prossegue contra a *pessoa solitária*. Em certo sentido, *essa pessoa pode se manter e se desenvolver da maneira mais fácil possível junto a uma sociedade democrática*: no momento em que os meios de defesa mais toscos não são mais necessários e certo hábito de ordem, probidade, justiça, confiança passa a fazer parte das condições médias.

FRAGMENTOS PÓSTUMOS, 1885–1887 (Vol. VI) 407

Os *mais fortes* precisam ser presos, fiscalizados, agrilhoados e vigiados: é assim que o quer o instinto do rebanho. Para eles, vige um regime do autocontrole, do alijamento ascético ou do "dever" em um trabalho deteriorante, no qual não se chega mais a si mesmo.

10 (62)
esconder sua inveja contra a inteligência comercial dos judeus sob fórmulas da moralidade é antissemita, é vulgar, é *plump canaille*

10 (63)
Principal ponto de vista: abrir *distâncias*, mas *não criar nenhuma oposição.*
Remir as *conformações médias* e diminuir a sua influência: meio principal para manter distâncias.

10 (64)
(190) Modo absurdo e desprezível do idealismo, que *não* quer ter a mediocridade *como medíocre* e que, ao invés de sentir um trunfo em meio ao ser como uma exceção, *se mostra indignado* com a covardia, a falsidade, a pequenez e a miserabilidade. *Não se deve querer* isto *de outro modo!* E abrir um fosso *maior!* – *Deve-se impor o tipo mais elevado*, *destacar-se* por meio do sacrifício que eles podem trazer para o seu ser.

10 (65)
(191) N.B. Em que medida os séculos *cristãos* foram, com o seu pessimismo, séculos *mais fortes* do que o século XVIII
– de maneira correspondente à era *trágica* dos gregos – mais fracos, mais científicos e – – –
– o século XIX *contra* o século XVIII – em que herança
em que um retrocesso em relação a esse século desprovido de "espírito" (insípido) e de gosto
em que um progresso em relação a ele
(mais sombrio, mais realista, *mais forte* –)

408   FRIEDRICH NIETZSCHE

10 (66)

(192) O vosso Henrik Ibsen tornou-se bem claro para mim. Com toda a sua "vontade de verdade", ele não ousou se libertar do ilusionismo moral, que diz "liberdade" e não quer admitir o que é a liberdade: o segundo nível na metamorfose da "vontade de poder" por parte daqueles para os quais ela falta. No primeiro nível, exige-se justiça por parte daqueles que têm o poder. No segundo, diz-se "liberdade", isto é, busca-se se *livrar* daqueles que possuem o poder. No terceiro, diz-se "*direitos iguais*", isto é, o que se quer, enquanto ainda não se tem a preponderância, é impedir ao mesmo tempo que os concorrentes cresçam no poder.

10 (67)

nunca desconheci um instante a mediania comprometedora do *protestantismo*, de seus teólogos e pregadores.

10 (68)

(193) *Não* tornar os homens melhores, *não* falar para eles sobre nenhum tipo de moral, como se houvesse uma "moralidade em si" ou um tipo ideal de homem em geral: mas *criar estados nos quais homens* mais fortes *sejam necessários*, que precisam e, consequentemente, terão, por sua vez, uma *moral* (mais claramente: *uma disciplina corporal e espiritual*)!

Não se deixar seduzir por olhos azuis ou seios inchados: *a grandeza da alma não tem nada de romântico em si*. E, infelizmente, *nada digno de amor!*

10 (69)

(194) Vejamos o que "o autêntico cristão" consegue fazer com tudo isso que se desaconselha ao seu instinto: o *enlameamento* e a suspeita em relação ao belo, ao brilhante, ao rico, ao orgulhoso, ao seguro-de-si, ao cognoscente, ao poderoso – em suma, *em relação a toda a cultura*: sua intenção visa a retirar dela a *boa consciência...*

Leia-se de qualquer modo um Petrônio imediatamente depois do Novo Testamento: como se respira bem, como se sopra para longe de si o maldito ar dos fanáticos pietistas!

FRAGMENTOS PÓSTUMOS, 1885–1887 (Vol. VI)   409

10 (70)
(195) um modo de pensar que se denomina "idealismo"
e que não quer se permitir a mediocridade de ser mediano, nem
se dispõe a permitir que a mulher seja mulher. Não uniformizar!
Deixar claro para nós *o quão caro custa para que uma virtude se
estabeleça*: e para que uma virtude não seja nada medianamente
desejável, mas um *desvario nobre*, uma bela exceção, com o privilégio de ser *fortemente* afinada...

10 (71)
(196) as mulherzinhas, que esperam até que o pastor ou o
prefeito lhes concedam a permissão para satisfazerem o seu impulso sexual e apresentam aí a promessa de satisfazê-lo apenas
com um homem
o fato de a satisfação do *impulso sexual* e de a questão
da *descendência* serem coisas e interesses fundamentalmente diversos, e de "o casamento", como todas as instituições, ser algo
fundamentalmente mendaz...

10 (72)
(197) *A inteligência refinada judaica dos primeiros cristãos*
Não é preciso se deixar induzir em erro: "não julgais", dizem
eles, mas eles mandam para o inferno tudo aquilo que não compartilha sua crença. Na medida em que deixam julgar, eles mesmos
julgam; na medida em que glorificam Deus, eles glorificam a si mesmos; na medida em que *exigem* as virtudes das quais eles são capazes – mais ainda, as virtudes de que eles precisam para suportar o
resto –, eles se cobrem com a grande aparência da *luta* e *da luta pelo
bem*: enquanto só lutam pela conservação da espécie. Na medida em
que eles se mostram como prontos para a paz, afáveis, ternos, amistosos, felizes uns com os outros, eles obedecem às suas necessidades
de animal de rebanho: mas a inteligência quer que eles também *exijam* isso de si. Assim, mesmo o mais inevitável aparece ainda como
obediente, como mérito – amplia-se a *dignidade própria...*
– *glorificar-se constantemente, mas nunca admiti-lo.* A
absoluta *fanfarronice partidária*, que reserva para si a virtude

e a competição em torno da virtude: *mesmo* o conhecimento, a "verdade"; *mesmo* o domínio e a vingança de outrora em relação a todos os inimigos. – ah, essa mendacidade modesta, casta, suave! Quem aguenta isso!... "*Nossa virtude, nossa felicidade, nossa despretensão deve testemunhar a* nosso favor!" – tornar-se *possível* no interior do mundo, *impor-se*: observa-se que eles possuem em si o sangue judeu e a sua inteligência. 1) é preciso se precipitar, se tornar visível, 2) é preciso agir como se fosse o "povo eleito", secretamente, 3) não se precisa estabelecer uma ordem hierárquica dos valores, mas *oposições*: "nós" e "o mundo".

10 (73)
(198) Leia-se algum dia o Novo Testamento como *livro da sedução*:
a *virtude* é requisitada, com o instinto de que se conquista para si com ela a opinião pública
e, em verdade, a *virtude* de todas a mais modesta, que reconhece o caráter ideal do rebanho e nada além disso (inclusive, os pastores de ovelhas –): um tipo pequeno, terno, benevolente, solícito e entusiasticamente divertido de virtude, que é absolutamente despretensiosa em sua fachada exterior – que "o mundo" demarca em relação a si
a *petulância mais absurda*, como se o destino da humanidade girasse de tal modo em torno dela que a comunidade, de um lado, teria o que é correto, e o mundo, do outro, o que é falso, o eternamente reprovável e rejeitado.
o ódio mais absurdo em relação a tudo aquilo que está no poder: mas sem se comover aí! Uma espécie de *descolamento interior*, que deixa tudo externamente como estava (serviçalidade e escravidão; saber construir para si a partir de *tudo* um meio a serviço de Deus e da virtude)

10 (74)
a mulher: um pequeno forno em meio a muita fumaça e muita mentira.

FRAGMENTOS PÓSTUMOS, 1885–1887 (Vol. VI)

10 (75)

O cristianismo como *cultivo do animal de rebanho*; as pequenas virtudes do animal de rebanho como *a* virtude (– estados e meios
de autoconservação do tipo mais ínfimo de homem recarimbados
como virtudes; o Novo Testamento, o *melhor livro de sedução*)

10 (76)

O casamento é exatamente tão valioso quanto aqueles que
o firmam; portanto, em termos médios, ele tem pouco valor –; o
"casamento em si" ainda não tem valor algum – como, aliás, toda
e qualquer instituição.

10 (77)

(199) o cristianismo como uma *desnaturalização* da moral
do animal de rebanho: sob a incompreensão e o auto-obnubila-
mento absolutos

a democratização é uma figura *mais natural* de tal desnaturalização, uma menos mendaz

Fato: os oprimidos, os inferiores, a massa totalmente nu-
merosa de escravos e semiescravos *querem chegar ao poder*

Primeiro nível: eles se libertam – eles se descolam, de início de maneira imaginária, eles se reconhecem entre si, eles se
impõem

Segundo nível: eles entram em luta, eles querem reconhecimento, direitos iguais, "justiça"

Terceiro nível: eles querem o privilégio (– eles atraem para
si os representantes do poder)

Quarto nível: eles querem *apenas* o poder, e eles o têm...

No cristianismo, é preciso distinguir *três elementos*:

a) os oprimidos de todo tipo
b) os medíocres de todo tipo
c) os insatisfeitos e doentes de todo tipo

com o *primeiro* elemento, ele luta contra o politicamente distinto e seus ideais

com o *segundo* elemento, contra as exceções e os privilegiados (espiritual, sensível –) de todo tipo

com o *terceiro* elemento, contra o *instinto natural* dos saudáveis e felizes.

quando se chega à vitória, o *segundo* elemento ganha o primeiro plano; pois, então, o cristianismo convence os saudáveis e felizes a se colocarem do seu lado (como guerreiros em nome de sua causa), assim como os poderosos (como interessados por causa do domínio da massa) – e agora é o *instinto de rebanho*, a *natureza medíocre* valiosa em todo e qualquer aspecto, que recebe sua mais elevada sanção por meio do cristianismo. Essa natureza medíocre chega finalmente ao ponto de se conscientizar (– ela conquista a coragem para si –) de que ela também admite *politicamente* o *poder* para si...

– a democracia é o cristianismo *naturalizado*: uma espécie de "retorno à natureza", depois que a avaliação oposta só pôde ser superada por meio de uma antinaturalidade extrema. – Consequência: *o ideal aristocrático* desnaturalizou-se *desde então* ("o homem mais elevado", "distinto", o "artista", a "paixão", o "conhecimento" etc.). Romantismo como culto da exceção, gênio etc.

10 (78)

"*méfiez-vous du premier mouvement; il est toujours généreux*".[104] Talleyrand para os jovens secretários de sua delegação.

10 (79)

(200) A classe sacerdotal judaica tinha sabido apresentar tudo aquilo que *ela* pretendia alcançar como um *dogma*, como uma obediência em relação a um mandamento divino... do mesmo modo, introduzir aquilo que servia para a *conservação de Israel*, para a *possibilitação de sua existência* (por exemplo, uma soma de *obras*: circuncisão, culto sacrificial como centro da consciência natural), não como natureza, mas como "Deus". – *Esse processo prosseguiu; no interior* do judaísmo, em que a

---

104 **N.T.**: Em francês no original: "desconfiai do primeiro movimento; ele é sempre generoso".

FRAGMENTOS PÓSTUMOS, 1885–1887 (Vol. VI) 413

necessidade das "obras" não foi sentida (a saber, como cesura em relação ao exterior), pôde ser concebido um tipo sacerdotal de homem, que se comporta como a "natureza distinta" em relação aos aristocratas; um caráter sacerdotal da alma sem castas e, por assim dizer, espontâneo que, então, para destacar intensamente de si o seu oposto, não colocava o valor nas "obras", mas na "atitude"...

No fundo, trata-se uma vez mais de *impor* um *tipo determinado de alma*, por assim dizer uma *rebelião do povo no interior* de um povo sacerdotal – um movimento pietista vindo de baixo (pecadores, funcionários de fronteira, mulheres, doentes). Jesus de Nazaré foi o sinal no qual eles se *reconheceram*. E, uma vez mais, para poder acreditar em si, eles precisam de uma *transfiguração teológica*: nada menos do que "o filho de Deus" é necessário para eles, a fim de se tornar críveis... E exatamente assim como a classe sacerdotal tinha falsificado toda a história de Israel, então foi feita aqui uma vez mais a tentativa de *refalsificar* em geral a história da humanidade, para que o cristianismo possa aparecer como o seu acontecimento cardinal. Esse movimento só podia surgir no solo do judaísmo: seu feito principal foi *entrelaçar culpa e infelicidade* e reduzir toda culpa à *culpa em relação a Deus*: *quanto a isso, o cristianismo é a* segunda potência.

10 (80)

(201) essas pequenas virtudes do animal de rebanho não levam de maneira alguma à "vida eterna": colocá-las desse modo em cena e a si mesmo com elas pode ser inteligente; para aquele que ainda tem aqui os seus olhos abertos, porém, algo assim parece, apesar de tudo, o mais ridículo de todos os espetáculos. Não se perde de maneira alguma um privilégio na Terra e no céu, caso se tenha levado à perfeição a medida de uma pequena e adorável ovelhinha; permanece-se com isso, na melhor das hipóteses, sempre meramente uma pequena e adorável ovelha absurda e com chifres – supondo que não explodamos de rir diante da vaidade à moda dos capelães e não se escandalize com as atitudes cavalheirescas.

A descomunal transfiguração das cores, com a qual as pequenas virtudes foram iluminadas aqui – como se elas estivessem sob a reluzência de qualidades divinas Para *não falar* em princípio da intenção e da utilidade *naturais* de toda e qualquer virtude; a virtude só é valiosa com vistas ao *mandamento divino*, com vistas a um modelo divino, somente com vistas a bens do além e a bens espirituais (Luxuoso: como se se tratasse aqui da "*salvação da alma*": mas ela era apenas um meio para "suportar" as coisas aqui com o maior número possível de belos sentimentos.)
Sobre a *desnaturalização da moral*.

10 (81)
Evidentemente, falta vergonha na nova Alemanha; mesmo a corte imperial mostrou até agora uma má vontade para se libertar da mancha causada pelo aborto de todos o mais desprezível e comprometedor do muckerismo cristão: algo que tudo poderia de qualquer modo exigir – a decência, o bom gosto, a inteligência.
(O que trouxe mais danos para a corte do que o capelão da corte?)

10 (82)
(202) O *individualismo* é um tipo modesto e ainda inconsciente da "vontade de poder"; aqui já se mostra suficiente para o particular *se livrar* de uma preponderância da sociedade (seja essa preponderância a do Estado ou a da Igreja...). Ele *não* se coloca em uma posição de *oposição como pessoa*, mas meramente como particular; ele representa todos os particulares contra o conjunto. Ou seja: ele se *equipara instintivamente a todo e qualquer particular*; aquilo pelo que ele luta, ele não luta como pessoa, mas como *particular* contra o conjunto.
O socialismo é meramente um *meio de agitação do individualista*: ele compreende que, para alcançar algo, é preciso se organizar em uma ação conjunta, em direção a um "poder". Mas o que ele quer não é a sociedade como finalidade do particular, mas a sociedade como *meio para a possibilitação de muitos par-*

ticulares: – esse é o instinto dos socialistas, sobre o qual eles com frequência se enganam (– abstraindo-se do fato de que eles, a fim de se impor, precisam com frequência enganar). A pregação da moral altruísta a serviço do egoísmo individual: uma das falsidades mais habituais do século *XIX*.

O anarquista, por sua vez, é meramente um *meio de agitação do socialista*; com ele, o socialismo desperta medo; com o medo, ele começa a fascinar e a aterrorizar: sobretudo – ele atrai os corajosos, os ousados para o seu lado, mesmo ainda no espírito.

Apesar de tudo isso: *o individual<ismo>* é o nível *mais modesto* da v<ontade> de p<oder>.

Caso se tenha alcançado certa independência, então se quer mais: vem à tona o *isolamento* de acordo com o grau de força, mas ele *procura pelo seu igual* – ele destaca outros em relação a si. Ao individualismo se segue a *formação dos membros e dos órgãos*: as tendências aparentadas se reunindo e se tornando ativas no poder, atrito entre esses centros de poder, reconhecimento das forças dos dois lados, equilíbrio, aproximação, fixação de uma *troca das realizações*. Por fim: uma *ordem hierárquica*.

N.B. 1) os indivíduos se libertam

2) eles entram em luta, eles concordam com a "igualdades dos direitos" (– justiça –) como meta

3) alcança-se este ponto, então entram em cena as *desigualdades* fáticas *de força* em um efeito *maior* (porque no grande todo impera a paz, e muitos *quanta* de poder pequenos constituem já diferenças, diferenças tais que tinham sido anteriormente quase nulas). Agora, os particulares organizam-se em *grupos*; os grupos aspiram aos privilégios e à preponderância. A luta, em uma forma mais tênue, recrudesce novamente.

N.B. Quer-se *liberdade*, até o ponto em que ainda se tem poder para tanto. Caso se tenha poder, quer-se preponderância; caso ela não seja alcançada (ainda se é fraco demais para ela), quer-se *"justiça"*, isto é, *poder igual*.

10 (83)

(203) Sobretudo, meus caros senhores virtuosos, vós não tendes nenhum primado diante de nós: nós queremos vos regalar belamente com a *modéstia*: trata-se de um interesse pessoal e de uma inteligência deploráveis o fato de que vós sejais aconselhados por vossa virtude. E se vós tivésseis força e coragem no corpo, vós não vos reprimiríeis e vos tornaríeis nulidades virtuosas. Vós fazeis de vós o que podeis: em parte, o que vós precisais – aquilo que vos é imposto por vossas circunstâncias – em parte aquilo que vos dá prazer, em parte o que vos parece útil. Mas, caso vós fizésseis apenas o que está de acordo com as vossas inclinações ou aquilo que vossa necessidade quer de vós ou o que vos é útil, então vós não deveis nem *vos louvar, nem deixar que vos louvem*!... Se é um tipo *fundamentalmente pequeno de* homem, quando se é apenas *virtuoso*: nada deve induzir em erro quanto a isso! Homens, que em algum lugar qualquer merecem ser considerados, nunca tinham se mostrado tais asnos virtuosos: vosso instinto mais íntimo, o instinto de vosso *quantum* de poder, não encontrou aí seu cômputo: enquanto a vossa minimalidade no poder não deixa nada se mostrar como mais sábio do que a virtude. Mas vós tendes a *quantidade* em vosso favor: e, na medida em que vós *tiranizais*, queremos *vos* declarar guerra...

10 (84)

(204) A aparência hipócrita, que cobre como capim todas as *ordens burguesas*, como se elas fossem *abortos da moralidade*... por exemplo, o casamento; o trabalho; a profissão; a pátria; a família; a ordem; o direito. No entanto, na medida em que elas estão fundamentadas no tipo *mais mediano possível* de homem, para a proteção contra as exceções e contra as necessidades das exceções, pode-se achar justo caso se minta muito aqui.

10 (85)

(205) Um *homem virtuoso* é já por isso uma espécie *inferior*, porque ele não é nenhuma "pessoa", mas obtém o seu valor por meio do fato de estar de acordo com um esquema homem,

FRAGMENTOS PÓSTUMOS, 1885–1887 (Vol. VI)

que é estabelecido de uma-vez-por-todas. Ele não tem seu valor
à parte: ele pode ser comparado, ele tem seus iguais, ele não *deve*
ser um particular... Computadas as propriedades do homem *bom*, por que elas
nos fazem bem? Porque não necessitamos de nenhuma guerra,
porque ele não nos causa nenhuma desconfiança, nenhuma cautela, nenhuma reunião e nenhum rigor: nossa preguiça, benevolência, leviandade têm com ele um *bom dia*. É esse nosso *bem-
-estar* que nós *projetamos a partir de nós* e atribuímos ao homem
bom como *propriedade*, como *valor*.

10 (86)
(206) Não amo de maneira alguma naquele Jesus de Nazaré ou em seu apóstolo Paulo o fato de eles *terem colocado tantas
coisas na cabeça das pessoas pequenas*, como se houvesse alguma grande coisa em questão com as suas modestas virtudes.
Precisou-se pagar um preço caro demais por isso: pois eles difa-
maram as qualidades mais plenamente valiosas da virtude e do
homem, eles colocaram uma contra o outro a má consciência e
o orgulho de si por parte das almas distintas, eles induziram em
erro as inclinações *corajosas, generosas, ousadas e excessivas*
da alma forte, até as raias da autodestruição...
      comovente, infantil, fervoroso, feminamente apaixonado e
tímido; o estímulo da sensibilidade precoce da virgem entusiasmada – pois a castidade é apenas <uma> forma da sensibilidade
(– sua preexistência)

10 (87)
(207) Puras questões de *força*: até que ponto se impor em
relação às condições de conservação da *sociedade* e de seus preconceitos? – até que ponto desagrilhoar *suas propriedades terríveis*, nas quais a maioria perece? – até que ponto ir ao encontro
da *verdade* e regalar-se com os lados mais questionáveis da existência? Até que ponto ir ao encontro do *corpo*, do desprezo de si,
da compaixão, da doença, do vício, com o ponto de interrogação
em relação a se é possível se assenhorear disso?... (aquilo que

não nos mata nos torna mais *fortes*...) – finalmente: até que ponto dar razão à regra, ao comum, ao mesquinho, ao bom, ao honesto da natureza mediana, sem se deixar vulgarizar com isso?... a mais forte prova de caráter: não se deixar arruinar pela sedução do bem. O *bem* como luxo, como refinamento, como *vício*...

10 (88)

(208) O casamento é uma forma de concubinato, para a qual a sociedade burguesa dá a sua permissão, por utilidade própria, como se compreende por si, *não* por moralidade... O casamento é o tipo por ela *preferido* do concubinato, porque o instinto não age aqui sem consideração e precaução, mas só recebe aqui uma permissão aparente... A sociedade é conhecida por essa falta de coragem e de autoconfiança, ela *honra* o casamento, porque ele representa uma forma de *submissão* à sociedade... O casamento é uma forma do concubinato, na qual se promete fundamentalmente muito: promete-se algo aqui que não pode ser prometido, a saber, "amor que dure para sempre" – aqui se estabelece a função sexual como "dever", que se pode exigir... Mas esse é o "casamento moderno".

10 (89)

(209) Os valores morais foram até agora os valores supremos: será que alguém se disporia a colocar isso em dúvida?... Caso afastemos esses valores dessa posição, então alteramos todos os valores: o princípio de sua *ordem hierárquica* é, com isso, derrubado...

10 (90)

(210) Afastemos o bem supremo do conceito de Deus: ele é indigno de um Deus. Afastemos do mesmo modo a sabedoria suprema: – deve-se à vaidade dos filósofos essa superstição de um monstro da sabedoria chamado Deus: ele deveria se mostrar tão semelhante quanto possível em relação a vocês. Não! *Deus, o poder supremo* – isso basta! Desse poder se segue tudo aquilo que dele se segue – "o mundo"! Símbolos, a fim de ter um sinal de reconhecimento

O acima citado   *ominpotens*

FRAGMENTOS PÓSTUMOS, 1885–1887 (Vol. VI)   419

10 (91)
    (211) O cristianismo como *judaísmo emancipado* (da mesma maneira que uma distinção local e racial se emancipa finalmente dessas condições e *sai à cata* de elementos aparentados...)
    1) como Igreja (comunidade) sobre o solo do Estado, como constructo apolítico
    2) como vida, cultivo, práxis, arte de viver
    3) como *religião do pecado* (do crime *em relação a Deus como o único* tipo de crime, como a única causa de todo sofrimento em geral), como um meio universal contra ele. Só há pecado contra Deus; aquilo que é cometido contra os homens não deve ser julgado, nem exigir compensação, a não ser em nome de Deus. Do mesmo modo, todos os mandamentos (amor), tudo está ligado a Deus, e, em virtude de Deus, tudo é imposto ao homem. Nisso se esconde uma elevada inteligência (– a vida em uma grande estreiteza, como no caso dos esquimós, só é suportável em meio a uma atitude maximamente pacífica e indulgente: o dogma judaico-cristão volta-se contra os pecados, para o bem supremo do "pecador" –)

10 (92)
    (212) A vida *cristã*, tal como ela se encontra no ar diante de Paulo como ideal e tal como ela é pregada por ele, é a vida *judaica*, não talvez a vida das famílias dominantes, mas a vida das pessoas pequenas, a saber, dos judeus que vivem a Diáspora. Esse ideal – é vivenciado, visto, a partir do que há de mais venerável e amado: ele é reconhecido como exemplar para homens de outras raças, supondo-se que eles vivam sob condições semelhantes. Este foi o feito de Paulo: ele reconheceu a *aplicabilidade da vida privada judaica* à vida privada das pessoas modestas por toda parte. A partir do judaísmo, ele soube como é que um tipo de homem se impõe, sem ter poder e sem poder ter nem mesmo a intenção do poder. Uma crença em um privilégio absoluto, a felicidade do escolhido, que enobrece toda deplorabilidade e privação – a saber, como retribuição e como espora, as virtudes da família, da pequena congregação, a seriedade incondicionada ao mesmo tempo, a intocabilidade de sua vida pelos adversários, entre os quais eles

420 FRIEDRICH NIETZSCHE

vivem – e tudo aquilo que aplaca, suaviza, refresca, oração, música, tolerância, ajuda e serviçalidade mútua, sobretudo aquele *apa-
ziguamento* da alma, para que os afetos ira, suspeita, ódio, inveja,
vingança não venham à tona... O ascetismo *não* é a essência dessa
vida; o pecado é apenas visado no primeiro plano da consciência,
quando ele significa a proximidade constante de sua redenção e
resgate (– assim, ele já é judaico: com o pecado, porém, um judeu
fica completamente pronto, era para isso justamente que ele tinha
sua fé; o pecado é isso com o que apenas se precisa aprender a
lidar plenamente; e, supondo que toda infelicidade se encontra
em relação com o pecado (ou com o caráter pecaminoso), então
há mesmo um remédio contra toda infelicidade – e a infelicidade
está, além disso, *justificada*, ela não é *sem sentido*...

10 (93)
(213) O quão reanimador não é ter nas mãos, por exemplo,
o Petrônio depois de ler o Novo Testamento! Como se é uma vez
mais imediatamente restabelecido! Como se sente a proximidade
da espiritualidade saudável, petulante, segura de si e cruel – e,
por fim, permanece-se diante da questão: "a sujeira antiga não
vale mais do que toda essa sabedoria e muckerismo cristãos totalmente pequenos e arrogantes?"

10 (94)
(214) os príncipes europeus deveriam meditar de fato se
eles poderiam prescindir de nosso apoio. Nós, imoralistas – nós
somos hoje o único poder que não precisa de nenhum aliado para
chegar a vencer: com isso, somos em muito os mais fortes entre
os fortes. Nós não precisamos nem mesmo da mentira: que outro
poder poderia prescindir dela? Uma forte sedução luta por nós,
talvez a mais forte que há – a sedução da verdade... Da verdade?
Quem foi que colocou a palavra em minha boca? Mas eu a retiro
uma vez mais; mas eu desprezo a orgulhosa palavra: não, nós
também não precisamos dela, nós também chegaríamos ao poder
e à vitória sem a verdade. O encanto, que luta por nós, o olho da
Vênus, que cativa mesmo nosso adversário e o deixa cego, essa

FRAGMENTOS PÓSTUMOS, 1885–1887 (Vol. VI) 421

é a *magia do extremo*, a sedução, que tudo o que extremo exerce: nós, imoralistas – nós somos *os extremos*...

10 (95)
"Ó, Ariadne, tu mesma és o labirinto: não se consegue sair de ti"...
"Dioniso, tu me adulas, tu és divino"...

10 (96)
(215) A *vida judaico-cristã*: aqui *não* preponderava o *ressentiment*. Só as grandes perseguições podem ter provocado de tal modo a paixão – tanto o *ardor do amor* quanto o ardor do *ódio*. Quando alguém vê sua maximamente amada sendo sacrificada em nome de sua crença, ele se torna *agressivo*; é preciso agradecer a vitória do cristianismo aos seus perseguidores.

N.B. *A estética* no cristianismo não é específica: foi isso que Schopenhauer compreendeu mal: ela só se imiscui no cristianismo: por toda parte em que tenha havido estética também sem o cristianismo.

N.B. O cristianismo *hipocondríaco*, a aflição e a tortura dos animais dotados de consciência moral só é do mesmo modo pertinente a certo solo, no qual valores cristãos fixaram suas raízes: não se trata do próprio cristianismo. O cristianismo acolheu em si todo tipo de doenças oriundas de solos mórbidos: a única censura que se poderia fazer a ele é o fato de ele não ter sabido se defender de nenhuma contaminação. Mas justamente essa é a sua essência: cristianismo é um tipo da *décadence*.

O próprio desprezo com o qual o cristianismo foi tratado no mundo antigo distinto que restou pertence justamente ao espaço ao qual pertence ainda hoje a inclinação instintiva contra os judeus: trata-se do ódio das classes livres e autoconscientes contra aqueles *que atravessam as massas* e que ligam gestos tímidos de esquerda com uma dignidade sem sentido.

O Novo Testamento é o evangelho de um tipo totalmente *vulgar* de homem; sua pretensão de ter mais valor, sim, de ter todo o valor, tem, de fato, algo revoltante – mesmo ainda hoje.

422 FRIEDRICH NIETZSCHE

10 (97)

(216) Quando se abre espaço uma vez mais, apesar de uma inserção plena na probidade burguesa, para as necessidades de sua *amoralidade*:

em que medida nós, hoje, como homens do conhecimento, tomamos a nosso serviço *todos os nossos maus impulsos* e estamos longe de concluir entre a virtude e o conhecimento o caráter desejável de um laço

todos os maus impulsos se tornaram inteligentes e curiosos, científicos

Aquele para quem a virtude é fácil também escarnece dela. A seriedade na virtude não pode ser mantida: ela a alcança e salta por cima dela – para onde? Para a diabolia.

– na medida em que ele a alcança, ele salta por cima dela – e prepara para si a partir dela uma pequena diabolia, e não venera seu Deus senão como o bufão de Deus

O quão inteligentes se tornaram entrementes todas as nossas piores inclinações e impulsos! O quanto de curiosidade científica a atormenta! Puros anzóis do conhecimento!

10 (98)

(217) Contra o que eu protesto? Para que não se tome essa pequena mediocridade pacífica, esse equilíbrio de uma alma que não conhece os grandes impulsos das grandes acumulações de força, como algo elevado, se possível mesmo como *medida do homem*. N.B. *Bako de Verulam*: "*infimarum virtutum apud vulgus laus est, mediarum admiratio, supremarum sensus nullus*".[105] O cristianismo, porém, pertence, como religião, ao *vulgus*; ele não tem nenhum sentido para o gênero mais elevado de *virtus*.

10 (99)

<(218)> A *desnaturalização* schopenhaueriana do *gênio*: "um intelecto que se tornou infiel à sua determinação".

---

105 **N.T.**: Em latim no original: "As virtudes inferiores encontram junto ao povo comum o reconhecimento, a admiração mediana, e ninguém tem compreensão pelas coisas grandes."

FRAGMENTOS PÓSTUMOS, 1885–1887 (Vol. VI)

10 (100)
Poder-se-ia introduzir a castração na luta contra a criminalidade e as doenças (tal como em relação aos sifilíticos): mas, para quê! Deve-se pensar *economicamente*!

10 (101)
(219) A existência como punição e expiação: "o mito do *pecado original* é a única coisa que me reconcilia com o Antigo Testamento" Schopenhauer

10 (102)
(220) N.B. Minhas *questões principais* positivas – quais são elas?
– e minhas *negativas* mais principais – quais são elas?
– e o reino de minhas *novas* questões e *pontos de interrogação* – quais são elas?

10 (103)
(221) A tais homens, *que me importam de algum modo*, eu desejo sofrimentos, abandono, doença, abuso, desonra – desejo que o mais profundo desprezo de si, o martírio da desconfiança em relação a si, a miséria do superado não permaneçam desconhecidos para eles: não tenho nenhuma compaixão por eles, porque lhes desejo a única coisa que pode demonstrar hoje se alguém possui *valor* ou não – *que ele resista*...
Nunca conheci nenhum idealista, mas muitos mentirosos
– – –

10 (104)
(222) Schopenhauer deseja que se castrem os *patifes* e que se prendam os *parvos* nos monastérios: a partir de que ponto de vista isso poderia ser desejável? O patife tem o privilégio em relação aos medíocres de não ser mediano; e o estúpido tem o privilégio *em relação a nós* de não sofrer ao ver a mediocridade... mais desejável seria que o fosso se tornasse maior – ou seja, que a patifaria e que a estupidez crescessem... Mas, por fim, justa-

424 FRIEDRICH NIETZSCHE

mente isso é o necessário; ele acontece e não espera para ver se nós o desejamos ou não. A estupidez, a patifaria crescem: isso *faz parte* do "progresso".

10 (105)

(223)   *Sobre a força do século XIX.*

Nós somos *mais medievais* do que o século XVIII; não meramente mais curiosos ou mais excitáveis pelo que há de estranho e raro. Nós nos revoltamos contra a *revolução*...

Nós nos emancipamos do *temor diante da* raison, o fantasma do século XVIII: nós ousamos ser uma vez mais líricos, absurdos e infantis... em uma palavra: "nós somos músicos"

– também não *tememos* nem o que há de *ridículo* nem o que há de *absurdo*

– o *diabo* se aproveita da tolerância de Deus a seu favor: mais ainda, ele tem um interesse como o desconhecido, caluniado desde sempre – nós somos os salvadores da honra do diabo

– nós não cindimos mais o grande do terrível

– nós computamos as *boas* coisas em sua complexidade conjuntamente com as *piores*: nós *superamos* a absurda "desejabilidade" de outrora (que queria o crescimento do bem sem o c<rescimento> do mal –)

– a *covardia* diante do ideal do Renascimento arrefeceu – nós ousamos aspirar *aos seus hábitos* mesmos –

– a *intolerância* em relação aos padres e à Igreja chegou a um fim ao mesmo tempo: "é imoral acreditar em Deus", mas justamente isso é válido para nós como melhor forma da justificação dessa crença.

Demos a tudo isso um valor junto a nós mesmos. Não tememos o *outro lado* das "coisas boas" (– nós as buscamos... nós somos suficientemente corajosos e curiosos para tanto), por exemplo, junto ao helenismo, à moral, à razão, ao bom gosto (– nós contabilizamos o prejuízo, que se causa com todas essas preciosidades: *nós nos tornamos quase pobres* com uma tal preciosidade –) Do mesmo modo, nós também não nos dissimulamos o outro lado das coisas *horríveis*...

FRAGMENTOS PÓSTUMOS, 1885–1887 (Vol. VI)

10 (106)
"a opinião é a metade da humanidade", disse Napoleão.

10 (107)
(224) Se eu causei, com isso, um dano à virtude?... Tão pouco quanto os anarquistas aos príncipes: foi só a partir do momento em que eles foram fuzilados que os príncipes passaram a sentar uma vez mais firmemente em seus tronos... Pois foram assim que as coisas sempre estiveram e é assim que elas sempre estarão: não se pode aproveitar melhor uma coisa do que perseguindo-a e acossando-a com todos os cachorros... Foi isso – que fiz.

10 (108)
<(225)> Contra o *remorso*. Não amo esse tipo de covardia em relação ao próprio ato; não se deve deixar na mão a si mesmo, sob a avalanche de uma vergonha e de uma aflição inesperadas. É antes um orgulho extremo que se encontra aí em jogo. Por fim, de que adianta! Nenhum ato é desfeito pelo fato de ser tratado com remorso; assim como ele também não é desfeito pelo fato de se mostrar como "vão" ou de ter expirado. Seria preciso ser teólogo para acreditar em um poder capaz de aplacar a culpa: nós, imoralistas, preferimos não acreditar em "culpa". Nós insistimos no fato de que toda e qualquer ação é em suas raízes valorativamente idêntica – do mesmo modo, que as ações que se voltam *contra* nós, justamente por isso, continuam sendo sempre, computadas economicamente, ações úteis, *em geral desejáveis*. – No caso particular, precisaremos admitir que um ato poderia nos ter sido facilmente *poupado* – só as circunstâncias é que propiciaram a nossa inclinação para eles. – Quem de nós já não teria, *favorecido* pelas circunstâncias, atravessado toda a escala dos crimes?... Por isso, não se deve dizer nunca: "tu não deverias ter feito isto e aquilo", mas sempre apenas: "que estranho que eu já não tenha feito isto cem vezes". – Por fim, só o menor número de ações é que se mostra como de ações *típicas*, e, efetivamente, abreviaturas de uma pessoa; e, levando em consideração o quão pouco a maioria é composta por pessoas, um homem raramente é *caracterizado* por

uma ação particular. Ato das circunstâncias, meramente epidermal, como acontecendo de maneira meramente reflexa como um desencadeamento a partir de um estímulo: antes que a profundeza de nosso ser tenha sido tocada por isso, tenha sido questionada por isso. Uma ira, uma pega, um corte de faca: o que há aí da pessoal!
– O ato traz consigo frequentemente uma espécie de visão fixa e de ausência de liberdade consigo: de tal modo que o agente é, por assim dizer, encantado pela sua lembrança e se sente meramente como um acessório em relação a ela. Essa perturbação espiritual, uma forma de hipnose, precisa ser antes de tudo combatida: um ato particular, qualquer que ele seja, em comparação com tudo aquilo que se faz, é sempre igual a *zero* e pode ser deixado de lado em meio ao cômputo geral, sem que a conta dê errado. O interesse módico, que a sociedade pode ter, em contabilizar toda a nossa existência apenas em uma direção, como se seu sentido fosse trazer à tona um ato particular, não deveria contaminar o próprio agente: infelizmente, isso acontece de maneira quase constante. Isso está em conexão com o fato de que todo ato segue com consequências incomuns uma perturbação espiritual: indiferentemente de saber se essas consequências são boas ou ruins. Consideremos um apaixonado, ao qual foi feito uma promessa; um poeta, aplaudido pela plateia no teatro: no que concerne ao torpor *intellectualis*, eles não se distinguem nada do anarquista, sobre o qual se abate uma busca domiciliar. – Há ações que são indignas de nós: ações que, consideradas como típicas, nos oprimiriam e nos empurrariam para baixo, para um gênero inferior. Aqui, é preciso evitar apenas este erro: o erro de tomá-las como típicas. Há o tipo inverso de ações, das quais *nós* não somos dignos: exceções, nascidas de uma profusão particular de felicidade e saúde, nossos mais elevados maremotos, que por vezes são tão impelidos para o alto por uma tempestade, por um acaso: tais ações e "obras" (–) não são típicas. Nunca se deve medir um artista pelo critério de suas obras.

10 (109)

(226) Deve-se defender a virtude contra os pregadores da virtude: esses são os seus piores inimigos. Pois eles ensinam a

FRAGMENTOS PÓSTUMOS, 1885–1887 (Vol. VI)

virtude como um ideal *para todos*: eles retiram da virtude o seu estímulo do raro, do inimitável, do excepcional e do não mediano – sua *magia aristocrática*. Deve-se, do mesmo modo, fazer um *front* contra os idealistas obstinados, que batem de maneira febril em todas as panelas e têm sua satisfação quando elas soam vazias: que ingenuidade *exigir* grandeza e raridade e constatar sua ausência com ira e com desprezo pelo homem! – É natural que um *casamento* tenha tanto valor quanto aqueles que o firmam, isto é, que ele no todo seja algo deplorável e indecoroso: nenhum padre, nenhum prefeito pode fazer daí algo diverso.

A *virtude* tem contra si todos os instintos do homem mediano: ela é desvantajosa, não inteligente, ela isola, é aparentada com a paixão e é pessimamente acessível à razão; ela degrada o caráter, a cabeça, o sentido – sempre medido com o critério do bem mediano do homem; ela coloca em uma hostilidade contra a ordem, contra a *mentira*, que se encontra presente em toda ordem, instituição, realidade efetiva – ela é o *pior dos fardos*, supondo que se a julga segundo a nocividade de seu efeito sobre os *outros*.

– Reconheço a virtude no fato de que ela 1) não exige ser reconhecida, 2) de que ela não pressupõe virtude por toda parte, mas precisamente algo diverso, 3) de que ela *não sofre* com a ausência da virtude, mas, inversamente, considera essa ausência como a relação de distância, com base na qual há algo a honrar na virtude: ela não se comunica, 4) de que ela não faz propaganda... 5) de que ela não permite a ninguém assumir a posição de juiz, porque ela é sempre uma virtude *por si*, 6) de que ela faz precisamente tudo aquilo que, de resto, *é proibido*: virtude, tal como eu a compreendo, é o *vetitum*[106] no interior de toda legislatura de rebanhos, 7) em suma, de que ela é virtude no estilo da *Renaissance*, *virtù*, virtude isenta de moral...

10 (110)

(227) Por fim, o que alcancei? Não escondamos de nós este resultado de todos o mais estranho: *conferi à virtude* um novo

---

106 **N.T.:** Em latim no original: "o proibido".

brilho – ela atua como algo *proibido*. Ela tem a nossa mais fina probidade contra si, ela é salgada no "*cum grano salis*" do remorso científico; ela é *démodée* no cheiro e marmorizada, de tal modo que atrai finalmente desde então os refinados e os deixa curiosos – em suma, ela atua como um fardo. Só depois de termos reconhecido tudo como mentira, aparência, obtivemos também, uma vez mais, a permissão para essa mais bela de todas as falsidades, a falsidade da virtude. Não há mais nenhuma instância que pudesse nos proibir a virtude: somente na medida em que mostramos a virtude como uma *forma da imoralidade*, ela se mostra uma vez mais como justificada – ela é inserida em uma ordem e coordenada com vistas ao seu significado fundamental, ela participa da imoralidade fundamental de toda existência – como uma forma de luxo de primeira ordem, a forma mais arrogante, mais cara e mais rara de vício. Nós a aprumamos e desabituamos, nós a redimimos da impertinência dos muitos, subtraímos dela a rigidez estulta, o olhar vazio, a peruca tesa, a musculatura hierática.

10 (111)

(228)   *Para a ordem hierárquica*

O que é *medíocre* no homem típico? O fato de ele não compreender o *outro lado das coisas* como necessário: o fato de ele combater as *situações malévolas* como se fosse possível se livrar delas; o fato de ele não querer suportar uma coisa com a outra – de ele procurar apagar e eliminar o *caráter típico de uma coisa*, de um estado, de um tempo, de uma pessoa, na medida em que ele só aprova uma parte de suas propriedades e gostaria de *suprimir* as outras. A "desejabilidade" dos medíocres é aquilo que é combatido por nós: o *ideal* concebido como algo, junto ao qual não deve restar nada nocivo, mal, perigoso, questionável, aniquilador. Nossa intelecção é a inversa: o fato de, com todo crescimento do homem, também precisa crescer seu outro lado, de o homem *maximamente elevado*, supondo que um tal conceito seja permitido, ser o homem que representa da maneira mais intensa possível *o caráter oposto da existência*, como sua glória e única justificação... Os homens comuns não podem representar senão um canti-

FRAGMENTOS PÓSTUMOS, 1885–1887 (Vol. VI)

nho e um angulozinho totalmente pequeno desse caráter natural: eles perecem, logo que a multiplicidade dos elementos e a tensão das oposições crescem, isto é, quando cresce a condição prévia para a *grandeza do homem*. O fato de o homem precisar se tornar melhor *e* pior, essa é a minha fórmula para essa inevitabilidade... A maioria representa o homem como pedaço e como uma série de particularidades: somente quando eles são contabilizados conjuntamente, porém, um homem vem à tona. Tempos como um todo, povos como um todo têm, nesse sentido, algo fragmentário; talvez pertença à economia do desenvolvimento humano o fato de o homem se desenvolver gradualmente. Por isso, não se deve desconhecer de maneira alguma o fato de só se tratar apesar disso do vir a termo do homem sintético, o fato de os homens inferiores, a maioria descomunal, serem apenas prelúdios e exercícios, de cuja conjunção emerge aqui e acolá *o homem todo*, o homem do marco miliário, que indica até que ponto a humanidade avançou. Ela não avança continuamente sobre uma linha; com frequência, o tipo já alcançado se perde uma vez mais...

– – com toda a tensão de três séculos, por exemplo, ainda não alcançamos uma vez mais o homem da *Renaissance*; e, por outro lado, o h<omem> da *R<enaissance>* ficou aquém do *homem antigo*...

– – é preciso ter um *critério de medida*: distingo o *grande estilo*; distingo a *atividade* e a reatividade; distingo os *excedentes, dissipadores* e os sofredores apaixonados (– os "idealistas")

10 (112)

(229) Toda sociedade tem a tendência a rebaixar e, por assim dizer, deixar seu adversário definhar até a *caricatura* – ao menos em sua *representação*. Uma tal caricatura é, por exemplo, o nosso "*criminoso*". Em meio à ordem romana aristocrática dos valores, o *judeu* foi reduzido à caricatura. Entre os artistas, o "pequeno-burguês e o *bourgeois*" se transformam em uma caricatura; entre castos, o ateu; entre aristocratas, o homem do povo. Entre imoralistas, acontece o mesmo com o moralista: Platão, por exemplo, se transforma, em mim, em uma caricatura.

430 FRIEDRICH NIETZSCHE

10 (113)

(230) Fazer propaganda é indecente: mas inteligente! mas inteligente!

Sem levar em consideração o tipo de ideal bizarro que se persiga (por exemplo, como "cristão" ou como "espírito livre" ou como "imoralista" ou como alemão imperial –), não se deve exigir que seja *o ideal*: pois, com isso, se subtrairia dele o caráter do privilégio, da prerrogativa. É preciso tê-lo para se distinguir, *não* para se equiparar.

Como é que acontece, apesar disso, de a maioria dos idealistas fazer imediatamente propaganda de seu ideal, como se eles não pudessem ter nenhum direito ao ideal, caso nem *todos* o reconhecessem?... É isso que fazem, por exemplo, todas aquelas mocinhas que se dão ao direito de aprender latim e matemática. O que as impele a isso? Temo que o instinto do rebanho, a pusilanimidade diante do rebanho: elas lutam pela "emancipação da mulher", porque impõe sob a forma de uma *atividade generosa*, sob a bandeira do "para outros" da maneira mais inteligente possível, o seu separatismo privado...

Inteligência dos idealistas: ser apenas missionários e representantes de um ideal: eles se "transfiguram", com isso, aos olhos daqueles que acreditam em desinteresse e heroísmo. Não obstante: o heroísmo efetivo consiste no fato de *não* se lutar sob a bandeira do autossacrifício, da entrega, do desinteresse, mas *de não se lutar de modo algum...* "Assim eu sou, *assim eu quero ser*: que o diabo vos carregue!"

10 (114)

(231) Guerra contra a concepção feminina da "distinção" – não há como dispensar um *quantum* de brutalidade; assim como uma vizinhança em relação ao crime. Mesmo a "autossatisfação" *não está aí*; é preciso não abandonar a si mesmo aventureiramente, intrepidamente, degradadoramente – nada de um palavrório voltado para a "beleza da alma" – gostaria de arejar o ambiente para um *ideal mais robusto*.

FRAGMENTOS PÓSTUMOS, 1885–1887 (Vol. VI)   431

10 (115)
   Coisas ocasionais sobre os *gregos*
         sobre o *pagão*

10 (116)
   (232)   *Estética*
   sobre a nossa *música moderna*: o definhamento da melodia
   é o mesmo que o definhamento da "ideia", da dialética, da liberdade de um movimento maximamente espiritual – uma grosse-
   ria e um empolamento, que se desenvolve em novas ousadias e
   mesmo em princípios – só se têm, por fim, os princípios de seu
   talento, da *limitação de seu talento*
   no que concerne às condições elementares de um gênio,
   O<ffenbach> era mais genial do que Wagner...
   "Música dramática!" Absurdo! Essa é simplesmente uma
   música ruim, tão certamente como – – –
   os substitutos do escárnio de uma espiritualidade dançante
   e escarnecedora
   o "sentimento", a "paixão" como consolos, quando não se
   sabe mais alcançar a espiritualidade elevada e a *felicidade* dessa
   espiritualidade (por exemplo, de Voltaire). Expresso tecnicamente, o "sentimento", a "paixão", é *mais fácil* – eles pressupõem
   artistas muito mais pobres. A virada para o drama revela que um
   artista sabe se assenhorear ainda mais dos *meios aparentes* do
   que dos meios autênticos. Temos uma *pintura dramática, uma
   lírica dramática* etc.

10 (117)
   (233) Declarei guerra aos ideais cristãos anêmicos (juntamente com aquilo que lhe é aparentado); não com a intenção
   de negá-los, mas apenas para colocar um fim em sua *tirania* e
   conquistar um espaço livre para novos ideais, para ideais *mais
   robustos...* A duração* do ideal cristão está entre as coisas mais
   desejáveis que há: e já em virtude dos ideais, que querem se fazer
   valer ao lado deles e acima deles – eles precisam ter adversários,
   adversários *fortes*, para se tornar *fortes*. – Assim, nós, imoralis-

432 FRIEDRICH NIETZSCHE

tas, precisamos do *poder da moral*: nosso impulso à autoconservação quer que nossos *adversários* permaneçam com a sua força plena – só quer se *assenhorear* deles.

10 (118)
(234) Schopenhauer interpretou a alta intelectualidade como *libertação* da vontade; ele não quis ver o tornar-se livre dos preconceitos morais que reside no desagrilhoamento do grande espírito, a típica *amoralidade* do gênio; ele estabeleceu artificialmente que só aquilo que ele honrava possuía o valor moral da "perda de si mesmo", também como *condição* da atividade maximamente espiritual, do "olhar-objetivo". "Verdade", mesmo na arte, vem à tona depois da dedução da *vontade*...

Através de toda idiossincrasia moral, vejo uma *valoração fundamentalmente diversa*: *não conheço* essa dissociação absurda entre o "gênio" e a vontade do mundo moral e imoral. O homem moral é uma espécie inferior em relação ao homem amoral, uma espécie mais fraca; sim – ele é, segundo a moral, um tipo, não apenas o seu tipo próprio; uma cópia, uma boa cópia em todo caso – a medida de seu valor reside *fora* dele. Aprecio o homem de acordo com o *quantum de poder e a plenitude de sua vontade*: *não* segundo o seu enfraquecimento e extinção; considero uma filosofia, que *ensina* a negação da vida, como uma doutrina do arruinamento e da calúnia...

– aprecio o *poder de uma vontade* de acordo com o quanto de resistência, de dor, de tortura ele suporta e sabe transformar para a sua vantagem; de acordo com esse critério de medida, é preciso que permaneça longe de mim o anseio de colocar na conta da existência o seu caráter mal e doloroso como uma censura. Ao contrário, sou tomado pela esperança de que um dia ela se torne mais má e mais dolorosa do que até aqui...

O ápice do espírito imaginado por Schopenhauer foi chegar ao conhecimento de que tudo não possui nenhum sentido, em suma, *reconhecer* aquilo que o homem bom já *faz* instintivamente... ele nega que possa haver tipos *mais elevados* de intelecto – ele considerou a sua intelecção como um *non plus ultra*... Aqui, a

FRAGMENTOS PÓSTUMOS, 1885–1887 (Vol. VI) 433

espiritualidade é colocada em uma posição profundamente inferior à bondade; seu valor mais elevado (como *arte*, por exemplo) seria aconselhar, preparar a inversão moral: domínio absoluto dos *valores morais*. –
ao lado de Schopenhauer, gostaria de caracterizar *Kant* (a posição de *Goethe* acima do mal radical): nada grego, absolutamente anti-histórico (posição acima da Revolução Francesa) e um fanático da moral. Também junto a ele no pano de fundo a *sacralidade...*
O valor hegeliano da "paixão"
A filosofia de mercador do senhor Spencer: completa ausência de um ideal, além do ideal do homem médio.
Princípio fundamental do instinto de todos os filósofos, historiadores e psicólogos: tudo aquilo que é *valioso* no homem, arte, história, ciência, religião, técnica, precisa ser demonstrado como *moralmente valioso*, como *moralmente condicionado*, em termos de meta, meio e resultado. Compreender tudo com vistas ao valor supremo: por exemplo, a questão de Rousseau em relação à civilização – "será que o homem se torna melhor por meio dela?" – uma questão estranha, uma vez que o contrário é o que se oferece imediatamente e justamente isso é o que é dito em favor da civilização

10 (119)
(235)   *Nós, "objetivos". –*
Não é a "compaixão" que abre para *nós* as portas para os tipos mais distantes e mais alheios de ser e de cultura; mas nossa acessibilidade e desenvoltura, que justamente *não* "se compadecem", mas, ao contrário, se regalam com 100 coisas, com as quais outrora se sofria (com as quais se ficava indignado ou comovido, ou para as quais se olhava de maneira hostil e fria –). O sofrimento em todas as nuanças é, para nós, agora mais interessante: com isso, *não* somos certamente os mais compassivos, ainda que a visão do sofrimento nos abale inteiramente e as lágrimas corram: – nós não somos, por isso, simplesmente afinados de maneira mais prestimosa.

434 FRIEDRICH NIETZSCHE

Nesse querer intuir *voluntário* todos os tipos de indigência e de perecimento, somos mais fortes e mais vigorosos do que o foi o século XVIII; trata-se de uma demonstração de nosso crescimento de força (– nós nos *aproximamos* do século XVII e do século XVI...). Mas trata-se de uma profunda incompreensão conceber nosso "Romantismo" como prova de nossa "alma mais bela"... Queremos *sensations fortes*, tal como todos os tempos e camadas populares *mais toscas* as querem... É preciso certamente manter isso dissociado da necessidade dos fracos em termos nervosos e *décadents*: nestes se faz presente a necessidade de pimenta, mesmo de crueldade...

Todos nós buscamos estados nos quais a moral burguesa *não fala mais conjuntamente*, ainda menos a sacerdotal (– temos junto a todo e qualquer livro, no qual se acha preso algo de um ar sacerdotal e teológico, a impressão de uma *niaiserie* e de uma pobreza digna de pena...). A "boa sociedade" é aquela na qual nada interessa no fundo senão aquilo que é *proibido* na sociedade burguesa e que possui uma fama ruim: a mesma coisa se dá com livros, com música, com política, com a avaliação da mulher

10 (120)
Questionar com vistas aos seus *valores*:
Platão. Epiteto. Marco Aurélio. Epicuro.
Agostinho. Pascal.
Bentham. Comte. Hegel.
Livros:
O Agostinho de *Reuter* e o Esclarecimento religioso da Idade Média
Sainte-Beuve Port-Royal
Teichmüller, filosofia grega.

10 (121)
(236) Como é possível que alguém *só* tenha respeito por si precisamente em relação aos valores morais, que ele *subordine* todo o resto e o considere inferior em comparação com o bem, o mal, o aprimoramento, a salvação da alma etc.? Por exemplo, Amiel. O

FRAGMENTOS PÓSTUMOS, 1885–1887 (Vol. VI)   435

que significa a *idiossincrasia moral*? – pergunto psicologicamente, mesmo fisiologicamente, por exemplo, em Pascal. Em seguida, no caso de Schopenhauer, que apreciava evidentemente aquilo que ele não tinha e não *podia* ter... – não se trata da consequência de uma *interpretação moral* meramente habitual de estados de dor e de desprazer factuais? Não se trata de determinado tipo de *sensibilidade*, que *não compreende* a causa de seus muitos sentimentos de desprazer, mas *acredita esclarecê-la para si* com *hipóteses morais*? De tal modo que mesmo um bem-estar ocasional e um *sentimento de força* sempre aparecem logo imediatamente iluminados uma vez mais sob a ótica da "boa consciência", da proximidade de Deus, da consciência da *redenção*?... Portanto, *o idiossincrático da moral* tem

1) o seu valor próprio *ou bem* efetivamente na aproximação em relação ao tipo virtuoso da sociedade: "o íntegro", "*probo*" – um estado mediano de elevada respeitabilidade: em todo poder, *mediano*, mas em todo querer, honesto, consciencioso, firme, respeitado, satisfeito

2) *ou bem* ele acreditou tê-lo, porque não crê compreender seu estado de outro modo..., ele é desconhecido para si, ele se interpreta dessa forma.

Moral como o único *esquema de interpretação*, no qual o homem se mantém... uma espécie de orgulho?...

10 (122)

(237) Como é que se poderia, afinal, fazer com que o mediano perdesse o gosto por sua mediocridade! Faço, como se vê, o contrário: pois todo e qualquer passo para além dela – assim o ensino – leva *ao amoral*...

10 (123)

(238) A mais longa duração da escolástica – o bem, o mal, a consciência, a virtude, puras entidades de origem imaginária

10 (124)

(239) a reflexão sobre o que há de mais universal é sempre retrógrada: as últimas "desejabilidades" sobre o homem, por

exemplo, nunca foram consideradas pelos filósofos propriamente como um problema. O "aprimoramento" do homem é estabelecido por todos eles como ingênuo, como se, por meio de uma intuição qualquer, nós nos alçássemos para além do ponto de interrogação: *por que* precisamente "aprimorar"? Em que medida é *desejável* que o homem se torne *virtuoso*? Ou *mais feliz*? Supondo que não se *conheça* em geral o "por quê?" do homem, então toda e qualquer intenção como essa não tem sentido; e, quando se quer uma coisa, quem sabe, talvez não se possa também querer, então, a outra?... A ampliação da virtuosidade é ao mesmo tempo compatível com uma ampliação da inteligência e da intelecção? *Dubito*: vou ter muitas oportunidades de demonstrar o contrário. A virtuosidade como meta no sentido rigoroso não estava de fato até aqui em contradição com o tornar-se feliz? Por outro lado, ela não precisa da infelicidade, da privação e do abuso de si como um meio necessário? E se a *intelecção mais elevada* fosse a meta, então não se precisaria recusar, com isso, a elevação da felicidade? E escolher o perigo, a aventura, a desconfiança, a sedução como caminho para a intelecção?...

E, caso se queira *felicidade*, então talvez seja preciso se socializar com os "pobres de espírito".

10 (125)

(240) As atitudes bondosas, solícitas e benevolentes *não* se tornaram honradas pura e simplesmente em virtude da utilidade que parte delas: mas porque elas são estados de *almas ricas*, que podem doar e suportar seu valor como sentimento de plenitude da vida. Observem os olhos do benfeitor! Essa é a contraparte da autonegação, do ódio em relação ao *moi*, do "pascalismo". –

10 (126)

(241) Tudo o que provém da fraqueza, da dúvida em relação a si e do adoecimento da alma não vale nada: ainda que se manifeste no maior abandono possível de posses e de bens. Pois ele envenena como *exemplo* da vida... A visão de um padre, seu alheamento esmaecido, produziu mais danos à vida do

FRAGMENTOS PÓSTUMOS, 1885–1887 (Vol. VI)   437

que toda a utilidade oriunda de sua entrega: um tal alheamento *amaldiçoa* a vida...

10 (127)
  (242) A preocupação consigo e com a sua "eterna salvação" *não* é a expressão de uma natureza rica e segura de si: pois essa natureza pergunta ao diabo se ela é bem-aventurada – ela não tem nenhum interesse como tal na felicidade, sem levar em conta que forma ela possa assumir, ela é força, ação, desejo – ela se imprime nas coisas, ela se *aferroa* às coisas... Cristianismo é uma hipocondria romântica daqueles que não se encontram firmes sobre as próprias pernas. – Por toda parte onde a perspectiva *hedonista* ganha o primeiro plano, é possível concluir a presença do sofrimento e de certo *caráter falho*.

10 (128)
  (243) Como é que, sob a pressão da *moral da despersonalização* ascética, precisamente os afetos do amor, da bondade, da compaixão, mesmo da justiça, da generosidade, do heroísmo precisaram ser *mal compreendidos*: *capítulo central*.
  É a *riqueza da pessoa*, a plenitude em si, o transbordamento e a entrega, o sentir-se bem instintivo e o dizer sim a si mesmo, aquilo que constitui os grandes sacrifícios e o grande amor: trata-se do egoísmo forte e divino, do qual crescem esses afetos, tão certamente quanto do querer-ser-senhor, da sobreposição, da segurança interior, de um direito a ter tudo. As atitudes que, segundo a minha concepção, se mostram como *opostas* estão muito mais concentradas em *uma* atitude; e quando não se está sentado firme e corajosamente sob sua pele, então não se tem nada a entregar, nada para o que estender as mãos e nada do que ser proteção e apoio...
  Como é que se puderam *reinterpretar* tão radicalmente esses instintos, a ponto de o homem sentir como valoroso aquilo que se contrapõe ao seu si mesmo? Ele abandonou o seu si mesmo a outro si mesmo!
  Ó, o que dizer sobre o caráter psicologicamente deplorável e mendaz do que conduziu até aqui a grande palavra na Igreja e na filosofia envenenada eclesiasticamente!

Se o homem é pecaminoso, inteiramente pecaminoso, então ele não pode senão odiar a si mesmo. No fundo, ele também não deveria tratar o próximo com nenhum outro sentimento senão com aquele que ele trata a si mesmo; o amor aos homens carece de uma justificação – essa justificação se encontra no fato de *Deus o ter ordenado*. – Daqui se segue que todos os instintos naturais do homem (para o amor etc.) aparecem para ele como não permitidos e só conquistam uma vez mais a sua razão de ser, depois do seu *amaldiçoamento*, com base em uma obediência em relação a Deus... Pascal, o *lógico* digno de admiração do cristianismo, chegou a esse ponto! Consideremos sua relação com sua irmã, p. 162: parecia-lhe cristão *"não* se tornar amável".

10 (129)

N.B. Prova da hipótese e explicação com base na hipótese – não confundir as coisas!

10 (130)

"Comunidade na batalha ainda se mostra no Islã como uma comunidade sacral: quem participa de nosso culto e come a carne de nosso abate é um muçulmano."

10 (131)

(244) "Um mandamento do culto transforma-se em um mandamento da *cultura*." Maomé proibia que se bebesse sangue (os pagãos sangravam os animais para fazer uma espécie de salsicha de sangue nos momentos de fome e penúria)

Rito principal: deixar o sangue fluir sem ser utilizado

Vinho e óleo não são árabes (junto à vítima)

10 (132)

– – – pois o niilismo é a conclusão que se retira de nossos valores até aqui.

10 (133)

(245) *Úteis* são todos os afetos em conjunto, uns diretamente, outros indiretamente; com vistas à utilidade, é pura e sim-

FRAGMENTOS PÓSTUMOS, 1885–1887 (Vol. VI)   439

plesmente impossível fixar uma sequência valorativa qualquer
– assim, certamente, medidas em termos econômicos, todas as
forças na natureza são boas, isto é, úteis, por mais que provenha
delas tanta fatalidade terrível e irrevogável. No máximo, poder-
-se-ia dizer que os afetos mais poderosos são os mais valiosos: na
medida em que não há nenhuma fonte maior de força

10 (134)
        (246) O ninho de fofocas e a minhoquice da avaliação mo-
ral e do que esta tem de "útil" e "nocivo" têm um bom sentido;
trata-se da perspectiva necessária da sociedade, que só consegue
abarcar o mais próximo e o mais imediato *com vistas às conse-*
quências. – O Estado e o político já têm a necessidade de um
modo de pensar mais *supramoral*: porque eles têm de contar com
complexos muito maiores de efeitos. Não obstante, seria possível
uma economia mundial, que tem tantas perspectivas distantes,
que todas as suas exigências particulares poderiam se mostrar
por um instante como injustas e arbitrárias.

10 (135)
        (247) O cristianismo é possível como a forma *mais priva-*
da de existência; ele pressupõe uma sociedade restrita, isolada,
completamente não política – ele pertence ao que é convencio-
nal. Um "Estado cristão", em contrapartida, uma "política cristã" – essas são apenas palavras oriundas de orações de graça na
boca daqueles que têm *razões* para fazer uma oração de graça.
Eles não enganam ninguém com o fato de também falarem de um
"Deus dos rebanhos" como o chefe geral do bastão. Na prática,
o príncipe cristão também empreende a política de Maquiavel:
supondo justamente que ele não empreende uma política ruim.

10 (136)
        (248) A degradação moral do *ego* é ainda acompanhada
lado a lado na ciência da natureza por uma superestimação da *es-*
pécie. Mas a espécie é algo tão ilusório quanto o ego: fez-se uma
falsa distinção. O ego é cem vezes mais do que uma mera unidade

na cadeia dos elos; ele é a *cadeia* mesma, completamente; e a espécie é uma mera abstração a partir da pluralidade dessas cadeias e de sua semelhança parcial. O fato de, tal como se afirmou tão frequentemente, o indivíduo ser *sacrificado* à espécie não é de maneira alguma um estado de fato: ao contrário, ele é apenas o padrão de uma interpretação falsa.

10 (137)
(249) Necessidade de uma *avaliação* objetiva.

Com vistas ao elemento descomunal e múltiplo do trabalho de um pelo outro e de um contra o outro, tal como esse trabalho é representado pela vida conjunta de cada organismo, seu mundo *consciente* de sentimentos, intenções e avaliações é um pequeno recorte. Para estabelecer esse pedaço de consciência como finalidade, como um "por quê?" para aquele fenômeno conjunto da vida, falta-nos todo direito: evidentemente, o tornar-se consciente é apenas um meio a mais no desdobramento e na ampliação do poder da vida. Por isso, é uma ingenuidade estabelecer o prazer, a espiritualidade, a eticidade ou uma particularidade qualquer da esfera da consciência como valor supremo: e talvez mesmo justificar "o mundo" a partir deles. – Essa é a minha *objeção fundamental* contra todas as cosmodiceias e teodiceias filosófico-morais, contra todo *por quê* e todos os *valores supremos* na filosofia e na filosofia da religião até aqui. *Uma espécie de meio foi falsamente compreendido como finalidade*: *a vida e a elevação de seu poder* foram *inversamente* rebaixados e transformados em *meio*.

Se quisermos colocar uma finalidade da vida de maneira suficientemente ampla, então ela não pode ser equiparada a nenhuma categoria da vida consciente; ela precisaria, ao contrário, *explicar* todas essas categorias como meios para si...

a "negação da vida" como meta da vida, como meta do desenvolvimento, a existência como uma grande estupidez: uma tal *interpretação louca* é apenas *o aborto* de uma *mensuração* da vida com fatores da *consciência* (prazer e desprazer, bem e mal).

Aqui, os meios se fazem valer contra as finalidades; os meios "profanos", absurdos, sobretudo *desconfortáveis* – como é que

FRAGMENTOS PÓSTUMOS, 1885–1887 (Vol. VI)   441

pode prestar para alguma coisa a finalidade que se utiliza de tais meios! Mas o erro se acha no fato de, ao invés de se *buscar* a finalidade que explica a *necessidade* de tais meios, se pressupor desde o princípio uma finalidade que *exclui* precisamente tais meios: isto é, no fato de tomarmos por *norma* uma desejabilidade em relação a certos meios (a saber, agradáveis, racionais, virtuosos), segundo os quais nós estabelecemos pela primeira vez que *finalidade conjunta* é *desejável*...

O *erro fundamental* continua sempre presente no fato de estabelecermos a consciência como critério de medida, como o estado valorativo supremo da vida, ao invés de tomá-la como um instrumento e como uma particularidade na vida conjunta: em suma, a perspectiva errônea do *a parte ad totum*[107] Razão pela qual todos os filósofos estão instintivamente voltados para imaginar uma consciência conjunta, um viver e um querer conscientes que acompanham tudo aquilo que acontece, um "espírito", um "Deus". É preciso dizer a eles que justamente com isso a existência se transforma em um monstro; que um "Deus" e um aparato sensorial conjunto seriam pura e simplesmente algo em função do que a existência precisaria ser *condenada*... Precisamente o fato de *termos eliminado* a consciência conjunta que instaura finalidades e meios: esse é o nosso *grande alívio*... *Nossa* maior *censura* contra a existência era a *existência de Deus*...

10 (138)
(250) A única possibilidade de manter um sentido para o conceito de "Deus" seria: estabelecer *Deus não* como força impulsionadora, mas como o *estado maximal*, como uma *época*... Um ponto no desenvolvimento da *vontade de poder*, a partir do qual o desenvolvimento ulterior se esclareceria do mesmo modo que o anterior, como o até-ele...

– considerada mecanicamente, a energia do devir conjunto permanece constante; considerada economicamente, ela se eleva até um ápice e decresce a partir dele uma vez mais em um eterno

---

107 **N.T.**: Em latim no original: "da parte para o todo".

442 FRIEDRICH NIETZSCHE

curso circular; essa "vontade de poder" se expressa na *exegese*, no *tipo do consumo de força* – transformação da energia em vida e da vida em potência extrema aparece por conseguinte como meta. O mesmo *quantum* de energia significa nos níveis diversos do desenvolvimento algo diverso:
– aquilo que constitui o crescimento na vida é a economia sempre mais contida que continua calculando e que alcança cada vez mais com cada vez menos força... Como ideal, o princípio do menor gasto...
– o fato de o mundo *não* se dispor a se encaminhar para um estado duradouro é o único fato *comprovado*. Consequentemente, *é preciso* imaginar o seu estado elevado de tal modo que ele não seja nenhum estado de equilíbrio...
– a necessidade absoluta do mesmo acontecimento em um curso do mundo em todo o resto eternamente, *não* um determinismo em relação ao acontecimento, mas apenas a expressão do fato de que o impossível não é possível... do fato de que uma força determinada não pode justamente ser outra coisa senão essa força determinada; de que ela não se descarrega em um *quantum* de força de resistência senão de acordo com a sua força – acontecimento e necessidade do acontecimento é uma *tautologia*.

10 (139)
É melhor ser o último em Roma do que o primeiro na província: pensar assim também se mostra ainda como *cesariano*.

10 (140)
A vida em sua *forma mínima* é a primeira a poder ser levada à perfeição: Goethe diz, por exemplo... Ser o primeiro no que há de menor, porém, – – –

10 (141)
(251) Amo os infelizes que *se envergonham*; que não despejam seus pinicos noturnos cheio de miséria na rua; para os quais restou tanto bom gosto no coração e na língua para dizer "é preciso honrar constantemente sua infelicidade, é preciso escondê-la"...

FRAGMENTOS PÓSTUMOS, 1885–1887 (Vol. VI)   443

10 (142)
    – é preciso ter vivenciado algo mais terrível, mais profundo
do que os senhores pessimistas de hoje, esses macacos magros,
que não experimentaram nada terrível e profundo, para que eles
pudessem ter respeito por seu pessimismo.

10 (143)
    (252) Nada é mais fácil para nós do que sermos pacientes e
simpáticos de maneira sábia, tolerante, superior, cheia de consideração; de uma maneira absurda, somos em todas as coisas e em
cada coisa desumanamente justos, nós perdoamos tudo. Perdoar,
esse precisamente é o *nosso* elemento. Exatamente por isso, deveríamos nos empenhar por algo e cultivar junto a nós ao menos
de tempos em tempos um pequeno afeto, um pequeno vício afe-
tivo. Pode ser que o clima feche para nós – e, cá entre nós, rimos
desse aspecto que apresentamos aí –: mas, de que isso nos ajuda!
Nós não temos nenhum outro tipo de autossuperação mais...

10 (144)
    (253) Refinou-<se> a crueldade, transformando-a em uma
compaixão trágica, de tal modo que ela é *negada* como tal. Do
mesmo modo, o amor sexual sob a forma do *amour-passion*; a
mentalidade escrava como obediência cristã; o caráter deplorável como modéstia; o adoecimento do *nervus simpathicus*, por
exemplo, como pessimismo, pascalismo ou carlylismo etc.

10 (145)
    (254) Ponto de vista para *meus* valores: será que a partir da
plenitude ou a partir da exigência... será que como alguém que
olha ou como alguém que coloca a mão... ou que desvia o olhar,
colocando-se de lado... será que espontaneamente ou estimulado,
excitado de modo meramente *reativo* por uma força acumulada...
será que *simplesmente* pelo caráter parco dos elementos *ou* pelo
domínio imponente sobre muitos, de tal modo que é possível se
servir desses muitos, quando se precisa deles... será que se é um
problema ou uma *solução*... será que se é *perfeito* junto à pequenez

444 FRIEDRICH NIETZSCHE

da tarefa ou *imperfeito* junto ao extraordinário de uma meta... será que se é *autêntico* ou apenas *ator*, será que se é autêntico como ator ou apenas uma imitação de ator, será que se é um "representante" ou o próprio representado – será que se é uma "pessoa" ou meramente um *rendez-vous* de pessoas... será que se é doente por uma doença ou por uma saúde *excessiva*... será que se vai na frente como pastor ou como "exceção" (terceira espécie: como foragido)... será que se tem necessidade de *dignidade* – ou do "fanfarrão"? Será que se busca uma resistência ou será que se a evita? Será que se é imperfeito como um "cedo demais" ou como um "tarde demais"... será que se diz sim por natureza ou será que se é uma calda de pavão, cheia de coisas coloridas? Será que se é suficientemente orgulhoso, para não se envergonhar mesmo de sua vaidade? Será que ainda se é capaz de um remorso (a espécie vem se tornando mais rara: antigamente, a consciência tinha muita coisa para morder; agora, ela não tem dentes suficientes para tanto)? Será que ainda se é capaz de um "dever"? (– há aqueles que se privariam do resto de prazer com a vida, se eles se deixassem *privar* do "dever"... em particular as mocinhas, os servos natos...)

10 (146)
(255) N.B. Seguir em frente nessa posição é algo que deixo a outro tipo de espíritos, diversos do meu. Não sou limitado o suficiente em um sistema – e nem mesmo em *meu* sistema...

10 (147)
"Necessidades de pensamento *seriam* necessidades morais." "A última pedra de toque para a verdade de uma proposição é o caráter inconcebível de sua negação" (Herbert Spencer) é um disparate.
"transformar um produto *espiritual* na *pedra de toque da* verdade *objetiva*; a expressão abstrata de um axioma de fé é transformada em prova de sua verdade, em sua justificação".

10 (148)
Há naturezas estabelecidas de maneira terna e doentia, os assim chamados idealistas, que não conseguem elevar isso senão

FRAGMENTOS PÓSTUMOS, 1885–1887 (Vol. VI)

a um crime, cru, *vert*:[108] trata-se da grande justificação de sua existência pequena e esmaecida, um pagamento por uma longa covardia e mendacidade, um *instante* ao menos de força: em seguida, eles perecem com isso.

10 (149)
(antigamente, a consciência tinha muita coisa para morder: parece que ela não tem mais agora dentes suficientes para tanto)

10 (150)
Moral como avaliação suprema
Nosso mundo é *ou bem* a obra e a expressão (o *modus*) de Deus: nesse caso, ele precisa ser *extremamente imperfeito* (conclusão de Leibniz...) – e não se duvidava de que se sabia o que constitui a perfeição – nesse caso, o mal, o malévolo, só pode ser *aparente* (*mais radicais* em Spinoza os conceitos de bem e mal); *ou bem* precisa ser deduzido da meta suprema de Deus (– por exemplo, como consequência da prova de um favor de Deus, que permite escolher entre bem e mal: o privilégio de não ser nenhum autômato; "liberdade" em meio ao perigo de se enganar, de escolher de maneira falsa... por exemplo, em Simplício no comentário a Epiteto)
Ou bem nosso mundo é imperfeito, o malévolo e a culpa são reais, são determinados, são absolutamente inerentes à sua essência: nesse caso, o conhecimento é justamente apenas o caminho para negá-lo, então ele é um equívoco, que pode ser reconhecido como equívoco. Essa é a opinião de Schopenhauer com base em pressupostos kantianos. Ingênuo! Esse seria apenas justamente outro *miraculum*! Ainda mais desesperadamente Pascal: ele compreendeu que, então, mesmo o conhecimento precisaria ser corrupto, falsificado – que seria necessária uma *revelação*, para conceber o mundo ainda que apenas como digno de ser negado...

---

108 **N.T.:** Em francês no original: "verde".

446   FRIEDRICH NIETZSCHE

(256) *Em que medida o niilismo schopenhaueriano continua sendo sempre a consequência do mesmo* ideal *que criou o* teísmo cristão.

O grau de segurança em relação à desejabilidade extrema, ao mais elevado valor, à mais elevada perfeição era tão grande, que os filósofos *partiram* daí como de uma *certeza absoluta a priori*: "Deus" no ápice como uma verdade *dada*. "Ser igual a Deus", "imergir em Deus" – essas foram, durante milênios, as desejabilidades mais ingênuas e mais convincentes (– mas uma coisa que se mostra como convincente ainda não é, por isso, verdadeira: ela é meramente *convincente*. Observação para asnos) Desaprendeu-se a atribuir àquela suposição de um ideal também a *realidade pessoal*: as pessoas se tornaram ateias. Mas, abdicou-se propriamente do ideal? – Os últimos metafísicos continuam buscando sempre no fundo nesse ideal a "realidade" efetiva, a "coisa em si", em relação com a qual todo o resto é apenas aparente. Seu dogma é o fato de, uma vez que o mundo fenomênico de maneira bem evidente *não* é a expressão daquele ideal, esse mundo justamente não ser "verdadeiro" – e, no fundo, não ser nem mesmo reconduzido àquele mundo metafísico como causa. O incondicionado, na medida em que ele é aquela perfeição suprema, não tem como entregar o fundamento para todo o condicionado. Schopenhauer, que queria as coisas diversas, tinha a necessidade de imaginar aquele fundamento metafísico como o oposto em relação ao ideal, como "vontade má e cega": desse modo, ela pôde se mostrar, então, como "o aparente", que se manifesta no mundo do fenômeno. Mesmo com isso, porém, ele não abdicou daquele ideal absoluto – esse absoluto se esgueirou aí sub-repticiamente... (Para Kant, a hipótese da "liberdade inteligível" parecia necessária, para desonerar o *ens perfectum* da responsabilidade pelo ser de tal e tal modo *desse* mundo, em suma, para explicar o mal e o malévolo: uma lógica escandalosa em um filósofo...)

10 (151)

(257) A *hipótese moral* com a finalidade da *justificação de Deus*, muito bem representada no comentário de Simplício a

FRAGMENTOS PÓSTUMOS, 1885–1887 (Vol. VI)   447

Epiteto, ou seja: o mal precisa ser voluntário (meramente para que se possa acreditar *no caráter voluntário do bem*); e, por outro lado: em tudo o que é malévolo e em todo sofrimento reside uma finalidade da salvação.

O conceito de culpa como *não* alcançando os fundamentos últimos da existência, e o conceito de punição como uma boa ação educativa, consequentemente como ato de um *Deus bom*.

Domínio absoluto da valoração moral *sobre* todas as outras avaliações: não se duvida de que Deus não possa ser mau e de que Ele não poderia fazer nada nocivo, isto é, pensava-se com a perfeição meramente em uma perfeição moral

10 (152)

(258) Pensemos nos *prejuízos* que todas as instituições humanas causam quando é estabelecida em geral uma *esfera* divina e transcendente *mais elevada*, que *sanciona* pela primeira vez essas instituições. Na medida em que se costuma ver, então, o valor nessa sanção (por exemplo, no casamento), *pretere-se a sua dignidade natural*, *nega*-se sob certas circunstâncias essa dignidade... A natureza é nessa medida julgada de maneira desfavorável, quando se honra o caráter antinatural de um Deus. A "natureza" tornou-se o mesmo que "desprezível", "ruim"...

A fatalidade de uma crença na *realidade das qualidades morais mais elevadas como Deus*: com isso, todos os valores efetivamente reais foram negados e fundamentalmente concebidos como *indignos*. Assim, o *antinatural* subiu ao trono. Com uma lógica inexorável, alcançou-se com uma exigência absoluta a *negação da natureza*.

10 (153)

(259) Os *resíduos de uma desvalorização da natureza* por meio da *transcendência da moral*:

Valor da *despersonalização*, culto do altruísmo

Crença em uma *desforra* no interior do jogo das consequências

Crença na "bondade", no "gênio" mesmo, como se uma coisa tanto quanto a outra fossem *consequências da despersonalização*

448 FRIEDRICH NIETZSCHE

a duração constante da sanção eclesiástica da vida burguesa vontade absoluta de incompreensão da história (como obra educativa para a moralização) ou como pessimismo com vistas à história (– essa tão bem uma consequência da desvalorização da natureza, quanto aquela *pseudojustificação*, aquele *não-querer--ver* aquilo que o pessimista *vê*...

10 (154)

(260) *Minha intenção* é mostrar a homogeneidade absoluta em todo acontecimento e o emprego da distinção moral apenas como *perspectivamente condicionado*; é mostrar como tudo aquilo que é elogiado moralmente é em essência igual a tudo aquilo que é amoral e só se tornou possível, assim como todo desenvolvimento da moral, com meios amorais e para finalidades amorais...; como é que, ao contrário, tudo aquilo que se encontra marcado por uma má fama como amoral, considerado economicamente, é o mais elevado e mais principial , e como um desenvolvimento em direção a uma plenitude maior da vida também condiciona o *progresso da amoralidade*... "Verdade" é o grau, no qual nós nos *permitimos* a intelecção *desse* fato...

10 (155)

(261) Um pessimismo próprio a músicos também se faz presente hoje entre os não músicos. Quem não o vivenciou, quem não o amaldiçoou – o jovem funesto, que tortura seu piano até o grito de desespero e que revolve à sua frente com o próprio punho a lama das harmonias mais sombrias e marcadas pelo mais escuro marrom? Com isso, se é *reconhecido* como pessimista. – Será que, com isso, também se é reconhecido como musical? Eu não tenho como acreditar nisso. O wagneriano puro-sangue não é musical; ele está submetido às forças elementares da música mais ou menos como a mulher que se submete à vontade de seu hipnotizador – e, para *poder* fazer isso, ele não pode se tornar desconfiado por meio de nenhuma consciência rigorosa e *fina in rebus musicis et musicantibus*.[109] Eu disse "mais ou menos como" –:

---

109 **N.T.**: Em latim no original: "em questões de música e da ação musical".

FRAGMENTOS PÓSTUMOS, 1885–1887 (Vol. VI)

mas talvez se trate mais de uma alegoria. Ponderemos os meios para o efeito, do qual Wagner se serve com predileção (– que ele precisou imaginar pela primeira vez em uma boa parte): – escolha dos movimentos, dos timbres de sua orquestra, a digressão abominável da lógica e da quadratura do ritmo, o furtivo, o tocante, misterioso, o histerismo de sua "melodia infinita": – eles se assemelham de uma maneira estranha aos meios com os quais o hipnotizador o torna efetivo. Será que o estado para o qual, por exemplo, o prelúdio de Lohengrin transpõe o ouvinte e, ainda mais, a ouvinte é essencialmente diverso do êxtase sonâmbulo? – Escutei uma italiana dizer depois de ouvir o citado prelúdio, com aqueles olhos belamente encantadores que é tão característico da wagneriana: *"come si* dorme *con questa musica!"*

10 (156)

<(262)> O "casamento livre" é um contrassenso; o alívio com o divórcio é <um> pedaço do caminho até aí: no fundo, apenas como a consequência perigosa do fato de se ter arranjado espaço demais em meio à instituição do casamento para os indivíduos <e> de a sociedade ter deixado desde então passar a sua responsabilidade pelo vir a termo do casamento.

O casamento: uma instituição compulsiva hábil e livre de preconceitos com muito bons *sens* e pensada sem sentimentalidade, tosca, quadrada, estabelecida com vistas àquelas naturezas medianas e àquelas necessidades naturais, a partir das quais todas as instituições principais precisam ser computadas. Mas eu penso, contudo, que não há nenhuma razão para se considerar por sua causa o adultério com um horror supersticioso. Ao contrário: dever-se-ia estar grato pelo fato de haver uma válvula natural com vistas à maior duração possível daquela instituição: para que ela não exploda. Um bom casamento comporta, além disso, uma pequena exceção; pode ser até mesmo a *prova* de sua bondade. Dito em termos principiais: assim, entre adultério e divórcio, o primeiro é – – –

O casamento é o *pedaço da natureza*, que é distinto pela sociedade com o mais elevado valor: pois ele mesmo cresce a partir da instituição cuidada por ela e por ela assegurada. Nada está no <casamento> mais deslocado do que um idealismo absurdo: já o "casamento" estabelecido desde o princípio "por amor" é um tal idealismo.

Os parentes *devem* ter no casamento mais a dizer do que os célebres "dois corações". Não se constrói nenhuma instituição a partir do amor: ela só pode ser construída a partir do impulso sexual e de outros impulsos naturais, que são satisfeitos por meio do casamento. Justamente por isso, também se deveria liberar o padre daí: *degenera-se* a natureza presente no casamento quando se permite que antinaturalistas conjurados possam contribuir de algum modo para a bênção do casamento – ou mesmo que eles possam *inserir* pela primeira vez uma tal bênção.

10 (157)

(263) *O castracionismo moral. – O ideal dos castrados.*

1.

A *lei*, a formulação fundamentalmente realista de certas condições de conservação de uma comunidade, proíbe certas ações em determinada direção, a saber, na medida em que elas se voltam contra a comunidade: ela *não* proíbe a atitude da qual essas ações provêm – pois ela tem a necessidade das mesmas ações em outra direção –, a saber, contra os *inimigos* da sociedade. Agora, o idealista moral entra em cena e diz "Deus considera o coração: a ação mesma ainda não é nada; é preciso eliminar a atitude hostil da qual ela flui..." Sobre isso se ri em relações normais; somente naqueles casos excepcionais, nos quais uma comunidade vive *absolutamente* fora da obrigação de conduzir uma guerra em nome de sua existência, tem-se em geral o ouvido para tais coisas. Admite-se uma atitude cuja *utilidade* não tem mais como ser vislumbrada.

Esse foi o caso, por exemplo, junto à aparição de Buda, no interior de uma sociedade muito pacífica e ela mesma espiritualmente arrogante.

Do mesmo modo, esse foi também o caso na comunidade cristã primitiva (mesmo junto à comunidade judaica), cujo pres-

FRAGMENTOS PÓSTUMOS, 1885-1887 (Vol. VI) 451

suposto é a sociedade judaica absolutamente *não política*. O cristianismo só pôde crescer sobre o solo do judaísmo, isto é, no interior de um povo que já tinha abdicado politicamente de tudo e que viveu uma espécie de existência de parasitas no interior da ordem romana das coisas. O cristianismo é um passo *adiante*: pode-se "castrar" ainda tanto mais – as circunstâncias o permitem.

N.B. Impele-se a *natureza* para fora da moral quando se diz "amai o vosso inimigo": pois o natural, nesse caso, é "tu deves *amar* o teu próximo e *odiar* teu inimigo", e esse elemento natural perdeu o seu sentido sob o domínio da lei (no instinto); agora, mesmo o *amor ao próximo* precisa encontrar uma nova fundamentação (como uma espécie de *amor a Deus*). Por toda parte, *Deus* é inserido e a *"utilidade"* é extraída: ela é negada por toda parte de *onde* provém propriamente a moral: *a dignificação da natureza*, que reside justamente no *reconhecimento de uma moral natural*, é *aniquilada* de maneira fundamental.

De onde provém o *estímulo sedutor* de um tal ideal castrado da humanidade? Por que é que ele não nos enjoa como nos enjoa, por exemplo, a representação do castrado?... Justamente aqui se encontra a resposta: a voz do castrado também *não* nos enjoa, apesar da terrível mutilação que é a sua condição: ele se tornou mais doce... Justamente por meio do fato de os "membros humanos" serem talhados para a virtude, um tom de voz feminino foi inserido na virtude, um tom que ela anteriormente não tinha.

Caso pensemos, por outro lado, na dureza terrível, no perigo e na incalculabilidade que uma vida marcada pelas virtudes viris traz consigo – a vida de um corso ainda hoje ou a vida dos árabes pagãos (que é a mesma até o nível das particularidades que a vida dos corsos: as canções poderiam ser compostas pelos corsos) –, então se compreende como é que precisamente o tipo mais robusto de homem é fascinado e comovido por esse tom voluptuoso da "bondade", da "pureza"... Um modo pastoril... um idílio... "o homem bom": algo desse gênero atua de maneira mais forte possível em tempos nos quais a oposição <é> horrível (– o romano inventou a peça pastoril idílica – isto é, *teve a necessidade dela*)

2.

Com isso, porém, também reconhecemos em que medida o "idealista" (– o ideal do castrado) também parte de uma realidade efetiva totalmente *determinada* e não é meramente um fantasista... Ele chegou precisamente ao conhecimento de que uma tal prescrição tosca da *proibição* de ações determinadas, segundo o modo popular tosco da lei, não tem nenhum sentido para o seu tipo de realidade (porque o instinto é precisamente *enfraquecido* e transformado nessas ações, por meio de uma longa falta de exercício, de obrigação para o exercício). O castrador formula uma soma de novas condições de conservação para homens de uma espécie totalmente determinada: nesse ponto, ele é realista. Os *meios* para a sua legislatura são os mesmos que para a legislatura mais antiga: o apelo a todo tipo de autoridade, a "Deus", assim como a utilização do conceito "culpa e punição"; isto é, ele se utiliza de todos os acessórios do ideal mais antigo: somente em uma nova exegese, que internacionalizou, por exemplo, a punição (por exemplo, como remorso)

Na prática, essa espécie de homem *perece* logo que as condições excepcionais de sua existência cessam – uma espécie de Taiti e de ilha da felicidade, tal como se mostrava a vida dos pequenos judeus na província. Sua única hostilidade *natural* é o solo a partir do qual eles cresceram: eles têm a necessidade de lutar contra esse solo, eles precisam deixar crescer uma vez mais os *afetos* ofensivos e defensivos contra ele: seus adversários são os adeptos do antigo ideal (– essa espécie de inimizade foi representada de maneira grandiosa por Paulo em relação ao ideal judaico, assim como por Lutero em relação ao ideal ascético-sacerdotal). O budismo, por isso, é a forma mais tênue possível do castracionismo moral, porque ele não tem nenhum adversário e, nessa medida, pode dirigir toda a sua força <para a> eliminação total dos sentimentos hostis. A luta contra o ressentimento revela-se quase como uma primeira tarefa do budista: somente com isso garante-se a *paz* da alma. Destacar-se, mas sem rancor: isso pressupõe com certeza uma humanidade espantosamente atenuada e adocicada – santos...

FRAGMENTOS PÓSTUMOS, 1885–1887 (Vol. VI) 453

3.

A *inteligência do castracionismo moral.* Como se conduz uma guerra contra os afetos e valorações viris? Não se tem nenhum meio físico violento, só se pode conduzir uma guerra da argúcia, do encantamento, da mentira, em suma, "do espírito".

Primeira receita: requisita-se a virtude em geral para o seu ideal, *nega*-se o ideal mais antigo até a *oposição a todo ideal.* Para tanto, é necessária uma arte da calúnia.

Segunda receita: estabelece-se o seu tipo como *critério valorativo* em geral; projeta-se-o nas coisas, por detrás das coisas, por detrás do destino das coisas – como Deus.

Terceira receita: estabelece-se o oposto de seu ideal como o adversário de Deus, inventa-se o *direito* ao grande *páthos*, ao poder de fugir e de abençoar –

Quarta receita: deduz-se todo sofrimento, tudo o que é sinistro, terrível e fatídico da existência dos adversários de *seu* ideal: – todo sofrimento se segue como *punição*: e mesmo junto aos seus adeptos (– a não ser que haja uma *prova* etc.)

Quinta receita: chega-se ao ponto de desdivinizar a natureza como o oposto em relação ao seu próprio ideal: considera-se uma grande prova de paciência, uma espécie de martírio, se manter durante tanto tempo no elemento natural, de tal modo que as pessoas se exercitam no *dédain* das facetas e das maneiras com vistas a todas as "coisas naturais".

Sexta receita: a vitória da antinatureza, do castracionismo ideal, a vitória do mundo do puro, bom, não pecaminoso, do bem-aventurado, projeta para o futuro, como fim, como o final, como uma grande esperança, como a "chegada do reino de Deus"

– Espero que ainda se possa *rir* dessa elevação de uma pequena espécie e de sua transformação em critério de medida absoluto das coisas?...

10 (158)

(264) "É pensado: consequentemente, há algo que pensa": é para esse ponto que conflui a *argumentatio* de Cartesius. Mas isso significa estabelecer nossa crença no conceito de substância já como

454 FRIEDRICH NIETZSCHE

"verdadeira *a priori*": – o fato de, quando é pensado, precisar haver algo "que pensa" é, porém, simplesmente uma formulação de nosso hábito gramatical, que posiciona para um agir um agente. Em suma, já é feito aqui um postulado lógico-metafísico – e *não se faz apenas uma constatação...* Pela via cartesiana, *não* se chega a algo absolutamente certo, mas apenas a um fato de uma crença muito forte. Caso se reduza a sentença a "é pensado, consequentemente, há pensamentos", então se tem uma mera tautologia: e precisamente isso que se encontra em questão não é tocado, a "*realidade* do pensamento" – a saber, sob essa forma não há como recusar o "caráter aparente" do pensamento. O que Cartesius *queria*, porém, era que o pensamento não tivesse apenas uma *realidade aparente*, mas, antes, uma realidade *em si*.

10 (159)

(265) O incremento da "dissimulação" de acordo com a *ordem hierárquica* dos seres que cresce em frente. No mundo inorgânico, ela parece faltar; é no mundo orgânico que começa a astúcia: as plantas já são mestras nela. Os homens mais elevados tais como César, Napoleão (as palavras de Stendhal sobre ele), do mesmo modo as raças superiores (italianos), os gregos (Odisseu); a astúcia pertence à *essência* da elevação do homem... Problema do ator. Meu ideal: Dioniso... A ótica de todas as funções orgânicas, de todos os instintos vitais mais fortes: a força que *quer* o erro está presente em toda vida; o erro como o próprio pressuposto do pensamento. Antes de ser "pensado", já precisa ter acontecido uma "criação poética"; a *conformação e retificação* para a produção de casos idênticos, para a *aparência* do igual, é mais originária do que o *conhecimento do mesmo*.

10 (160)

Espectros, sons guturais morais, faças trágicas.

10 (161)

Verdades, *de acordo com as quais é possível dançar* – verdades para *nossos* pés...

FRAGMENTOS PÓSTUMOS, 1885–1887 (Vol. VI)   455

10 (162)

Há aqui nuvens tempestuosas: mas será que essa é uma razão para que nós, espíritos livres, engraçados e arejados, não devamos nos desejar um bom dia?

10 (163)

(266) N.B. – eles estão livres do Deus cristão – e acreditam, então, tanto mais que precisam fixar o ideal moral cristão? Essa é uma consequência lógica inglesa; gostaríamos de deixar isso para as mocinhas morais à moda de Eliot (– na Inglaterra, é preciso se sentir sempre uma vez mais honrado por toda pequena emancipação da teologia de uma maneira terrível como *fanáticos da moral*). Esse é o preço que se paga lá...

Quando se abandona a fé cristã, subtrai-se o direito aos juízos morais de valor próprios ao cristianismo que se encontravam sob os seus pés. Esses juízos não são compreensíveis pura e simplesmente por si mesmos: é preciso colocar isso à luz hoje apesar da superficialidade insípida dos espíritos livres ingleses. O cristianismo é uma visão com certeza sinteticamente pensada e *total* das coisas. Se se retira dele a crença no Deus cristão, então entra em colapso todo o sistema de suas valorações: não se tem mais nada firme entre os dedos! O cristianismo pressupõe que o homem *não* sabe, nem *pode* saber, o que é bom e mau para ele: ele acredita em Deus, que é o único a sabê-lo; a moral cristã é uma ordem do além, e, como tal, ela se encontra *para além* da avaliação humana. – O fato de os ingleses acreditarem agora saber por si o que é bom e mau e, consequentemente, não terem mais necessidade do cristianismo é ele mesmo a *consequência* do domínio dos juízos de valor cristãos – até as raias do esquecimento de sua origem, de seu direito extremamente *condicionado* à existência.

10 (164)

(267) Há povos e homens totalmente ingênuos, que acreditam que um *tempo* constantemente *bom* seria algo desejável: eles

acreditam ainda hoje in *rebus moralibus*,[110] que o "homem bom" apenas e nada além do "homem bom" seria algo desejável – e justamente para aí segue o curso do desenvolvimento humano: para que só *ele* reste (e é apenas para aí que se *precisa* dirigir todos os intuitos –). Isso é pensado no grau mais elevado possível de maneira *não econômica*, e, como dissemos, se mostra como o ápice do ingênuo. Busca-se a *comodidade*, que é produzida pelo "homem bom" (– ele não desperta nenhum temor, ele admite o descanso, ele dá aquilo que se pode receber; – – –

10 (165)
<(268)> O que *é* degradado por meio do abuso que a Igreja cometeu por meio daí:

1) a *ascese*: quase não se tem mais a coragem de lançar luz sobre a sua utilidade natural, a sua imprescindibilidade a serviço da *educação da vontade*. Nosso mundo absurdo de educadores (diante do qual paira o "servidor público útil" como o esquema regulador) acredita que pode seguir em frente com "aula", com o adestramento cerebral; falta-lhe mesmo o conceito do fato de que algo diverso é *em um primeiro momento* necessário – educação da *força da vontade*; estabelecem-se provas para tudo, não apenas para as questões principais: o homem jovem fica *pronto*, sem ter nem mesmo uma questão, uma curiosidade por esse problema valorativo supremo de sua natureza.

2) o *jejum*: em todo e qualquer sentido, mesmo como meio de conservar a fina capacidade de desfrute de todas as coisas boas (por exemplo, por um tempo não ler; não ouvir mais música alguma; não ser mais amável; é preciso ter dias de jejum também para as suas virtudes)

3) o *"monastério"*, o isolamento temporário com uma recusa rigorosa, por exemplo, das cartas; uma espécie da mais profunda automeditação e do reencontro de si mesmo, que não procura evitar as "tentações", mas os "deveres": uma saída do círculo de dança do *milieu*, uma saída da tirania dos pequenos hábitos e

---

110 **N.T.:** Em latim no original: "em questões morais".

FRAGMENTOS PÓSTUMOS, 1885–1887 (Vol. VI) 457

regras perniciosos; uma luta contra a dissipação de nossas forças em meras reações; uma tentativa de dar tempo à nossa força, para se acumular, para se tornar uma vez mais *espontânea*. Observemos de perto os nossos eruditos: eles só continuam pensando *reativamente*, isto é, eles precisam primeiro ler, para pensar.

4) a *festa*. É preciso ser bastante tosco para não sentir a presença de cristãos e de valores cristãos como uma *pressão* sob a qual todo astral festivo próprio vai para o diabo. Na festa estão incluídos: orgulho, petulância, animação; a loucura; a ira em relação a todo tipo de seriedade e de atitudes pequeno-burguesas; um divino dizer sim a si a partir de uma plenitude e de uma perfeição animais – estados puros, para os quais o cristão não tem o direito de dizer sim.

A festa é paganismo par excellence

5) *a ausência de coragem em relação à própria* natureza*: o disfarce em meio ao elemento "moral"* –

o fato de não se precisar de nenhuma *fórmula moral* para *aprovar* um afeto em si

Critério de medida sobre até que ponto alguém pode dizer sim em si para a natureza – o quanto ou quão pouco ele precisa recorrer à moral...

6) a *morte*

10 (166)

(269) *Provas da* arte de caluniamento *moral*

A moral foi até aqui a grande caluniadora e envenenadora da vida

Reflitamos sobre até que grau se precisa ser estragado por ela, para escrever a seguinte frase:

"Toda grande dor, seja ela corporal ou espiritual, enuncia aquilo que merecemos; pois ela não poderia chegar até nós se nós não a merecêssemos." Schopenhauer II, 666

10 (167)

(270)   *Estética*

Sobre o surgimento do *belo* e do *feio*. O que *resiste* a nós instintivamente, esteticamente, se revela pela mais longa de todas as experiências para o homem como nocivo, perigoso, digno de desconfiança: o instinto que de repente fala esteticamente (no nojo, por exemplo) contém um *juízo*. Nessa medida, o *belo* encontra-se no interior da categoria geral dos valores biológicos do útil, do que faz bem, do que eleva a vida: no entanto, de tal modo que uma grande quantidade de estímulos, que nos lembram e nos articulam, totalmente a distância, com coisas e sentimentos úteis, nos oferecem o sentimento do belo, ou seja, do aumento do sentimento de poder (– não, portanto, meramente coisas, mas também sensações paralelas de tais coisas ou seus símbolos)

Com isso, o belo e o feio são reconhecidos como *condicionados*; a saber, com vistas aos nossos *valores de conservação mais baixos*. Abstraindo daí, querer estabelecer algo belo e algo feio é um contrassenso. *O* belo existe tão pouco quanto *o* bom, *o* verdadeiro. No particular, trata-se uma vez mais das *condições de conservação* de um tipo determinado de homem: assim, o *homem de rebanho* terá junto a outras coisas o *sentimento valorativo do belo* como o homem *de exceção* e o além-do-homem.

É sempre a partir da *ótica de primeiro plano*, que só leva em consideração as *consequências mais imediatas*, que provém o valor do belo (também do bem, também do verdadeiro)

Todos os juízos instintivos são *míopes* com vistas à cadeia das consequências: eles aconselham quanto àquilo que precisa ser feito *de início*. O entendimento é essencialmente um *aparato de inibição* contra uma reação imediata ao juízo instintivo: ele conserva, ele continua refletindo, ele vê a cadeia de consequências de maneira mais distante e mais duradoura.

Os *juízos da beleza e da feiura* são míopes – eles têm sempre o entendimento *contra* si –: mas são *convincentes no grau mais elevado*; eles apelam para os nossos instintos, lá onde esses se decidem da maneira mais rápida e dizem seu sim e seu não, *antes* de o entendimento tomar a palavra...

As afirmações mais habituais da beleza *se excitam e se estimulam mutuamente*; se o impulso estético está uma vez em ação, cristaliza-se ainda em torno do "belo particular" toda uma profusão de outras perfeições, oriundas de outro lugar. Não é

FRAGMENTOS PÓSTUMOS, 1885–1887 (Vol. VI)   459

possível permanecer *objetivamente*, e, respectivamente, expor as forças interpretativas, ampliadoras, preenchedoras e poetizantes (– uma tal força é aquele encadeamento das próprias afirmações da beleza). A visão de uma "bela mulher"...
Portanto: 1) o juízo de beleza é *míope*, ele só vê as consequências mais imediatas
2) ele *sobrecarrega* o objeto, que ele estimula, com um *encanto*, que é condicionado pela associação de diversos juízos de beleza – encanto esse que, porém, *é totalmente alheio à essência daquele objeto*.
Sentir uma coisa como bela significa: senti-la necessariamente como falsa... (– razão pela qual, dito de maneira incidental, o casamento por amor é o tipo socialmente mais irracional de casamento –)

10 (168)
(271)   *Estética*
Trata-se da questão da *força* (de um particular ou de um povo) saber *se* e *onde* <o> juízo "belo" é estabelecido. O sentimento da plenitude, *da força acumulada* (a partir da qual é permitido ir ao encontro e acolher com coragem e atrevimento tantas coisas diante das quais o covarde *treme*) – o sentimento de *poder* enuncia o juízo "belo" mesmo sobre coisas e estados, que o instinto da impotência só pode avaliar como *odiável* e como "feio". O tempo para tanto, algo com o que saberíamos mais ou menos lidar, se ele viesse ao nosso encontro corporalmente, como perigo, problema, tentação – esse tempo também determina ainda nosso sim estético: ("isto é belo" é uma *afirmação*)
Daí resulta, calculado em termos macros, o fato de a *predileção por coisas questionáveis e terríveis* ser um sintoma de *força*: enquanto o gosto pelo *bonito e gracioso* pertence aos fracos, aos delicados. O *prazer* com a tragédia caracteriza eras e personalidades *fortes*: seu *non plus ultra* talvez seja a *Divina comédia*. São os espíritos *heroicos* que dizem sim a si mesmos na crueldade trágica: eles são duros o suficiente para sentir o sofrimento como *prazer*... Supondo, em contrapartida, que os *fracos* cobiçam uma

460 FRIEDRICH NIETZSCHE

arte do gozo, que não é talhada para eles, o que eles farão para tornar palatável para si a tragédia? Eles interpretarão *seus próprios sentimentos valorativos* nela: por exemplo, o "triunfo da ordenação ética mundial" ou a doutrina da "indignidade da existência" ou a exigência da resignação (– ou mesmo descargas afetivas meio medicinais, meio morais *à la* Aristóteles).

Por fim, a *arte do terrível*, na medida em que ela excita os nervos, pode ser avaliada como um estimulante junto aos fracos e esgotados: essa é hoje, por exemplo, a razão para o *apreço* pela arte w<agneriana>.

É um sinal de um *sentimento de bem-estar e de um sentimento de poder* saber quanto alguém pode atribuir às coisas o seu caráter terrível, questionável; e *se* ele efetivamente traz, por fim, "soluções"

– esse tipo de *pessimismo de artistas* é exatamente a *contraparte do pessimismo moral religioso*, que sofre da "perdição" do homem, do enigma da existência. Isso requer inteiramente uma solução, ao menos uma esperança de solução... Os que sofrem, os desesperados, os em-si-desconfiados, os doentes, em uma palavra, precisaram em todos os tempos de *visões* encantadoras para suportar isso (o conceito de "bem-aventurança" é sua origem)

– um caso aparentado: os artistas da *décadence*, que se encontram no fundo em uma posição *niilista* em relação à vida, *fogem para a beleza da forma*... para as coisas *eleitas*, nas quais a natureza tinha se tornado perfeita, nas quais ela é indiferentemente *grande* e *bela*...

– o "amor ao belo" pode ser, com isso, algo diverso da capacidade de *ver* algo belo, de *criar* algo belo: ele pode ser precisamente a expressão de uma incapacidade para tanto.

– os artistas imponentes, que deixam ressoar um *tom de consonância* a partir de todo e qualquer conflito, são aqueles que deixam sua própria possibilidade e autorredenção favorecer ainda as coisas: eles enunciam sua experiência mais íntima no simbolismo de toda obra de arte – sua criação é gratidão por seu ser.

A *profundidade do artista trágico* reside no fato de seu instinto estético desconsiderar as consequências mais distantes, de ele não permanecer míope junto ao mais imediato, de ele afirmar

FRAGMENTOS PÓSTUMOS, 1885–1887 (Vol. VI)   461

a *economia no macro*, que justifica o *terrível*, mal, *questionável*,
e não apenas... justifica.

10 (169)
    Há uma *grande literatura da calúnia* (à qual pertence o
Novo Testamento; os padres da Igreja; a *imitatio*; Pascal; Schopenhauer), que também faculta uma arte da calúnia (a essa última
classe pertence o Parsifal de Wagner)

10 (170)
    (272) N.B. *Formas veladas do culto* do ideal moral cristão
– o conceito *amolecido e covarde* de "*natureza*", que é trazido
pelos entusiastas da natureza (– ao lado de todos os instintos para
o terrível, inexorável e cínico, mesmo ao lado dos aspectos "mais
belos"). Uma espécie de tentativa de *deduzir por meio da leitura*
da natureza aquela "humanidade" moral cristã – o conceito de
natureza em Rousseau, como se "natureza", liberdade, bondade,
inocência, parcimônia, justiça fossem coisas idílicas... no fundo,
sempre ainda o *culto da moral cristã...*
    – Reunir passagens *que* tenham sido propriamente hon-
radas pelos poetas, por exemplo, nos alpes etc. O que Goethe
queria alcançar com a natureza – por que ele venerou Spinoza –
Ignorância completa dos pressupostos desse *culto...*
    – o *conceito amolecido e covarde* de "*homem*" *à la* Comte
e segundo Stuart Mill, talvez mesmo um objeto de culto... Trata-
-se sempre uma vez mais do culto da moral cristã sob um novo
nome... os livre-pensadores, por exemplo, Guyau
    – o *conceito amolecido e covarde* de "*arte*" como simpatia
por tudo aquilo que sofre, por todos os desvalidos (mesmo a *história*, por exemplo, de Thierry): trata-se sempre uma vez mais do
culto do ideal cristão de moral
    – e, então, até mesmo todo o *ideal socialista*: nada como
uma incompreensão pateta daquele ideal cristão de moral

10 (171)
    O fato de a quantidade de *erros* ter diminuído: ingenuidade
da crença junto aos espíritos livres

462 FRIEDRICH NIETZSCHE

O progresso como aprimoramento *sensível* da vida
como *triunfo da lógica*
como triunfo do *amor* (Guyau) Fouillée
para o conhecimento perfeito de si e das coisas, e, a partir
daí, para uma *consequência* maior do pensamento *consigo*
Vejo a monarquia absoluta, o direito divino, a casta e a
escravidão tratados como *erros grosseiros*

10 (172)
Livros: *imitatio*, moral cristã

10 (173)
Schopenhauer diz dos autores do Upanischad que "eles
não têm quase como ser pensados como homens"

10 (174)
O desejo *aumenta* aquilo que se quer ter; o desejo cresce
mesmo por meio do não preenchimento – as *maiores ideias* foram
aquelas que criaram os desejos mais violentos e mais duradouros.
Damos *tanto mais valor às coisas* quanto mais cresce nosso desejo
por elas: se os "valores morais" se tornaram os *valores mais elevados*, então isso revela que o *ideal moral* foi o *menos preenchido
de todos*. Nessa medida, ele *foi considerado como estando para
além de todo sofrimento*, como meio da bem-aventurança. A humanidade abraçou com um afã sempre crescente uma *nuvem*: ela
denominou, por fim, seu desespero, sua incapacidade "Deus"

10 (175)
O ódio à mediocridade é indigno de um filósofo: isso é
quase um ponto de interrogação em relação ao seu *direito* à "filosofia". Precisamente porque ele é a exceção, ele tem de proteger
a regra, ele tem de conservar para tudo o que é mediano a boa
coragem para si mesmo.

10 (176)
(273) Está hoje difundida na sociedade uma grande dose
de consideração, de tato e de cuidado, uma grande propensão

FRAGMENTOS PÓSTUMOS, 1885–1887 (Vol. VI)   463

para um permanecer parado com boa vontade diante dos direitos
alheios, mesmo diante das pretensões alheias; ainda mais, vigora
hoje certo instinto benevolente do valor humano em geral, que se
dá a conhecer por meio da confiança e do crédito de todo tipo; o
respeito pelos homens e, em verdade, de maneira alguma apenas
pelos homens virtuosos – talvez seja o elemento que nos cinde da
maneira mais intensa possível de uma valoração cristã. Há uma
boa dose de ironia no fato de continuarmos a ouvir as pregações
da moral; as pessoas se rebaixam aos nossos olhos e se tornam
ridículas quando pregam a moral.
Essa *liberalidade moralista* está entre os melhores sinais
de nosso tempo. Caso encontremos casos nos quais ela não se
faz presente decididamente, então isso nos dispõe afetivamente
como uma doença (o caso de Carlyle na Inglaterra, o caso de Ibsen na Noruega, o caso do pessimismo de Schopenhauer em toda
a Europa). Se há alguma coisa que se encontra harmoniosamente
articulada com o nosso tempo, então é o grande *quantum* de *imoralidade* que ela admite para si, sem fazer pouco de si por isso.
Ao contrário! – O que importa, afinal, a superioridade da cultura
sobre a não cultura? O Renascimento, por exemplo, em relação
à Idade Média? – Sempre apenas uma coisa: o grande *quantum*
de imoralidade *admitida*. Daí se segue com necessidade, como
é que precisam se apresentar todas as *altitudes* do desenvolvimento humano para o fanático da moral: como *non plus ultra*
da corrupção (– pensemos no juízo de Platão sobre a Atenas de
Péricles, no julgamento de Savonarola sobre Florença, no juízo
de Lutero sobre Roma, no julgamento de Rousseau sobre a sociedade de Voltaire, no juízo alemão *contra* Goethe).

10 (177)
     (274) É preciso computar agora conjuntamente tudo aquilo
que tinha se acumulado como consequência da *idealidade moral
suprema*: como quase todos os *outros valores* tinham se cristali-
zado em torno do ideal
     isso prova que ele foi o mais *duradoura e intensamente de-
sejado* – que ele não foi alcançado: senão ele teria *desiludido* (teria
atraído para si respectivamente uma valoração mais comedida)

a honra e o poder mais elevados junto aos homens: mesmo por parte dos mais poderosos.

o único tipo autêntico de felicidade
um privilégio de Deus, à imortalidade, sob certas circunstâncias à *unio*
o poder sobre a natureza – o "produtor de milagres" (Parsifal) Poder sobre Deus, sobre a bem-aventurança e perdição da alma etc.

O *santo* como a *espécie mais poderosa* de homem –: *essa* ideia elevou tão alto o valor da perfeição moral.

É preciso pensar o conjunto do conhecimento se empenhando por demonstrar que o homem *moral* é o homem *mais poderoso, mais divino*
– o domínio dos sentidos, dos desejos – tudo despertava *medo...*
o elemento antinatural aparecia como o *sobrenatural, o além...*

10 (178)
(275) "*o ideal cristão*": colocado em cena de maneira judaicamente inteligente.

os *impulsos fundamentais psicológicos*, sua "natureza"
: o levante contra o poder espiritual dominante
: tentativa de transformar as virtudes, sob as quais é possível a *felicidade dos mais baixos*, no ideal judicial dos valores
– chamá-las *Deus*: o instinto de conservação das camadas mais pobres de vida
: o amor entre as coisas como consequência do amor a Deus
Artifício: negar todos os móbiles naturais e invertê-los em direção ao além espiritual... usar a *virtude* e sua *veneração* totalmente a seu favor, gradualmente *negá*-las a todo não cristão.

10 (179)
(276) *Tipo do sermão do* ressentiment
Provas da desfaçatez sagrada. Paulo I Cor. I, 20
Deus não transformou a sabedoria deste mundo em estultícia?

21 Pois, uma vez que o mundo, por meio de sua sabedoria, não reconheceu Deus em Sua sabedoria, aprouve a Deus tornar

FRAGMENTOS PÓSTUMOS, 1885-1887 (Vol. VI)

venturosos por meio de um sermão tolo aqueles que acreditavam Nele e em Sua sabedoria.

26 Não muitos sábios em relação à carne, não muitos homens violentos, não muitos nobres são chamados.

27 Mas o que é tolo em relação ao mundo, foi isso que Deus escolheu, no momento em que ele tornou os sábios ignominiosos; e o que há de fraco em relação ao mundo, foi isso que Deus escolheu, no momento em que ele tornou ignominioso o que é forte;

28 E Deus escolheu o vulgar em relação ao mundo, e o desprezado, e que não representasse nada nesse caso o fato de Ele ter aniquilado o que algo é;

29 De tal modo que carne alguma se gabasse diante Dele. Paulo I Cor. 3, 16

Vós não sabeis que vós sois o templo de Deus e que o espírito de Deus habita em vós?

17 Assim, alguém que perverter o templo de Deus perverterá a Deus; pois o templo de Deus é sagrado e esse templo sois vós.

I. Cor. 6, 2 Vós não sabeis que os santos julgarão o mundo? Assim, o mundo deve ser agora julgado por vós: vós não sois, afinal, bons o suficiente para julgar coisas inferiores?

Vós não sabeis que nós julgaremos os anjos? O quão mais não julgaremos os bens temporais!

***

A humanidade precisou pagar caro a *autodivinização dessas pessoas pequenas*: eis o judaísmo *uma vez mais* "o povo escolhido"; o mundo, o pecado *contra si*; o Deus sagrado como "ideia fixa"; o pecado como única causalidade do sofrimento; tudo aquilo que *não é pecaminoso* permanece apenas um pseudossofrimento. Contra o pecado, um meio a qualquer momento pronto e fácil...

10 (180)

(277) Será que a mesma maneira petulantemente casta de interpretação da *história* (isto é, a falsificação absoluta, a fim de

466 FRIEDRICH NIETZSCHE

demonstrar a validade do código sacerdotal) também não é válida para os intérpretes e narradores judaico-cristãos da *história de Jesus?* – *Arranjado por* Paulo a) a morte *pelos* nossos pecados b) sentido da ressurreição

10 (181)

(278) A realidade, sobre a qual o cristianismo pôde se construir, foi a pequena *família judaica* da diáspora, com o seu calor e com a sua ternura, com a sua prontidão para ajudar inaudita e talvez incompreendida em todo o Império Romano, o seu responder um pelo outro, com o seu orgulho velado e travestido de modéstia que é próprio dos "escolhidos", com o seu mais íntimo dizer não sem inveja a tudo aquilo que está em cima e que tem brilho e poder por si. *Ter reconhecido isso como poder*, esse estado aním<ico> como comunicável, sedutor, contaminável mesmo para o gentio – esse foi o *gênio* de Paulo: ele desvendou como a sua tarefa aproveitar o tesouro de energia latente, de felicidade inteligente em nome de uma "Igreja judaica de confissão mais livre", toda a experiência e maestria judaicas da *autoconservação da comunidade* sob o domínio alheio, mesmo a propaganda judaica. O que ele encontrou previamente foi justamente aquele modo de ser absolutamente apolítico e alijado *das pessoas pequenas*: sua arte de se afirmar e de se impor, cultivada em uma quantidade de virtudes, que expressavam o único sentido de virtude ("meio da conservação e da elevação de um tipo determinado de homem").

É da pequena comunidade judaica que provém o princípio do *amor*: trata-se de uma *alma apaixonada*, que arde sob as cinzas da modéstia e da mesquinharia: nesse sentido, ele não era nem grego, nem indiano, nem tampouco germânico. A canção em honra do amor, que Paulo compôs, não é nada cristã, mas um atiçar judaico da eterna chama, que é semita. Se o cristianismo fez algo de essencial em um aspecto psicológico, então foi uma *elevação da temperatura da alma* junto àquelas raças frias e mais nobres que estavam outrora em cima; ele foi a descoberta de que

FRAGMENTOS PÓSTUMOS, 1885–1887 (Vol. VI)

a vida mais miserável pode se tornar rica e inestimável por meio de um aumento de temperatura...

Compreende-se que uma tal transposição *não* podia ocorrer com vistas às camadas dominantes: os judeus e os cristãos tinham as más maneiras contra si – e aquilo que se mostra como força e paixão das almas junto às más maneiras atua de maneira repulsiva e desperta quase o nojo. (– *Vejo* essas más maneiras quando leio o Novo Testamento.) Seria preciso ter, por conta da inferioridade e da indigência, um parentesco com o povo inferior, que fala aqui, para se sentir atraído por ele... O modo como alguém se posta em relação ao Novo Testamento é uma prova para se saber se alguém tem algo do *gosto clássico* nas veias (cf. Tácito): quem não se revolta com ele, quem não sente aí de maneira sincera e fundamental algo da *foeda supersticio*,[111] da qual é preciso retirar a mão como que para não se sujar: não sabe o que é clássico. É preciso experimentar a "cruz" como Goethe.

10 (182)
"*A salvação vem dos judeus*" – disse o fundador do cristianismo (Evangelho de João 4, 22). E se *acreditou* nele!!!

10 (183)
(279) Quando se confessa a primeira impressão que é desperta pelo Novo Testamento: a impressão de algo nojento e repulsivo, marcado pelo mau gosto, uma sentimentalidade de *mucker*, um puro símbolo repulsivo no primeiro plano; e o ar estragado dos cantos e dos conventículos: – *não* se simpatiza. Pilatos, fariseus –

10 (184)
(280) O fato de o que está em questão não é *se algo é verdadeiro*, mas como ele produz um efeito – absoluta *falta de probidade intelectual*. Tudo é bom, a mentira, a calúnia, o arranjo mais desfaçado , contanto que ele sirva para elevar aquele grau de calor – até que se "creia" –

---

111 **N.T.:** Em latim no original: "superstição imunda, abominável".

Uma escola formal dos *meios de sedução* para uma crença: *desprezo* principial pelas esferas, de onde a contradição poderia provir (– da razão, da filosofia e da sabedoria, da desconfiança, da precaução); um elogio e uma divinização desfaçados da doutrina sob um apelo constante <para> o fato de que seria Deus que a transmitiria – para o fato de que o apóstolo não significa nada – de que não haveria nada aqui a criticar, mas apenas a acreditar; de que seria a misericórdia e o favor mais extraordinários acolher tal doutrina da redenção; que a mais profunda gratidão e modéstia seria o estado no qual ela teria de ser recebida...

Especula-se constantemente sobre os *ressentiments*, que esses homens colocados em uma posição inferior sentiriam contra tudo aquilo que é honrado: sobre o fato de que se apresenta para eles essa doutrina como uma doutrina de oposição à sabedoria do mundo, contra o poder do mundo: é isso que seduz para ela. Ela convence os expelidos e os malfadados de todo tipo, ela promete bem-aventurança, o primado, o privilégio aos mais inaparentes e modestos; ela fanatiza as cabeças pobres, pequenas e tolas para uma obscuridade sem sentido, como se eles fossem o sentido e o sal da terra –

Tudo isso, dito uma vez mais, não se tem como desprezar de maneira suficientemente profunda: nós nos poupamos a *crítica à doutrina*; basta considerar os meios dos quais eles se servem para saber com o que se está lidando. Em toda a história do espírito, não há nenhuma mentira mais atrevida e pura, nenhuma indignidade mais bem pensada do que o cristianismo – No entanto – essa mentira está em consonância com a *virtude*, ela requisitou para si apenas de modo desavergonhado toda a *força de fascinação da virtude*... ela está de acordo com o poder do paradoxo, com a necessidade de civilizações mais antigas por pimenta e por disparate; ela foi desconcertante, ela indignou, ela provocou a perseguição e o abuso –

A classe sacerdotal judaica fixou o seu poder exatamente com o mesmo *tipo bem pensado de ausência total de dignidade*. Ao mesmo tempo, foi com ele que a Igreja judaica foi crida...

FRAGMENTOS PÓSTUMOS, 1885–1887 (Vol. VI)	469

Deve-se distinguir: 1) aquele calor da paixão "amor" (repousando sobre o subsolo de uma sensibilidade ardente) e 2) o caráter absolutamente *desprovido de nobreza* do cristianismo o excesso constante, a verbosidade o preconceito sacerdotal em relação ao orgulho masculino, à sensibilidade, às ciências e às artes

10 (185)
(281) Falta absolutamente todo elemento espiritual nesse livro: "espírito" mesmo só ocorre como incompreensão. Esta oposição é muito essencial: "espírito e carne". Aqui, o espírito é interpretado em um sentido sacerdotal. é o espírito que vivifica; a carne para nada se aproveita – Evangelho de João 6, 63.

10 (186)
Tal como os judeus e aquilo que estes sentiram como condição de sua existência e como renovação, os *cristãos* também colocaram palavras na boca de seu mestre e incrustaram, por isso, a sua vida. Não obstante, eles devolveram a ele toda a sabedoria proverbial –: em suma, sua vida e seus impulsos fáticos são apresentados como uma *obediência* e, por meio daí, santificados em nome de sua propaganda.
Do que depende tudo isso que vem à tona em Paulo: de *pouco*. O resto é uma reconfiguração de um tipo do sagrado, a partir do qual algo é considerado como sagrado.
Toda a "doutrina do milagre", inclusive a ressurreição, é uma consequência da autodivinização da comunidade, que atribui ao seu mestre em um grau mais elevado aquilo que ela atribui a si (derivando respectivamente *a partir* dele sua força...)

10 (187)
O caráter profundamente vulgar de tais palavras: "mas, em virtude da prostituição, que cada homem tenha sua própria mulher e cada mulher tenha seu próprio homem: é melhor casar livremente do que sofrer no cio". I Coríntios 7.2

470 FRIEDRICH NIETZSCHE

10 (188)

(282) *Como mesmo os "senhores" cristãos*
podem vir a ser

Residem no instinto de uma *comunidade* (estirpe, sexo, rebanho, comunidade) os estados e os anseios, aos quais ela deve a sua conservação, a sua possibilidade de se sentir *em si como valorosa*, por exemplo, a obediência, a reciprocidade, a consideração, a moderação, a compaixão – com isso, ela consegue *reprimir* tudo aquilo que se encontra no seu caminho ou que lhe contradiz.

Encontra-se do mesmo modo no instinto dos *dominantes* (sejam eles particulares ou castas) patrocinar e distinguir as virtudes das quais os subjugados são um *joguete* e às quais eles se acham *entregues* (– estados e afetos que podem ser tão alheios quanto possíveis para o próprio)

O instinto de rebanho e o *instinto dos que comandam* estão em *con*sonância no louvor de certa quantidade de propriedades e estados: mas por razões diversas. O primeiro, por um egoísmo imediato; o segundo, por um e<goísmo> mediatizado.

A submissão das raças de senhores ao cristianismo é essencialmente a consequência da intelecção do fato de que o cristianismo é uma *religião de rebanho*, de que ele ensina a *obediência*: em suma, de que é mais fácil dominar cristãos do que não cristãos. É com esse aceno que o papa aconselha ainda hoje ao imperador da China a propaganda cristã.

Acrescenta-se a isso o fato de o poder de sedução do ideal cristão talvez atuar da maneira mais intensa possível junto a tais naturezas que amam o perigo, a aventura e a oposição, *uma vez que eles se arriscam*, mas uma vez que um *non plus ultra* de *um sentimento de poder* pode ser alcançado. Imaginemos Santa Teresa, em meio ao instinto heroico de seus irmãos: – O cristianismo aparece aí como uma forma de digressão da vontade, da força da vontade, como um quixotismo do heroísmo...

10 (189)

(283) *Paulo*: a ambição sem freios e mesmo insana de um agitador; com uma inteligência refinada, que nunca assume aqui-

FRAGMENTOS PÓSTUMOS, 1885-1887 (Vol. VI)

lo que propriamente quer e que manipula a automendacidade com instinto, como meio da fascinação. Humilhando-se e oferecendo por debaixo das mãos o veneno sedutor do ser-escolhido...

10 (190)

(284) No budismo prepondera esta ideia: "todos os desejos, tudo aquilo que produz afeto, que produz sangue, nos arrasta para ações" – somente nessa medida se *adverte* em relação ao mal. Pois agir – não tem sentido algum, agir prende à existência: toda a existência, porém, não tem sentido algum. Eles veem no mal o impulso para algo ilógico, para a afirmação dos meios, cujo fim se nega. Eles buscam um caminho para o não ser e, *por isso*, rejeitam *todos* os impulsos por parte dos afetos. Por exemplo, não se vingar! Sim, não ser hostil! – O hedonismo dos cansados oferece aqui o critério de medida mais extremo. Nada está mais distante dos budistas do que o fanatismo judaico de um Paulo: nada se oporia mais ao seu instinto do que essa tensão, esse ardor, essa inquietude do homem religioso, sobretudo aquela forma de sensibilidade que o cristianismo santificou sob o nome do "amor". Em relação a tudo isso, são as camadas eruditas e até mesmo ultraespiritualizadas que fecham a sua conta no b<udismo>: uma raça, amolecida e cansada por conta de uma luta entre filósofos que durou séculos, mas não *abaixo de todo nível da cultura*, tal como as camadas das quais surgiu o cristianismo... No ideal do bud<ismo> vem à tona como essencial a libertação em relação ao bem e ao mal: inventa-se aí um além refinado, que coincide com a essência da perfeição <sob> o pressuposto de que também se tem meramente por um tempo a necessidade das boas ações, meramente como meios – a saber, para se libertar de todo agir.

10 (191)

(285) Considero o cristianismo como a mais fatídica mentira sedutora que houve até aqui, como a grande *mentira não sagrada*: extraio o ideal de seus discípulos e de suas erupções mesmo por debaixo de todos os outros disfarces, rejeito todas as posições parciais e preponderantes em relação a ele – imponho a guerra com ele.

472 FRIEDRICH NIETZSCHE

a moralidade das pessoas pequenas como medida das coisas: essa é a degradação mais nojenta que foi apresentada até aqui pela cultura. *E* pendurar *esse tipo de ideal* como "Deus" sobre a humanidade!!!

10 (192)

(286)   *Como plano.*

O *niilismo radical* é a convicção de uma absoluta insustentabilidade da existência, quando se <trata> dos valores supremos que se reconhecem; incluindo aí na conta a *intelecção* de que não temos o menor direito de estabelecer um além ou um em-si das coisas que seriam divinas, que incorporariam a moral.

Essa intelecção é uma consequência da "veracidade" levada à maioridade: com isso, ela mesma é uma consequência da crença na moral.

Esta é a antinomia: até o ponto em que acreditamos na moral, *condenamos* a existência.

A lógica do pessimismo até o derradeiro niilismo: *o que impele aí?* – Conceito da *ausência de valores, da ausência de sentido*: em que medida valorações morais se encontram por detrás de todos os outros valores elevados.

– Resultado: *os juízos de valor morais são condenações, negações, a moral vira as costas para a vontade de existência...*

Problema: *que é, porém, a* moral?

10 (193)

(287)   *Pagão-cristão*

Pagão é o dizer sim ao natural, o sentimento de inocência no natural, a "naturalidade"

Cristão é o dizer não ao natural, o sentimento da indignidade no natural, a antinaturalidade

"Inocente" é, por exemplo, Petrônio; em comparação com esse homem feliz, um cristão perdeu de uma vez por todas a inocência.

Por fim, porém, como mesmo o *status* cristão precisa ser meramente um estado natural, mas não pode se conceber como

FRAGMENTOS PÓSTUMOS, 1885–1887 (Vol. VI) 473

tal, então o "*cristão*" significa uma *atividade de falsário em meio à interpretação psicoló<gica>*, uma atividade de falsário que é elevada ao nível de um princípio...

10 (194)

(288) "*A moral pela moral*" – um nível importante de sua desnaturalização: ela mesma aparece como valor derradeiro. Nessa fase, ela penetrou ao mesmo tempo na religião: no judaísmo, por exemplo. E, do mesmo modo, há uma fase na qual a religião *cinde uma vez mais de si* e onde nenhum deus é suficientemente "moral" para ela: assim, ela prefere o ideal impessoal... esse é agora o caso.

"*A arte pela arte*" – esse é um princípio igualmente perigoso: com isso, insere-se uma oposição falsa nas coisas – encaminha-se para um amaldiçoamento da existência ("idealização" *no elemento do feio*). Quando se destaca um ideal da realidade efetiva, impele-se o efetivamente real para baixo, de tal modo que ele é empobrecido, caluniado. "*O belo pelo belo*", "*o verdadeiro pelo verdadeiro*", "*o bem pelo bem*" – essas são três formas *da visão má* para o efetivamente real.

– *Arte, conhecimento e moral* são *meios*: ao invés de reconhecer neles a intenção da elevação da vida, eles foram colocados em ligação com uma *oposição da vida*, com "*Deus*" – por assim dizer, como revelações de um mundo superior que olha aqui e ali através deles...

– "*belo*" e "*feio*", "*verdadeiro*" e "*falso*", "*bom*" e "*mau*" – essas *cisões* e esses *antagonismos* revelam as condições de existência e de elevação, não do homem em geral, mas de complexos fixos e duradouros quaisquer, que afastam de si seus adversários. *A guerra*, que é criada com isso, é o essencial aí: como meio do *afastamento*, que *intensifica* o isolamento...

10 (195)

(289) *Consequência da luta*: o combatente busca transformar o seu opositor em seu *oposto* – naturalmente, por meio da representação

474 FRIEDRICH NIETZSCHE

– ele procura acreditar em si até à medida que ele tem a coragem de acreditar na "boa coisa" (como ele fosse a *boa coisa*): como se a razão, o gosto, a virtude fossem combatidos por seu adversário...
– a crença, de que ele necessita, como o meio defensivo e agressivo mais forte, é uma *crença em si*, que sabe se compreender mal como crença em Deus
– nunca imaginar as vantagens e as utilidades da vitória, mas sempre apenas a vitória pela vitória, como "vitória de Deus" –
– toda e qualquer pequena comunidade (mesmo indivíduos particulares) que se encontra em luta procura se convencer do seguinte: "*nós temos o bom gosto, o bom julgamento e as virtudes a nosso favor*"... A luta obriga a um tal *exagero da autoavaliação*...

10 (196)
(290) A *introdução para pessimistas* – e, ao mesmo tempo, *contra* os pessimistas... Não tenho nada a dizer para aqueles que *não* sofrem hoje com o caráter questionável de nossa existência: eles podem ler jornais e fazer elucubrações sobre os maus judeus.
– Uma palavra sobre o absoluto isolamento e a solidão: quem não vem ao meu encontro com um centésimo de paixão e de amor, não tem ouvidos para mim... Eu abri o meu caminho até aqui...

10 (197)
(291) "Sede simples" – uma exigência para nós, nefrologistas, enredados e intangíveis, que não passa de uma simples estupidez... Sede naturais! Mas como, se se *é* justamente "antinatural"...

10 (198)
(292) "Assim, vós não vireis a ser como as crianças": ó, o quão distantes estamos dessa ingenuidade psicológica!

10 (199)
(293) O *pressuposto psicológico*: a *ignorância e a falta de cultura*, a ignorância, que desaprendeu toda vergonha: pensemos esses santos desfaçados em Atenas

: o *"instinto judaico do escolhido"*: eles pretendem ter simplesmente *todas as virtudes* e computam o resto do mundo como seu oposto: sinal profundo do *caráter vulgar das almas* : *a completa falta de metas reais e efetivas*, de *tarefas* reais e efetivas, para as quais se precisasse de outras virtudes que não as dos *muckers – o Estado deduziu deles esse trabalho*: o povo desavergonhado agiu, apesar disso, como se não tivesse necessidade dele.

As oposições *mendazes*

"aquilo que nasceu da carne permanece carne e o que nasceu do espírito permanece espírito" Evangelho de João 3, 6
"terreno" – "celeste"

Verdade, luz, trevas, juízo final: quem faz algo mau odeia a luz e não se aproxima da luz, razão pela qual suas obras não são julgadas. Quem faz a verdade, porém, se aproxima da luz, de tal modo que suas obras se tornam manifestas... Esse, porém, é o juízo final, o fato de a luz ter entrado no mundo; e os homens amavam mais as trevas do que a luz.

Os abusos terríveis do futuro:

O *juízo final* é uma ideia cristã, *não* uma ideia judaica: trata-se do pensamento fundamental do *ressentiment* de todos os revoltosos.

A profunda indignidade com a qual toda vida fora da vida cristã é julgada: não é suficiente para eles imaginar vulgares os seus inimigos propriamente ditos, eles não precisam de outra coisa senão de um amaldiçoamento conjunto de tudo aquilo que é como *eles...* Uma alma abjeta e marota se compatibiliza às mil maravilhas com a arrogância da santidade: testemunho dos primeiros cristãos.

O futuro: eles são *habilmente pagos...* trata-se do *tipo mais sujo de espírito* que há:

Toda a vida de Cristo é apresentada de tal modo que ele auxilia as *predições* a alcançarem seu direito: ele age assim *para que* elas conquistem seu direito...

10 (200)

(294) Mateus 5, 46. Pois, se vós amardes os que vos amam, *que recompensa tereis*? Não fazem o mesmo os publicanos ?

Se saudardes os vossos irmãos, que *fazeis demais*? Não fazem o mesmo também os gentios?

Dois motivos: *a recompensa e a separação.*

Todo o sexto capítulo de Mateus manuseia esta bela moral: guardai-vos, se fordes inteligentes, ante o tornar-se público de vossas ações virtuosas. Pois não é de outro modo que sereis recompensados pelo Pai no céu. "– teu Pai, que olha o que acontece veladamente, te recompensará publicamente."

6, 14 Pois, se não perdoais aos homens os seus erros, vosso Pai também não perdoará os vossos erros"

Fala aqui a partir de cada palavra a profunda animosidade *contra a práxis religiosa das camadas dominantes*

Toda essa redução à dissimulação, à avidez, (6, 19) "vós não deveis reunir tesouros na terra etc. vós não podeis servir a Deus e a Mamon" (6, 24)

"Buscai em primeiro lugar o Reino de Deus e todas essas coisas vos serão acrescentadas" (a saber, comida, vestimentas, toda a sede da vida, toda a previdência): isso é simples *disparate.*

"A vida a cada dia" – justamente como prova de Deus, como prova de fé (30 "assim como Deus cobre a grama nos campos, Ele também não deveria vos cobrir? Ó, homens de pouca fé!")

Mateus 7, 1: "Não julgueis, *para que* não sejais julgados... com a medida que vós julgardes, vós sereis julgados"

Lucas 6, 35 Amai, porém, a vossos inimigos; fazei bem e emprestai, sem esperar nada por isso: *assim, vossa recompensa será grande* e vós sereis os filhos do altíssimo...

Toda essa *moral do altruísmo* é um rancor contra os fariseus. Mas o judeu se revela no fato de ela ainda ser representada, por fim, como *aproveitável...*

O evangelho para os pobres, para os famintos, os chorosos, os odiados, os repelidos, os terrivelmente culpabilizados

– para o encorajamento dos jovens: alegrai-vos, então, e dai pulos: pois vede, vossa recompensa é grande no céu. *Algo semelhante também foi feito pelos seus pais para os profetas.* (que atrevimento sem par não é insinuar para essa pobre corja de jovens que eles poderiam se sentir no mesmo nível dos profetas, porque eles possuem o mesmo destino! –)

FRAGMENTOS PÓSTUMOS, 1885–1887 (Vol. VI) 477

E, então, a maldição aos ricos, aos satisfeitos, aos serenos, aos eruditos, aos honrados! (esses são sempre os fariseus: "o mesmo também foi feito por seus pais aos falsos profetas") Trata-se de uma fanfarronice pequeno-burguesa. Por causa dela, ninguém precisa vir do céu e fazer pregações morais, por exemplo, para os gentios, dizendo "não exijais mais do que vos foi ordenado", ou para os guerreiros, "não façais violência a ninguém, nem sejais injustos".

Essa intolerância padreca

Mateus 6, 11 "e, quando por vezes não vos receberem, nem vos ouvirem, ao sairdes daí, sacudi o pó dos pés, em testemunho contra eles. Eu vos digo: verdadeiramente, haverá mais tolerância no juízo final com Sodoma e Gomorra do que com tal cidade".

E, então, imaginemos essa pobre *corja de* muckers *se arrastando furtivamente pela Terra*, com tais *maldições do juízo final* na bolsa

Não se consegue ler esse livro sem tomar o partido daquilo que é aí atacado: por exemplo, dos fariseus e dos eruditos nas escrituras

E essas promessas atrevidas, por exemplo, Marcos 9, 1 "Em verdade, vos digo que, dos que aqui se encontram, há alguns que jamais passarão pela morte até que vejam o Reino de Deus chegando já com poder"

O Novo Testamento é comprometido pelos seus "pois"...

Sempre o egoísmo judeu sagrado no pano de fundo do sacrifício e da autonegação: por exemplo, Marco 8, 34:

"Aquele que se dispõe a me seguir precisa negar a si mesmo, tomar sobre si a sua cruz e me seguir. *Pois* (é preciso atentar para os "pois" no Novo Testamento – eles contêm sua refutação –) quem quer conservar sua vida a perderá e quem perder a vida pela minha e em virtude do Evangelho a manterá."

Tudo é falsificado e estragado:

A morte como punição; a carne; o terreno; o conhecimento; a vida eterna como recompensa

as ações conjuntas do amor, a atividade tênue e a delicadeza anímica como espertezas dos escolhidos com vistas à recompensa mais extremamente rica toda a virtude perde a sua "inocência"...

– *a refutação dos discursos evangélicos reside em seus "pois"*
"E para quem quer que irrite um desses pequeninos que
acreditam em mim, seria melhor que fosse pendurado ao seu pescoço uma pedra de moinho e que ele fosse lançado ao mar" – diz
Jesus Marcos 9, 42.
Se teu olhar te fizer tropeçar, arrancai-o fora. É melhor que
tu entres com um olho no Reino de Deus do que ter dois olhos e
ser lançado no fogo do inverno; onde o seu verme não morre e o
seu fogo não se apaga. Marcos 9, 47.
– uma exigência de *castração*: tal como se obtém a partir
da posição correspondente. Mateus 5, 28: "*quem olhar para uma
mulher para cobiçá-la já cometeu adultério com ela em seu coração*. Se teu olho direito te fizer tropeçar, arrancai-o e jogai-o
fora. É melhor para ti que tu percas *um de teus membros* do que
ter todo o teu corpo jogado no inferno" (V. 31 ele continua sempre tratando do capítulo sexual e da concepção refinada do adultério: a saber, do divórcio já como adultério...)
Se o cristianismo é apenas um interesse pessoal inteligente, então é um interesse pessoal mais inteligente alijá-lo –

10 (201)
(295) Esse foi o tipo mais fatídico de megalomania que já
existiu até hoje sobre a Terra: se esses pequenos monstros mendazes dos *muckers* começaram a requisitar para si as palavras
"Deus", "juízo final", "verdade", "amor", "sabedoria", "Espírito
Santo" e a se demarcar, com isso, contra "o mundo", quando esse
tipo de homem começou a *inverter e a voltar os valores para si*,
como se eles fossem o sentido, o sal, a medida e o *peso* de todo
o resto: então se deveriam construir para eles manicômios, e não
fazer outra coisa. O fato de as pessoas os terem *seguido* foi uma
antiga estupidez de grande estilo: com isso, elas os levaram a
sério demais; com isso, elas fizeram deles uma questão séria.
Todo o caráter fatídico foi possibilitado pelo fato de um
tipo semelhante de megalomania *já estar presente no mundo*, o
tipo *judaico*: depois que o fosso entre o judeu e o judeu-cristão foi

FRAGMENTOS PÓSTUMOS, 1885-1887 (Vol. VI)

aberto e os judeu-cristãos só puderam *ganhar o direito à existência* por meio dos primeiros, os judeu-cristãos *precisaram* empregar uma vez mais o procedimento da autoconservação, que tinha sido inventado pelo instinto judeu, uma última vez e em meio a uma elevação derradeira para a sua própria autoconservação –; por outro lado, pelo fato de a filosofia grega da moral ter feito tudo para preparar e para tornar palatável um *fanatismo moral* mesmo entre gregos e romanos... Platão, a grande ponte intermediária da degradação, um homem que procurou em um primeiro momento interpretar de maneira falsa a natureza na moral, que tinha instituído a moral como sentido, finalidade – –, que tinha desvalorizado já os deuses gregos com o seu conceito do *bem*, que já se encontra *judaicamente muckerizado* (– no Egito?)

10 (202)
    (296) A "coisa em si" é um contrassenso. Se eu alijar por meio do pensamento todas as "propriedades", todas as "atividades" de uma coisa, então *não* resta, por fim, a coisa: como a coisidade é *acrescentada por nós ficticiamente*, por necessidades lógicas, ou seja, com a finalidade da designação, do entendimento, *não* – – – (para a designação daquela pluralidade de rela<ções>, propriedades, atividades)

10 (203)
    (297) O homem moderno exerceu sua força idealizadora com vistas a um *Deus* na maioria das vezes em uma *moralização crescente desse Deus* – que isso significa? Nada de bom, uma diminuição da força do h<omem> –
    Em si seria possível justamente o contrário: e há indícios disso. Deus, pensado como o ser que se libertou da moral, concentrando em si toda uma profusão de oposições vitais e as *redimindo, justificando* em uma aflição divina: – Deus como o além, o acima da moral do "bem e do mal" própria aos que se encontram encolhidos em seu canto de maneira deplorável.
    O mesmo tipo de homem, que só deseja "bom tempo", também só deseja "bons homens" e, em geral, boas propriedades – ao

480 FRIEDRICH NIETZSCHE

menos o sempre crescente domínio do bem. Com um olhar superior, deseja-se precisamente o inverso, o *domínio cada vez maior do mal*, a libertação crescente do homem em relação ao liame moral estreito e amedrontado, o crescimento da força, a fim de que seja possível se servir das grandes potências naturais, dos afetos...

10 (204)
(298) Por mais que se assuma uma posição de modéstia em relação às pretensões de asseio intel<ectual>, não há como impedir que se sinta junto ao contato com o Novo Testamento algo assim como um nojo inexprimível: pois a impertinência suja e desenfreada, característica do anseio dos homens menos avalizados por ganhar voz em relação aos grandes problemas, sim, sua pretensão a paladinos da justiça em todas as coisas, ultrapassa todas as medidas. A leviandade desavergonhada, com a qual se fala aqui dos problemas mais inacessíveis, como se eles não fossem problema algum: vida, mundo, Deus, finalidade da vida, como se eles fossem antes simplesmente coisas que esses pequenos *muckers saberiam*.

10 (205)
(299) Afirmar a *existência* na totalidade de coisas, das quais não sabemos absolutamente nada, exatamente porque se tem uma vantagem aí em não poder saber nada sobre elas, foi uma ingenuidade de Kant, a consequência de uma repercussão de necessidades, a saber, de necessidades metafísico-morais...

10 (206)
(300) *A intolerância da moral* é uma expressão da *fraqueza* do homem: ele tem medo de sua "amoralidade", ele precisa *negar* seus impulsos mais fortes... Assim, os terrenos mais terríveis da Terra são aqueles que permanecem mais tempo sem serem construídos: – falta a força, que poderia dominar aqui...